TRANSFORMAÇÃO
DIGITAL

FELIPE MORAIS

TRANSFORMAÇÃO DIGITAL

Como a inovação digital pode ajudar seu negócio nos próximos anos

Av. Doutora Ruth Cardoso,7221, 1º Andar
Pinheiros – São Paulo – SP – CEP: 05425-902

SAC | Dúvidas referentes a conteúdo editorial, material de apoio e reclamações:
sac.sets@somoseducacao.com.br

Direção executiva	Flávia Alves Bravin
Direção editorial	Renata Pascual Müller
Gerência editorial	Rita de Cássia S. Puoço
Coordenação editorial	Fernando Alves
Edição	Ana Laura Valerio
	Neto Bach
	Thiago Fraga
Produção editorial	Daniela Nogueira Secondo
Serviços editoriais	Juliana Bojczuk Fermino
Preparação	Marcela Prada Neublum
Revisão	Vitória Oliveira Lima
Diagramação	Caio Cardoso
Capa	Tiago Dela Rosa
Impressão e acabamento	Gráfica Paym

DADOS INTERNACIONAIS DE CATALOGAÇÃO NA PUBLICAÇÃO (CIP)
ANGÉLICA ILACQUA CRB-8/7057

Morais, Felipe
  Transformação digital / Felipe Morais. – São Paulo : Saraiva Educação, 2020.
  376 p.

  Bibliografia
  ISBN 978-85-7144-071-5

  1. Inovações tecnológicas 2. Comunicação 3. Marketing 4. Internet - Negócios 5. Publicidade 6. Comunicações digitais 7. Marca de produtos 8. Comércio eletrônico - Planejamento I. Título

19-2017
CDU 658.011.4
CDD 658.4062

Índices para catálogo sistemático:
1. Inovações tecnológicas : Negócios : Planejamento

Copyright © Felipe Morais
2020 Saraiva Educação
Todos os direitos reservados.

1ª edição

Nenhuma parte desta publicação poderá ser reproduzida por qualquer meio ou forma sem a prévia autorização da Saraiva Educação. A violação dos direitos autorais é crime estabelecido na lei nº 9.610/98 e punido pelo artigo 184 do Código Penal.

COD. OBRA 646162   CL 651868   CAE 705491

Às mulheres da minha vida, Maya Mattiazzo Sendoya e Fernanda Morais, por serem esse presente em meu caminho.

Aos meus pais, Mauro e Cristina.

À minha irmã Ana Beatriz e ao meu cunhado Weder, que nos brindaram com o pequeno e tricolor João Lucas.

Ao meu avô Severino, meu grande amigo, que nos deu adeus em 2014.

A toda minha família – tios, tias, primos e primas – e aos meus amigos do peito.

AGRADECIMENTOS

Fatalmente, minha memória de quase 40 anos vai atacar e vou esquecer de alguém. Então, desde já, peço sinceras desculpas. Muita gente bacana passou pela minha vida. Obrigado!

Maya Mattiazzo, Julio Ribeiro, Araken Leão, Walter Longo, Rodrigo Gadelha, Romeo Busarello, Rafael Rez, Ednelson Prado, Thiago Sarraf, Gustavo Zanotto, Carla Souza, José Rubens, Marcelo Trevisani, Roberto Shinyashiki, Euripedes Magalhães, Victor Vieira, Rogério Conti, Gabriel Tosi, Cristiane Lindner, Elcio Santos, Francesco Weiss, Alexandre Marquesi, Fernando Mello, Bia Morais, Daltro Salvador, Marcos Bueno, Leon Sojifer, Roberto Camargo, Anderson Gil, Rafael Campos, Daniel Bento, Gabriel Aguilar, João Paulo Ayres (JP), Marcos Hiller, Daniel Barros, Flávio Pinheiro, Maurício Moreira, Ulisses Zamboni, Ken Fujioka, Fabiano Coura, Martha Gabriel, Leo Xavier, Marcel Albuquerque, Renato Gosling, Ricardo Longo, Ricardo Nery, Paulo Centenaro, Guilherme Estevam, Ronan Mairesse, Fernando Kimura, Paulo Carneiro, Rodrigo Lacsko, Flávio Zeinum, Thiago Borges, Valter Leite, Rafael Boechat, Alfredo Reikedal, Fabio Pereira, Luciano Jr, Sérgio Gentille, Vicente Carrari, Leonardo Silva, Fernando Jaques, Paulo Fischer, Renato Mendes, Paulo Mai, Diego Ivo, Manuel Santos, Stephan Berwagner, Roger Figo, Carlos Netto, Luiz Buono, Lucas Jim, Antonio Mafra, Flávio Pavanelli, Daniel Furtado, Vivian Andzukevicius, Homero Bellintani Filho, Rodrigo Ribeirão, Nicole Barros, Leila Giraldelli, Marcelo Negrini, Thiago Hebert, Seizo Soares, Marcelo Myiashita, Thiago Antunes, Victor Popper, Arnaldo Silva, Solange Oliveira, Ivone Rocha, Leandro Ogalha, Sérgio Lage, Daniel Padilha, André Damasceno, Bruno Mello, Anderson Saturno, Gustavo Hollatz, Jonatas Froes, Denilson Novelli, Igor Magrini, Keila Silva, Sarah Poleto, Bruna Ticianelli, Lucas Ivo, Maria Marta, Alexandre Bessa, Nancy Assad, Roberto Wajnsztok, Ana Paula Passarelli, Alexandre Slivinik, Marcelo Magalhães, Laura Chiavone, Cassio Rosas, Cristiano Santos, João Riva, Eduardo Novelli, Rodeigo Silvestre, Fabiano Porto, Ariane Fonseca, Marcelo Cazzo, Joselyto Riani, Fabio Mazzon Sacheto, Reinaldo Cirilo, Tatiana Pezoa, Horácio Poblete, Ivania Almeida, Flávio Horta, Eduardo Fleury, Gustavo Mills, Irineu Toledo, Juliana Valério, Madeleine Lacsko, Walmyr Mateoli, Marcos Talarico, Mauricio Mansur, Osvaldo Nunes, Paulo Genestreti, Diego Rabujah, Roney Almeida, Sandra Turchi, Utymo Oliveira, Daniela Cachich, Eduardo Tracanella, Walter Savaglia, Paloma Nunes, Tiago Luz (Doc), Paulo Equi, Ana Cortat, Fernando Diniz, Gabriel Leite, João Binda, Rafael Kiso, Karen Steuer, Vivika Baroni, Thiago Fischer, Luiz Antunes, Sergio Rinaldi, Roberto Eckersdorff, Roni Bueno, Vanessa Bellini, Marcelo Silva, Rogério Ramalho Fonseca, Guilherme

Simão, Marlene Bergman, Alexandre Dupont, Alex de Paula, Marta Giove, Ana Lucia Garcia, Any Zamaro, Arthur Shinyashiki, Rodrigo Piza, Arturo Kleque, Celso David, Luciano Rodrigues, Conrado Adolpho Vaz, Eduardo Kobbi, Enio Garbin, Maurício Noznica, Fábio Dutra, Fausto Falcão, Mauro Inumaro, Felipe Dellacqua, Rene Abe, Felipe di Monaco, Alberto Kim, Thiago Di Oliveira, Guilherme Cavalcanti, Thiago Mangueira, Thiago Sheer, Marcelo Moreira, Paulo Schiavon, Marco Riveiros, Luiz Felipe Petroni, Rosely Boschini, Silvio Prisz, Thais Souza, Thiago Utwari, Valderes Pinheiro, Alexandre Formaggio, Karen Formaggio, Fabio Mariano Borges, Michel Lent, Adriano Echeverria, Paulo Milreu, Gutemberg Almeida, Michele Dim, Samantha Barbieri, Paulo Faustino, Patricia Madeira, Edson Caldas Jr, Luca Cavalcanti, Carlos Muchao, José Emiliano Oliveira Jr, Antonio Bressan, Antonio Mendes, Dionísios Vossos.

Sem dúvida, um agradecimento especial pela dedicação, paciência e execução desse trabalho ao meu amigo Fernando Alves, que foi brilhante e fundamental para este livro sair!

Obrigado pelo aprendizado de toda uma vida!

SOBRE O AUTOR

Felipe Morais é um publicitário apaixonado pelo universo digital. Autor dos livros *Planejamento estratégico digital* (2018) e *Ao mestre com carinho*: o São Paulo FC da Era Telê (2016). Especialista em Planejamento de Comunicação pela ESPM/Miami AdSchool, em Planejamento de Projetos Digitais pelo I-Group, em Inteligência de Redes Sociais pela Fundação Getulio Vargas (FGV) e em Gestão de Ecommerce pela ComSchool e Universidade Buscapé. Graduado em Publicidade pelo Centro Universitário das Faculdades Metropolitanas Unidas (FMU) e pós-graduado em Planejamento de Comunicação pela Universidade Metodista.

Nascido em São Paulo, é filho do advogado Mauro de Morais e da psicóloga Ana Cristina Magalhães de Morais. Pai da pequena Fernanda Morais, irmão de Bia Morais e casado com Maya Mattiazzo. São Paulino fanático, é amante de futebol, *rock n' roll* e cinema. Queen é sua banda internacional favorita e Legião Urbana sua banda favorita no Brasil. Gosta de Metallica, Pink Floyd, Kiss, Eric Clapton... – o bom e velho *rock n' roll*!

Dono de uma personalidade forte, luta contra as mentiras contadas no universo do marketing digital, contra gurus e fórmulas prontas. Seu papel como educador o faz batalhar sempre para que as pessoas possam seguir as boas práticas do mercado de comunicação e do marketing digital.

Professor de diversos MBA's pelo país, ministra aulas de Planejamento Estratégico Digital, Comportamento de Consumo, Internet das Coisas e Macrotendências de Comunicação na ESPM, FGV, Senac, Universidade de Marília, Universidade Sagrado Coração, FMU, Universidade Metodista, além de cursos de curta duração no Miyashita Consulting.

Felipe iniciou sua carreira no mundo da comunicação em 2001. Passou por algumas agências até que, em 2003, na Canal4, entrou para o mundo digital, criando textos para banners e tratando fotos para sites. De lá, passou pela Publicis Brasil, atendendo Nestlé, Navigators, entendendo Symantec e Danone, A1 Brasil com Vivo, Pirelli, Allianz e HDI, Capuccino Digital com Coca-Cola e Canal Sony, Salles Chemistri com Chevrolet/Varejo, NeogamaBBH com Bradesco. Passou pela FTPI onde ajudou Guga Mafra a montar a FTPI Digital. Voltou para agência, na Casanova, com Araken Leão atendendo Puma e Rossi. Passou pela TV1.com com Caixa Econômica Federal, Tesla com Mercedes-Benz e Roche. Pelas mãos de Francesco Weiss deu seus primeiros passos no e-commerce, fazendo um projeto no PontoFrio.com. Passou pela Giuliana Flores, mas voltou para agência na Gotcha, onde atendeu Della Via Pneus e Bematech. Em 2013, mudou para Jundiaí, trabalhando ao lado dos velhos amigos Gabriel Tosi e Rogério Conti na TopDeals.

Em 2015, decidiu voltar para São Paulo, onde abriu a FM Consultoria em Planejamento, que já atendeu/atende: Agência Pulso, ToppTable, Teva Farmacêutica, Conversion, Grupo DPG, Chocolândia, Guia-se, Vincere, KMS Propaganda, MaquinaCohenWolfe/Samsung, Focus Network, Grupo Garantia, JRPlanejamento, FessKobbi/Panasonic, Tatic/Rede, Tatic/Bradesco, Claro, DomusHolding, Soul/Samsung, Gotcha/CAOA, AtendeEcommerce/JulioOkubo e Agência Varanda, entre outros.

APRESENTAÇÃO

Se você pegou este livro nas mãos porque acredita que vai ler sobre redes sociais, desculpe, mas não vai. Se o objetivo era saber mais sobre influenciadores, de novo, desculpe, mas perdeu seu tempo. Se pegou para entender melhor sobre links patrocinados no Google, errou! Mas se você pegou este livro para saber mais sobre FaceAds, nossa, agora... errou de novo!

Desculpe a sinceridade, mas é assim que meus pais me criaram. Este livro é um estudo sobre o futuro. Não o futuro daqui 5 ou 10 anos, mas o futuro que começa amanhã! Permita-me a licença poética, falaremos sobre um futuro que começou ontem e talvez você ainda não tenha percebido, mas o consumidor, de forma geral, já percebeu e, mais que isso, busca por ele!

Transformação digital não é apenas um nome legal para vender livros. Trata-se de um conceito, uma cultura na empresa, é como as marcas estão sendo construídas pelo mundo afora e você, me desculpe novamente, está perdendo muito tempo pensando em Google, Facebook, influenciadores e leads. Se você ainda pensa no marketing digital sob a perspectiva desses conceitos, você parou no tempo – mais precisamente, em 2007! Jamais, repito, jamais, você verá a mim, Felipe Morais, falando algo contra essas táticas, mas verá que em meu discurso defendo que o marketing digital não é só mídia, como muitos pregam e trabalham por aí. O digital vai muito, mas muito além disso.

Hoje, a maioria das "marcas da moda", aquelas que todos desejam, nasceram no universo digital: Nubank, Netflix, Amazon, Uber, Banco Neon, Instagram e porque não citar Google, YouTube e Facebook também. São marcas que nasceram no digital, se reinventaram no digital e estão conquistando o mercado no digital – não que o off-line não seja importante, mas, na verdade, vou contar um segredo: on e off só existem em um lugar, no departamento de marketing das empresas! Na mente e no dia a dia do consumidor essa barreira não mais existe!

O Nubank, por exemplo, caiu na graça das pessoas por ser um cartão roxo, sem tarifas e com uma experiência inteiramente on-line. Mas se Itaú e Bradesco também tinham a mesma experiência, porque Nubank saiu na frente? Devido à comunicação, ou seja, entender o que as pessoas desejam, entender as angústias do consumidor e, por fim, usar o digital para ser uma plataforma de conversas, relacionamento e negócios. Claro que usam Google, Facebook e programática para chegar até o consumidor, mas esse é o meio, não a mensagem.

A Netflix seria vendida para a Blockbuster, que a recusou, porque o modelo não era rentável. Bom para a Netflix, que, no Brasil, já fatura mais que o SBT desde 2016. E a Blockbuster, você sabe onde está? Nem vamos citar o clássico caso da Kodak que inventou a máquina digital, não acreditou em seu próprio projeto e deixou a Sony nadar de braçada no universo digital.

Se você não quer que a sua marca apareça em livros como exemplo de cases "deixou a onda passar", então, este livro é para você. Agora, você acertou!

SUMÁRIO

INTRODUÇÃO, 1
- **I.1** Minha trajetória, 1
- **I.2** 5W2Hs, 2
    - I.1.1 O que é o 5W2Hs?, 2
    - I.1.2 Aplicando a metodologia, 4
    - I.1.3 Apresentando o aplicativo para seu cliente, 4
- **I.3** Visão digital, 5
    - I.3.1 Sua comunicação ainda será a mesma?, 5
    - I.3.2 Minecraft como profissão, 6
    - I.3.3 O futuro da transformação digital, 7
    - I.3.4 O site é porto seguro do usuário, 9
- **I.4** Open innovation, 15
    - I.4.1 Inovação aberta se faz necessário, 17
    - I.4.2 Onde a inovação aberta ocorre?, 18
    - I.4.3 Ouça o ecossistema, 19
    - I.4.4 De onde deveria vir a inovação?, 20
- **I.5** A realidade digital agora é outra, 22
    - I.5.1 Realidade virtual e realidade aumentada trabalhando juntas, 23
    - I.5.2 Realidade mista: a união das realidades, 23
    - I.5.3 O futuro é hoje, 26
    - I.5.4 O que era o e-commerce em 2001?, 26
    - I.5.5 O que seria do YouTube na década de 1980?, 26
    - I.5.6 A história nunca muda, 27
    - I.5.7 Realidade mista não é para hoje..., 27

PARTE I
O QUE É TRANSFORMAÇÃO DIGITAL, 29

CAPÍTULO 1
TRANSFORMAÇÃO DIGITAL, 31

1.1 O que vai mudar em seu negócio?, 31
    1.1.1 Provocar é preciso!, 32
    1.1.2 O brasileiro quer comprar, mas de forma mais rápida e prática, 35
    1.1.3 Inovar é necessário, 36
    1.1.4 Mude ou morra, 37

1.2 Conectividade, 39

1.3 Princípios fundamentais para a transformação digital, 41
    1.3.1 Iniciando o processo em sua empresa, 41
    1.3.2 Passo a passo para a transformação digital, 42
    1.3.3 Empresas que não inovam, morrem!, 44
    1.3.4 *Omnichannel* é necessário – para ontem!, 45

1.4 Gestores digitais: a alma digital que a empresa precisa, 47
    1.4.1 A mentalidade de 1990 não muda nada, 47
    1.4.2 Mas como atuar com verbas enxutas?, 48
    1.4.3 Marketing não é off-line, nem on-line, 49
    1.4.4 Marketing é marketing, 49

1.5 Transformação digital é para hoje!, 51
    1.5.1 Foco em pessoas, 52
    1.5.2 Mudança liderada de pessoas para pessoas, 53

1.6 As dificuldades da transformação digital, 53
    1.6.1 A transformação digital está em nossas vidas... E nós nem percebemos, 53
    1.6.2 Maturidade digital, 54
    1.6.3 A tecnologia melhora resultados, 55
    1.6.4 Os clientes esperam uma experiência digital que simplifique o processo, 55
    1.6.5 Converta dados em estratégia, 56

1.7 Missão, valores, filosofia e história da marca, 56
    1.7.1 O poder de uma marca, 57
    1.7.2 Marcas são construídas todos os dias, 58
    1.7.3 Pilares da marca, 59
    1.7.4 Mas como colocar isso em prática na transformação digital?, 64

CAPÍTULO 2
MARCAS DIGITAIS, 69

2.1 "Pior cego é aquele que não quer ver", 69
    2.1.1 Mude ou morra, 70
    2.1.2 Sua marca não quer mudar? Então, bem-vindo à UTI!, 73

2.2 Arquétipos de marca, 74
    2.2.1 Os 12 arquétipos que você deve usar para a sua marca, 75
    2.2.2 E agora?, 79

CAPÍTULO 3
PLANEJAMENTO DIGITAL, 81

3.1 Como fazer um planejamento digital?, 81
    3.1.1 Diagnóstico, 82
    3.1.2 Objetivo, 82
    3.1.3 Cenário, 83
    3.1.4 Concorrência, 83
    3.1.5 Público-alvo, 83
    3.1.6 Posicionamento, 84
    3.1.7 Estratégia, 84
    3.1.8 Plano tático, 84
    3.1.9 Métricas e ROI, 84

3.2 Como pensar sua transformação digital de forma estratégica?, 85

CAPÍTULO 4
PLATAFORMAS DIGITAIS, 87

4.1 O poder da plataforma, 87
4.2 A arquitetura da plataforma, 89
4.3 Unidade de valor, 90
4.4 Trocas da plataforma, 91
4.5 Design da plataforma, 91
4.6 Evoluir sempre!, 92

PARTE II
MACROTENDÊNCIAS DA TRANSFORMAÇÃO DIGITAL, 93

CAPÍTULO 5
APLICANDO A TRANSFORMAÇÃO DIGITAL EM SUA MARCA, 95

5.1 Geração de negócio, 95
5.2 O que o MIT diz sobre transformação digital?, 96

CAPÍTULO 6
INTERNET DAS COISAS (IOT), 101

6.1 Conceito, 102
6.2 Planejamento, 105
6.3 Sair do tradicional, 106

6.4 Para o varejo, 108
6.5 O que o público espera?, 109
6.6 Pós-consumidor, 109
6.7 Como aplicar em sua empresa hoje?, 110

CAPÍTULO 7
BIG DATA, 113

7.1 Conceito, 114
7.2 Planejamento, 115
7.3 Para o varejo, 116
7.4 O que o público espera?, 116
7.5 Como aplicar em sua empresa hoje?, 117
    7.5.1 Atrair novos clientes, 118
    7.5.2 5G vem aí.... E o big data nisso?, 118

CAPÍTULO 8
SMALL DATA, 119

8.1 Conceito, 119
8.2 Planejamento, 120
8.3 Para o varejo, 120
8.4 O que o público espera?, 121
8.5 Como aplicar em sua empresa hoje?, 121

CAPÍTULO 9
STORYTELLING, 123

9.1 Conceito, 124
9.2 Planejamento, 125
9.3 Para o varejo, 127
9.4 O que o público espera?, 127
9.5 Como aplicar em sua empresa hoje?, 129

CAPÍTULO 10
PRETARGETING, 131

10.1 Conceito, 132
10.2 Planejamento, 132
10.3 Para o varejo, 132
10.4 O que o público espera?, 133
10.5 Como aplicar em sua empresa hoje?, 133

CAPÍTULO 11
MOBILIDADE, 135

11.1 Conceito, 136
11.2 Planejamento, 137
11.3 Para o varejo, 138
11.4 O que o público espera?, 138
11.5 Como aplicar em sua empresa hoje?, 139

CAPÍTULO 12
CROWDSOURCING, 141

12.1 Conceito, 142
12.2 Planejamento, 142
12.3 Para o varejo, 142
12.4 O que o público espera?, 143
12.5 Como aplicar em sua empresa hoje?, 143

CAPÍTULO 13
INTELIGÊNCIA ARTIFICIAL (IA), 145

13.1 Conceito, 145
13.2 Planejamento, 146
13.3 Para o varejo, 148
13.4 O que o público espera?, 149
13.5 Como aplicar em sua empresa hoje?, 152

CAPÍTULO 14
MACHINE LEARNING, 155

14.1 Conceito, 155
14.2 Planejamento, 156
14.3 Para o varejo, 156
14.4 O que o público espera?, 156
14.5 Como aplicar em sua empresa hoje?, 157

CAPÍTULO 15
OMNICHANNEL, 159

15.1 Conceito, 161
15.2 Planejamento, 161
    15.2.1 Quais canais integrar?, 163
    15.2.2 E como fazer o cliente comprar mais?, 164

15.3 Para o varejo, 165
15.4 O que o público espera?, 167
15.5 Como aplicar em sua empresa hoje?, 168
    15.5.1 A era do acesso, 168
    15.5.2 Individualizar a comunicação, 169

CAPÍTULO 16
CARROS CONECTADOS, 171

16.1 Conceito, 172
16.2 Planejamento, 172
16.3 Para o varejo, 173
16.4 O que o público espera?, 173
16.5 Como aplicar em sua empresa hoje?, 173

CAPÍTULO 17
GROWTH HACKING, 175

17.1 Conceito, 176
17.2 Planejamento, 176
17.3 Para o varejo, 177
17.4 O que o público espera?, 178
17.5 Como aplicar em sua empresa hoje?, 178

CAPÍTULO 18
RECONHECIMENTO FACIAL E BIOMETRIA, 181

18.1 Conceito, 181
18.2 Planejamento, 182
18.3 Para o varejo, 182
18.4 O que o público espera?, 183
18.5 Como aplicar em sua empresa hoje?, 183

CAPÍTULO 19
DRONES, 185

19.1 Conceito, 185
19.2 Planejamento, 186
19.3 Para o varejo, 186
19.4 O que o público espera?, 186
19.5 Como aplicar em sua empresa hoje?, 187

CAPÍTULO 20
SOCIAL CRM, 189

20.1 Conceito, 189
20.2 Planejamento, 190
20.3 Para o varejo, 191
20.4 Onde o social CRM pode ajudar o branding?, 191
20.5 O que o público espera?, 192
20.6 Como aplicar em sua empresa hoje?, 192

CAPÍTULO 21
DESIGN THINKING, 193

21.1 Conceito, 193
21.2 Planejamento, 194
21.3 Para o varejo, 195
21.4 O que o público espera?, 195
21.5 Como aplicar em sua empresa hoje?, 196

CAPÍTULO 22
MARKETING DE MICROMOMENTOS, 197

22.1 Conceito, 197
22.2 Planejamento, 197
22.3 Para o varejo, 198
22.4 O que o público espera?, 198
22.5 Como aplicar em sua empresa hoje?, 199

CAPÍTULO 23
NEUROMARKETING, 201

23.1 Conceito, 202
23.2 Planejamento, 202
23.3 Neurônio-espelho, 203
23.4 Por que escolhemos?, 203
23.5 Para o varejo, 204
23.6 Marcas criam conexões emocionais, 204
23.7 Seres humanos recebem ordens, 205
23.8 *Call-to-action*, 205
23.9 O que o público espera?, 206
23.10 Como aplicar em sua empresa hoje?, 206

CAPÍTULO 24
VÍDEO E MÍDIA PROGRAMÁTICA, 209

24.1 Conceito, 209
24.2 Planejamento, 210
24.3 Para o varejo, 211
24.4 O que o público espera?, 211
24.5 Como aplicar em sua empresa hoje?, 212

CAPÍTULO 25
RADIO FREQUENCY IDENTIFICATION (RFID), 213

25.1 Conceito, 213
25.2 Planejamento, 214
25.3 Para o varejo, 214
25.4 O que o público espera?, 214
25.5 Como aplicar em sua empresa hoje?, 215

CAPÍTULO 26
BUSINESS INTELIGENCE (BI), 217

26.1 Conceito, 217
26.2 Planejamento, 217
26.3 Para o varejo, 218
26.4 O que o público espera?, 219
26.5 Como aplicar em sua empresa hoje?, 219

CAPÍTULO 27
FINTECH, 221

27.1 Conceito, 221
27.2 Planejamento, 222
27.3 Tenha o seu banco, 222
27.4 A onda do celular, 223
    27.4.1 Por que falar sobre esses dados?, 224
27.5 Para o varejo, 224
27.6 O que o público espera?, 224
27.7 Como aplicar em sua empresa hoje?, 226
    27.7.1 Tipos de *fintechs* atuando no Brasil, 226

CAPÍTULO 28
MARKETING EM TEMPO REAL, 229
28.1 Conceito, 229
28.2 Planejamento, 230
28.3 Para o varejo, 230
28.4 O que o público espera?, 231
28.5 Como aplicar em sua empresa hoje?, 232

CAPÍTULO 29
REALIDADE AUMENTADA, 233
29.1 Conceito, 233
29.2 Planejamento, 233
29.3 Para o varejo, 234
29.4 O que o público espera?, 234
29.5 Como aplicar em sua empresa hoje?, 235

CAPÍTULO 30
WEARABLES, 237
30.1 Conceito, 237
30.2 Planejamento, 237
30.3 Para o varejo, 238
    30.3.1 Agora, imagine isso no varejo físico..., 238
30.4 O que o público espera?, 238
30.5 Como aplicar em sua empresa hoje?, 239

CAPÍTULO 31
VAREJO ON-LINE, 241
31.1 Conceito, 242
31.2 Planejamento, 242
    31.2.1 Plano de negócios, 242
    31.2.2 Mix de produto, 243
    31.2.3 Equipe, 243
    31.2.4 Plano de marketing, 243
    31.2.5 Plataforma de e-commerce, 244
    31.2.6 Tecnologia, 245
    31.2.7 Meio de pagamento, 245
    31.2.8 Antifraude, 246
    31.2.9 *Enterprise resource planning* (ERP), 246
    31.2.10 SAC, 247

31.2.11 Conteúdo, 247
31.2.12 Mídia digital, 247
31.3 Para o varejo, 248
31.4 O que o público espera?, 248
31.5 Como aplicar em sua empresa hoje?, 249
31.5.1 Posicione a sua marca, 249
31.5.2 Transformação digital e varejo on-line, 249

CAPÍTULO 32
BITCOIN, 251
32.1 Conceito, 252
32.2 Planejamento, 253
32.3 Para o varejo, 253
32.4 O que o público espera?, 254
32.5 Como aplicar em sua empresa hoje?, 254
32.5.1 Sem intermediários, 255

CAPÍTULO 33
PROJEÇÃO MAPEADA, 257
33.1 Conceito, 258
33.2 Planejamento, 258
33.3 Para o varejo, 258
33.4 O que o público espera?, 259
33.5 Como aplicar em sua empresa hoje?, 259

CAPÍTULO 34
ÓCULOS DO FUTURO, 261
34.1 Conceito, 261
34.2 Planejamento, 262
34.3 Para o varejo, 262
34.4 O que o público espera?, 263
34.5 Como aplicar em sua empresa hoje?, 263

CAPÍTULO 35
VÍDEO 360º, 265
35.1 Conceito, 265
35.2 Planejamento, 266
35.3 Para o varejo, 266
35.4 O que o público espera?, 266
35.5 Como aplicar em sua empresa hoje?, 267

CAPÍTULO 36
STARTUP, 269

36.1 Conceito, 270
36.2 Planejamento, 271
    36.2.1 Startup é mais do que ideia, 271
36.3 Para o varejo, 272
    36.3.1 Os anunciantes querem a sua startup, 272
36.4 O que o público espera?, 273
36.5 Como aplicar em sua empresa hoje?, 273
    36.5.1 Mude pensamentos e novos resultados virão, 275

CAPÍTULO 37
ECONOMIA COMPARTILHADA, 277

37.1 Conceito, 277
37.2 Planejamento, 278
37.3 Para o varejo, 278
37.4 O que o público espera?, 279
37.5 Como aplicar em sua empresa hoje?, 279

CAPÍTULO 38
BRANDED CONTENT, 281

38.1 Conceito, 281
38.2 Planejamento, 282
    38.2.1 Inovação para conquistar o consumidor, 282
38.3 Para o varejo, 283
38.4 O que o público espera?, 283
38.5 Como aplicar em sua empresa hoje?, 284

CAPÍTULO 39
MARKETING DE CONTEÚDO, 285

39.1 Conceito, 286
39.2 Planejamento, 286
39.3 Para o varejo, 287
39.4 O que o público espera?, 287
39.5 Como aplicar em sua empresa hoje?, 288
    39.5.1 Funil do *inbound*, 288

CAPÍTULO 40
MAKERS, 291
40.1 Conceito, 291
40.2 Planejamento, 291
40.3 Para o varejo, 292
40.4 O que o público espera?, 292
40.5 Como aplicar em sua empresa hoje?, 293

CAPÍTULO 41
E-SPORTS, 295
41.1 Conceito, 295
41.2 Planejamento, 295
41.3 Para o varejo, 296
41.4 O que o público espera?, 296
41.5 Como aplicar em sua empresa hoje?, 297

CAPÍTULO 42
AMBIENTE INSTAGRAMÁVEL, 299
42.1 Conceito, 299
42.2 Planejamento, 300
42.3 Para o varejo, 300
42.4 O que o público espera?, 300
42.5 Como aplicar em sua empresa hoje?, 301

CAPÍTULO 43
NANOTECNOLOGIA, 303
43.1 Conceito, 303
43.2 Planejamento, 304
43.3 Para o varejo, 304
43.4 O que o público espera?, 304
43.5 Como aplicar em sua empresa hoje?, 305

CAPÍTULO 44
COMPUTAÇÃO QUÂNTICA, 307
44.1 Conceito, 307
44.2 Planejamento, 308
44.3 Para o varejo, 308
44.4 O que o público espera?, 308
44.5 Como aplicar em sua empresa hoje?, 309

PARTE III
O QUE MAIS VEM POR AÍ?, 311

CAPÍTULO 45
OUTRAS TENDÊNCIAS DA TRANSFORMAÇÃO DIGITAL, 313

45.1 Escolhas, 313
45.2 Recepção personalizada, 313
45.3 Lojas cada vez mais inteligentes, 314
45.4 Assinatura de produtos em alta?, 316
45.5 Fique de olho nas tendências!, 316
45.6 O futuro dos carros, 317
45.7 Dados, 318
45.8 Google no varejo, 319
45.9 Boas notícias?, 320
45.10 O pagamento é um momento crítico, 320

CAPÍTULO 46
O FUTURO DAS AGÊNCIAS DE COMUNICAÇÃO, 323

PARTE IV
CONCLUSÃO, 327

CAPÍTULO 47
REFLEXÕES FINAIS, 329

47.1 Para que serve tudo isso?, 329
47.2 O que aprendemos com isso?, 332
47.3 Percebe as mudanças?, 332
47.4 Você está impulsionando a mudança?, 333

ÍNDICE REMISSIVO, 335

REFERÊNCIAS, 341

INTRODUÇÃO

I.1 Minha trajetória

1º de julho de 2015. Esta data marca uma grande virada na minha vida. Finalmente, depois de anos trabalhando para os outros, eu teria o meu próprio negócio. Não é fácil empreender no Brasil, mas, se fosse fácil, não seria legal. O desafio é o que nos move!

Para empreender, você precisa oferecer ao mercado algo que você é realmente bom, e, em planejamento estratégico digital, permita-me a falsa modéstia, mas sou realmente muito bom. Pensar a comunicação, olhar mercados e públicos me destaca de muitos profissionais que olham o digital apenas como mídia. Assim, o mais natural seria vender ao mercado a consultoria de que muitos precisam, poucos têm e quase nenhum faz: planejamento estratégico digital com um olhar menos mídia, mais comportamento e foco em inovação. Depois de um breve papo com Julio Ribeiro, na sua JR Planejamento, surgiu a ideia de criar a FM Consultoria.

O desafio da FM Consultoria é entregar menos mídia e mais caminhos estratégicos e inovadores. É pensar em planejamento e negócios. Nosso papel é ser o departamento de planejamento – ou somar ao que existe – para entregar inteligência de comunicação, estudo de concorrência e, principalmente, estudo de perfil de público (personas) para que as marcas entendam como podem se comunicar com cada um dos seus públicos. Ajudamos a pensar, executar e mensurar campanhas, vestindo a camisa de nossos clientes.

I.2 5W2Hs

Use essa metodologia para organizar a sua comunicação

Site, blog, redes sociais, Google, e-mail marketing, hotsite, *landing page*, comparadores de preço, vídeos, mídia display, mídia programática, influenciadores, webinar, artigos, revista digital, webtv, e-book, remarketing, imagens, infográficos... Veja a extensão do universo digital, sem contar as estratégias que vem por aí com a transformação digital, como *omnichannel*, Internet das Coisas (IoT), *wearables*, entre outros. Como organizar tudo isso em um planejamento orientado a performance, resultado, branding e relacionamento? Pois bem, se você é revolucionário digital, isso tudo pode parecer uma balela, mas, para quem quer fazer o trabalho bem feito, metodologias, sendo novas ou com 100 anos, ajudam a organizar!

De acordo com o portal Guia-se, "não é nenhuma novidade usar os 5W2Hs no processo de comunicação das marcas. Alguns rebeldes digitais acham que isso é antigo e algo da 'velha escola de marketing', porém esses rebeldes são os primeiros a optar por 'memes' nas redes sociais em vez de uma comunicação séria e destinada ao consumidor da marca. A falta de estratégia, posicionamento, organização e um plano de metas faz com que as marcas se percam, e muito, na sua comunicação no universo digital, que também não pode ser resumido a um único canal, as redes rociais. O universo digital da marca, ou melhor, a sua presença digital é algo extremamente amplo, que é composto por diversas áreas. E as marcas precisam estar lá".

Fonte: GUIA-SE. 5W2H: use essa metodologia para organizar a sua comunicação. *Guia-se*, ago. 2018. Disponível em: https://www.guiase.com.br/5w2h. Acesso em: jul. 2019.

I.1.1 O que é o 5W2Hs?

Trata-se de um checklist de atividades específicas que devem ser desenvolvidas com o máximo de clareza e eficiência por todos os envolvidos em um projeto. A sigla, em inglês, indica sete diretrizes que, quando bem estabelecidas, eliminam quaisquer dúvidas que possam aparecer ao longo de um processo ou de uma atividade. São elas:

- » *What* (o que será feito?)
- » *Why* (por que será feito?)
- » *Where* (onde será feito?)
- » *When* (quando?)
- » *Who* (por quem será feito?)
- » *How* (como será feito?)
- » *How much* (quanto vai custar?)

Ou seja, é uma metodologia cuja base são as respostas para essas sete perguntas essenciais. Com essas respostas em mãos, você terá um mapa de atividades que vai te ajudar a seguir todos os passos relativos a um projeto, de forma a tornar a execução muito mais clara e efetiva.

I.1.1.1 O que fazer no 5W2Hs?

A metodologia em si não é complicada, mas "preencher as caixinhas", ou seja, dar a resposta para cada uma delas é que deixa o negócio mais fascinante. Quando você tem um projeto nas mãos é preciso, antes de qualquer coisa, mostrar o que deve ser feito. Se, por um acaso, dentro de uma grande estratégia de marketing digital é preciso criar um aplicativo para uma marca, é nesse momento em que se define o escopo do projeto, sua definição, seu propósito e seu objetivo, tudo bem alinhado com o que o planejamento definiu.

I.1.1.2 Por que fazer o 5W2Hs?

Por uma razão muito simples: essa metodologia não é inovadora, mas ajuda muito na organização de tudo. O *porquê* nada mais é do que a razão pela qual o projeto tem de estar no ar. Vamos manter o exemplo do aplicativo para ilustrar a ideia em sua mente. Quando um franqueado da *Guia-se*, por exemplo, faz todo o planejamento da marca de seu cliente e, nesse plano, há a ideia de propor um aplicativo, é na fase anterior que o franqueado vai explicar o que será feito. Aqui, explica-se o porquê deve ser feito.

I.1.1.3 Onde fazer o 5W2Hs?

Sempre no momento do plano tático, no entregável ao cliente, no final do planejamento, depois que tudo estiver embasado, estudado e apresentado, você oferece as ideias e ações, usando a metodologia para explicar passo a passo o que será entregue, neste caso, o aplicativo, por exemplo.

I.1.1.4 Quando fazer o 5W2Hs?

Em todo o seu planejamento! Organize as informações. Pense que as pessoas só compram aquilo que acreditam e confiam. Se um franqueado chega ao seu cliente dizendo que precisa fazer um aplicativo, o cliente recebe de uma forma, mas se ele chega embasando, detalhando, mostrando os passos, a importância e as defesas, as chances de vender o projeto são muito maiores.

I.1.1.5 Por quem o 5W2Hs deve ser feito?

Pelo responsável do planejamento como um todo. Nem sempre um planejamento completo é feito por uma única pessoa, aliás, é recomendável que seja feito por um time integrado junto ao cliente, com o mesmo direcionamento estratégico para atingir objetivos e metas. Porém, sempre tem uma pessoa responsável por pegar cada uma das partes e dar uma direção única.

1.1.1.6 Como deve ser feito o 5W2Hs?

Com muita pesquisa, estudo, definições e estratégia. A metodologia, reforçando, não é nada nova, mas se faz necessária para organizar as informações. Quando a pesquisa para o planejamento tem início, há muita informação que pode ser extraída do mercado, cenário, público, concorrência e tendência, por exemplo. Durante o planejamento, tudo isso é apresentado e organizado, mas, no momento de apresentar a ideia final, a ação, podemos resumir o que está sendo apresentado para reforçar a ideia e sua total integração e alinhamento com a estratégia e os objetivos.

1.1.1.7 Quanto custa?

Em um primeiro momento, não custa nada, uma vez que é um trabalho já contemplado dentro de um planejamento. Claro que para fazer o planejamento, o franqueado da *Guia-se* deve cobrar, mas esse valor deve estar inserido. Alguns sites recomendam ferramentas para chegar a metodologias que podem até ser úteis, mas uma ferramenta sem dados é como ter uma Ferrari sem gasolina, para nada serve. Por isso, é preciso correr atrás dos dados para apresentar ao cliente.

1.1.2 Aplicando a metodologia

Você percebeu que está sendo conduzido pela ordem dos 5W2Hs propositalmente, para que possa entender como desenhar essa metodologia passo a passo? Cada planejamento tem um direcionamento e as "caixinhas preenchidas" serão as mesmas, porém, com conteúdos diferentes. Usar a metodologia para apresentar um aplicativo para uma marca, como no exemplo, é totalmente diferente de usá-la para apresentar um site ou uma ação de Google.

1.1.3 Apresentando o aplicativo para seu cliente

Suponha que o cliente do franqueado da *Guia-se* seja uma loja de roupas que fica dentro de um shopping. No planejamento, depois de vários estudos e análises, chegamos à conclusão que é possível criar o aplicativo para engajar os clientes a ir na loja e comprar mais. O objetivo do aplicativo é esse. Como apresentá-lo, então? Os dados, ideias e objetivos são meramente ilustrativos aqui.

1. **O que será feito?** Um aplicativo para smartphone que tenha imagens de produtos, formas de contato com vendedores, vídeos de desfiles, conteúdos de moda e descontos exclusivos.
2. **Por que fazer?** Porque uma pesquisa no Google Analytics do site mostrou que 70% dos acessos vêm do mobile. Uma pesquisa sobre redes sociais mostrou que 80% acessam via mobile. Uma pesquisa feita com o público da loja mostrou que 45% fariam o download de um aplicativo, caso fosse mais do que um catálogo.
3. **Onde fazer?** O aplicativo será desenvolvido na plataforma Android, pois é onde são feitos 95% dos acessos à loja.

4. **Quando fazer?** O aplicativo será criado entre maio e agosto, para ser lançado em setembro, uma vez que é uma estratégia focada no Natal. Periodicamente, será alimentado com conteúdo exclusivo estimulando o engajamento para a loja física.
5. **Por quem?** Será feito pela equipe de tecnologia do franqueado da *Guia-se*, que já liderou projetos de aplicativos para as marcas XPTO, XZY, entre outras.
6. **Como?** Usando linguagens modernas que deixem o aplicativo com pouco peso, para que não haja consumo excessivo da memória do telefone do cliente.
7. **Quanto custa?** R$ 30.000,00, divididos em três parcelas de R$ 10.000,00, atreladas a entregas previstas no cronograma.

Está mais organizado?

I.3 Visão digital

A sobrevivência da sua empresa nos próximos anos

Talvez a palavra "sobrevivência" possa soar forte para você, mas, sendo bem sincero, é bom que soe mesmo! A frase "o mundo mudou" é velha, mas o momento é especial. Vivemos a era que presenciaremos a transição da visão off-line para a real visão 360°, na qual o digital ganhará cada dia mais força como estratégia de negócios, relacionamento, interatividade e, claro, vendas.

Vivemos a era onde o digital veio para ser uma grande plataforma de comunicação, na qual apenas as marcas que inovam e têm uma cultura digital vão sobreviver. Não que o digital vá substituir o off-line completamente – jamais –, mas eles vão, cada vez mais, se integrar e ser um único canal pelo qual o consumidor poderá se conectar com a marca. Consumidores falam, compram, conversam, sonham e desejam marcas. Por isso, a conexão emocional é importante. Quer um ambiente melhor do que uma plataforma digital para isso? Essa é a era da transformação digital.

I.3.1 Sua comunicação ainda será a mesma?

Em seu livro *Marketing e comunicação na era pós-digital*, Walter Longo[1] provoca o leitor com um pensamento bem interessante: "Se não temos o mesmo carro de 20 anos atrás, se não temos o mesmo corte de cabelo, se não temos o mesmo celular, por que a nossa comunicação tem que ser a mesma de 20 anos atrás?".

Por mais que a internet esteja mais do que consolidada na vida das pessoas, a meu ver, no dia a dia das marcas, não é bem isso o que acontece – afinal, elas ainda fazem a mesma comunicação de antes, com TV, rádio, jornal e, às vezes, internet! Quando pensamos em estratégia digital, em muitos casos, estamos pensando em: FaceAds, Google, remarketing e geração de leads – como se o marketing digital pudesse ser resumido apenas a alguns canais de mídias digitais, o que é uma visão totalmente míope dentro de seu potencial.

---

1 LONGO, W. *Marketing e comunicação na era pós-digital*: as regras mudaram. Rio de Janeiro: Alta Books, 2013.

Em 2016, vimos a consolidação dos influenciadores, pessoas que, sem nenhum estudo ou preparo para trabalhar na TV, foram para frente das câmeras, com seus celulares ou câmeras digitais, e começaram a fazer vídeos engraçados, dramáticos, depoimentos, revoltas e tudo o que se pode imaginar. Não é demérito algum dizer que não se prepararam para fazer TV, mesmo porque a linguagem da internet é outra.

No fim de 2017, Whindersson Nunes, por exemplo, havia batido mais de 2,2 bilhões de visualizações em seus vídeos e mais de 25 milhões de inscritos em seu canal no YouTube – audiência para deixar muita emissora de TV com inveja. Ele é apenas um rapaz engraçado que, sem megaprodução alguma, conquistou um público fanático com um jeito simples e direto. O segredo dos youtubers é falar olhando para a câmera, como se fosse olho no olho, sobre o que as pessoas querem ouvir, normalmente, assuntos ligados ao entretenimento. Isso fez com que esse cara engraçado se tornasse um fenômeno na internet – e com todo o mérito, deixemos claro. Sua falta de estudos de marketing e comunicação foram superados por seu talento, e, nessa escola, vieram muitos outros, principalmente, nas áreas do humor e games, algo que a "molecada" adora.

Entretanto, para você entender um pouco mais sobre como as coisas estão, Whindersson Nunes nasceu na internet, construiu a sua história na internet, faz enorme sucesso na internet e agora está sendo usado para campanhas de TV e revista. Não tenho acesso aos números das campanhas que contrataram o youtuber para suas ações, mas, por experiências passadas, não acredito que estejam dando o resultado esperado em vendas. Talvez em acessos ao site ou vídeos no YouTube, sim, mas, em vendas, acredito que não.

Outro caso bem recente é de Danilo Gentili e seu programa "The Noite", no SBT. Por mais que o horário seja ruim, durante a madrugada, o programa dá, em média, cinco pontos de Ibope – o que representa pouco mais de 350 mil pessoas assistindo apenas em São Paulo. Danilo tem, apenas em seu Facebook, mais de 13,2 milhões de fãs. Percebe como são números discrepantes?

1.3.2 Minecraft como profissão

Em 2016, um garoto de 19 anos, em São Paulo, fez um vídeo sobre o game Minecraft e passou de um bilhão de visualizações. Estimou-se que o Google o remunerava com, aproximadamente, um milhão de reais por ano em Google Adsense – sistema de remuneração do Google, usado por blogs, sites ou vídeos no YouTube, que consiste em repassar parte do dinheiro do clique ao dono do canal que exibir seus anúncios. Ou seja, o garoto, aos 19 anos, tinha um salário médio de 80 mil reais, algo que a maioria da população brasileira, que vive com um salário mínimo, demoraria sete anos para receber – e ele simplesmente faz vídeos em seu quarto falando sobre jogos.

Vários outros garotos e até algumas meninas seguiram a mesma linha, inspirados nele – sim, pasmem, mas, na época da transformação digital, youtuber é profissão, e seu filho ou filha podem, em breve, optar por escolhê-la. Como o brasileiro é sempre muito esperto, já existem faculdades criando curso de influenciadores, apostando em uma demanda que só tem a crescer nos próximos anos. Se, em algum momento, os jovens queriam entrar em escolas de teatro para um dia serem atores ou atrizes da Rede Globo, hoje eles querem ser youtubers.

> **NOS BASTIDORES**
>
> Apresento aqui um desafio que faço em sala de aula quando ministro o curso de Planejamento Estratégico Digital. Eu crio um slide onde, de um lado, mostro o logo da Atari e, de outro, a Apple. Atari, na década de 1980, era o grande *videogame* no mundo, um dos ícones de tecnologia da época, enquanto a Apple é o ícone de hoje. Peço aos alunos que façam uma lista das dez marcas que mais gostam ou consomem.
>
> Na sequência, peço que apontem, entre as marcas selecionadas, quais estão na era do Atari, ou seja, têm uma comunicação antiga que um dia foi eficiente, mas que hoje precisam se reinventar, e, do outro lado, aquelas que estão na era da Apple, ou seja, que entendem o consumidor em sua essência e agem de forma diferente e impactante.
>
> Nem precisa falar que o Atari, infelizmente, ganha de 10 x 0 da Apple nesse pequeno jogo. Depois, para finalizar, peço que os alunos, em casa, peguem a mesma lista e avaliem as redes sociais das marcas, fazendo uma análise sobre conteúdo, relacionamento, respostas rápidas e se a marca fala do universo do consumidor ou dos seus produtos.
>
> Para a nossa tristeza, a resposta que parece óbvia, de fato, ocorre: as marcas usam as redes sociais como um grande canal de divulgação de produtos e não de conteúdo e relacionamento.

Analisando o momento que as pessoas estão com relação à tecnologia, faz sentido agora reavaliar o fato de seu filho/filha querer ser um youtuber. Cada dia mais acessível e fácil de usar, a tecnologia está inserida no cotidiano das pessoas, mas de uma forma diferente da década de 1990 e com certeza bem menor do que estará em 2020. Pense nisso!

I.3.3 O futuro da transformação digital

Um estudo da CI&T, uma das mais importantes empresas de transformação digital no Brasil, aponta que cerca de

> 71% do total dos mil CIOs de grandes empresas mundiais afirmam ter consciência de que a transformação digital é necessária para que seus negócios permaneçam relevantes e tenham capacidades competitivas no novo mercado. Em contrapartida, apenas 5% deles dizem que as companhias estão preparadas para realizar essa transformação. Para alcançar uma mudança efetiva rumo ao digital é necessário encontrar um caminho para orquestrar a empresa como um todo. A transformação precisa ocorrer por meio do rompimento de silos, da comunicação e da articulação das diferentes áreas para que trabalhem juntas em busca da agilidade, da velocidade e da inovação que a organização deseja de forma contínua e sustentável.[2]

---

2 CI&T. Disponível em: https://br.ciandt.com/blog/como-conduzir-a-transformacao-digital-de-forma-sustentavel. Acesso em: ago. 2019.

Figura I.1 Cultura digital nas empresas

A inspiração vem dos líderes

As práticas e hábitos de gestão devem acompanhar as mudanças, consolidando um novo papel de liderança: estimular, direcionar e dar suporte às equipes que trabalham com autonomia. Um verdadeiro líder inspira as pessoas em busca do melhor e promove a melhoria contínua nos times ensinando, aprendendo e trabalhando ao seu lado.

Espírito de equipe

O desenvolvimento das lideranças tem como objetivo criar um espírito de equipe, ao mesmo tempo em que desenvolve as lideranças individualmente. O foco é a formação de uma visão e propósito comuns, fomentando o compartilhamento de aprendizados e o *ownership*.

Seja movido por dados

A informação é capaz de fomentar a construção da melhor experiência para o consumidor. Reúna dados, analise, aprenda, planeje, implemente e volte a analisar. Os dados são a base para produzir campanhas de engajamento do cliente e orientar a tomada de decisão nos negócios.

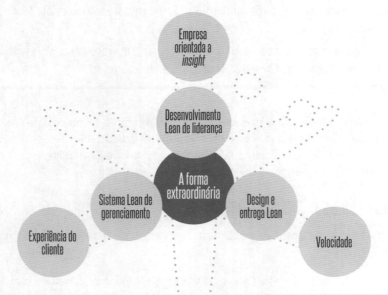

O cliente no centro de tudo

A obsessão pelo cliente deve ser o foco principal da estratégia dos negócios. É preciso conhecer seu público e entender a sua jornada, identificando o que é valor para ele e buscando satisfazer suas necessidades. Só assim você será capaz de oferecer experiências completas e surpreendentes de forma ininterrupta.

Seja rápido para vencer o jogo

Velocidade é a principal capacidade para ser competitivo e ganhar o jogo. Estimule o pensamento inovador e a habilidade de promover testes com constância.

Entregue mais valor, mais rápido

Os princípios do Lean devem ser os pilares da organização em termos de práticas e cultura de execução do trabalho. Isso envolve desde o planejamento de ciclos rápidos de entrega e aprendizado contínuo até a utilização de métricas e gestão para a construção de equipes de alta performance.

Fonte: LEAN DIGITAL TRANSFORMATION; CI&T.

I.3.4 O site é porto seguro do usuário

O primeiro canal de comunicação no mundo digital foi o site. Nos primórdios da era digital, empresas criavam seus websites para ter um endereço na recém-chegada internet – estamos, claro, falando de 1995, quando a internet chegou e trouxe portais como UOL, ZAZ e Cidade Internet. A internet era ainda muito recente e os mais visionários já pensavam em como ganhar dinheiro com o "novo canal". De fato, muitos ganharam, mas a famosa "bolha da internet", no início dos anos 2000, fez com que muitas empresas ".com" também quebrassem. Tudo o que é novo tem altos e baixos, mas a bolha fez com que muitos passassem a tomar mais cuidado com o então novo mundo on-line.

I.3.4.1 Por que ter um site?

Na época em que o site era o único canal digital, era necessário defender a importância de ter um endereço na web. Pouco mais de 100 mil pessoas acessavam a web naquela época, enquanto, em 2018, o Brasil fechou com mais de 120 milhões de conexões – grande crescimento! Estima-se que, em poucos anos, quase 80% da população brasileira tenha acesso à internet; logo, não se pode desprezar esse canal – algo que, infelizmente, algumas marcas ainda fazem.

Surgiram, então, empresas para desenvolver essa demanda. Meu amigo e parceiro José Rubens, CEO da *Guia-se*, franquia de Marketing Digital, em 1997 começou desenvolvendo sites para empresas de Indaiatuba e região. Era um mercado com muita demanda reprimida. Criar sites era algo muito novo, havia poucos profissionais capacitados que realmente entregavam algo de valor, poucos programas para desenvolver e poucas referências. Não era tão fácil criar um site como é hoje, mas era necessário desbravar o desconhecido para entregar algo de valor. Os primeiros sites, se comparados aos de hoje, eram horríveis, mas para a época, era o que se podia fazer.

I.3.4.2 Criação de sites hoje. Por quê?

A resposta para essa questão é a mais simples possível: o site ainda é o lugar onde o consumidor busca mais sobre marcas, produtos e serviços. Qualquer estratégia de marketing digital tem como objetivo levar audiência para um ponto onde o público tenha maiores informações sobre o que está sendo vendido, seja um hotsite de campanha, uma loja on-line, uma *landing page* de captura de lead ou o site/portal de uma marca. Não há nada de novo nessa ação, que está entre as mais antigas do mundo digital, mas ainda é uma das mais válidas e poderosas até hoje.

Se uma pessoa for impactada por qualquer canal, mídia ou mensagem, seu caminho natural é o site, onde terá a grande chance de se relacionar com a marca, produto ou serviço. Se o consumidor achar o conteúdo bom e relevante, as chances de venda aumentam mais ainda.

Uma dica para ter sempre em mente: o site vende! Sendo loja virtual ou não, o site vende!

I.3.4.3 Rápida pesquisa

Neste livro, você verá poucos dados sobre mercado por uma razão meio óbvia. Entre passar por todas as etapas do processo editorial até seu lançamento, os números já mudaram umas três ou quatro vezes, e o livro acaba chegando em suas mãos já desatualizado. Entretanto, há uma pesquisa que se mostra relevante para abrir sua mente.

Antes, permita-me abrir um parêntese neste capítulo sobre a defesa de um site. Você verá aqui que o site vende, seja ou não uma loja virtual. Ou melhor, a internet vende! Para isso, é preciso fazer um trabalho coerente e linear. Fazer um site, uma campanha a cada três meses, um disparo de e-mail, um post no blog, não é um ato constante; logo, não vai gerar venda.

A pesquisa a seguir serve não para você defender um plano de plataforma digital para seu cliente, mas para abrir sua mente e, talvez, até a do seu cliente, caso você seja uma agência ou consultoria.

O site Senhor Tecnologia apresentou, em janeiro de 2017, uma pesquisa muito interessante, feita por um dos mais respeitados institutos de pesquisa do mundo, TNS Research International. De acordo com a pesquisa, "90% dos brasileiros costumam consultar sites na internet antes de fazer uma compra e comentam suas experiências sobre produtos e serviços". Se você tem alguma dúvida sobre se o seu site vende, mesmo não sendo uma loja virtual, acredito que esse dado já possa ter te convencido, mas, caso ainda reste alguma dúvida, sugiro que leia a pesquisa na íntegra.

Chamo de e-consumidores aqueles que pesquisa, na web e compram on-line e off-line, não apenas nas lojas virtuais. Acredito que, daqui alguns anos, essa pesquisa estará bem desatualizada, uma vez que a tendência é o aumento gradativo dos dados apresentados. Os blogs, por exemplo, têm grande aderência aos públicos mais jovens, que em breve, estarão no topo da cadeia de consumo.

Fonte: Disponível em: http://www.senhortecnologia.com.br/pesquisa-aponta-que-90-das-pessoas-pesquisam-na-web-antes-de-comprar. Acesso em: set. 2019.

I.3.4.4 Objetivo do site

Nada no marketing é construído apenas a partir de uma ideia, uma vez que é preciso planejamento para sustentá-la. Embora seja o primeiro passo, uma ideia mal planejada é uma ideia fracassada.

Para que seu site consiga converter a comunicação em negócios, é preciso que tenha objetivos claros – desculpe ser redundante nesse sentido, mas é preciso fixar na mente das pessoas que não se cria um site só porque é necessário. Trata-se de um canal de extrema importância de relacionamento, engajamento, conhecimento e geração de negócios. Toda a ação provoca uma reação, essa é uma das principais leis da física. Logo, se você quer ter sucesso no mundo digital é preciso se dedicar e ter objetivos de negócios claros e factíveis.

Exemplos de objetivos claros para gerar negócios em um site:

- » apresentar seus produtos;
- » explicar melhor seu negócio;
- » mostrar sua história;
- » gerar cadastro;
- » gerar lead;
- » trabalhar comunicação diferenciada para aumentar a venda;
- » trabalhar melhor os descritivos dos produtos;
- » ter imagem de produto;
- » criar vídeos de produto;
- » ser um *hub* de negócios.

Esses são apenas alguns dos objetivos sobre os quais um site pode ser construído, mas depende muito do momento da marca, da estratégia de marketing e dos movimentos que a marca está criando. A dica é ter um objetivo claro e direto, pois quem quer ir para vários lugares acaba não indo para nenhum.

Atualmente, fala-se muito no conceito de plataforma digital, ou seja, o site será sempre o centro de toda a comunicação digital da marca ou empresa. Lembre-se que todas as ações, como e-mail marketing, mídia programática, influenciador, redes sociais, mobile, Google, ou seja, tudo o que você planejar de impactos/mídia vai gerar audiência para o seu site. Neste livro, você vai ver muito sobre esse conceito, uma vez que, dentro do movimento da transformação digital, a plataforma digital é o que vai conectar todas as iniciativas em direção a uma comunicação consistente, relevante e que gere ao consumidor uma relação forte com a marca em vários pontos de contato.

I.3.4.5 Não são apenas as lojas digitais que vendem on-line

As lojas on-line, na sua essência, nasceram para vender e dar lucro. Estão disponíveis 24 horas por dia, 7 vezes na semana, e têm estratégias de marketing digital, redes sociais, e-mail, *inbound*, buscadores e comparadores focados em converter audiência em compra. Por outro lado, os sites institucionais têm um peso menor de venda, embora vendam de fato.

Consideremos o mercado de automóveis de luxo. Qualquer marca desse segmento cria todo o cardápio de marketing digital: estratégias de redes sociais, e-mail marketing, Google, banner em portais do segmento, blogs, mobile etc. Tudo está lá, são canais de impactos, mídia de performance ou branding, mas é mídia. Marcas fortes vendem mais e, portanto, cobram mais.

I.3.4.6 Pense no site estrategicamente

O primeiro passo é saber que o seu site não pode, de maneira nenhuma, ser um catálogo virtual! Ao construí-lo, não pense em pegar fotos, alguns textos e uma plataforma qualquer, juntar tudo isso, e criar uma grande salada que termina em um catálogo virtual.

Ainda hoje, vemos empresas fazendo isso: seu próprio site é um PDF do catálogo, cujo formulário de contato pede ao usuário que escreva uma carta para o departamento de marketing da empresa ou os textos da home remetem a 2010, mesmo que estejamos em 2019, com fotos feitas pelo celular, sem a menor qualidade.

I.3.4.7 Ao pensar estrategicamente, pense em negócios!

Diversas pesquisas do Ibope, da Associação Brasileira de Comércio Eletrônico, do site Mundo do Marketing, entre outros, mostram que, cada vez mais, o consumidor está pesquisando on-line e comprando off-line, e vice-versa.

Independentemente de ter ou não uma loja virtual, é preciso entender que o site vai vender. Como vimos, estudos mostram que as pessoas pesquisam no site antes de comprar um produto. A Tecnisa, por exemplo, é uma das empresas que melhor trabalha marketing digital e vende apartamentos, embora ainda não se vendam apartamentos pela internet, isto é, não existe um e-commerce onde, ao colocar um cartão de crédito, você compra uma casa. Então, como ela vende apartamento na internet, sem vender apartamento na internet?

Todo o processo de encantamento para que as pessoas decidam comprar da marca, e não da concorrência, é feito por meio de redes sociais, blog, aplicativo e e-mail marketing. Então, o engajamento para gastar alguns milhões de reais na marca se faz por meio do marketing digital, ou seja, o site é o grande *hub* de conteúdo da Tecnisa.

Tenha essa estratégia bem clara: um site jamais deve ser um grande catálogo virtual, a não ser que você ainda esteja vivendo no início dos anos 2000.

I.3.4.8 O conteúdo é o que move a web

O que faz um site vender? Seu conteúdo, é claro! Meu amigo e parceiro Rafael Rez[3] diz que não é mais possível pedir em uma campanha publicitária para que comprem de você porque você é legal. Pelo contrário, você precisa educar seu consumidor, ajudá-lo a entender o processo, a saber como funciona, como usar, e, obviamente, o melhor instrumento para que essa relação seja plenamente satisfatória é o conteúdo.

Agora você entende por que o site vende e como vende?

---

3   REZ, R. *Marketing de conteúdo*: a moeda do século XXI. São Paulo: DVS, 2016.

> **SAIU NA MÍDIA**
>
> O conteúdo é o que move a web. Ninguém compra um smartphone para usar o telefone. Estudos mostram que falar ao telefone não é dos itens que as pessoas mais fazem. Uma pesquisa da Nielsen mostra que as pessoas usam o celular para mandar mensagens de texto, entrar nas redes sociais, usar aplicativos, acessar a internet e o GPS. A ligação telefônica está entre os últimos itens. Um aparelho que nasceu para ser um telefone se transforma em um minicomputador nas mãos das pessoas para acessar conteúdos. Cerca de 70% dos acessos aos sites no Brasil já são mobile – parte disso se deve a pessoas estarem nas ruas e pesquisarem o tempo todo sobre tudo, ou seja, criar um site que não seja amigável para o mobile é um erro gigantesco para os negócios, uma vez que o site, desde que esteja, no mínimo, acessível, tem potencial de venda.
>
> Fonte: SEBRAE. Hábitos de consumo nos dispositivos móveis. Disponível em: http://www.sebraemercados.com.br/habitos-de-consumo-nos-dispositivos-moveis. Acesso em: ago. 2019.

I.3.4.9 Entender o perfil é saber como criar o site

Vamos supor que queremos criar o site de um curso de inglês presencial, de uma pequena rede de escolas do interior de São Paulo. A estratégia de marketing é fazer com que um grande número de pessoas seja impactado pela escola e desperte o desejo de nela estudar. Trata-se de algo corriqueiro, uma vez que pequenas marcas, para impactar muitas pessoas, têm no digital a forma mais barata para alcançar esse objetivo.

A criação do site da escola precisa, desde o início, passar pelo estudo de AIDA (atenção, interesse, desejo e ação). O segundo passo é pensar na estratégia de marketing digital para localizar onde o público está, mas, claro, devemos, antes, criar um planejamento para saber quem é esse público. Por exemplo, um menino de 15 anos vai querer perder horas de *videogame* para ficar em uma sala de aula aprendendo inglês? Ou o público é o pai desse adolescente, na casa dos 40-45 anos, que cresceu ouvindo que inglês é fundamental no mercado de trabalho e que perdeu diversas oportunidades por não ter fluência na língua? Criar esse site para o jovem não trará o mesmo impacto do que para o pai, concorda? Por isso, o site precisa ter um propósito, um objetivo claro.

O mais importante aqui é entender que você pode usar qualquer uma das mídias digitais tradicionais como Facebook, e-mail, blog, mídia programática, YouTube, influenciador, ou usá-las atreladas a, aproximadamente, 40 estratégias de inovação que você vai ver neste livro. Tudo isso é válido, mas se o seu site não estiver bom, com conteúdo claro, objetivo e relevante, as chances de negócio diminuem muito – e, vou além, pode denigrir a imagem da marca no ambiente digital.

O QUE AS MARCAS ESTÃO FAZENDO?

Para mostrar a importância de um site bem estudado, estruturado, rápido e, principalmente, aderente ao público-alvo, vou apresentar um case de 2010. Você pode até pensar que é antigo, mas, para ilustrar o que quero dizer e abrir a sua mente, não vejo melhor opção.

Por volta de 2010, uma famosa agência de marketing digital da cidade de São Paulo decidiu inovar. E o que ela fez? Construiu um site totalmente em branco, com cinco ícones, em que a própria URL dizia que a agência não tinha site.

O site de uma agência tem como objetivo apresentar os seus trabalhos e captar novos clientes. A agência, então, colocou seu conteúdo disponível em vários canais digitais. De um lado, isso é muito bom, pois você movimenta, por exemplo, as redes sociais, mas, por outro, nem tanto, porque você deixa o site sem conteúdo.

O site era muito interessante, mas, se pensarmos em indexação no Google, era, na verdade, muito ruim, porque, com isso, a agência deixava de ser encontrada por alguns clientes. O tamanho da agência está em outro patamar, ela não necessitava tanto do Google para captar clientes, uma vez que eram grandes empresas que recebem quase que semanalmente diretores de novos negócios para uma conversa. Porém, essa é uma realidade de 10% das agências no Brasil; logo, 90% delas têm no Google sua principal fonte de leads (ou deveria ter).

Basicamente, o que agência fazia?

» Quando o cliente quisesse ver os seus cases de sucesso, acessava o link Flickr — perceba que estamos falando de 2010, quando o Instagram ainda não existia. Provavelmente, hoje, a ação seria levada para o Instagram.

» Quando o cliente quisesse saber mais sobre a agência, acessava o blog e lia notícias sobre novas contas, novas contratações, novas campanhas e estudos de mercado.

» Quando o cliente quisesse se comunicar com a agência, acessava o Facebook, com conteúdo similar ao do blog, mas cujo foco era o relacionamento com as pessoas.

» Quando o cliente quisesse ver vídeos, acessava o YouTube.

» Quando o cliente quisesse acompanhar o dia a dia, acessava o Twitter.

Para o mercado de marketing digital, essa foi uma ação muito inovadora, mas, no fim das contas, se mostrou uma grande ideia sem nenhuma aderência ao público-alvo. Como a agência captava clientes de outra forma, o objetivo era mexer com o mercado, mas, com isso, acabou tirando o foco do elemento mais importante: o cliente.

I.4 Open innovation

Por que a sua empresa precisa disso?

Como disse Thomas Alva Edison, "a etapa mais arriscada da inovação está nos primeiros passos".

Vamos abrir as portas da inovação. Aderir à transformação digital nada mais é do que trabalhar conceitos inovadores para o mercado. Entenda que o mercado precisa ir além do básico. Chamamos de mídia tradicional o rádio, a TV e a revista, mas, aos poucos, o que temos feito no digital também tem caminhado nessa direção, com Google, FaceAds, blog, *inbound*, influenciadores, comparadores, e-mail marketing e newsletter. Tudo isso é importante, mas será que é só isso que o consumidor deseja? Como um bom profissional de planejamento, uma das minhas missões é provocar, fazer com que as pessoas reflitam e pensem. Deixo, então, essa dica para você: provoque o pensamento e ele provocará a mudança. Então, vamos juntos?

Para Clóvis de Barros Filho,

> Inovar sob pena de estar repetindo a solução dos problemas que surgiram ontem. O mundo nunca mudou tão rapidamente e é por isso que as soluções que até outro dia valiam, hoje estão obsoletas e inadequadas. Inovar é preciso, fazer diferente é urgente! E, é claro, os meros repetidores acabaram sentindo o peso do passar do tempo. Eu gostaria de destacar que, embora seja necessário inovar, pois, diariamente, surgem problemas nunca vividos antes e portanto requerem soluções inéditas! É preciso lembrar que na palavra inovação contém a palavra novo, e a palavra novo implica atualidade que implica ruptura com o passado, mas contém nela o valor positivo da: iniciativa.

O QUE AS MARCAS ESTÃO FAZENDO?

Imagine que você é uma mulher vaidosa (ou o marido dessa mulher vaidosa). A maquiagem está entre os seus principais itens de compra mensais – aliás, uma brincadeira que vi em uma palestra sobre e-commerce de maquiagem, mostrou a Pirâmide de Maslow tendo itens de beleza como sendo primordial para a sobrevivência da mulher.

Você deseja comprar maquiagens novas, mas está um pouco indecisa, uma vez que busca algo novo e diferente, que nunca tenha usado. Pode ser que você tenha um evento importante, como o casamento do seu irmão, por exemplo.

Você vai até o shopping, e lá tem duas lojas. Uma delas é tradicional. Você entra, a vendedora lhe atende, você escolhe os produtos. Há um espelho central, você pode testar o produto lá mesmo, como cortesia. Isso é novo? Não. Funciona? Muito! Mas não tem nada de novo, demora muito e as pessoas acabam desistindo de esperar. Hoje, todos querem comprar de forma mais assertiva e mais rápida. Acabam, às vezes, optando por comprar o mesmo produto, na mesma loja, por segurança e comodidade. Você, então, entra na loja, faz o procedimento – o que demora, em média, quase 1h –, testa todos os produtos e, no final, sai com o mesmo. Isso é familiar? Já fez isso quantas vezes? Ou se você é o marido, viu sua esposa fazer isso quantas vezes? Nada de errado, é apenas o nosso cérebro que decidiu pela compra mais segura para evitar a culpa – o que será melhor explorado no Capítulo 5.

A outra loja já é mais moderna. Lá, você encontra um scanner de pele, do tamanho de um controle remoto de TV a cabo, na frente de uma tela digital *touch screen*. Ao passar o scanner em sua pele, ele identifica exatamente sua tonalidade e oferece produtos próprios para o seu tipo de pele. Você também pode clicar em um botão, chamado "festa/noite", avisando o sistema que o objetivo do produto é ser usado em uma festa durante a noite. O sistema, então, mostra os produtos mais adequados ao seu pedido.

Você, virtualmente, faz a maquiagem com as melhores opções e tira uma foto para comparar. Em minutos, você consegue testar todos os produtos. O que, na outra loja, levaria quase 1h, durou apenas cinco minutos nessa. Você gostou de dois itens, mas ainda está em dúvida. Lembra das fotos? Então, elas podem ser compartilhadas pelo Facebook para que as suas amigas ajudem na decisão de compra.

Você está com pressa, é a hora do almoço. Se chegar na empresa com uma sacola, o pessoal vai querer saber o que é e isso vai deixar seu chefe bravo, uma vez que ele não gosta de bagunça. E agora? Bom, o sistema lhe diz que você pode passar o cartão e o produto será entregue na sua casa em até 24h. É uma terça-feira e a festa é no sábado, dá tempo. Se algo der errado, você pode voltar lá no dia seguinte e comprar o que precisa. Você faz a compra e vai embora. Ao chegar no trabalho, recebe um e-mail dizendo que a compra foi aceita e que o produto já foi despachado, devendo chegar na sua casa naquele dia. Mas, e a vendedora? Não, ela é uma consultora. A venda é *self-service*.

Isso não é invenção da minha criativa cabeça de publicitário. O que contei vi com meus próprios olhos na Sephora de Nova York, em 2015, porque lá isso é comum. Trata-se de um case de *omnichannel*, algo que está muito mais avançado nos Estados Unidos do que no Brasil, infelizmente. O bairro do Soho, em Nova York, é o berço desse conceito. Vale a pena ir!

No Brasil, temos potencial, pessoas, tecnologia e dinheiro. O que falta é coragem para que possamos dar o passo a seguir e realmente inovar. A inovação ainda está no discurso das palestras. No palco, inovar é lindo, mas, no dia a dia, é perigoso. Precisamos de mais profissionais como Romeo Busarello (Tecnisa) ou Luca Cavalcanti (Bradesco) que não apenas estudam, mas aplicam a inovação em seus negócios diariamente.

Vivemos em uma era na qual o principal valor de uma empresa é mudar e não perdurar. Essa é uma equação difícil de ser aceita em um país com sobressaltos econômicos e escassa mão de obra especializada. No entanto, o enfoque mais abrangente que organizações modernas estão dando à transformação digital torna essa digressão menos distante.

I.4.1 Inovação aberta se faz necessário

Para Maurício Benvenutti,[4] fundador da XP Investimentos, CEO da Startse e autor do livro *Incansáveis*,

> o maior problema para uma pessoa que quer inovar, não é a falta de ideias, contato ou dinheiro. São as desculpas, são as pessoas que enxergam problema em tudo. A visão empreendedora, de quem quer enxergar lá na frente, é de quem enxerga uma oportunidade ao invés de barreiras.

A inovação aberta não é um conceito tão novo, mas, para o brasileiro, parece que ainda é. A expressão *open innovation* teve sua origem na Universidade de Berkeley. O conceito nasceu com o professor Henry Chesbrough, ex-gerente de uma empresa de tecnologia no Vale do Silício. Buscando diminuir a distância entre o lado acadêmico/teórico e a gestão prática, surge uma nova ideia.

O modelo de inovação aberta ocorre quando as empresas saem do modelo tradicional de inovar dentro da empresa para trazer pessoas de fora da empresa que as ajudem a inovar, resolvendo problemas. Toda a empresa tem problemas, da Apple a padaria da esquina da sua casa, como perda de mercado, melhora de produto, melhora de processos, uso de tecnologia para elevar as vendas, combater a concorrência ou se antecipar a uma tendência, e as inovações ajudam nesse quesito.

Lembre-se que, às vezes, a sua principal concorrência ainda é uma startup dentro de um coworking de uma universidade. Existe uma série de motivos pelos quais a empresa precisa inovar, mas o fato é que todos esses motivos giram em torno de uma questão: *problemas*.

Inovar é fazer de forma diferente algo que você já fazia, mas cujos resultados não estavam satisfatórios. Inovação precisa estar não apenas na missão, valores e visão da empresa, nem no discurso de palco dos diretores em suas palestras em eventos do mercado, muito menos em livros sobre a mesa do gestor. Inovação precisa estar literalmente no DNA da marca e ser executado no dia a dia da empresa.

"Todos os inovadores tomam socos; aqueles que obtêm sucesso descobrem como revidar".[5] Esse é o conselho que Scott D. Anthony dá em seu livro *Inovação*. Scott define a inovação como algo que envolve outras formas de fazer algo. Para o autor, "a inovação pode envolver uma nova abordagem de marketing, um diferente modelo de preços, um novo modo de organizar uma equipe ou mesmo uma nova forma de gerenciar uma reunião semanal".[6] Como você verá neste livro, não é preciso deixar de fazer marketing digital como é feito hoje, mas é essencial pensar em inovar para fazer diferente e conquistar novos resultados.

Uma coisa é fato: nenhum gestor de marketing está 100% satisfeito com as vendas, uma vez que o CEO, os acionistas e todo mundo está sempre querendo crescer mais e alcançar melhores resultados para, no final, ter mais dinheiro.

---

4 BENVENUTI, M. *Incansáveis*: como empreendedores de garagem engolem tradicionais corporações e criam oportunidades transformadoras. São Paulo: Gente, 2016.
5 ANTHONY, S. D. *Inovação*: do planejamento à ação. São Paulo: M. Books, 2016.
6 ANTHONY, 2016.

Atribui-se ao maior gênio da humanidade, Albert Einstein, a seguinte frase "Insanidade é continuar fazendo sempre a mesma coisa e esperar resultados diferentes". Se a frase é dele ou não, pouco importa, mas ela é não apenas verdadeira, como nos faz refletir. Você passa o mês inteiro gastando dinheiro com roupas, sapatos, maquiagem e comida. No final do mês, sobra sempre R$ 50,00 para guardar na poupança. Estamos em janeiro, você pretende juntar pelo menos 10 mil reais para viajar para a Itália e passar o ano novo com seus amigos. Nessa conta, você vai conseguir no máximo 600 reais, bem longe da meta. Porém, se você parar de comer fora todos os dias, levar uma salada para o trabalho, deixar de comprar roupas e sapatos, provavelmente, conseguirá juntar R$ 1.000,00 por mês e aí poderá fazer a viagem dos seus sonhos. Isso é inovar, é fazer algo diferente para alcançar um resultado diferente!

Alguns profissionais avaliam que ter uma área de inovação dentro da empresa é válido, enquanto, para outros, a inovação tem de estar em todas as áreas ou corre o risco de desenvolver coisas paralelas ao dia a dia da empresa, sendo bem mais difícil implementar. Na minha modesta opinião, avalio que é necessário ter um equilíbrio das partes; é preciso, sim, ter uma equipe que pense em inovação diariamente, que estude, que viaje, que saia da empresa o máximo possível, que veja eventos, palestras, TEDs e outros canais, mas essa unidade de negócios deve contaminar toda a empresa. Mais para frente, falarei do conceito de Walter Longo sobre "alma digital". Sem essa alma, as empresas farão mais do mesmo.

A inovação aberta precisa de espaço. Não é possível implementá-la sem que haja liberdade para criar. O Bradesco, por exemplo, criou a Plataforma InovaBRA , "um movimento criado para promover a inovação dentro e fora do Bradesco. Uma missão que cumprimos por meio de um ecossistema de programas que abrangem aquisições estratégicas, inovação interna e coinovação, onde o foco é trazer empresas, startups, consultorias e pessoas para pensar em projetos que resolvam problemas da marca".

Fonte: INOVABRA. Disponível em: https://www.inovabra.com.br. Acesso em: jul. 2019.

1.4.2 Onde a inovação aberta ocorre?

Vamos deixar uma coisa bem clara. Estamos falando aqui de inovação aberta, ou seja, a inovação que vem de fora da empresa. Muitas empresas possuem equipes e dedicam milhões de reais por ano para que o time ache novos caminhos, produtos e desenvolvam tecnologia própria. Entretanto, deixaremos esses times de lado, porque o assunto é outro. Não vejo a inovação aberta como uma concorrente das equipes da empresa, mas como algo que pode somar. Quem entra no mercado achando que todo mundo é concorrente, acaba ficando sozinho. Uma música do Titãs, uma das melhores bandas de rock do país, diz "as ideias estão no chão, você tropeça e acha a solução". Então, una-se aos bons e será um deles.

Um tema que tem dominado o mercado, e veremos isso com mais profundidade ao longo do livro, é o hackathon. Trata-se de um evento, normalmente patrocinado por uma marca em um coworking, onde startups normalmente podem apresentar soluções de negócios para o mercado e/ou para empresas patrocinadoras. Em geral, há um tempo determinado, algumas horas, para que as startups, quase sempre do setor de tecnologia, possam desenvolver soluções para problemas reais das marcas. Esse é um espaço propício para a inovação aberta, pois como as startups estão no começo de suas carreiras e precisam mostrar serviço, dedicam-se ao máximo para fazer algo extremamente inovador e com qualidade.

Alguns, mais maldosos, acham que isso não passa de um jeito de a empresa ter um monte de ideias e pessoas trabalhando de graça. Bem, alguns gestores até fazem isso, mas, na sua essência, trata-se de projetos sérios, mesmo porque saem ideias boas, ideias normais e também muita coisa ruim.

Outro jeito de envolver as startups é promover encontros para debates sem a competição que os hackthons exigem. Visitar coworkings deveria ser uma atividade corriqueira dos departamentos de inovação e marketing das empresas. Vá até eles, converse, participe dos eventos onde vão palestrar. Pode ser que não gere nenhum negócio, mas, com certeza, o que esse pessoal tem feito nos últimos tempos o deixará com a cabeça fervendo de ideias. E é isso que é legal!

I.4.3 Ouça o ecossistema

Dar e receber feedbacks é ótimo para melhorar a sua empresa. Eu, por exemplo, sofria com críticas. Embora hoje saiba que nunca vamos agradar a todos, sofria quando um aluno dizia que a minha aula era ruim ou quando uma pessoa dizia que meu livro de planejamento digital era "mais do mesmo". Porém, em 2012, conheci uma pessoa muito importante no meu crescimento profissional, meu amigo Roberto Shinyashiki. Se você não o conhece, procure no Google! Autor de vários livros, palestrante internacional, fez mais de quatro faculdades. Preciso de um livro novo só para falar do currículo dele. Em nossas excelentes conversas, ele sempre me mostrou a importância do feedback negativo.

Graças a Deus, tenho poucos feedbacks negativos, mas eles sempre existirão. No trabalho, em casa, no amor, sendo pai, filho, irmão, tio, primo, na vida acadêmica. Ninguém é perfeito. Por isso, ouvir o ecossistema pode ser, às vezes, triste, mas é preciso usar isso para crescer.

Na empresa é a mesma coisa. Muitas empresas, ainda hoje, temem estar nas redes sociais. Poucas usam ferramentas de monitoramento, achando que se não estiverem nas redes, não sofrerão ataques. Uma grande mentira! As pessoas não precisam entrar na Fan Page do Itaú para reclamar que o aplicativo não funciona, elas fazem isso em suas páginas pessoais. Se o Itaú conseguir mensurar, ótimo, porque poderá entender o problema e resolver – melhor ainda se conseguir responder e agradecer, porque, assim, seja qual for a marca, ganhará um grande respeito, embora nem todos os gestores pensem dessa forma.

Provoque a discussão. A TrustVox, dos meus amigos Horácio Poblete e Tatiana Pezoa, faz um excelente trabalho nesse sentido, ao perguntar para quem comprou no e-commerce o que achou da compra. Prova disso é que o Reclame Aqui os adquiriu no fim de 2018. Apostam que as opiniões sinceras podem dar excelentes feedbacks para as empresas melhorarem os processos. Isso é ótimo, pois é necessário estar em constante melhoria. Uma empresa só para de perseguir a melhoria constante quando fecha.

1.4.4 De onde deveria vir a inovação?

Na minha visão, a inovação na comunicação deveria vir das agências de marketing digital, mas não é isso o que acontece. Muitas agências digitais acabam sendo influenciadas pelo que ocorre nas agências tradicionais, onde a mídia predomina, gera dinheiro e paga as contas. No universo digital é preciso ser diferente. O despreparo de muitos gestores, que conhecem muito de off e pouco do digital, ajuda nesse processo. É preciso uma nova cultura para entender que inovar é algo que vai afetar o futuro das marcas – e rapidamente.

Essas agências estão com os dias contados. As consultorias estão dominando o mercado. No final de 2017, por exemplo, surgiu o boato de que a Accenture, uma das maiores consultorias do mercado, estava estudando a compra do WPP, o maior grupo de publicidade do mundo. Esse movimento mostra uma mudança absurda de mercado, as empresas querem menos mídia e mais inovação, planejamento e inteligência de negócios. Querem mais dados e menos CPA, CPC, CPL etc.

Vou dar dois exemplos que aconteceram comigo em 2017. Obviamente, não citarei nomes de agências, clientes ou profissionais, por ética, mas quero ilustrar como o pensamento das agências ainda está na mídia. Não acho totalmente errado, pois nem sempre a culpa é da agência, porque, como disse, estamos vivendo em um momento de transformação, e o novo sempre assusta. Mas as agências, quando pensam apenas na mídia, deixando de lado o planejamento, não vão conseguir oferecer nada além do básico – e, isso, em alguns casos, frustra o cliente e mostra que estamos dando passos para trás em relação à inovação. É nesse momento que as consultorias nadarão de braçadas *versus* os velhos modelos de agências, onde acredito que, até 2022, não serão mais os mesmos. Até o Nizan Guanaes, um dos maiores publicitários do país, está de olho no segmento de consultoria.

Voltando aos exemplos, o primeiro caso ocorreu em janeiro de 2017. Eu era o responsável por elevar o digital dentro de uma agência, onde deveria me preocupar menos com mídia e mais com estratégia, além de trazer inovação para os processos. No papel era isso, mas, na prática, eu ficava mais ao lado do diretor de mídia do que da diretora de planejamento.

Certo dia, chega para a agência o briefing de uma empresa de vinhos que fazia campanhas muito interessantes. O cenário para inovar estava pronto, mas, como nem tudo é perfeito, a verba era muito pequena para uma ação de seis meses. Porém, é aí que entra a importância da estratégia, mas, para as agências, primeiro vem a reclamação. Deveriam, em vez disso, encarar o desafio. Afinal, vender Coca-Cola com um bilhão de verba é fácil!

O planejamento off-line – sim, havia essa divisão – seria o responsável por organizar a ação, mesmo que fosse 100% digital. Estranhei isso, mas não sou de ficar questionando. Eu quero é trabalhar e fazer o melhor, sempre inovar a cada planejamento, a cada ação, a cada movimento que penso para uma marca.

Organizado o trabalho, coube a mim a parte de mídia on-line, mas eu disse que gostaria de inovar. Entrei em contato com a Chocolândia, meu cliente na época, e até hoje queridos amigos (por isso posso citá-los), e consegui uma ação gratuita para a marca – que a agência poderia até cobrar, mas a Chocolândia não cobraria – para que pudéssemos levar um iPad ao ponto de venda. Até aí, nada de muito novo. Porém, nesse iPad, além de assistir a alguns filmes da marca – criados e veiculados em 2015 –, a ideia era criar um projeto de IA via aplicativo – que poderia ser baixado gratuitamente –, no qual, basicamente, haveria um sommelier virtual ajudando as pessoas a comprar os vinhos da marca, em especial, o que estaríamos trabalhando. Além dessa ação, foram pensadas outras que envolviam IoT, mobilidade, big data, parcerias, vídeo, *omnichannel*, além da já citada IA. Era algo realmente inovador, que te deixa orgulhoso!

Quando apresentei ao planejamento, me disseram que o que eu tinha apresentado não era IoT, mas não quis questionar. Meu planejamento foi vetado pela equipe, pois, na visão deles, era impossível fazer tudo o que eu previa. Disse a todos que tinha dois fornecedores – logo, era possível executar – mas, na visão do planejamento, a agência não tinha a menor capacidade de fazer aquilo. Depois de dois dias, veio o veredicto: o planejamento havia decidido que controlaria a verba, portanto, eu deveria propor um valor superior à verba pela campanha.

Obviamente, eu questionei, mas essa foi a "ordem". E mais, eu deveria tirar qualquer "maluquice" da ação e apostar tudo em Google, programática e influenciadores. A ideia era fazer um clube de relacionamento – algo que existe aos montes – e divulgar.

Assim eu fiz. Eles apresentaram ao cliente, e forma detonadas com perguntas do tipo: "Cadê inovação?", "Cadê ação digital no PDV?", "Como me apresentam algo que custa oito vezes mais do que tenho de verba?". Eu soube disso pelo diretor de novos negócios, que veio me questionar sobre a inovação nas ações. Ouvi em silêncio, por alguns minutos, toda a sua raiva. Quieto, eu apenas abri meu computador e mostrei 64 slides de uma estratégia de inovação.

Dias depois, fui demitido da agência. Ao questionar o CEO sobre o motivo, ele me disse que esperava que eu inovasse mais. Quando contei esse caso, ele ficou sem jeito. Contei outra estratégia para outra concorrência – que, dias depois, eles ganharam – e ele ficou sem fala.

No outro caso, aconteceu quase a mesma coisa. Fui chamado para entrar na concorrência de uma marca bem inovadora do setor de brinquedos. Comecei minha apresentação mostrando três cases de inovação da marca para justificar o porquê deveríamos seguir essa linha. Marca inovadora, campanha inovadora, discurso inovador. Fomos analisar, eu e o diretor de novos negócios da agência, a gestora da marca e estudamos seu perfil no Linkedin: vinha de duas grandes empresas que têm inovação no DNA. Não estava difícil ver o que esperava. O briefing chegou e, como era apenas uma página, contei as 11 vezes em que a palavra inovação apareceu. Precisava ser mais claro? Infelizmente, para os donos da agência, sim, precisava.

Passei três dias imerso nessa concorrência. Pensei em diversas ações. Conhecendo o perfil da agência, que era conservador, tive a preocupação de, no plano tático, usar como título cada pedido do briefing, acompanhando as ideias que tínhamos para cada uma. Copio aqui uma das frases do briefing: "a marca está com fraca atividade no mundo digital, pois entendemos que falta inovar. Precisamos dessa inovação no digital e também no PDV, uma vez que nosso público está cada dia mais digitalizado". Pode parecer uma frase jogada, mas, naquele contexto, fazia todo o sentido. Alinhados com o diretor de novos negócios, elaboramos mais de 10 ações de inovação. Enviei para a apresentação. A proposta seria na quarta-feira. Na segunda-feira, ainda não tinha recebido uma resposta. Questionei se eu estaria na apresentação, silêncio. Questionei na terça-feira, silêncio. Entendi o recado.

Na quarta-feira, era meu dia de ir à agência – aliás, meu último dia, pois o contrato se encerraria e não havia motivos para renovar. Fui para lá, fiz meu trabalho e, na hora do almoço, o diretor de novos negócios me chamou. Bravo, ele me disse que nada do que fiz foi apresentado – os donos, com medo da execução, acharam melhor não apresentar. Tive certeza que a melhor decisão era mesmo sair de lá.

O mercado é pequeno. Essa gestora da marca e eu temos uma grande amiga em comum, e, assim, fiquei sabendo sobre a proposta. A gestora disse que eles apresentaram o básico: Google, YouTube e programática. Porém, o problema dela era venda e não campanha, pois, com o tamanho da marca, qualquer pauta junto à assessoria de imprensa sairia em diversos canais!

Alguns de vocês podem ter lido esses dois cases e pensado que uso o livro para reclamar porque não fui ouvido, mas não é nada disso. Uso esses exemplos em sala de aula, em agências e em palestras para mostrar o quanto as agências estão atrasadas. Se o planejamento da agência, como no primeiro caso, não pensa em inovar, quem o fará? Podem dizer que isso é papel da criação ou mídia. Concordo que todos na agência têm que inovar, mas deve ser papel do planejamento comandar isso, ser o influenciador e catalisador da inovação. Se, no segundo caso, uma agência chama um planejamento para inovar e tem medo de apresentar ao cliente inovações, então todos perdemos nosso tempo.

Segundo o e-book *Transformação digital em prol dos negócios*,[7] da Editora Padrão, "a inovação, a digitalização e o investimento em tecnologia não são mais escolhas para as empresas e, sim, necessidade de sobrevivência. Em um mercado em que algumas das empresas mais valiosas não possuem ativos materiais, serviços sob demanda surgem de todas as formas". Para Cássio Azevedo, sócio fundador da AeC, "embora ainda tenhamos gerações de consumidores divergentes, com faixas etárias e poder de compra distintos, a forma de consumo mudou e podemos dizer que o próprio mercado evoluiu e educou o consumidor".

O que quero apresentar neste livro é um manifesto a favor da inovação. Devemos nos reinventar para não morrer no mercado, que, a cada dia, quer coisas mais diferentes. Como diz Seth Godin, "a fé é crucial para qualquer inovação. Sem fé, é suicídio ser líder".

1.5 A realidade digital agora é outra

Você ainda acredita que marketing digital se resume a Google, influenciador e Facebook?

A realidade agora é *mista*. Ela é aumentada e virtual. Trata-se de uma nova experiência em vendas de produto e apelos que falam diretamente com o que mais importa: o cérebro do consumidor. Nesse sentido, é preciso saber que o digital está cada dia mais atrelado ao principal conceito do marketing: a experiência. Esse tema está sendo mais do que debatido no dia a dia dos eventos e artigos pelo Brasil, mas, na prática, estamos vendo outras coisas, como marcas ainda apostando em mídia para vender. Mídia é importante, mas não é a única arma.

---

7 GRUPO PADRÃO. Disponível em: http://gpadrao.com.br/technobusiness/ebook. Acesso em: ago. 2019.

O que você avalia ser mais efetivo para uma venda: fazer uma campanha no Google que impacte 20 mil pessoas, para gerar dois mil acessos a uma página, 200 cadastros e 40 vendas ou uma lista segmentada com bases cruzadas que levante 100 potenciais consumidores que desejam comprar aquele produto?

O custo é menor, logo, o retorno sobre investimento (ROI) será maior. A matemática é simples: a campanha com maior ROI vence. Victor Vieira, VP de Planejamento da Agência FessKobbi, fala muito sobre o "matemarketing" – e é com dados que se chega lá. Vimos dois exemplos que mostram que o marketing não é mais mídia – na verdade, nunca foi apenas isso –, mas agora precisa ser visto sob outra perspectiva. Marketing é matemática e experiência. A mídia vem depois.

I.5.1 Realidade virtual e realidade aumentada trabalhando juntas

Segundo o professor Antonio Carlos Sementille, especialista em realidade virtual e realidade aumentada, essas duas áreas de pesquisa são complementares. A realidade virtual consiste em criar um ambiente totalmente gerado pelo computador, isto é, 100% virtual. O usuário pode interagir com esse ambiente, uma vez que tudo seria gerado por computador. É muito comum usar capacetes de realidade virtual para que, justamente, o usuário não veja mais o mundo real. As aplicações, do ponto de vista da interação com o usuário, ficariam um pouco mais complexas. Como ele não está vendo o mundo real, como é que vai interagir com os objetos? Por isso, usam-se luvas que capturam a posição das mãos e dos dedos, sensores que verificam onde está a posição da cabeça do usuário para ajustar a imagem que ele está vendo etc.

No caso da realidade aumentada, o usuário continua vendo o mundo real, mas ele é complementado por alguns elementos virtuais. De repente, eu olho para um motor real de automóvel, por exemplo, e vejo seu interior, com as válvulas se mexendo e a explosão acontecendo, embora continue vendo o mundo real. Na realidade aumentada, o objetivo é *aumentar* a realidade com informações adicionais devidamente alinhadas com a visão do usuário e do mundo real, além de iludir os sentidos humanos de certa forma, embora seja uma ilusão mais tênue porque o usuário continua vendo o mundo real.

I.5.2 Realidade mista: a união das realidades

Simplificando, realidade mista é uma forma de fundir o mundo real com o virtual para produzir novos ambientes e formas de visualização em que os objetos físicos e digitais coexistem e podem interagir em tempo real. Para tal, é necessária a combinação do poder de processamento computorizado com a intervenção humana e ambiental, de forma a garantir que o movimento no mundo físico seja transposto para o universo digital.

SAIU NA MÍDIA

Um estudo sobre as realidades virtual e aumentada do portal Mercado & Consumo afirma que "a utilização da tecnologia aumenta consideravelmente todas as possibilidades quando se fala em modificar esta experiência. O engajamento pode ser o grande diferencial competitivo".

O estudo fala sobre como realizar treinamentos usando essas duas tecnologias, que, em 2017, foram citadas como tendência de marketing digital – e continuaram sendo em 2018. O grande problema da explosão de novas tecnologias se dá no medo que as marcas ainda têm de inovar e levar algo adiante. As ideias em palestras estão lindas, mas, no dia a dia, é sempre "complicado" de fazer. Se todos pensassem assim, ainda estaríamos no tempo das cavernas nos comunicando por sinais na parede.

De acordo com o estudo, "o uso das tecnologias de realidade virtual e realidade aumentada simulados proporcionam uma interface muito avançada, facilitando o treinamento em situação que requerem a manipulação de equipamentos, vivenciar situações e condições adversas, perigo e risco – tudo de forma absolutamente segura. Permite simular situações reais e interagir em reproduções das situações mais difíceis com clientes. Elas nos permitem ainda conhecer produtos e especificações técnicas em sua integra e um cardápio de acesso rápido a estes dispositivos no caso de consultas".

Vale lembrar que, em vendas, isso pode ser uma poderosa arma no momento em que o consumidor tem a chance de vivenciar como o produto pode ser manipulado e de que forma pode ajudar no seu dia a dia – e é aqui que entra a experiência. Não é nada de novo, mas já pensou viver a experiência de um voo entre São Paulo e Paris pelo novo avião da Emirates por meio das duas realidades?

"A realidade virtual e a realidade aumentada permitem uma conexão direta com nossos sentidos de audição, visão e, em alguns casos, até olfato, sendo nossa resposta imediata. Unidos à alta capacidade de promover a interação, esses fatores causam uma poderosa imersão. A aprendizagem, neste caso, é bastante aumentada, pois o participante tem uma rápida absorção do conhecimento 'vivenciado'".

Fonte: MENDES, F. O que a realidade virtual e a realidade aumentada podem fazer por seus treinamentos. *Mercado&Consumo*, maio 2018. Disponível em: https://www.mercadoeconsumo.com.br/2018/05/25/o-que-a-realidade-virtual-e-a-realidade-aumentada-podem-fazer-por-seus-treinamentos. Acesso em: jul. 2019.

Não há dúvidas de que a inovação precisa estar inserida na vida das marcas. Isso não é mais futuro ou tendência. Isso é hoje! Aliás, se hoje, até o fim do dia, você não tiver inovado, desculpe, mas você está um dia atrasado em relação à sua concorrência. A criatividade é algo presente na inovação, mas inovar não depende apenas dela. Não ter cultura para inovar é um problema muito mais sério do que se imagina.

SAIU NA MÍDIA

De acordo com o portal *Guia-se*, "a Microsoft lançou o projeto HoloLens, um dos grandes representantes dessa junção das duas realidades, chamado de realidade mista, que conta com um aplicativo de IA. Um dos mentores desse projeto é o brasileiro Alex Kipman, uma das mentes também por trás do Kinect, que está desenvolvendo toda a estrutura do HoloLens 2.0, uma nova versão dos óculos que, como dito aqui, é talvez o maior exemplo da realidade mista já vista no mundo".

Segundo Kipman, o HoloLens tem a "possibilidade de trabalho conjunto, como se parceiros estivessem próximos em uma mesma sala, incluindo a diferença espacial que muitas vezes se faz importante em um ambiente colaborativo. Às vezes, você não pode estar ombro a ombro com alguém, mas o trabalho que você está fazendo exige esse nível de proximidade. Mais do que apenas uma experiência de comunicação compartilhada, você precisa de presença. A realidade mista permite que você esteja presente e compreenda espacialmente as coisas, mesmo quando as pessoas não estão fisicamente no mesmo espaço. Vale frisar que essa plataforma permite que fabricantes de hardware, como Acer, Asus, Dell, Lenovo e Samsung, criem seus próprios *headsets*, seguindo os parâmetros da Microsoft. A incorporação de sensores no dispositivo (não são necessários outros separados) permite desfrutar de experiências de realidade mista a um preço mais acessível, mas o ecossistema de software ainda está numa fase embrionária. Mas isso é um futuro que não será tão próximo, as iniciativas de realidade mista estão apenas começando, mas em breve muitas empresas como as citadas acima e outras startups estarão entrando nesse mercado, ainda muito inexplorado, mas que já desperta, sem dúvida, a imaginação de quem tem, mesmo que por vídeo ou artigo, a sensação do que vem por aí".

Fonte: GUIA-SE. A realidade digital agora é outra. Disponível em: https://www.guiase.com.br/a-realidade-digital-agora-e-outra. Acesso em: jul. 2019.

Segundo o portal Canaltech, a equipe de Fórmula 1 da McLaren em parceria com a HTC está criando projetos para novas experiências em realidade virtual e aumentada. "Uma das primeiras novidades será desenvolvida para o *headset* da Vive e o mais novo lançamento Vive Pro, com a produção de conteúdo para seu programa de *E-Sports*. Segundo a McLaren, "a equipe vai criar a primeira competição de *E-Sports* de realidade virtual do mundo integrada ao esporte real. No ano passado, a equipe de F1 já havia se aventurado nos *E-Sports* com a competição de jogos mais rápidos do mundo, dando a vitória para Rudy van Buren e uma vaga na liga como motorista oficial de simulador. A McLaren e a HTC não revelaram muitos detalhes sobre o projeto, mas, ao que tudo indica, a parceria pode oferecer transmissão ao vivo em 360 graus das corridas aos usuários do *headset*".

Fonte: ROSA, N. McLaren e HTC se unem em projeto de realidade virtual e aumentada para a F1. Disponível em: https://canaltech.com.br/rv-ra/mclaren-e-htc-se-unem-em-projeto-de-realidade-virtual-e-aumentada-para-a-f1-114590. Acesso em: ago. 2019.

I.5.3 O futuro é hoje

Existe uma enorme possibilidade de você, que está lendo este livro, tenha mais de 30 anos – esse é o perfil de quem lê textos técnicos como este. Tendo ou não filho, você é de uma geração mais velha que essa "molecada" – no bom sentido da palavra – de 16 a 20 anos que vai dominar o mercado consumidor daqui a dez anos. Você está, pelo menos, a duas gerações na frente deles. Essa galera que não sai do smartphone, que vive em *videogames* como Kinect e Wii, que não larga a Netflix por nada e que prefere empreender a ser empregado, tem outra mentalidade, outra forma de viver e ver o mundo, concorda? Se você é pai ou mãe, entende o que esse trecho quer dizer.

Pois bem, fica aqui uma questão que poucos pensam, mas que precisa ser levada em conta: uma jovem, de 16 anos, que está terminando a escola e ganha mesada de 200 reais dos pais, prefere comprar um sapato novo pelo site da Dafiti ou ir ao shopping? Será que daqui a 10 anos, quando ela tiver 26 anos, ganhando um salário de cinco mil reais, ela vai ao shopping? Ou existirão outras tecnologias, como a realidade mista, por exemplo, que vão permitir que ela compre de outra forma?

I.5.4 O que era o e-commerce em 2001?

O ano de 2001 ficou marcado pelo filme "2001: uma odisseia no espaço", um clássico do cinema que tinha muito exercício de futurologia envolvido. Na década de 1980, por exemplo, as pessoas pensavam que nos anos 2000 os carros voariam. Em 2018, nem projeto disso existe, com a exceção de drones desenvolvidos para levar pessoas. Entretanto, não há muitos projetos da Toyota, Honda, Mercedes ou Jaguar para carros que possam voar, como no desenho dos Jetsons. Entretanto, pensávamos que o ano de 2000 seria marcado pelo ano da tecnologia.

Como seria dizer para uma pessoa que ela poderia entrar em um site, chamado Submarino, e poderia comprar o mesmo livro que comprava na Livraria Saraiva ou na Livraria Nobel do shopping, recebendo o produto em casa? Seria um absurdo. Hoje, isso é banal, e 65 milhões de pessoas geram mais de 50 bilhões de reais ao ano para o mercado de e-commerce no Brasil.

I.5.5 O que seria do YouTube na década de 1980?

Nessa década, o Brasil parou em uma sexta-feira à noite para resolver um mistério: Quem matou Odete Roitman? A data era 6 de janeiro de 1989. O país parou em frente à TV, para sintonizar na Rede Globo e descobrir um dos maiores mistérios da teledramaturgia da história da TV brasileira. Pessoas deixaram de ir a cursos, restaurantes, saíram mais cedo do trabalho. Quem estava de férias, não pensou em sair da frente da TV por nada. Não era a final da Copa do Mundo, apenas uma novela. E se na época dissessem às pessoas "Calma, você pode ver a novela ao vivo em seu smartphone pelo aplicativo Globoplay", ninguém acreditaria. Hoje, você entra no ônibus e o que mais vê são pessoas com o celular na mão falando em redes sociais, WhatsApp ou assistindo alguma série na Netflix.

I.5.6 A história nunca muda

Perceba uma coisa: a história nunca muda. A evolução da tecnologia permite que marcas se conectem às pessoas de diversas formas. A internet chegou para ser o local onde "se conheceria o mundo por um clique", e isso não matou as agências de viagem, pelo contrário, potencializou-as, uma vez que, quando as pessoas têm certeza do que querem, compram mais. Assistir filme em casa é algo que todos gostam, e isso não acabou. Porém, em vez de alugar um DVD, as pessoas pagam uma baixa mensalidade para assistir a quantos filmes quiser. A tecnologia conecta, as pessoas gostam e as marcas têm de fazer parte disso ou morrem. Isso é um fato que, às vezes, fica lindo no palco, mas é pouco usado no dia a dia das empresas, que, quando menos esperam, estão correndo atrás do "rabo".

I.5.7 Realidade mista não é para hoje...

... Mas é algo para ficar no seu radar. Ela é uma tecnologia que pode, sim, ser usada nos dias de hoje. Contei alguns casos práticos que mostram que isso não é algo para o futuro. Na McLaren, por exemplo, a notícia é de 2017, ou seja, é algo que já está sendo feito pela empresa. Não se sabe o tamanho do investimento, mas a McLaren é uma empresa que representa a vanguarda da tecnologia no campo mais ligado à tecnologia do mundo automobilístico, a Fórmula 1. Mas só ela? Só Apple, Microsoft, IBM, Amazon, Google que podem inovar? Pensar assim é pensar pequeno e, quem pensa pequeno, mantém-se pequeno.

No final do dia, o consumidor quer se conectar a você. Seja por e-mail, Facebook, site, 0800 ou na loja física. Ele quer se conectar primeiro à marca e depois consumir. Se pode haver uma conexão com muita tecnologia, por que não? E, um último detalhe, quanto mais tecnologia embarcada, maiores são as chances de captar dados do consumidor e saber o que ele realmente deseja.

> **SAIU NA MÍDIA**
>
> Segundo uma matéria do Portal IGN, a Samsung está apostando em algo que vai além dos óculos de realidade aumentada. Trata-se dos óculos que rodam games e aplicações na realidade mista. Em um primeiro momento, a marca está apostando um pouco mais nos games, mas, para quem trabalha com estratégia, isso já amplia, e muito, as possibilidades em pontos de venda – vamos, neste livro, falar bastante sobre *omnichannel*. Sem dúvida, ações que geram interação – principalmente digitais – no ponto de venda tendem a dar muito mais resultados do que as normais com uma modelo oferecendo degustação.
>
> Segundo a matéria, "entre os games, o benefício está na qualidade do visual das duas telas, mais nítidos e causam bem menos enjoos. Há também bastante precisão dos movimentos da cabeça e dos dois controles que acompanham o produto. O visor é compatível com Windows Mixed Reality (plataforma de realidade mista da Microsoft)".

Para o estrategista de plantão, como dito anteriormente, é possível imaginar o que a Microsoft deverá lançar nos próximos anos para que as marcas se beneficiem dessa tecnologia em, repito, pontos de vendas. Reforço isso, pois é importante saber que a transformação digital não ocorre apenas dentro das organizações, mas tem a missão de unir os mundos, ainda chamados, erradamente, de on e off. O mundo é um só e cada vez converge mais.

Fonte: PETRÓ, G. Óculos de realidade mista traz imagem nítida, maior campo de visão e chega ao Brasil por R$ 3.499. Disponível em: https://br.ign.com/tech/59750/news/oculos-de-realidade-mista-traz-imagem-nitida-maior-campo-de-visao-e-chega-ao-brasil-por-r-3499. Acesso em: jul. 2019.

PARTE I

O QUE É TRANSFORMAÇÃO DIGITAL?

CAPÍTULO 1

TRANSFORMAÇÃO DIGITAL

1.1 O que vai mudar em seu negócio?

Tenho **quase** certeza de que se você está com este livro em mãos é porque, em algum momento, ouviu sobre o termo **transformação digital**. No ano de 2018, quando tive a ideia de juntar diversos estudos para conceber esta obra, muito se falou sobre esse termo – não é para menos, uma vez que o mercado varejista, no geral, pede, implora e necessita do **novo** diariamente.

SAIU NA MÍDIA

Em sua essência, segundo o site Marketing de Conteúdo, "a transformação digital é um processo no qual as empresas fazem uso da tecnologia para melhorar o desempenho, aumentar o alcance e garantir resultados melhores. Trata-se de uma mudança radical na estrutura das organizações, a partir da qual a tecnologia passa a ter um papel estratégico central, e não apenas uma presença superficial. Isso leva tempo e consome recursos, mas não são apenas as grandes organizações que podem implantar programas de transformação digital – até porque isso não se resume a quem tem mais dinheiro".

Fonte: RABELO, A. Transformação digital. Disponível em: https://marketingdeconteudo.com/transformacao-digital. Acesso em: jul. 2019.

Os avanços digitais seguem aumentando potencialmente o volume de interações entre consumidores e marcas. Uma pesquisa realizada pela Atento revelou que 97% dos brasileiros acreditam que, em um futuro próximo, os contatos por meio de canais digitais deverão acontecer com maior volume. "Além de melhorar a experiência dos clientes e criar novos serviços, é necessário identificar oportunidades de ganhos de produtividade e melhorias de custos", avalia Flávio Henrique Ribeiro, diretor executivo de tecnologia, infra e operações da Atento.[1]

SAIU NA MÍDIA

O site Transformação Digital traz cases e frases interessantes para defender **o que é** e **porque é** preciso pensar cada dia mais na transformação digital: "até 2020, a experiência do cliente superará o preço e o produto como o diferenciador-chave da marca. 86% dos compradores pagarão mais para ter uma melhor experiência".

Fonte: TRANSFORMAÇÃO DIGITAL. Disponível em: https://transformacaodigital.com. Acesso em: jul. 2019.

Experiência é uma palavra que vai aparecer muito por aqui. Segundo o presidente mundial da Mercedes-Benz, "a experiência é o novo marketing". Para criar um processo de transformação digital é preciso, como item básico, ter grande integração entre o físico e o digital. Isso pode ser um empecilho para muitas empresas, mas a dica é: não deixe para amanhã o que pode fazer hoje.

A esse respeito, David L. Rogers afirma que

> à medida que os clientes se comportam menos como indivíduos isolados e mais como redes conectadas coesas, todos os negócios devem aprender a explorar o poder e a potência das redes de clientes. Isso significa engajar-se, empoderar e cocriar com os clientes além do momento da primeira compra.[2]

O fato é que a transformação digital propõe uma mudança radical na maneira como as empresas operam atualmente, incorporando processos digitais que garantam seu lugar no futuro. Sendo assim, quando você ler por aí que a transformação digital é a sobrevivência de sua empresa, um conselho: **acredite!**

1.1.1 Provocar é preciso!

Como bom profissional de planejamento, tenho como obrigação provocar a mudança na mente dos gestores. Por isso, começo este livro mostrando para vocês um pequeno resumo de um estudo – que pretendo, mais para frente, aprofundar, comentar e mostrar os caminhos que considero interessantes – sobre como o Brasil está atrasado no quesito transformação digital.

---

[1] ESTRATÉGIASQUETRANSFORMAM.Disponívelem:https://estrategiasquetransformam.com.br/transformacaodigital/transformacao-digital-e-o-seu-negocio. Acesso em: ago. 2019.

[2] ROGERS, L. D. *Transformação digital*: repensando o seu negócio para a era digital. São Paulo: Autentica Business, 2016.

Para Paulo Ferezin, sócio-diretor e líder para o Setor de Varejo da KPMG no Brasil, que fez um paralelo do estudo Global Consumer Executive Top of Mind Survey da KPMG com o Brasil, as empresas que atuam por aqui estão mais atentas à própria geração de receita do que a uma visão de negócio de longo e médio prazos. "Não existe uma estratégia, mas ações isoladas e até mesmo desconectadas", comenta. O primeiro passo, portanto, é justamente incluir a questão da transformação digital na estratégia de futuro da empresa.

Dependendo da visão de cada um, isso pode ser algo péssimo ou algo muito bom. Quando Steve Jobs, na garagem de seus pais, criou a Apple, IBM e Microsoft já estavam consolidadas, mas ele viu algo diferente no mercado e, hoje, a Apple vale um trilhão de dólares, ao passo que a Microsoft vale 827 bilhões. Steve Jobs não pensou em fazer igual, não olhou o mercado da mesma maneira, não viu o consumidor a partir da mesma perspectiva: ele pensou diferente – como seu posicionamento e propósito de marca sugerem – e, sete anos após seu falecimento (ocorrido em 2011), a Apple continua a crescer.

No Capítulo 2 deste livro, boa parte da discussão sobre marcas terá como base esse estudo da KPMG. Confesso que quando o li, além de ter ficado um pouco preocupado, tive a ideia de criar este capítulo para discutir o que, em minha visão – e com base nas pesquisa apresentadas, claro –, deveria ser feito no sentido da transformação digital para as marcas. Afinal, você comprou este livro para entender, a partir de uma visão profissional, com metodologias e cases, que a transformação digital pode ser feita em seu negócio.

Livros técnicos como este são investimentos para que você, ao final da leitura, tenha mais conhecimento e aplique-o em seu dia a dia. Por isso, preocupo-me em não apenas "copiar o que está na internet" para um material impresso, mas trazer aqui o que não se acha no Google: a minha inteligência profissional, com mais de 15 anos de mercado, meus estudos e conhecimentos acumulados para ajudar você a trilhar o caminho da estratégia de negócio chamada **transformação digital**.

O QUE AS MARCAS ESTÃO FAZENDO?

Supermercados digitais, transformação digital na prática!

Enquanto os supermercados no Brasil engatinham no mundo on-line – haja vista que pouquíssimas operações efetuam vendas digitais –, a Amazon lança diversas novidades em seu projeto chamado Amazon Go, não apenas redesenhando o modelo de compra do supermercado, mas entendendo como o mundo e, principalmente, as pessoas mudaram.

Segundo uma matéria do site Tecnoblog, de 2017, a "Amazon equipou seu supermercado com sensores e câmeras que utilizam técnicas de visão computacional e aprendizagem de máquina, como nos carros autônomos, para entender automaticamente quais produtos você pegou (ou devolveu) na prateleira da loja". Isso significa que a empresa empregou *omnichannel*, reconhecimento facial, big data, *machine learning* e identificação por radiofrequência (RFID) em um mesmo projeto – conceitos que serão muito bem explicados neste livro.

> Entretanto, veja que interessante: ao passo que os grandes varejistas, como o Casino, Carrefour e Walmart, por exemplo, estão no velho modelo de compras, coube a uma loja virtual, uma empresa que opera 100% on-line, desenvolver uma ideia e aplicá-la – o que é mais importante –, para mostrar ao mundo que é possível mudar e inovar em qualquer mercado.
>
> Por que a ideia não veio do Brasil? Essa é a minha indagação, reforçando minha defesa: temos criatividade, tecnologia, geniais estrategistas, dinheiro, público para aderir... O que falta, então?
>
> Ainda segundo a matéria, "a novidade permite que você faça compras de maneira mais natural, bastando pegar os itens que desejar, colocá-los na sua própria sacola (ou até no bolso, se for algo pequeno) e sair do supermercado, sem esperar em nenhuma fila. O valor da compra é cobrado na sua conta da Amazon, e os itens que você pegou são atualizados na tela do smartphone. Para entrar no supermercado, você precisa passar seu celular com o aplicativo do Amazon Go na entrada; para sair, não precisa fazer nada".
>
> Em resumo, as pessoas podem entrar, pegar o que for necessário e ir embora. Simples e rápido assim. Entretanto, não se trata de um serviço exclusivo de supermercados, uma vez que também pode ser ofertado em uma livraria, por exemplo.
>
> Vamos a um exemplo. É natal e os shoppings estão lotados. Você decide dar este livro de presente para um amigo. Entra na livraria e a fila do caixa está enorme. Por mais eficiente que seja, você não ficaria nem 10 minutos na fila, porque só de olhar aquele monte de pessoas o seu cérebro já apresenta alternativas, como comprar on-line, comprar outro dia, vir mais tarde, voltar amanhã. Tudo isso pode resultar em você simplesmente não comprar o livro ou comprar em outra livraria. Mas e se você entrasse na livraria, pegasse o livro e saísse com ele nas mãos? Seria demais, não? É isso o que o Amazon Go, entre outras novidades, traz para o mercado. Em minha visão, pode ser usado em diversos segmentos do varejo, como moda, loja de celulares, papelaria, lojas de conveniência e por aí vai. O céu é o limite!
>
> Fonte: HIGA, P. Amazon Go Supermercado sem caixa. Disponível em: https://tecnoblog.net/204424/amazon-go-supermercado-sem-caixa. Acesso em: jul. 2019.

O supermercado está na lista de segmentos do varejo de necessidade básica, afinal, todos nós temos que comer todos os dias e cuidar da nossa higiene e da limpeza da casa. Tudo isso é vendido no supermercado, certo? Uma tendência no Brasil é a transformação de hipermercados em pequenos mercados. Mas, por quê? Porque o mundo mudou, as pessoas mudaram e as compras do mês, que até a década de 1990 eram passeios familiares no sábado pela manhã, não acontecem mais.

Lembro-me da década de 1990, a década de minha adolescência. Havia algo comum em casa: meu pai marcava o barbeiro para às 10 horas no Shopping Eldorado. Lá estava seu barbeiro preferido, o Wilson, que, desde os 18 anos de meu pai, cortava seu cabelo. Infelizmente, ele faleceu em 2008. Wilson trabalhava em um pequeno salão no centro da cidade de São Paulo, próximo do local em que meu pai trabalhava na época. A amizade veio dali. No início dos anos

1990, Wilson foi para um salão no Shopping Eldorado e, meu pai, pela amizade, o acompanhou. Até hoje meu pai vai lá, já que acabou fazendo amizade com outro barbeiro, mas ele não segue mais o padrão da década de 1990.

1.1.2 O brasileiro quer comprar, mas de forma mais rápida e prática

Cada dia mais as pessoas têm menos tempo para resolver tudo. O mundo mudou – sim, frase batida, ele muda todos os dias, e as pessoas não têm mais a vida que tinham na década de 1980. Walter Longo tem uma frase interessante para entendermos como o mundo mudou e, consequentemente, como as empresas e a comunicação precisam mudar:[3]

> o apego a certezas antigas não combina com o século 21, tempo que em que a única constante é a mudança. Uma pessoa não usa o mesmo carro de 20 anos atrás, nem o mesmo computador, telefone móvel ou corte de cabelo. O momento atual exige coragem para revisar paradigmas, questionar hierarquias, ampliar horizontes e reavaliar as relações estáveis.

O smartphone, por exemplo, é um produto que as pessoas querem trocar a cada seis meses. Tendência é um dos assuntos que mais movimentam o mercado de moda. Cento e quarenta dias antes do lançamento de um carro, as buscas por ele crescem no Google. O que isso mostra? Indica que as pessoas estão diariamente atrás do novo, do que vem por aí. Por exemplo, quando eu dava aula de e-commerce, encerrava o curso com um capítulo chamado "O que vem por aí", trazendo quarenta tendências e novidades do mercado. Era o ponto alto da aula, o momento em que os alunos mais prestavam atenção.

Meu amigo Fernando Kimura, referência em neuromarketing no Brasil, ministra um curso de neuromarketing muito procurado, uma vez que é um tema novo. Se falasse de outra especialidade sua, como as redes sociais, por exemplo, não teria tanto apelo por não ser um assunto tão novo assim. O novo choca, mas gera curiosidade.

É importante perceber como o Brasil está atrasado na transformação digital, embora seja claro que as pessoas querem comprar cada vez mais rápido e de forma mais assertiva.

SAIU NA MÍDIA

Em janeiro de 2018, o Portal Mundo do Marketing publicou um estudo da empresa Mintel sobre os novos consumidores e a forma como querem consumir: diariamente e em menos tempo. Assim, quem os ajudar a consumir melhor, terá sua atenção no momento de decisão.

Esse estudo vai ao encontro do que está ocorrendo na transformação digital ao apontar que o **brasileiro quer gastar menos tempo em compras**. Isso mostra que, quanto mais as empresas ajudarem as pessoas a comprar, maiores serão as vendas, já que as marcas que ajudam a resolver um problema são muito apreciadas. O Uber é um exemplo disso, uma vez que ajuda pessoas que perderam o emprego ou

---

3 LONGO, W. *Marketing e comunicação na era pós-digital*: as regras mudaram. Rio de Janeiro: Alta Books, 2013.

precisam de uma renda extra para sustentar a família; por outro lado, ajuda pessoas a se locomoverem sem o uso do carro, economizando com gasolina e estacionamento, por exemplo.

Segundo a matéria do Mundo do Marketing, "trabalho, casa, estudos, família, tecnologia e trânsito ocupam boa parte do dia das pessoas, que dispõem de menos tempo para estar com a família, amigos ou até mesmo sozinho, seja em uma refeição ou em momentos de lazer. Para conquistar esse indivíduo atarefado, as empresas precisam estar atentas às mudanças em seus hábitos de consumo. O brasileiro costuma passar oito horas trabalhando, quase duas no trânsito, outras duas em atividades domésticas e cerca de três em atividades de lazer, segundo uma pesquisa da Mintel".

Fonte: OLIVEIRA, P. Brasileiro quer gastar menos tempo em compras. *Mundo do Marketing*, jan. 2018. Disponível em: https://www.mundodomarketing.com.br/inteligencia/insights/164/brasileiro-quer-gastar-menos-tempos-em-compras.html?utm_campaign=&utm_ontent=Brasileiro+quer+gastar+menos+tempos+em+compras+%7C+Insights+%7C+Mundo+do+Marketing+%282%29&utm_medium=email&utm_source=EmailMarketing&utm_term=insight+18-01-18. Acesso em: jul. 2019.

Check-out inteligente – como o da Amazon; check-out móvel – no qual o consumidor pode pagar o produto em qualquer ponto; vitrines virtuais; realidade aumentada; estoque integrado on e off – caso a loja não tenha a cor de roupa desejada pelo cliente, a pessoa pode comprar e receber em casa em poucas horas; painéis touchscreen inteligente; scanner que ajuda no entendimento do tamanho do(a) cliente – ferramenta utilizada pela Sephora; etiqueta com RFID; hologramas com projeções 3D; escolha de roupa de forma virtual; big data – mostra por reconhecimento facial quando a pessoa é seguidora das redes sociais, o que mais gosta de comentar e curtir e/ou busca entender suas compras no site e oferece, via vitrine ou mesmo pelo vendedor/consultor, algo que seja relevante para a compra. Tudo isso e muito mais pode ajudar o consumidor a realizar uma compra mais rápida e efetiva: ele vai gostar, vai ter a marca como referência e vai voltar a comprar sempre que possível, uma vez que o digital atrai e gera relacionamento. Tenha isso em mente, sempre!

1.1.3 Inovar é necessário

Marc Randolph. Talvez de nome você não saiba quem é, mas o que ele cocriou, com certeza, será muito visto neste livro. Chego a arriscar que essa semana você usou o serviço dele: a Netflix. Ele é um grande empreendedor, teve seis negócios até criar, em 2004, a Netflix. Em sua visão, inovar não é nada fácil, mas também não é algo de outro mundo, e você não precisa ir ao Vale do Silício para fazê-lo.

Se pararmos para relembrar o surgimento da internet no Brasil, uma das frases mais faladas na época era "agora se conhece tudo a um clique...", e é verdade. Claro que a experiência de estar no local é ainda mais prazerosa que a virtual, mas não se pode mais dar desculpas sobre não saber de algo porque não há conteúdo para isso.

Neste livro, falaremos muito sobre **realidade virtual**, cuja missão é trazer as pessoas para um universo único, que pode, dentro de um shopping, fazer com que sintam a mesma sensação de estar no tobogã de um parque da Disney. Não é a mesma experiência, claro, mas a ideia é trazer para o cérebro a mesma sensação. Enfim, seja via realidade virtual ou mesmo via Google, tudo está disponível para ser acessado – e em diversos formatos, como áudio, texto, infográfico e vídeo.

A dica de Randolph é: seja persistente. Não há inovação do dia para a noite e nem em cinco minutos. Ele não criou a Netflix em uma semana: o modelo que existe hoje, um dos mais adorados do mundo, demorou um tempo até que caísse no gosto das pessoas. E claro, passou por diversas mudanças até chegar ao que é hoje. E vai mudar mais vezes ao longo de sua existência – com ou sem Randolph no comando.

1.1.4 Mude ou morra

Esse título é bem provocador. Meu amigo Renato Mendes, ao lado de seu sócio Roni Bueno, tem uma história bacana sobre o mundo digital. Eles trabalharam juntos na Netshoes, onde desenvolveram diversos projetos até montar a Orgânica Digital, uma empresa antenada na transformação digital. Em 2018, lançaram um livro de mesmo título, o qual você verá diversos trechos por aqui.

Um trecho em especial me chamou atenção: é importante não apenas mudar, mas entender pessoas. As empresas de sucesso estão cada vez mais fazendo isso, como Google, Facebook, Skype, Airbnb, Uber, Netshoes, PayPal e Nubank.

Veja que dado interessante esse livro traz:

> Segundo estimativa do professor Buckminster Fuller, em seu, 'Knowledge Doubling Curve', até 1900, o conhecimento humano dobrava aproximadamente a cada século. Desde o fim da Segunda Guerra Mundial, passou a dobrar a cada 25 anos. Hoje, só para ter uma ideia, o conhecimento humano dobra, em média, a cada 13 meses. E, de acordo com a IBM, a construção da Internet das coisas poderá levar a duplicação do conhecimento há períodos de 12 horas.[4]

Será preciso, então, cada vez mais, entender de pessoas, não de mídias. Mídia é commodity. Pessoas, não!

Qual é o segredo, então?

> A regra do jogo é sempre colocar o cliente no centro das suas estratégias de negócio. Na prática, o que essas empresas fizeram foi criar uma metodologia de trabalho 100% direcionada ao cliente. Descobriram que é sempre possível aprimorar a qualidade dos serviços, buscando sempre o feedback dos clientes. Escutam o que os clientes querem e rapidamente nos oferecem isso.[5]

---

4 MENDES, R.; BUENO, R. C. *Mude ou morra*: tudo que você precisa saber para fazer sua empresa crescer seu negócio e sua carreira na nova economia. São Paulo: Planeta Estratégica, 2018.

5 MENDES; BUENO, 2018.

O QUE AS MARCAS ESTÃO FAZENDO?

Tesco, um modelo que ficou esquecido pelos varejistas no Brasil

O Supermercado Tesco, da Coreia do Sul, inovou de forma interessante em 2011. A Tesco percebeu algo que depois de feito parece simples, porém é no mínimo genial no ponto de vista de ajudar o consumidor com um problema – o que, mais uma vez indica, e bato na tecla, que inovar é resolver problemas.

Cada vez mais temos menos tempo. Passamos por períodos em que nos locomovemos de casa para o trabalho e do trabalho para casa. Nos grandes centros, o transporte público é muito usado, primeiro porque nem todos têm dinheiro para comprar e manter um carro; depois, porque, na loucura do trânsito nos grandes centros, o transporte público se torna uma ferramenta importante para economizar tempo. Dentro do ônibus ou do metrô, posso, por exemplo, responder e-mails, WhatsApp ou colocar a leitura de livros em dia. Eu, você e outras pessoas.

Bem, o que a Tesco pensou? Por que não colocar um supermercado dentro de uma estação de metrô? Enquanto as pessoas esperam entre um vagão ou outro, podem comprar uma bolacha, um arroz, um refrigerante, um detergente ou tudo isso. São quase dois minutos em que dá para fazer algumas compras.

O que a Tesco fez? Imprimiu um banner gigante e colocou no vidro que protege a plataforma dos trilhos. Cada um dos produtos vinha com um QR Code informando o valor, o nome do produto e a marca, como em um supermercado normal, mas com a diferença de que as pessoas não tocavam o produto – como no e-commerce.

Quanto custou isso? Três ou quatro mil dólares mais o aluguel do espaço do metrô? Quantas pessoas passam por lá por dia? Via aplicativo, que deve ter custado mais uns 30 mil dólares (estou apenas estimando os valores, ok?), as pessoas podiam escanear o QR Code, definir o número de itens e comprar com o cartão cadastrado. Simples, rápido e, o mais importante, ajuda a resolver um problema que demanda um tempo que as pessoas não têm, tornando útil um tempo que era ocioso. Depois, no vagão, as pessoas poderiam navegar no aplicativo e comprar mais coisas.

Em São Paulo, segundo dados do próprio Metrô, em 2015, cerca de 202 mil pessoas entraram na estação Palmeiras-Barra Funda por dia, sendo a estação com mais entradas nos trens em São Paulo. Vamos manter esse número, certamente maior atualmente, para fazer uma conta simples e ver quanto o Extra, por exemplo, pode estar perdendo de dinheiro por não fazer uma ação similar à da Tesco – lembrando que a Tesco fez isso em 2011, estamos quase em 2020 e nada igual foi feito.

São 202 mil pessoas passando por dia pela estação. Vamos supor que 3% das pessoas se interessam em fazer compras nesse sistema, gastando em média R$ 100,00 – que, sabemos, não representa muitos produtos no carrinho –, para ficar mais fácil de fazer a conta. Logo, cerca de 6.060 pessoas comprarão, diariamente, nesse modelo, gerando vendas diárias de R$ 606.000,00, R$ 18.180.000,00 ao mês e R$ 218.160.000,00 ao ano. Isso em uma estação. Se abrir em mais três estações, o valor poderia passar de R$ 600.000.000,00 ao ano. Esse é o valor, neste caso, que uma marca perde por não inovar. Apenas isso.

> Veja a quantidade de coisas que é possível fazer. Aqui, falei apenas de um segmento, o supermercado, dentro de vários outros que temos por aí. Apenas olhando a minha volta, enquanto escrevo este livro no escritório de casa, posso ver outros segmentos como moda, sapatos, papelaria, informática, telefonia móvel, TV a cabo, serviço de internet, financiamento de carro, decoração, e milhares de outros. O que eles têm em comum? Eles precisam vender e, consequentemente, precisam da transformação digital.
>
> Fonte: THE TELEGRAPH. Tesco builds virtual shops for Korean commuters. Disponível em: https://www.telegraph.co.uk/technology/mobile-phones/8601147/Tesco-builds-virtual-shops-for-Korean-commuters.html. Acesso em: jul. 2019; SANTOS, F. Movimento metrô SP. Disponível em: https://www.terra.com.br/noticias/brasil/cidades/sp-metro-ja-transporta-quase-900-milhoes-de-pessoas-por-ano,0ad552363a989fd8999e60342a31b6b1xx0iRCRD.html. Acesso em: jun. 2019.

1.2 Conectividade

O elemento mais importante da história do marketing

Em seu livro *Marketing 4.0*, Philip Kotler fala sobre o novo mundo digital. Por mais que alguns profissionais critiquem esse livro, eu, particularmente, acho que Kotler demorou um pouco a lançar, mas o material é excelente, vale a leitura e foi uma grande fonte de inspiração para mim.

O que me deixa triste ao ler esse livro é que estamos quase em 2020 e muitas coisas que ele fala ainda são tendências no Brasil. Esses desligados profissionais, que avaliam que digital é só FaceAds, Google, *inbound* e influenciadores, com certeza não deram valor a essa obra – e, provavelmente, nem a esse humilde livro, sem querer, jamais, compará-lo ao Kotler, que fique claro!

Segundo Kotler,[6] a conectividade mudou tudo, "a começar pela interação entre pessoas e entre marcas". Graças a isso, aprendemos mais sobre pessoas, marcas e mercados. Como as pessoas geram muito mais dados – e isso é o novo marketing – do que há alguns anos atrás, os novos gestores devem saber trabalhá-los para ações de marketing digital, as quais, cada vez mais, estão migrando para conjuntos de ações um a um. Esse será um tema sobre o qual falaremos mais nos próximos capítulos.

Antes, os gestores tomavam decisões de marca e consumo quase no escuro, uma vez que as pesquisas eram feitas com 100 a 150 indivíduos – o que pode ser considerada uma boa amostra. Por outro lado, o McDonald's, por exemplo, deve atender 100 pessoas apenas na hora do almoço em uma ou duas unidades em qualquer shopping de São Paulo. Será, então, que essa era uma amostra real de satisfação de marca? O Facebook da marca atualmente passa dos 75 milhões de fãs no Brasil. Sendo assim, o que daria mais embasamento para uma pesquisa, 100 pessoas em uma sala ou 75 milhões de pessoas na Fan Page? O que é mais barato? Qual é mais efetiva? Apenas reflita.

Kotler[7] defende que "a conectividade transforma a maneira como os consumidores se comportam". Essa afirmação pode até parecer óbvia, mas é um fato que muitas vezes esquecemos,

---

6 KOTLER, P. et al. *Marketing 4.0*: do tradicional ao digital. São Paulo: Sextante, 2017.
7 KOTLER et al., 2017.

por exemplo, quando, em vez de usar as redes sociais para socializar, pesquisar, conversar e trocar, enfiamos dezenas de campanhas publicitárias goela abaixo de nossos clientes com o intuito de acreditar que eles realmente só querem saber de campanha e mídia. Não! Eles querem conversar! O conceito básico de rede social é conversa e troca, não mídia. Acho que é por isso, por achar que é só mídia, que profissionais sem noção do que é de fato o universo digital, suas possibilidades e ferramentas, avaliam o livro do Kotler como sendo ultrapassado e ruim...

Veja o caso do TripAdvisor, por exemplo. Eu, você e qualquer outra pessoa tomamos decisões baseadas na **sabedoria da multidão**. Isso é o que Kotler defende sobre a conectividade: a sabedoria das multidões ajudando na tomada de decisão. Transformando isso em um termo mais "marquetês", estamos falando de **dados**, o novo "melhor amigo" do marketing e a base para a transformação digital.

Conectividade. É dessa forma que as marcas precisam olhar suas estratégias. As pessoas se conectam à internet para se conectarem ao mundo. Nesse mundo está, em primeiro lugar, pessoas (amigos, familiares, colegas de sala, de trabalho) e, depois, as marcas que entregam algo de valor. Muitos acreditam que apenas enviar promoção já faz com que o consumidor entenda valor. Não, ele entende vantagem, não valor!

Uma Montblanc custa R$ 10.000,00 e faz o mesmo papel que a Bic de R$ 2,00. A Ferrari custa R$ 2.000.000,00 e faz o mesmo papel do Chevrolet Onix de R$ 45.000,00. O iPhoneX custa R$ 7.500,00 e faz o mesmo papel do smartphone Android que você pode pegar com pontos na operadora de forma gratuita. Então, por que as pessoas escolhem pagar mais? Porque enxergam valor de marca!

Como afirma Rafael Rez, "clientes não precisam de campanha. Quem precisa de campanha é a agência. Clientes precisam de relacionamento para vender de forma recorrente".[8]

SAIU NA MÍDIA

O portal Consumidor Moderno publicou uma entrevista em outubro de 2018, com Gilberto Xandó, CEO da Vigor, contando sobre as inovações da marca em produtos e comunicação para os próximos anos. Na visão de Xandó, "no mercado brasileiro, é fundamental inovar sempre".

"Nós temos um pensamento de que na companhia de consumo no mercado brasileiro é fundamental inovar sempre. Não há como as empresas desse setor sobreviverem sem um sistema de inovação robusto", explica Xandó, apresentando dados de que a Vigor inova muito mais hoje do que há décadas atrás. Essa inovação faz com que o consumidor esteja sempre esperando a novidade da marca – o que gera a conectividade defendida por Kotler.

A internet é um forte canal de interação, isso é fato, e a transformação digital usa essa interação a favor da marca e do consumidor, pois mostra às marcas o que as pessoas querem e como querem e, por outro lado, apresenta ao consumidor algo que a marca criou e é relevante para ele naquele momento.

---

8 Citação retirada de um curso que fiz com o professor Rafael Rez sobre Marketing de Conteúdo em maio de 2017.

> Fica mais explícito o pensamento de Xandó, quando, na entrevista, conta sobre um case de sucesso em 2018 – a campanha "Descubra o que é Vigor" – que teve, entre os pontos altos, o apresentador Faustão, comendo, ao vivo, um produto da marca.
>
> "Quase me arrisquei a fazer toda essa campanha digital. Poder provocar o mercado brasileiro através de digital com a pujança que tem. Falamos com 50 milhões de pessoas todos os dias. Se a gente fizer de uma forma arrojada e organizada, não tem como o consumidor não ser impactado. Mas, ao mesmo tempo, eu tinha o desafio de nos posicionarmos como alimentos. Então, contar com um grande ícone de vendas do Brasil, que é o Fausto (Silva), é muito importante. E levamos o Fausto para dentro do digital, pois sabíamos que isso seria inovador na comunicação também".
>
> Fonte: GONÇALVES, V. Inovação. Disponível em: https://www.consumidormoderno.com.br/2018/10/22/e-fundamental-estar-inovando-sempre-diz-presidente-da-vigor. Acesso em: jul. 2019.

1.3 Princípios fundamentais para a transformação digital

1.3.1 Iniciando o processo em sua empresa

De acordo com Ricardo Geromel, "vivemos na era da informação, carregamos em nossos bolsos mais informação do que Einstein e Julio César tiveram acesso a sua vida inteira e mesmo assim, nos sentimos mal informados".[9]

A citação de Geromel mostra um cenário atual, mas que deverá ser ainda mais promissor nos próximos anos, principalmente em relação à quantidade de informação que as pessoas vão buscar. Sempre cito em aula que se você não acha que o Google mudou a vida das pessoas, é melhor parar tudo e começar a rever seus conceitos antes de continuar nessa vida de profissional de marketing e comunicação. O Google também nos deixou mais ansiosos, já que, ao pedir qualquer informação, em milésimos de segundos logo temos a resposta; assim, as pessoas não mais têm paciência para esperar horas ou dias para que uma marca responda ao seu questionamento.

Da mesma forma que as pessoas estão atrás de informação, elas estão produzindo informação para as empresas. Aquelas que possuem um bom sistema de captação de dados de pessoas tendem a sair na frente e mudar a forma como seus consumidores enxergam seus produtos e serviços – isso é transformação digital. Este livro vai bater muito na tecla de que, ou você entende que a transformação digital é uma nova revolução, tal qual foi a revolução do cinema, rádio, TV e internet, ou a empresa em que você trabalha está fadada a não mais existir em alguns anos.

---

9 GUIA-SE. Disponível em: https://www.guiase.com.br/conectividade. Acesso em: ago. 2019.

SAIU NA MÍDIA

Apenas como efeito de comparação, segundo um estudo da *The New Work Order* publicado no site Startse, em outubro de 2017, 60% das profissões que os jovens estão aprendendo atualmente vão deixar de existir, sendo substituídas pela automação. Não é de hoje que o homem e a máquina lutam por vagas de empregos, a Revolução Industrial iniciou essa briga que só evolui. Porém, com a tecnologia de hoje muito mais avançada e com as projeções de um avanço ainda maior, essa briga está sendo cada vez mais acirrada. O ser humano ainda fará a diferença na inteligência de uso da tecnologia, nas relações e nas negociações, mas é preciso se reinventar ou as máquinas dominarão todas as profissões em breve.

Fonte: BICUDO, L. 60% dos jovens estão aprendendo profissões que vão deixar de existir. Disponível em: https://conteudo.startse.com.br/tecnologia-inovacao/lucas-bicudo/60-dos-jovens-estao-aprendendo-profissoes-que-vao-deixar-de-existir-nova-economia. Acesso em: jul. 2019.

1.3.2 Passo a passo para a transformação digital

Eu sou contra esses modelos prontos, que parecem fórmulas de sucesso para as pessoas ganharem sete dígitos em sete dias, porque cada empresa tem um perfil, um DNA, uma forma de ser gerida, uma vez que nasceu do sonho de um(a) empreendedor(a) e se constituiu no que é hoje.

O sonho do João não é o mesmo da Maria que não é o mesmo do Joaquim, assim como o Paulo não executa o serviço como o Mauro, que não faz o mesmo que a Leila. As pessoas são diferentes, pensam diferente e agem diferente, ou seja, a mesma fórmula não vai servir para todos. Não estamos falando de um restaurante que oferece 40 tipos de pratos e as pessoas, no cardápio, escolhem o que querem, comem, pagam e vão embora. Estamos falando do futuro de uma empresa que sustenta famílias inteiras.

SAIU NA MÍDIA

Segundo o portal CanalTech, "a estimativa da IDC aponta que o nível de transformação digital será o principal qualificador das empresas líderes de mercado em 2020. Essa avaliação será definida por um novo e exigente conjunto de indicadores que vai demandar uma melhora de 20% a 100% de desempenho no negócio, considerando produtos, serviços e experiências aperfeiçoadas digitalmente". Você sabe o que isso significa? Ou a sua empresa muda ou você não terá um futuro tão brilhante pela frente, simples assim.

Fonte: RASHIDY, S. O passo a passo para a transformação digital: pessoas, infraestrutura e gestão. Disponível em: https://canaltech.com.br/gestao/o-passo-a-passo-para-a-transformacao-digital-pessoas-infraestrutura-e-gestao-102782. Acesso em: jul. 2019.

Os pilares básicos para trabalhar com o conceito de transformação digital são: **gestão**, **infraestrutura** e **pessoas**.

- » **Gestão:** momento em que se definem papéis, responsabilidades e formas de trabalhar de cada equipe para definir processos, responsabilidades, modelos de governança, planejamento, análise financeira e modelo de negócios.
- » **Infraestrutura:** momento de pensar no plano de risco, potenciais problemas, estrutura de escritório, tecnologia, internet e softwares para que tudo trabalhe de forma harmônica com o que foi planejado. Projetos só dão problemas quando executados; logo, é preciso prever tudo para que a execução não mate a ideia.
- » **Pessoas:** fator de maior importância, uma vez que sistemas podem ser manipulados e programados, enquanto pessoas não. Por isso, é preciso entender o perfil de cada um e saber o que podem entregar de melhor. Não adianta pedir para o designer fazer o planejamento, ele fará, mas não com a mesma qualidade de um planejador, assim como o planejador até pode fazer um layout, mas sem a mesma qualidade do designer. É importante frisar isso, pois, às vezes, as equipes são pequenas e, com isso, todos tem de fazer tudo. Não é o certo e desmotiva as pessoas, que saem da empresa, viram a noite ou perdem qualidade de vida. Sem um gestor, um líder carismático, transparente e admirável, o time vai perdendo força, e o projeto, mais ainda.

SAIU NA MÍDIA

O portal No Varejo apresentou um estudo da *Futurum Research* que aponta cinco passos para implementar a transformação digital na sua empresa. De forma bem resumida, vou apresentar a seguir os 3 passos que considero essenciais.

1. **Defina o que é transformação digital:** adote novas tecnologias para melhorar a experiência do cliente e expandir seus negócios. Entenda, repasse para a empresa, engaje funcionários e coloque na cultura da empresa esse novo modelo!
2. **Seja a tendência:** estimule a criatividade de todos na empresa. Lembre-se: se você não faz, o concorrente fará.
3. **Esteja aberto a mudanças:** uma cultura digital semiaberta simplesmente não vai funcionar. Sua empresa está realmente aberta a mudá-la?

Fonte: PINTO, L. 5 passos para o varejo implementar cultura de transformação digital. Disponível em: https://portalnovarejo.com.br/2018/09/5-passos-para-o-varejo-implementar-cultura-de-transformacao-digital. Acesso em: jul. 2019.

A transformação digital é um processo que deve, necessariamente, passar por toda a empresa, mas precisa ser liderada por uma pessoa. A Coca-Cola, por exemplo, tem em Adriana Knackfuss o papel de vice-presidente de transformação digital da marca – iniciativa que começou em setembro de 2017 no Brasil e que serve de modelo para o mundo todo. Mudar a cultura é um desafio profissional, mas integrar as ações digitais debaixo desse guarda-chuva não é nada fácil.

1.3.3 Empresas que não inovam, morrem!

Você sabia que 90% das empresas que estavam no ranking da Forbes 500 nos últimos 50 anos sumiram? A Kodak é o caso clássico, mas não o único. O Facebook levou cinco anos para atingir o mesmo número de pessoas que a TV levou 50. Esse é um dado que mostra como, cada vez mais, as marcas precisam abrir os olhos para a transformação digital. Vamos a mais uma curiosidade: em 2006, o topo da lista das maiores empresas do mundo era ocupado por empresas de energia e do sistema financeiro; hoje, as mais valiosas são as de tecnologia, como Google e Apple.

Segundo o Portal Exame, o ano de 2017 fechou com Google, Apple, Amazon, AT&T, Microsoft, nessa ordem, como as cinco empresas mais valiosas do mundo. Toyota, IBM, GE e General Motors, que sempre figuravam nessa lista, estão abaixo. A tecnologia está moldando o mundo inteiro, não há como ficar de fora. A transformação digital é inovação; logo, deve ser ousada e ter uma equipe capaz de entregar o que foi pensado e planejado.

Fonte: DEARO, G. As 10 marcas mais valiosas do mundo em 2017. Disponível em: https://exame.abril.com.br/marketing/marcas-mais-valiosas-2017. Acesso em: jul. 2019.

Inovar é uma atividade cotidiana, é fazer uma coisa de cada vez, sempre melhorando o processo – e, assim como a transformação digital, não ocorre da noite para o dia. É preciso saber o que está fazendo para não passar vergonha no mercado – como fez um banco brasileiro que se vendeu como digital, mas exigia o preenchimento de sete páginas de cadastro para abrir uma conta em seu site.

Digitalizar a burocracia não é ser digital. Apenas para você entender melhor, o Banco Neon digital solicita uma selfie e fotos dos documentos do potencial cliente para abrir uma conta – tudo em um dia –, enquanto o outro banco, além de um cadastro grande, demora 15 dias para aprovar a abertura.

Da mesma forma que inovar é fazer diferente e compreender o cenário, é preciso saber que o "sempre foi assim" vai matar a sua empresa. A Kodak é um exemplo clássico, mas repito, não é único. A morte da marca se deve ao fato de não olhar para a sua própria invenção, a máquina digital, como algo que mudaria o comportamento das pessoas. A Sony apostou e deu no que deu! Faturou bilhões de dólares em vendas, dinheiro que seria da Kodak e que até hoje estaria no mercado.

1.3.4 *Omnichannel* é necessário – para ontem!

A **integração de canais** é o primeiro passo para a transformação digital das empresas. Este livro tem como objetivo reunir e apresentar as diversas estratégias digitais que compõe o guarda-chuva desse conceito. Integrar canais passa pela estratégia de *omnichannel* – algo que o Brasil está bem atrasado quando comparado aos Estados Unidos, por exemplo.

Algumas empresas de ERP (do inglês Enterprise Resource Planning ou Sistema de Gestão Empresarial, em português), como a Millenium, por exemplo, já estão caminhando a passos largos nessa direção, mas ainda esbarram na resistência de gestores e nas dificuldades criadas por equipes de tecnologia e segurança. Um exemplo disso – inclusive muito criticado nas redes sociais –, é o fato de o Banco Itaú se vender como um banco digital, mas, para liberar o iToken do celular, é preciso ir ao caixa automático. Tudo é feito de forma digital e de qualquer parte do mundo, mas, por segurança, esse processo somente pode ser efetuado em uma agência física.

Em 2015, em um fórum sobre e-commerce, a IBM apresentou um estudo feito por Enio Garbin, diretor da área de varejo, em que afirmava que o *omnichannel* poderia fazer com que o consumidor gastasse de quatro a cinco vezes mais na loja. O fato é simples. Imagine que o consumidor comprou uma calça jeans no e-commerce, mas pesquisou uma camisa no mobile. Ao entrar na loja para retirar a calça, o aplicativo do celular "avisa" ao sistema e ao vendedor sobre a camisa pesquisada. O vendedor mostra a camisa e oferece um desconto na compra, se realizada naquele momento. Como o consumidor já comprou na loja, está mais propenso a comprar novamente. Ele já viu a camisa no site, já demonstrou interesse e agora está na sua frente uma oportunidade única de comprá-la com desconto. O consumidor opta por comprar, mas o vendedor mostra que aquela camisa e calça ficariam excelentes com um blazer. O sistema do celular do vendedor montou o look baseado em inteligência artificial, mostrando ser aquele o mais usado e procurado pelos consumidores daquela loja. O consumidor pergunta se pode parcelar em três vezes, o vendedor diz que sim, e, então, o consumidor leva tudo. A calça, de R$ 180,00, comprada no site, virou mais uma camisa de R$ 160,00 e um blazer de R$ 400,00. A compra de R$ 180,00 virou uma de R$ 740,00. E qual foi o apelo?

O vendedor não empurrou nada "goela abaixo" do consumidor, apenas mostrou algo que o próprio cliente demonstrou interesse – mesmo que on-line.

Segundo o portal No Varejo, "o Grupo Pão de Açúcar tem criado várias iniciativas que integram o on e off. O aplicativo Meu Desconto, por exemplo, oferece descontos aos consumidores que participam dos programas de fidelidade das bandeiras de varejo alimentar da companhia em compras realizadas nas lojas físicas". O fato é que a transformação digital é impulsionada pelas necessidades e comportamentos do consumidor.

Fonte: MENDONÇA, C. Os desafios do varejo na era da transformação digital. Disponível em: http://www.portalnovarejo.com.br/2017/08/26/os-desafios-do-varejo-na-era-da-transformacao-digital. Acesso em: jun. 2019.

Em seu livro *Marketing 3.0*, Philip Kotler defendia a comunicação centrada no consumidor. Na nova versão, o *Marketing 4.0*, Kotler é ainda mais categórico em defender, ao longo do livro, que as marcas precisam ter o consumidor no centro da comunicação. Entretanto, infelizmente, esse papo ainda é para palestra, artigo e entrevista, porque no dia a dia, ter o consumidor no centro é apenas um discurso bonito.

> **SAIU NA MÍDIA**
>
> Segundo um relatório da Cisco publicado no Portal Consumidor Moderno, até 2021 cada consumidor deverá ter 3,4 gadgets (dispositivos conectados à internet). Com isso, as pessoas vão produzir ainda mais dados do que se pode imaginar. Entenda que produzir dados não é apenas escrever um post no Facebook ou postar uma foto no Instagram, é navegar em sites, pesquisar no Google, abrir um e-mail, passar em frente a uma loja, ter o aplicativo da Nike instalado no iPhone, usar mais o WhatsApp do que o Snapchat, usar o Waze todos os dias das 8h às 9h e das 19h às 20h, mas usar o GoogleMaps aos sábados pela manhã. Isso é produzir dados que, quando capturados em um sistema de big data, potencializam a transformação digital das marcas.
>
> Segundo Eduardo Frade, Diretor Multisector da Cisco, "para os millennials, que compram de forma não linear, o celular é um controle remoto do mundo: tudo pode ser operado por ele!". Se pensar transformação digital é pensar no futuro, os millennials são um alvo certeiro para as marcas elaborarem, e rápido, suas estratégias.
>
> Fonte: LULIO, M. O caminho ideal para a transformação digital, segundo a Cisco. Disponível em: http://www.consumidormoderno.com.br/2018/02/19/jornada-transformacao-digital-cisco. Acesso em: jun. 2019.

1.3.4.1 Brasil: fala muito, estuda bastante e executa pouco

Marco Stefanini, fundador e CEO da Stefanini, empresa na área de tecnologia com faturamento próximo a três bilhões ao ano, declarou que o Brasil ainda está muito atrasado na era da transformação digital. Quando analiso que, desde 2014, estudo sobre *omnichannel*, mas ainda hoje vejo loja se valorizando por integrar canais porque o cliente pode comprar on-line e retirar na loja física, vejo que Stefanini não está nada errado.

A cultura digital é importante dentro das empresas, começando pelos bancos, que estão se digitalizando para oferecer melhores produtos e serviços para o consumidor, mas em tempo, em minha visão, os bancos que já nasceram digitais, como Neon, Original e até o Nubank (que nasceu como cartão e virou conta) estão bem à frente no processo, até porque são estruturas menores, nasceram no digital e têm menos clientes na base. O Itaú, por exemplo, passa dos 27 milhões de clientes ativos em todo o país, enquanto o Nubank se aproxima de três milhões (pelo menos até o fim de 2018).

Segundo uma entrevista que Marco Stefanini deu ao Portal Consumidor Moderno – o qual você deve ler diariamente para saber mais sobre o que acontece no varejo brasileiro e ter ideias e *insights* para o seu dia a dia –, ele acredita que os anos de 2016 e 2017 serviram para as marcas estudarem o conceito, mas 2018 e 2019 é o momento de executar e colocar em prática o conhecimento adquirido.

Ainda na entrevista, Stefanini aponta que o Brasil não tinha uma cultura de investir em tecnologia no varejo, ao passo que a China tem. Há muita oportunidade para esse crescimento tecnológico no mercado de varejo, mas, de novo, é preciso abrir a mente do gestor. Para ele, essa dificuldade na cultura da empresa é mundial, e sem uma mudança na mente da liderança, nada vai mudar.

Fonte: JANKAVSKI, A. O Brasil está atrasado na transformação digital, diz Marco Stefanini. Disponível em: http://www.consumidormoderno.com.br/2018/02/06/brasil-atrasado-transformacao-digital-stefanini. Acesso em: jun. 2019.

1.4 Gestores digitais: a alma digital que a empresa precisa

Mudar a cultura é sua primeira transformação

De acordo com Marcos Luppe, professor da Universidade de São Paulo (USP),

> A mudança de *mindset* precisa ser feita a partir da liderança. Precisa ser *top-down*. O maior desafio é mudar as pessoas, é conseguir alinhar a cultura digital. Muitas empresas pensam que basta adquirir tecnologias, mas se você não tiver pessoas preparadas que encaram a transformação como prioridade essas tecnologias não importarão. Para que a transformação digital aconteça ela precisa estar no cerne da cultura organizacional.

Mudar a cabeça de quem está há anos no mercado não é das tarefas mais fáceis. Muitos de nós, profissionais de marketing, ainda mais no digital, já ouvimos, e vamos ouvir, frases de clientes ou potenciais clientes como "estou nesse mercado há 30 anos e nunca precisei disso para vender" ou "redes sociais são apenas para as pessoas falarem mal da minha marca, não me interessa estar lá".

E você ainda vai ouvir isso de gestores de pequenas, médias, grandes empresas e até multinacionais. Mas é preciso entender que o clichê "o mundo mudou" é uma realidade, porque ele mudou mesmo!

1.4.1 A mentalidade de 1990 não muda nada

Mudar a mentalidade do gestor não é das tarefas mais fáceis, mas se não for feito, a marca não terá um futuro promissor. As startups nascem digitais, porque seus fundadores são da geração que nasceu conectada, que dentro da sala de aula fica mais no celular do que presta atenção no professor, que transformou o mobile na primeira tela, deixando a TV em segundo lugar, que pede comida pelo iFood, compra livro pelo portal digital da Saraiva e troca a Net pela Netflix!

Por isso, muitas empresas estão montando incubadoras, como Cubo (Itaú), Claro, Oxigênio (Porto Seguro), Coca-Cola, InovaBra (Bradesco) para apoiar e financiar iniciativas para as empresas, vindo dessa "molecada digital" – e eles estão certos.

A mudança precisa ocorrer e se esse pessoal está cada vez mais antenado, que sejam ouvidos!

Segundo entrevista para o portal Midiatalks, Adriana Knackfuss, vice-presidente de transformação digital da Coca Cola, afirma que "é importante criarmos as condições aqui dentro para essa transformação, ajudando a criar o ambiente que seja capaz de tolerar esse processo. Porque pensa: para uma empresa desse tamanho que está acostumada a fazer *business plan* de três anos, isso é uma mudança drástica de mindset".

KNACKFUSS, A. A nova lógica digital. *Midiatalks*, jan. 2018. (entrevista) Disponível em: https://www.instagram.com/p/BeVbncclWyI. Acesso em: ago. 2019.

E precisa ser assim: mudar o mindset, a cultura e a forma de abordagem. Como já dito aqui, mudar a cultura da empresa é o primeiro passo e a primeira transformação que você precisa fazer.

1.4.2 Mas como atuar com verbas enxutas?

Essa é a pergunta do momento. O segmento de pequenas e médias empresas (PME) é quem sustenta a máquina chamada Brasil. Elas empregam, em volume, mais do que as gigantes e multinacionais. Entretanto, uma loja de roupas de Indaiatuba que tem três lojas na rua e uma no shopping não tem a mesma verba de mídia que a Dafiti, por exemplo; logo, ela perderá terreno na web. Por isso, é preciso investir onde o seu público está – e, nesse caso, ele não está apenas na internet.

As pessoas vivem conectadas, mas têm uma vida off-line. Acredite, os indivíduos ainda andam na rua, leem jornal, revista, assistem TV e ouvem rádio. As pessoas ainda vão em eventos, comem em restaurantes e pedem pizza em casa – pode ser que agora não pelo telefone, mas pelo iFood. Quantas oportunidades de mídia você enxergou nesse parágrafo?

1.4.2.1 Verbas enxutas exigem criatividade

Quanto custa para anunciar a sua loja na caixa de pizza da pizzaria do bairro? Quanto custa colocar alguém na porta da sua loja entregando panfletos de uma promoção? Quanto custa um carro de som no bairro divulgando a sua loja? Quanto custa o anúncio no jornal de bairro ou na revista que tem diversos cupons de desconto? Quanto custa um cartaz na avenida principal da sua cidade? É preciso ter criatividade, porém, lembre-se sempre:

as pessoas fazem diversas coisas fora da internet, mas, no momento de consumo, lá é onde mais pesquisam.

1.4.3 Marketing não é off-line, nem on-line

Se você ainda acredita que há diferença entre on e off, precisa rever seus conceitos. O marketing é único e um só: ou você impacta o consumidor e mostra que a sua marca existe ou ele não compra porque não entra na "lista de desejos" do seu cérebro. A todo o momento, as marcas estão se expondo, dia após dia.

O site, por exemplo, é a única forma de exposição 24h por dia, sete dias por semana, mas, se não há impacto, as pessoas não vão lá. Seja material de ponto de venda, Facebook, campanha no Google ou mesmo um disparo de e-mail marketing, não importa – as pessoas precisam saber que a sua marca existe. A Guia-se, por exemplo, faz diversas ações, incluindo posts, para divulgar sua marca e atrair leads para sua grande rede de franqueados: os eventos, como as palestras e o livro do CEO, José Rubens, estão entre as diversas ações feitas para atrair mais clientes. O marketing não se limita ao digital e muito menos ao Google.

1.4.4 Marketing é marketing

Atraia a sua audiência da forma que puder. Se tiver uma verba milionária, amplie o leque de canais, mas jamais deixe de lado os canais proprietários. O Facebook não serve apenas para subir campanha e patrocinar post. Aquilo é uma rede **social** – você sabe o que é socializar? Trata-se, basicamente, de se relacionar com outras pessoas e com as marcas. Sendo assim, faça assessoria de imprensa, dê entrevistas, poste sobre a marca com frequência – não apenas promoção e produtos, e sim o que a marca faz pelas pessoas e como pode resolver um problema.

Tenha em mente o novo marketing: as pessoas não mais compram produtos, elas compram soluções para seus problemas. Não se compra uma Coca-Cola, compra-se um produto que mate a sede. Não se compra uma Bic, compra-se uma caneta confiável para fazer a prova na faculdade. Não se compra um Audi, compra-se status!

É importante salientar que, para você inovar e entrar no cenário da transformação digital, antes de tudo, faça o básico, e inove depois. Inovar por inovar, sem ter a casa pronta, é pedir para dar um enorme tiro de bazuca no pé! Você quer isso?

Em uma palestra no Fórum do E-commerce Brasil, em 2018, Flávio Dias, CEO da Via Varejo, descreveu sua visão sobre a nova era da transformação digital e seu constante desafio em uma das maiores e mais importantes empresas do varejo nacional:

"Criamos uma infraestrutura e uma estratégia para capturar e utilizar esses dados da melhor maneira. Estrutura de big data *com tecnologia cloud* atualizada em *real time*. Conseguimos estabelecer um modelo preditivo de vendas e usamos essa inteligência para melhorar o nosso retorno sobre os nossos investimentos, além da nossa mídia. Com o auxílio da tecnologia analisamos mais de 55 milhões de comportamentos e conseguimos direcionar o orçamento de marketing para uma comunicação mais efetiva. A implantação da tecnologia de Inteligência Artificial do IBM Watson que auxilia o consumidor a otimizar suas buscas por produtos no site. Estamos testando um aplicativo de Realidade Aumentada que permite que o cliente visualize a disposição do produto em sua casa antes de efetuar a compra. Estamos sempre atrás de tecnologias para melhorar a experiência do cliente e também aprimorar o potencial dos nossos colaboradores".

Fonte: BORGES, B. Transformação digital no varejo: por onde começar esse processo? Disponível em: https://digitalks.com.br/noticias/transformacao-digital-no-varejo-por-onde-comecar-esse-processo/?utm_campaign=NEWS+2018&utm_content=Transforma%C3%A7%C3%A3o+Digital+no+varejo%3A+por+onde+come%C3%A7ar+esse+processo%3F+%282%29&utm_medium=email&utm_source=EmailMarketing&utm_term=News+24.08. Acesso em: jun. 2019.

Mais do mesmo jamais vai dar resultado. Diante de uma crise, inove! Ou como diz o livro do meu amigo Renato Mendes: "mude ou morra!".

SAIU NA MÍDIA

Segundo Carla Belitardo, vice-presidente de estratégia da América Latina da Ericsson, "o grande desafio é a digitalização, é a conectividade, metade da população brasileira ainda não está conectada. Esse é a primeira barreira. É preciso, também, entender essa dinâmica das novas tecnologias e trazer para o dia a dia do consumidor. Cidade inteligente é um conceito que a marca olha. Em Goiânia, por exemplo, o sistema de transporte público é todo conectado e via aplicativo as pessoas sabem a hora que o seu transporte vai chegar. Em São José dos Campos, temos um sistema integrado de segurança pública. Todas as empresas querem cortar custos, porém, o momento de crise é propício para a inovação porque você é obrigado a se questionar e rever como atuar."

Fonte: Carla Belitardo, vice-presidente de Estratégia da Ericsson para a América Latina. Disponível em: https://www.youtube.com/watch?v=qx6KmQt54iI. Acesso em: out. 2019.

1.5 Transformação digital é para hoje!

**Ler este livro pensando no amanhã é perda de tempo.
Transforme-se hoje ou perca mercado**

Não há a menor dúvida de que o tema da transformação digital está cada dia mais inserido no discurso das empresas. Não se criam mais estratégias digitais, criam-se estratégias para um mundo digital. O consumidor está cada vez menos preocupado se uma ação é on-line ou off-line – no fim do dia, ele quer apenas conversar com as marcas. Se uma delas o deixar tranquilo, ele vai consumir; caso contrário, vai simplesmente consumir da concorrência.

As pessoas não deixam de comprar: elas deixam de comprar determinada marca ou produto – e quanto mais as marcas se relacionarem com ela, maiores as chances de venda. A transformação digital tem em sua essência essa relação, mas não pense que apenas porque a marca tem um site e está nas redes sociais isso significa que está inserida nesse contexto. Estamos falando de transformação e não de algo que é feito desde o início dos anos 2000!

A transformação digital é um processo no qual as empresas fazem uso da tecnologia para melhorar o desempenho, aumentar o alcance e garantir resultados melhores. Isso implica em uma mudança estrutural nas organizações, uma mudança de cultura, uma mudança do famoso *mindset* que as empresas precisam adotar. Não se faz uma revolução com o mesmo pensamento e o mesmo dia a dia das empresas, não se muda nada sem provocar um choque de cultura na empresa e sem pensar na mudança. Entretanto, lembre-se que nada pode ser mudado sem um bom planejamento estratégico.

Os gestores de marcas precisam, cada dia mais, entender que ou se muda ou a empresa morre. Não tem jeito, é preciso redesenhar a estratégia como um todo pensando que o mais do mesmo não dará os mesmos resultados de dez anos atrás.

A frase "o mundo mudou" é um clichê gigante, mas no dia a dia ela é ignorada de forma assustadora pelas marcas. As que não ignoram, estão aí, sendo amadas pelos consumidores.

A palavra inovação tem total aderência ao conceito da transformação digital, sendo esse um dos pilares para a mudança nas organizações. Entretanto, vale ressaltar que é preciso ter uma nova mentalidade dentro da empresa para que a transformação digital ocorra. Como Walter Longo sempre diz, "as empresas precisam de alma digital" ou continuarão no mesmo ciclo – site, post no Facebook, Google e e-mail marketing –, o que não significa que não funcione, mas é o básico do básico e as pessoas estão cada dia prestando menos atenção a isso.

Como disse Maurício Benvenutti, fundador da XP Investimentos, CEO da Startse e autor do livro *Incansáveis*,[10]

> o maior problema para uma pessoa que quer inovar, não é a falta de ideias, contato ou dinheiro. São as desculpas, são as pessoas que enxergam problema em tudo. A visão empreendedora, de quem quer enxergar lá na frente, é de quem enxerga uma oportunidade ao invés de barreiras.

---

10 BENVENUTI, M. *Incansáveis*: como empreendedores de garagem engolem tradicionais corporações e criam oportunidades transformadoras. São Paulo: Gente, 2016.

1.5.1 Foco em pessoas

A tecnologia é parte fundamental para o sucesso da transformação, mas antes de pensar nisso, pense nas pessoas. Sempre alerto que toda estratégia de marketing precisa ser centrada em pessoas, em primeiro lugar, para, em seguida, focar os complementos, como plataformas, tecnologia e ações. Não se vende para máquinas e sim para pessoas e ter isso em mente é fundamental para que uma estratégia de transformação digital ocorra na empresa com sucesso – caso contrário, será um grande investimento jogado no lixo.

O foco em pessoas não passa apenas pelo consumidor, mas também por aqueles que farão a diferença no dia a dia da empresa, como os talentos, que, em sua essência, são indivíduos que têm o digital em seu DNA. Não estamos falando apenas dos jovens, que, praticamente, já nasceram com esse DNA, mas das pessoas que entendem o digital como um grande negócio e não apenas como mídia. Essa é uma diferença enorme que fará sua estratégia ser um sucesso ou ser apenas um monte de tempo, dinheiro e esforços gastos para ter um site mais moderno ou uma sequência de posts melhores. Não se esqueça: isso é mais do mesmo e obrigação das marcas, não transformação digital.

SAIU NA MÍDIA

No portal Digitalks, Federico Grosso, vice-presidente da Adobe no Brasil, conta como a mudança de mentalidade da empresa fez com que uma gigante do setor de tecnologia mudasse os rumos, focando a transformação digital – que, para muitos no Brasil, pode ser um tema novo, mas para o mercado mundial é um assunto já muito debatido e cada dia mais implementado. "A Adobe de hoje não existia há sete anos. Todos se lembram: vendíamos caixas com softwares, com atualizações a cada 12 ou 18 meses. Queimamos nossos próprios barcos para fazer a virada. Fomos sinceros com nós mesmos e com o mercado. Sabíamos que seria uma transformação complexa e isso exigiu mudanças em toda a organização, envolvendo estrutura, habilidades e competências. Os números de evolução do negócio vieram antes do previsto. Foi uma mudança cultural. Foi uma mudança liderada por pessoas e para pessoas. Muitas vezes, seguir o caminho da transformação não significa uma correção de rumo, mas sim a evolução diante das tendências que se apresentam e visão de futuro."

Por mais que a Adobe seja uma gigante do setor de tecnologia, caso não tivesse se mexido e entendido o momento em que o mundo vive, a empresa provavelmente não teria conseguido mudar, correndo o risco de ver seus concorrentes crescerem ou até mesmo o surgimento de novas startups que incomodariam seu negócio.

A mudança em uma empresa do tamanho da Adobe é muito maior e mais demorada do que em uma empresa menor, mas, se você pretende sobreviver no mundo dos negócios, entenda que mudar é preciso, se reinvente mais ainda e não espere o amanhã, pois o mercado começou "ontem" e provavelmente hoje está nascendo seu próximo concorrente, que você nem sabe ao certo o que faz, mas que vai te incomodar – e não será daqui dez anos, mas em dez meses.

Fonte: GROSSO, F. A transformação é digital, mas o fator ainda é humano. Disponível em: https://digitalks.com.br/artigos/a-transformacao-e-digital-mas-o-fator-ainda-e-humano. Acesso em: jul. 2019.

1.5.2 Mudança liderada de pessoas para pessoas

Não existe transformação sem que pessoas competentes possam criar algo realmente novo e diferenciado – essa frase deve servir como um mantra para você. "Todos os inovadores tomam socos; aqueles que obtêm sucesso descobrem como revidar", esse é o conselho que Scott D. Anthony[11] dá em seu livro *Inovação*. Nele, o autor também define a inovação como algo que envolve outras formas de fazer determinada coisa: "a inovação pode envolver uma nova abordagem de marketing, um diferente modelo de preços, um novo modo de organizar uma equipe ou mesmo uma nova forma de gerenciar uma reunião semanal".

Como você poderá ver neste livro, não é preciso deixar de fazer o marketing digital como é feito hoje, mas é necessário pensar em inovar para fazer diferente e conquistar resultados diferentes. Uma coisa é fato, nenhum gestor de marketing está 100% satisfeito com as vendas, pois o CEO está sempre querendo crescer mais, e os acionistas e todo mundo querem ver mais resultados para ter, no final, mais dinheiro.

1.6 As dificuldades da transformação digital

O termo não é tão novo, mas sua aplicação no Brasil sim

Este livro não é um guia passo a passo de como fazer a transformação digital da sua empresa, mesmo porque cada empresa tem seu próprio segmento, história, propósito, filosofia e, consequentemente, sua visão de mundo. Com isso, cada organização precisa entender suas necessidades para traçar o planejamento estratégico de sua marca e, assim, entrar no universo da transformação digital.

A transformação digital é um processo de médio para longo prazo, mas, embora tenha um começo, nunca tem fim. Assim como tudo o que envolve o universo de marketing digital, as ações que devem ter como objetivo central o relacionamento precisam ser constantes. Com isso, é preciso criar cada vez mais formas de impactar o consumidor para o inserir no ciclo de contatos da marca – o que muitos chamam de régua de relacionamento –, para que essa interação gere a venda e, em seguida, algo igualmente importante: a indicação.

Cerca de 80% das pessoas confiam mais em redes sociais do que na mídia propriamente dita, o que significa que confiam mais em pessoas do que em anúncios.

1.6.1 A transformação digital está em nossas vidas... E nós nem percebemos

A transformação digital chegou para ficar e já faz parte das nossas vidas. Ainda estamos conhecendo os primeiros aspectos dessa transformação, mas já vivemos mudanças profundas em nossa sociedade graças a ela.

Por ser um termo relativamente vago, muitas pessoas acabam acreditando que tudo o que é digital, e que de alguma forma mudou a forma como vivemos ou trabalhamos, pode ser

---

11 ANTHONY, S. D. *Inovação*: do planejamento à ação. São Paulo: M.Books, 2016.

chamado de transformação digital. Entretanto, a mudança é muito mais profunda e, por isso, o termo precisa ser usado com mais critério e conhecimento.

> **NOS BASTIDORES**
>
> **Vendendo chinelos**
>
> Essa é uma história muito usada em escolas de empreendedorismo. Conta-se que havia uma ilha em que a população não usava nenhum tipo de calçado. Então, duas empresas concorrentes enviaram seus diretores comerciais para analisar o mercado. A empresa A enviou Pedro, um profissional totalmente focado em números e vendas, enquanto a empresa B enviou José, um profissional com amplo conhecimento de marketing e vendas.
>
> Passada uma semana, Pedro enviou um e-mail para a matriz dizendo que o projeto era um fracasso, afinal, as pessoas não usavam nenhum tipo de calçado e era totalmente errado investir ali. José, por sua vez, pediu verba de marketing, autorização para alugar uma pequena loja e contratar dois funcionários, uma vez que, se ninguém usava calçados, havia ali uma oportunidade enorme para ampliar as vendas da empresa, além do fato de não haver nenhum concorrente.
>
> A visão do estrategista é o que direciona os rumos da empresa. Não são softwares ou máquinas que fazem isso – claro que ajudam em pesquisas e entendimentos, mas o que faz um dado se tornar um importante diferencial estratégico é a cabeça do gestor.

1.6.2 Maturidade digital

Segundo a pesquisa publicada no E-commerce News,

> as organizações estão em diferentes graus de maturidade quanto à transformação digital. Essas diferenças se acentuam pelas distintas demandas sobre setores diversos e também pela cultura predominante em cada uma delas. Dado o cenário que se desenhou atualmente, as empresas perceberam que não podem deixar de lado a implementação da transformação digital em seus negócios e a maioria, 75,76%, já estão com projetos em execução, sendo que destes 25,32% declaram que se encontram em estágio avançado de implementação. Porém, 74,68% ainda estão em estágio inicial de maturidade.

A pesquisa não mostra quais são as empresas e muito menos os segmentos que foram analisados, mas é um importante indício para entender o que acontece no universo digital. Sua concorrente pode ou não estar nessa pesquisa. Entretanto, dentro dos 75,76% pode estar uma empresa que você nunca ouviu falar, mas que pode ser sua concorrente ainda em 2018. O mundo das startups está cada dia maior!

1.6.3 A tecnologia melhora resultados

Usar tecnologia para melhorar todos os aspectos de um negócio tornou-se uma prioridade para as empresas. Mais do que isso, os resultados positivos de empresas que já iniciaram suas estratégias de transformação digital estão motivando o ciclo de adoção.

A pesquisa State of IT da Salesforce entrevistou, em 2018, mais de 2.200 executivos de TI ao redor do mundo e mostrou que empresas que estão se transformando digitalmente:

» são 3,7 vezes mais propensas a responder que estão à frente das demais na adoção de tendências de tecnologia;
» investem 1,8 vez mais em aplicativos e tecnologia de interface com o cliente (ex.: aplicativos de vendas, marketing e atendimento);
» têm maior adoção de canais digitais (4,8 vezes mais) para engajamento com clientes.

1.6.4 Os clientes esperam uma experiência digital que simplifique o processo

E desperdice o mínimo possível de seu tempo! Atualmente, os vendedores podem gastar até 50% de seu período de trabalho em tarefas administrativas ligadas ao fechamento, processamento, assinatura de contratos e cumprimento de pedidos, ou seja, momentos valiosos que poderiam ser usados com outras atividades.

Inovações na gestão dos processos de forma digital permitem que contratos, RFPs e cotações possam ser enviados aos departamentos certos, na ordem certa, com uma trilha de auditoria digital, e assinados eletronicamente pela pessoa indicada. Sendo assim, a agilidade continua mesmo após a assinatura do contrato, pois o processo inteiro é automatizado, garantindo que a experiência do cliente comece do jeito certo e que você possa acompanhar pelo sistema o fluxo dos dados, ganhando visibilidade, eficiência e encurtando os ciclos de venda.

No evento Digital Marketing Expo & Conference 2018, Debora Koyama, CMO da Mondelez Internacional, entregou sua visão sobre a transformação digital. Para a executiva,

> a transformação digital está ocorrendo por todos os lados das empresas, em diversas funções, e está bem relacionada ao uso de dados e *insights* sobre as decisões de consumo que ocorrem durante a jornada do cliente. Com base em dados, podemos nos conectar com os consumidores atualmente como nunca pudemos antes.[12]

Rahmyn Kress, Chief Digital Officer da Henkel, lembrou, no mesmo evento, que "vivemos em um mundo hiperconectado, em que várias indústrias passam por rupturas enquanto outras vêm emergindo [...] o processo de adoção de novas tecnologias depende essencialmente do core de cada empresa [...] para muita gente, a transformação digital está diretamente ligada ao big data e à forma como os dados são gerenciados para entregar anúncios com relevância aos consumidores. [Ramsey] questionou se essa seria, de fato, uma visão acurada".[13]

---

12 [S.A.] DM.exco Insights 2018. *itGoAd Media*, 2018, p. 20. Disponível em: https://goadmedia.com.br/wp-content uploads/2018/09/WP_DM.exco-Insights-2018.pdf. Acesso em: ago. 2019.
13 [S.A.] GoAd Media, 2018, p. 20.

1.6.5 Converta dados em estratégia

Dados estão sendo fornecidos por novas fontes e aplicados a novos problemas, tornando-se um importante vetor de inovações. Os mesmos dados que a empresa coleta, gerencia e analisa constituem importante ativo estratégico e, cada vez mais, fonte de inovação e de criação de valor.

- » **Dados sobre processos de negócios:** cadeia de fornecimento, vendas, faturamento, recursos humanos.
- » **Dados sobre produtos ou serviços:** mapas, dados sobre empresas, dados sobre o clima.
- » **Dados sobre os clientes:** compras, comportamentos, interações, comentários, demografia e pesquisas.

Reúna diversos tipos de dados sobre produtos e serviços – eles são essenciais para o valor central da empresa. Use-os como camada preditiva na tomada de decisões – por exemplo, os dados sobre as operações podem ser usados em modelagem estatística para planejar e otimizar o uso de seus recursos, como faz a Amazon, que usa dados de navegação do site para definir o produto que deve oferecer ao cliente em sua próxima visita.

Aplique os dados no processo de inovação de novos produtos – a Netflix usa sua grande quantidade de dados sobre as preferências dos espectadores para ajudá-los a desenvolver novas séries de televisão, como House of Cards. Isso é usar dados para inovar com mais rapidez, a custo mais baixo.

Observe o que os clientes fazem, não o que dizem: os dados de comportamento sempre trazem as melhores informações sobre os clientes e são muito mais valiosos que relatos de opiniões. Além disso, lembre-se de combinar dados entre os departamentos.

Crie a sua própria transformação!

1.7 Missão, valores, filosofia e história da marca

**Se você acha que essa história é velha e coisa de livro,
espere para ver quanto valor seu consumidor dá a isso**

Todos aqueles que passaram pela faculdade de marketing, comunicação, publicidade ou até mesmo administração, em algum momento, em alguma aula, fomos impactados pelos pilares da marca –, o que, em um passado não tão distante, era muito importante, mas acabou perdendo relevância, o que não deveria.

Gestores de marca começaram a pregar quadros, escrever na parede, pintar os textos de missão, filosofia, valores de marca, mas isso, no dia a dia e principalmente na comunicação, se perdeu em algum momento. Porém, o novo consumidor tem dado atenção especial ao que a empresa prega *versus* o que ela realmente entrega, seja no produto, no serviço ou na comunicação.

A marca não pode dizer que a sua missão é "ter o melhor atendimento" e no dia a dia demorar semanas para responder um e-mail do SAC. Não se pode dizer uma coisa e praticar outra.

A promessa é, cada vez mais, dívida – e o consumidor cobra por isso. Afinal, se não gostar deste livro, você vai recomendá-lo ou divulgá-lo nas suas redes sociais?

Michael Solomon é um dos gurus americanos de marketing. Eu tenho um pouco de medo desse termo "guru", mas Solomon leciona na Universidade Saint Joseph, uma das melhores universidades dos Estados Unidos. Solomon é um estudioso do comportamento humano. Em seu portfólio, encontram-se as grandes marcas que ele aconselha, como Calvin Klein, Levis, Under Armour, H&M e BMW. Por mais que ele seja um "guru", fiz questão de colocar um pouco do seu curriculum aqui para vermos que ele é diferente da ideia geral que fazemos sobre esse termo.

No evento Congresso Nacional das Relações Empresa-Clientes (Conarec) de 2018, ele esteve presente e iniciou sua apresentação com uma indagação que trago aqui para refletirmos:

> Sabem quantas propagandas um consumidor está exposto, em média, por dia? São mais de 5 mil. Isso significa que nós – estou me incluindo – processamos essas 5 mil mensagens? Não. Esse é o maior desafio do marketing atualmente: conseguir a atenção do consumidor em meio a inúmeros anúncios e, mais que isso, conseguir engajamento.

Se produtos são commodities e os canais usados para divulgação são sempre os mesmos, como se destacar frente a essa enorme quantidade de mensagens publicitárias as quais somos expostos? A resposta é: **marca**!

1.7.1 O poder de uma marca

Jaime Troiano é um dos grandes nomes da construção de marca no Brasil. Em seu e-book *Marcas no Divã*, ele fala sobre inflar as marcas. A transformação digital tem diversos papéis dentro das empresas, mas, com certeza, um deles é mostrar que o digital vai muito além da mídia, e, na verdade, é um universo gigante com enormes possibilidades.

> Um consumidor tem traços permanentes, características próprias e gostos peculiares? E o que move seus comportamentos de compra? Sentimentos, sonhos, ideais. A conexão entre o consumidor e a marca se enraíza nas emoções. Interpretações literais e ingênuas sobre seu comportamento não dão lugar ao entendimento de suas vontades subjetivas. O consumidor ainda não alcançou aquilo que idealiza para si. Nessa lacuna, entram outros valores, como as cinco estratégias da nova cultura do desejo. A gestão de marcas também precisa levar em conta a necessidade de indulgência do consumidor e as horrendas patrulhas que o vigiam. Não faltam influências nesse mundo de sentimentos e escolhas.[14]

Se até aqui, a sua visão de digital ainda é mídia, ou seja, post em Facebook, influenciador, fotos de banco de imagens no Instagram, pare, volte tudo, e recomece a ler este livro, pois você nada entendeu sobre o que é transformação digital!

Para Troiano,[15]

---

14 TROIANO, J. *Brand Intelligence*: construindo marcas que fortalecem empresas e movimentam economia. São Paulo: Estação das Letras e Cores, 2017.
15 TROIANO, 2017.

inflar é transformar a marca em escrava de sua comunicação. Ao inflar, a marca estabelece uma relação de servidão com a própria comunicação. Ela murcha muito depressa quando está fora do ar, deixando aquela sensação "pós-furacão": pouca coisa vai permanecer de fato. Quem infla é obrigado a radicalizar. Ou seja, é inevitável que a marca tenha de radicalizar cada vez mais suas mensagens publicitárias. Os esforços para conseguir visibilidade e notoriedade devem ser cada vez mais extremos. A competição de mensagens no ar é intensa; há muitos produtos parecidos... Nesse cenário, destacar-se, aparecer ou diferenciar-se pode ser visto por alguns como a meta essencial da marca. Logo, as estratégias que inflam rapidamente seriam mais econômicas, gerando mais mídia gratuita na imprensa, por exemplo. A armadilha é que, ao longo do tempo, o resíduo da comunicação de quem infla é muito mais pobre do que o de quem constrói.

Inflar é usar todos os recursos para mídia pensando em vender, quando, na verdade, no digital, o papel fundamental da marca é construir relacionamentos.

Para Solomon,

> Hoje em dia, somos guiados por dados, resultados... então, ROI é tudo, certo? Ou significa uma visão míope do cenário? Novo ROE: retorno sobre envolvimento, o que significa uma perspectiva de longo prazo. A ideia é a seguinte: ao mesmo tempo que se busca ter lucro trimestre após trimestre, é imprescindível engajar o consumidor no longo prazo oferecendo grande valor para ele. Pois é aí que está a sustentabilidade do negócio.

Hoje, os dados são gerados em quantidades sem precedentes, não só por empresas e organizações, mas por pessoas comuns, a toda hora e em todos os lugares. O maior desafio atualmente é converter a enorme quantidade de dados em informações valiosas.

As marcas que melhor trabalham essa paixão são as que mais engajam – e, quanto mais engajamento, maior é o fortalecimento da marca. A paixão pela marca é o que faz as pessoas comprarem qualquer produto lançado. Vemos pessoas esperando 14 horas na fila da loja da Apple apenas para ser o primeiro a ter um aparelho que, em poucas horas, milhares de pessoas terão.

Essa paixão e engajamento é o que falta, por exemplo, no dia a dia do marketing dos times de futebol. Trabalhar a paixão é mais fácil para vender, ainda mais quando a marca é forte, como é o caso do meu querido São Paulo Futebol Clube, por exemplo. Mas, claro, deixando o clubismo de lado, esse conceito se aplica a qualquer outro time, grande, médio ou pequeno – é uma pena ser tão mal trabalhado!

1.7.2 Marcas são construídas todos os dias

Isso é fato. Porém, se nas décadas de 1970, 1980 e 1990 quem fazia isso eram as próprias marcas, hoje, com a internet, o papel tem outro protagonista. Eu, você, seus amigos, ou seja, somos nós, as pessoas, que estão no comando das marcas. Achou estranho? Pode ser, mas a realidade é essa.

Não há nenhuma dúvida sobre a importância do boca a boca. A transformação digital – assim como a internet já fez – vem para ampliar esse poder por meio de ferramentas, como o big data, por exemplo, que permite saber exatamente quem é e o que deseja o consumidor. Por isso, hoje em dia é essencial ter uma presença de marca nas redes sociais – uma vez que é lá que as pessoas procuram recomendações – e, com isso, fazer marketing de conteúdo para o fortalecimento das marcas. Não se fortalece marca sem que as pessoas saibam o que fazem – e isso não se conta apenas em um post de Facebook, um site ou um e-mail marketing.

A transformação digital vem para entender esse consumidor – novamente ele é o protagonista – e, a partir dos rastros que ele deixa na internet, traduzir o que ele deseja e perceber como impactá-lo via canais digitais. Isso contribui para ampliar o boca a boca.

À medida que os clientes se comportam menos como indivíduos isolados e mais como redes conectadas coesas, todos os negócios devem aprender a explorar o poder e o potencial das redes de clientes.

Os consumidores têm produzido cada vez mais conteúdo – há dez anos, o comercial mais memorável do Super Bowl tem sido feito por consumidores. A conclusão é que as empresas não detêm mais as marcas: as pessoas têm o poder de reinventá-las.

1.7.3 Pilares da marca

Para criar os pilares da marca, usei como base um material que preparei em 2018 para um cliente no segmento educacional. Tratava-se de um projeto em que o EAD era o ponto principal, mas não o único. Não posso abrir mais, pois não tenho autorização para isso, apenas passarei aqui na íntegra os conceitos que preenchemos em cada um dos pilares, para que você veja que não tem nada de muito novo, mas é preciso ser feito e, principalmente, seguido.

O importante neste capítulo é que você, depois de ler, possa refletir sobre os pilares da sua empresa e, principalmente, se estão sendo usados em produtos, serviços e comunicação – até porque, em uma empresa conservadora, a tendência é que o processo de transformação digital seja mais lento, o que é um erro, uma vez que você deve ter em mente que "o futuro é hoje", e, mesmo assim, você está atrasado.

Os pilares que veremos a seguir são fundamentais para que você consiga construir e fortalecer sua marca. Tudo o que você faz para uma marca, seja um post no Facebook ou uma revolução total chamada transformação digital, passa pelo fortalecimento constante da marca. A marca só deixa de ser fortalecida quando some do mapa!

Segundo um estudo do e-book *Gestão de marca*, do Portal Mundo do Marketing, "um bom marketing não começa com o desenvolvimento do produto. Muito menos com a criação de uma propaganda... a fundação da construção de marca está no entendimento do seu consumidor". E, mais uma vez, vemos a importância de colocar o consumidor no centro de tudo!

No e-book *Marcas no divã*, Jaime Troiano afirma que

> missão, visão e valores hoje povoam as paredes de muitas organizações e têm um papel, indiscutivelmente, relevante, mas o que foi um dia uma forma de diferenciar empresas, se perdeu. As semelhanças da missão, visão e valores entre as organizações é muito clara. Esse fato criou a necessidade de se construir algo que não seja mais do mesmo: propósito não é um aromatizador que se aplica. É sim a própria fragrância que emana da flor, que nasce com ela.

O que verá a seguir tem muito a ver com a forma como a marca precisa se diferenciar. A transformação digital passa, sem a menor sombra de dúvida, pelos conceitos que a marca tem e que podem utilizar em suas estratégias para mudar os rumos da empresa. Inovar é perigoso, claro, mas ficar parado, pode ter certeza, é muito mais!

1.7.3.1 Valores

O que a empresa enxerga como certo e rege seus rumos e o que o seu fundador pensou ao criar a empresa. Lembre-se: nem mesmo a Apple que vale um trilhão de dólares começou gigante, uma vez que as empresas nascem dos sonhos de seus fundadores.

Termos como excelência, qualidade, eficiência, conhecimento, sucesso e cultura podem ser usados, mas não devem ser usados apenas na parede da recepção ou em belos quadros espalhados pela entrada e corredores. Se optar por usá-los, devem ser aplicados no dia a dia em tudo.

1.7.3.2 Missão

Por que a empresa existe? Mais uma vez, remete ao que o fundador pensou. Por que a empresa existe e o que ela deve proporcionar aos seus futuros consumidores? No caso da empresa de educação que estou usando como exemplo, usamos "oferecer sempre qualidade no ensino, com apoio ao aluno em todos os momentos para que ele possa ter uma experiência agradável de aprendizagem e compreensão".

A missão deve refletir também aquilo que a empresa deseja que o consumidor pense dela no momento em que tem um problema, sabendo que ela pode resolver. Para o posicionamento de marca – que veremos na sequência –, a missão da empresa é fundamental para que a estratégia e comunicação estejam alinhada com a mensagem a ser passada e fixada na mente das pessoas.

1.7.3.3 Atributos

O que vai diferenciar a sua marca da concorrência, principalmente nos pontos de venda – reforçando que um dos pilares da transformação digital é o *omnichannel*, que considera o ponto de venda físico como algo muito forte. Os atributos de uma marca estão normalmente relacionados aos valores que a identificam e a diferenciam dos concorrentes, bem como a performance de um produto e serviço.

No exemplo da marca do segmento de educação, indicamos como atributos "atenção, ensino de qualidade, empregabilidade, preço justo, responsabilidade e fácil aprendizado". Em um primeiro momento, isso pode não apresentar muitos diferenciais e soar simples – e que bom que seja assim, porque, como Washington Olivetto diz "ninguém gosta de complicações, então, por que a propaganda precisa ser complicada?", e esse gênio da comunicação está certo. Ser simples é uma forma de entrar na mente do consumidor e ter mais chances de conquistar seu coração.

1.7.3.4 Negócio

Para entender o que é a marca, seus diferenciais e o que ela faz, é preciso entender o negócio. Esse é um ponto que deve ser simples e resumido em poucas palavras. O que a GM faz? Vende carros. O que a Apple faz? Vende tecnologia e inovação em produtos de uso pessoal. O que a Coca-Cola faz? Mata a sede. Entende como tem de ser algo direto, curto e com foco? Claro que é possível aprofundar muito cada um dos exemplos acima, e com certeza o de seu negócio também, mas no momento em que você está estudando os pilares da marca para preparar sua transformação digital, é preciso ser direto.

No caso da marca do segmento de educação, o que propusemos foi "uma escola onde o aluno pode assistir as aulas no momento em que deseja, tendo professores presenciais, também, para uma melhor compreensão da matéria. Não se trata apenas de uma plataforma on-line de cursos, mas um novo modo do aluno aprender e compreender através de experiências novas que possam enriquecer seu conhecimento a preço justo".

1.7.3.5 Visão

Quando o fundador parou, olhou para o mercado e pensou na marca, no que **exatamente** ele pensou? Naquilo que entendeu ser diferente para o segmento em que desejou atuar. Quando o fundador da empresa olha para seu produto, serviço, mercado e colaboradores, o que ele quer? Como quer ser visto? Como deseja que as pessoas o enxerguem? Nesse sentido é que a visão da empresa deve ser criada.

No caso da marca do setor de educação, usamos: "ser referência para o mercado através de cursos on-line que realmente ajudem o aluno a aprender e crescer na carreira". Sem a menor sombra de dúvida, o aluno tinha de sair do curso sabendo todo o conteúdo ou a visão do projeto não estaria condizente com o que a marca propunha. Entende a importância de ter uma visão e segui-la? Caso isso não aconteça, a credibilidade de marca some – afinal, quem acredita em alguém que fala muito e faz pouco?

1.7.3.6 Propósito

Há duas coisas que movem as pessoas: dor e prazer. Esse é o ponto inicial para o propósito de vida. Qual é a dor que você gera *versus* qual é o prazer que você gera, sejam eles pessoais ou relacionados a uma marca? Tudo na vida precisa de um propósito – essa é uma afirmação que todos nós já ouvimos e que fica ainda mais forte quando vamos para o mercado de trabalho. Ele é a razão pela qual a marca existe: não apenas o que sua empresa faz ou os benefícios que seus produtos trazem, mas como sua marca pretende contribuir para um mundo melhor.

No caso da marca do segmento de educação, o propósito pensado foi "promover o crescimento do aluno no mercado de trabalho oferecendo qualidade e rápido aprendizado", pensando exatamente em formar não apenas alunos ou "mão de obra" qualificada com um preço justo, mas formar pessoas e oferecer a oportunidade de crescimento profissional para alcançar os objetivos. Nenhuma marca de educação pode prometer menos do que isso e é preciso conscientizar a todos – e a conscientização faz parte do propósito de marca – que é preciso trabalhar para gerar riqueza e que quanto mais qualificados, maiores as chances. Pode-se questionar que todas as escolas prometem isso – e, de fato, prometem –, mas como estamos batendo na tecla, há uma grande diferença entre prometer e cumprir.

Uma frase interessante do livro *Mude ou morra*[16] é "não tenha medo de errar, busque seu verdadeiro propósito, aquilo que te move" – o que, na verdade, pode e deve ser direcionado para as marcas. Hoje, a *fake news* é uma realidade sobre a qual o consumidor descobre rapidamente e que tem o poder de destruir uma marca. Sim, desde que as redes sociais surgiram, os consumidores podem destruir marcas. Por isso, é preciso tomar muito mais cuidado. Marca, seja quem você se propôs a ser – esse deve ser o seu propósito! Mendes[17] relata que

> um propósito deve resolver o problema de alguém. Há uma série de oportunidades para isso, e na nova economia, cada vez mais digital, muitas empresas surgiram dessa forma, resolvendo problemas e dificuldades do cotidiano das pessoas. É quase que 'chover no molhado' falar do surgimento do Uber, como ele resolve não apenas o problema de locomoção entre pessoas como o problema de desemprego que assola o Brasil nessa crise, que estamos passando desde 2016. Resolver o problema de alguém é resolver a sua dor e onde há essa dor há mais oportunidade de converter pessoas com as dores em clientes, às vezes, até bem fiéis.

Para Solomon, "marcas alcançaram ressonância, quando o propósito da marca se encaixa com o propósito do consumidor".

SAIU NA MÍDIA

Para Daniela Khauaja, coordenadora da pós-graduação de marketing da Escola Superior de Propaganda e Marketing (ESPM), "o propósito é uma nova forma de enxergar o posicionamento, o posicionamento é mais racional e o propósito mais emocional, ele toca o coração dos clientes e ao mesmo tempo mostra o que pode ser feito de bom para a sociedade, dentro de uma mensagem mais consciente, o que ela está entregando para a sociedade".

O propósito de marca é um norte, capaz de unificar consumidores e toda a cultura organizacional na conquista de um objetivo maior. É perfeitamente normal confundir propósito e posicionamento, afinal, ambos têm objetivos similares no processo de marca.

Fonte: KHAUAJA, D. O que é, afinal, o propósito de uma marca? *Portal Exame*, jul. 2016. Disponível em: https://www.youtube.com/watch?v=O7MFhufe-h8. Acesso em: jun. 2019.

---

16 MENDES; BUENO, 2018.
17 MENDES; BUENO, 2018.

1.7.3.7 Promessa

Essencial para atender às expectativas do cliente e garantir diferencial da marca em relação aos concorrentes. Poucos negócios conseguem realizar essa tarefa com sucesso, pois muitos se preocupam mais com estratégias, táticas e campanhas e menos com o que de fato a marca prometeu entregar para o cliente. A Apple não vale um trilhão de dólares à toa: ela cumpre o que promete. Por mais que a Dell e a Samsung tentem com seus notebooks e smartphones chegar próximo à Apple, sua promessa de marca é tão forte que a concorrência acaba sendo deixada como plano B, e, em muitos casos, com a compra racional. O José queria um Macbook 12 polegadas, mas comprou um Dell de 13 pois o Macbook custava três vezes mais que o Dell.

O iPhone é muito mais interessante que o Samsung 9, na visão da Fernanda, mas ela está muito acostumada com o sistema Android e optou pelo Samsung que também custa 60% do valor do iPhone. Todos sabem que Samsung e Dell são marcas reconhecidas e muito boas, mas elas não têm o mesmo apelo que a Apple. Sim, é chover no molhado falar da Apple, mas por ser a primeira marca a passar de um trilhão em valor de mercado, precisa ser reverenciada. Se você sair às ruas e fazer uma pesquisa simples, como: "Se eu lhe desse 20 mil reais para comprar um notebook e um celular, e você tivesse que gastar todo o dinheiro nesses produtos, o que você compraria?". Dificilmente a Apple terá menos de 70% das respostas.

No caso da marca do segmento de educação, foi proposto que "o aluno precisa encerrar o curso com total conhecimento do tema e capacitado para crescer no mercado de trabalho". Mais uma vez, você pode olhar essa frase e determinar que isso é simples e básico, sem diferencial. De fato, mas reforçando, o papel aceita tudo, o problema não é a frase, conceito ou promessa em si, mas a execução disso. Prometa, mas cumpra!

1.7.3.8 Personalidade

Se a sua marca fosse uma pessoa, quem você gostaria que ela fosse e por quê? Queria que fosse o Michael Jordan, símbolo de superação e sucesso? Queria que fosse a Gisele Bündchen, símbolo de beleza e elegância? Queria que fosse o Pelé, o melhor da sua categoria? Esse é um exercício interessante para definir os pilares dessa personalidade. Sabe quando você vai descrever um amigo solteiro para uma amiga solteira e você começa com "ele é alto, muito legal, trabalhador, ótimo caráter, família ótima..."? Com isso, você está definindo a personalidade da pessoa para que, mesmo sem ver, a sua amiga se sinta interessada.

Depois vem a foto, adicionar em redes sociais, encontros e por aí vai. Com a marca, é a mesma coisa: ela é construída pela forma com a qual as pessoas a enxergam e a sua personalidade conta muito para ter aderência ou não – ou, usando um termo de conquista virtual, se deu "match" ou não.

Para a marca do segmento de educação, usamos termos como: "Sincera, prática, familiar, colaborativa, original, jovem, confiável, ousada e livre". Mas, por quê? Porque o público era jovem, então é preciso ser jovem, ousada e livre, uma vez que você só se relaciona com quem tem aderência a você. O Google, por exemplo, mostrou ao mundo que é possível mexer na estrutura da marca, nas cores e formatos, sem perder a sua essência. Sincera, porque nada mais une as pessoas do que a sinceridade, e, de novo, é preciso sair do discurso e ir para a prática. E família, porque o que une mais pessoas do que fazer parte de uma família? Seja a sua família, da empresa, da escola, do clube, o conceito de pertencer a grupos é o que move as pessoas e fez das redes sociais o fenômeno mundial que é hoje, com o Facebook passando de um bilhão de usuários.

Para Solomon, as marcas têm personalidade:

> Pensem por um instante: qual é a personalidade da sua marca? Sofisticada, sexy, maravilhosa... pode ser várias coisas. Sempre se dividiu os consumidores por faixas sociais, idade, gênero... mas marketing não é física quântica. Ninguém quer ser colocado em categorias. A segmentação tradicional não faz sentido. Por isso, temos que quebrar muros.

Isso significa que, em primeiro lugar, é preciso saber sobre os perfis comportamentais – e nisso a transformação digital ajuda muito.

1.7.4 Mas como colocar isso em prática na transformação digital?

Em cada um dos pilares acima, fiz questão de reforçar a importância do prometer e cumprir. Esse é o ponto fundamental para a virada da marca. Não prometa o que não se pode cumprir – essa é uma regra que você aprende no começo da carreira, ainda como estagiário(a), onde, no âmbito de fazer tudo, entregar tudo e ser notado, você promete o que não pode cumprir. Com a marca é a mesma coisa!

Ao longo deste livro, você vai ver que transformação digital é, como está na própria palavra, transformar a empresa, a marca, mudar a forma de pensar, de agir e de executar. Quando você criar a sua estratégia de transformação digital – e verá como fazer isso nesse livro –, pense sempre em como cumprir tudo o que foi prometido. Se a sua marca não tem os pilares acima, o seu primeiro passo é criar.

Pesquisas, conversas com fornecedores, clientes, ex-clientes, parceiros, funcionários, colaboradores, diretoria, presidência – tudo isso é fundamental para chegar nos pilares ideais, que não estão "escritos na pedra" ou seja, podem mudar em meses ou em anos. O consumidor é o mais importante, mas não é o único a ser ouvido.

O ideal? É que esses pilares estejam sempre alinhados com as expectativas do consumidor, uma vez que ele é a peça mais importante da marca, e não os desejos do presidente, CEO ou diretor. Não se promete o que não se cumpre, mas também não se é relevante quando as expectativas do consumidor não são, pelo menos na promessa, atingidas. As pessoas só compram aquilo em que acreditam.

Para o processo de transformação digital, você vai precisar ter bem claro os pilares e seu alinhamento com o consumidor – reforço isso, uma vez que é importante que você entenda isso muito bem antes de sair criando ideias de *omnichannel*, Internet das Coisas ou Wereables – porque, ou eles estão alinhados com a marca ou poderão fazer sucesso no começo, mas não se sustentarão por muito tempo, virando *fake*. Quem compra mentiras?

O QUE AS MARCAS ESTÃO FAZENDO?

Cases mundiais – Macy's e BPI

O Brasil, infelizmente, ainda está engatinhando no quesito digital. Para alguns, isso pode ser ruim, mas, para outros, isso pode ser uma grande oportunidade. A transformação digital não é uma tendência ou algo futurista: ela acontece agora, hoje e já! No mundo todo, já está ocorrendo. No Brasil, não falta conhecimento, dinheiro ou tecnologia, o que falta é coragem por parte dos gestores de fazer diferente, enxergando o universo digital como um todo e não apenas como mídia de performance.

Esse é o básico a ser feito. Em minha visão, toda a mídia é de performance, afinal, investir em campanhas, seja em Google, Facebook, portal ou e-mail marketing, é, como a própria palavra diz, um investimento, e significa que é preciso colocar dinheiro na frente para ter um retorno maior em um prazo determinado — em outras palavras, investe-se um para conseguir dois ou três.

1. Macy's

O Portal No Varejo, canal digital que você tem obrigação de ler, postou algumas impressões sobre o evento Shoptalk 2018, que ocorreu em Las Vegas, e que costuma fazer *keynotes sessions* especiais, com grandes lideranças do varejo global, como Jeff Genette, CEO da Macy's, que mostrou o case da marca nesse novo universo da transformação digital.

Segundo o portal, a empresa sofreu, em 2016 e 2017, com a perda de clientes, mesmo sendo uma das marcas mais poderosas dos Estados Unidos, onde mais de 50% dos americanos compram. "Ela é uma das marcas mais poderosas do varejo americano e está identificada com a cultura americana. A marca perdeu clientes e vendas de modo expressivo nos anos anteriores. Segundo o CEO, Jeff Genette, a empresa precisou redesenhar cada etapa da jornada do cliente e nesse processo identificou que o cliente queria melhores experiências, moda, valor e inspiração".

O primeiro passo da marca foi definir a fundo quem compra. Segundo pesquisa da marca, quem compra é "mulher, espontânea, confiável e quer um momento para relaxar. Essa compreensão e a construção das personas das clientes levou à criação de uma estratégia baseada em cinco pontos, entre os quais a busca pela *preferência, conveniência, experiência, inspiração e respeito.* Essa estratégia foi replicada no aplicativo, no comércio eletrônico, nas lojas, onde quer que elas, as consumidoras-chave, se encontrem. A consumidora da Macy's também quer moda, quer saber o que é tendência e quer encontrar essas tendências na loja, com o poder e a possibilidade da personalização, buscam valor, produtos que a atendam no momento em que ela está".

Ser relevante como loja de departamentos em tempos digitais é um desafio extraordinário, que pede uma visão global do consumidor e a compreensão de que o digital vai muito além de post em redes sociais ou uso de influenciadores. "As lojas, também, trazem um *backstage*, um local onde as consumidoras podem encontrar ofertas incríveis de bons produtos e marcas". Ao trabalhar o marketing sensorial, a marca incorpora a realidade virtual e o *mobile check-out*.

A Macy's se move rápido, investe nas lojas, em tecnologia e também em formas de motivar a equipe por meio de planos específicos de remuneração e bonificação, ou seja, entende a fundo a transformação digital, não apenas no sentido de oferecer experiências digitais aos consumidores, mas em trazer a alma e a cultura digital para o dia a dia.

Vale lembrar que a Macy's foi uma das pioneiras em usar iPads nas compras dentro da loja, onde o consumidor poderia escolher o produto na loja, comprar pelo iPad e receber em casa.

Fonte: MEIR, J. As estratégias de Macy's e Target para lidar com a transformação digital. Disponível em: http://portalnovarejo.com.br/2018/03/18/as-estrategias-de-macys-e-target-para-lidar-com-a-transformacao-digital. Acesso em: jun. 2019.

2. Banco Português de Investimento (BPI)

Um estudo do Portal Computer World mostrou diversos cases de transformação digital em Portugal – são quase 100 cases, enquanto no Brasil é difícil achar dez. Vale a pena acessar e ler sobre todos. Separei um deles que pertence a um segmento com muita aderência na transformação digital.

Projeto GoBanking: facilidade que gerou negócios

A transformação efetuou-se em uma etapa específica da jornada do cliente – a abertura de conta – tornando-a totalmente digital. Um colaborador do BPI pode ir até o cliente e recolher os dados, comprovativos e assinaturas. O banco move-se no plano físico por meio do digital, aumentando a conveniência para cliente, otimizando processos e garantindo os níveis de satisfação e rapidez dos processos.

Para o Crédito Agrícola (CA) a estratégia não é diferente, mas o processo sim

Para garantir uma proximidade cliente-banco, o projeto CA Target (Event Based Marketing) permite perceber o valor de cada cliente, gerido via o entendimento de suas necessidades, comportamentos e preferências, cabendo ao banco identificar as oportunidades de valor, endereçar propostas competitivas e estabelecer uma relação ajustada de proximidade.

Iniciado em 2016, o CA Target (Event Based Marketing) tem como principal objetivo construir uma gestão comercial centrada no cliente, ao mesmo tempo, eficiente e de alto valor para o banco. A abertura da conta digital com o GoBanking do BPI garante os serviços mais eficientes, sem papel, respeitando os processos de *compliance*, sendo essa uma inovação no relacionamento com o cliente. Para esse processo, foi fundamental a colaboração de diferentes áreas do banco, sem as quais teria sido impossível garantir o sucesso na alteração de um dos processos base da atividade bancária.

A inovação da transformação digital, como refere o CA, estende-se também à comunicação e à interação com os atuais e potencias clientes por meio da aplicação CA Target (sistema de CRM), uma ferramenta de apoio ao processo de venda que reforça os valores de proximidade do CA, alavancado no modelo de distribuição multicanal.

A difusão da tecnologia e seu impacto na transformação atinge outras funções, como o marketing. O Banco entende ser vital para o relacionamento personalizado e para a experiência de cliente automatizar as atividades de marketing, permitindo que as equipes comerciais e de vendas estejam presentes nas diferentes fases da jornada de decisão do cliente, e controlando, assim, todo o funil por meio de um fluxo continuado e automatizado entre as ações de marketing e de vendas.

Para o Banco, houve crescimento e melhor interação e comunicação com os clientes, assim como sensíveis aumentos no processo de venda e eficiência operacional – como é o caso do GoBanking do BPI em que reduziram em quase 70% o tempo para abrir uma conta, trazendo, com isso, novos adeptos.

Lembre-se sempre do que Washington Olivetto diz: "as pessoas não gostam de complicação" – e ele está cheio de razão. Atualmente, para abrir uma conta em um grande banco no Brasil, como Santander, Itaú, Bradesco, ou mesmo fazer um financiamento de carro, é preciso preencher mais de sete folhas, enquanto o Banco Neon permite a abertura de uma conta com apenas uma foto do documento da pessoa e uma selfie.

Onde você acredita que os jovens, em poucos anos, vão querer abrir conta?

Fonte: COMPUTER WORLD. 97 casos de transformação digital. Disponível em: https://www.computerworld.com.pt/2017/09/26/97-casos-de-transformacao-digital. Acesso em: ago. 2019.

CAPÍTULO 2

MARCAS DIGITAIS

Não é ser sensacionalista, mas realista. A Kodak inventou a máquina digital e morreu porque a Sony se aproveitou do projeto. Você quer ser a Sony ou a Kodak?

2.1 "Pior cego é aquele que não quer ver"

Não vou me aprofundar no case da Kodak, uma vez que é um dos mais comentados no cenário do marketing digital em agências, palestras, cursos, workshops e mídia – portanto, você já deve ter ouvido falar dele algumas dezenas de vezes. De todo modo, deve sempre ser relembrado para que as marcas possam olhar para si mesmas e refletir quem elas desejam ser.

Convenhamos que há marcas que não param para pensar nisso, e para essas eu digo que "o pior cego é aquele que não quer ver", ditado popular antigo, mas que ajuda a mexer com o cérebro do gestor de marca, aquele – que pode ser você – que está deixando o tempo passar enquanto a concorrência vem com tudo.

Você pode ser aquele que está olhando para o horizonte, enquanto em coworkings do país inteiro surgem ideias de "moleques" (no bom sentido da palavra) de 18, 19 ou 20 anos que podem, rapidamente, acabar com a empresa daquele que passa o dia debatendo com a agência se o post tem que ter 300 ou 310 caracteres ou se o logo tem que ser dois milímetros para cima ou para baixo. Esse, quando acordar para a vida, estará morto e, consequentemente, a sua marca, na UTI. Pode parecer que eu estou na teoria do caos – bem, que não pareça, mas estou!

Estamos vivendo uma era de profundas mudanças graças à tecnologia. A cada dia surge uma novidade. Para Greg Peters, "as melhores histórias do mundo nascem com a tecnologia no DNA". Se pararmos para analisar que, ao final de 2017, entre as dez marcas mais valiosas do mundo, sete são de tecnologia, como Apple, Microsoft, Samsung, IBM entre outras, vimos que Peters não está tão enganado. No evento WebSummit 2018, Peters – que vou revelar a seguir quem é – contou a sua experiência.

> **SAIU NA MÍDIA**
>
> O Portal Consumidor Moderno publicou um trecho do que Greg Peters, Chief Product Officer da Netflix, apresentou no Web Summit 2018. Peters lidera a área que desenha, constrói e otimiza continuamente a experiência da Netflix. A trajetória da empresa que mudou a forma de consumirmos entretenimento é cheia de aprendizados. Para ele, "um dos pilares do sucesso da Netflix é o uso da tecnologia como suporte para permitir levar ao mundo uma extraordinária variedade de histórias. As histórias têm o poder de mostrar que somos mais semelhantes que diferentes. Não se trata de linguagem, mas de espírito".
>
> Fonte: MEIR, J. As melhores histórias do mundo nascem com tecnologia no DNA. Disponível em: https://www.consumidormoderno.com.br/2018/11/07/as-melhores-historias-do-mundo-nascem-com-tecnologia-no-dna. Acesso em: jul. 2019.

> **O QUE AS MARCAS ESTÃO FAZENDO?**
>
> **Boticário Phylira**
>
> O Boticário lançou *Phylira*, criado pela IBM em parceria com a alemã Symrise, uma das principais fornecedoras de fragrância da empresa, um produto destinado aos Millennials (os nascidos de 1980 a 1995). Trata-se do primeiro perfume criado com Inteligência Artificial no Brasil. Para chegar às novas formulações, o sistema foi previamente alimentado com milhões de dados referentes a fórmulas, ingredientes, história da perfumaria e taxas de aceitação do consumidor. O cruzamento de dados criou o perfume como a marca desejava.

2.1.1 Mude ou morra

Como disse Maurício Benvenutti,[1]

> crescemos em um modelo educacional, onde o aluno bom é aquele que responde rápido ao professor, privilegia a resposta pronta, porém, o questionamento é mais importante. Por que isso é assim? Por que dessa cor? Por que dessa forma? Sem questionar nada mudará. O sucesso não se contenta com a resposta pronta. Quanto mais distante o gestor estiver do comportamento padrão, mais perto do sucesso a marca ou empresa estará.

---

1 BENVENUTTI, M. *Incansáveis*: como empreendedores de garagem engolem tradicionais corporações e criam oportunidades transformadoras. São Paulo: Gente, 2016.

Para mudar, é preciso começar cedo, ou nos tornamos eternos medrosos do que está por vir. Como mostra a pesquisa *2018 Global Consumer Executive Top of Mind Survey*, da KPMG, que me inspirou a escrever este capítulo, veremos que é preciso não apenas ter conhecimento e ferramenta, mas coragem para mudar. Veja a seguir.

> **SAIU NA MÍDIA**
>
> Em agosto de 2018, o portal Consumidor Moderno publicou o estudo *2018 Global Consumer Executive Top of Mind Survey*, desenvolvida pela KPMG, que, infelizmente, tem uma triste conclusão: "em um momento em que a maior parte dos consumidores tem smartphones e sabe lidar com eles, é essencial que as empresas pensem em transformação digital como um elemento estratégico. Contudo, nem todas elas estão abertas para essa perspectiva".
>
> Fonte: LULIO, M. A transformação digital é uma questão estratégica. Disponível em: https://www.consumidormoderno.com.br/2018/08/06/transformacao-digital-estrategica. Acesso em: jul. 2019.

Isso pode ser preocupante por um lado, mas ótimo, por outro, afinal, sua empresa poderá navegar sozinha no mercado, e em muitos casos, quem sai na frente, ganha a corrida. Para Paulo Ferezin, sócio-diretor e líder para o setor de varejo da KPMG no Brasil, "é evidente que o país ainda está engatinhando: o restante dos principais mercados globais está em um patamar um pouco mais maduro" no quesito transformação digital. Percebe que a "bola está quicando na sua frente" e que agora é só você chutar para o gol? Mas, como já dito aqui – e será reforçado outras vezes – é preciso ter coragem e direcionamento estratégico ou você pode chutar essa bola para fora.

A pesquisa da KPMG foi feita no mundo inteiro, mas no site Consumidor Moderno foi feito um paralelo entre o Brasil e o mundo.[2] O foco aqui será o Brasil, pois essa é a nossa realidade. Para não ficar um "copia e cola" de um texto de portal para um livro, vou resumir o mais importante aqui. Caso queira ler a fundo essa matéria, sugiro acessar o link (no rodapé da página) e ler a pesquisa completa.

No Quadro 2.1, você encontra um paralelo dos principais medos que o Brasil e o mundo têm em relação à transformação digital e a razão pela qual ela não avança – como já dito, é preciso ter muita coragem para mudar a mente das empresas no Brasil. Romeo Busarello – de quem sou muito fã – conseguiu fazer isso na Tecnisa e mesmo a tecnologia sendo commodity, sua alma digital, coragem e conhecimento ainda não foi copiado, e, em pleno 2018, a Tecnisa continua muito a frente no universo digital quando comparada ao mercado como um todo.

---

2 FLULIO, M. A transformação digital é uma questão estratégica. Disponível em: https://www.consumidormoderno.com.br/2018/08/06/transformacao-digital-estrategica. Acesso em: jul. 2019.

Quadro 2.1 Inseguranças do Brasil em relação à transformação digital

Medo do gestor	Brasil	Mundo
Incerteza do ROI	38%	46%
Restrição orçamentária	59%	45%
Condições difíceis de mercado	57%	40%
Resistência cultural à mudança	44%	30%
Falta de visão estratégica no digital	46%	29%

Fonte: GUIA-SE. Marcas digitais: mude ou morra. *Guia-se*, out. 2018. Disponível em: https://www.guiase.com.br/marcas-digitais Acesso em: out. 2019.

2.1.1.1 O que podemos concluir?

Como dito acima, esse é um resumo de aproximadamente 15 tópicos que o estudo mostrou no mundo e a KPMG fez o paralelo para o Brasil. Um dado é fato, o Brasil não tem visão de estratégia digital como os outros países – o que pode parecer bobeira, mas para uma estratégia de transformação digital é um agravante forte, é como comprar um Jaguar sem saber dirigir carro automático. De fato, enquanto o Brasil olhar para o digital como mídia e não como estratégia de negócio, será complicado demais ter uma transformação digital na marca. Enquanto agências e consultorias forem chamadas por grandes marcas para falar de post em Facebook, uso de influenciadores, campanha de Google e disparo de e-mail marketing, nada vai evoluir.

Pense o seguinte: marcas que usam apenas mídia digital para construir no universo digital estão muito atrasadas. É como se uma montadora lançasse um carro 1.0 em 2018! Já foi! É preciso pensar além, mudar agora ou morrer em breve. Marcas com essa visão estão com um pé na UTI, lembre-se disso. Kodak já foi citada aqui, mas podemos citar novamente a Amazon que vale, desde 2017, mais que o Walmart. Uma loja on-line vale mais que o maior varejista do mundo. Google, 2ª marca mais valiosa do mundo, tem 18 anos e já vive entre as mais valiosas há pelo menos dez anos, superando GM, Toyota, Samsung, Zara... Analise isso com muita calma e veja para onde você caminhará com a sua marca. As que veem tecnologia e marketing como parceiros estão indo além ou você realmente acha que a Amazon é o que é por que faz Google e FacebookAds?

Incerteza do ROI e restrição orçamentária estão quase que no mesmo patamar. Quando se faz um planejamento, prevemos o futuro, literalmente. A certeza de sucesso não existe, mas uma coisa posso garantir: não planejar é certeza de fracasso. Quando um time de marketing não consegue prever ao seu diretor, presidente, CEO ou mesmo conselho, que aquele projeto vai dar resultado, ele corre um alto risco de não ser aprovado. Por isso, em muitos casos, fazer o FaceAds ou Google é o "que tem para hoje" e a estratégia digital se resume a "melhor isso do que nada". Em 2018, ainda se ouve isso! A pergunta que mais ouço em aulas e palestras é: "Mas, Felipe, como eu consigo comprovar para o meu gestor que o projeto vai dar resultado?". A resposta: **embasamento**.

Quando uma equipe, pessoa ou agência disser que tem certeza do resultado, o meu conselho é "pule fora" urgentemente e partindo, então, para uma empresa e/ou equipe séria – e posso garantir, tem diversas por aí, como o pessoal da FessKobbi, GTC, TopDeals, URL, Always On Digital,

Pandora Digital, Trivolt, Grupo DPG, Guia-se, Aunica, Dr. Ecommerce, Evision Consulting, Vincere Comunicação, Agência Pulso, Tomato, Conversion, NA Comunicação, Webestratégica, iSee, KMS Publicidade, Agência Newton, Cyrk, Guage, Equinox, Focus Network, TBoom, ANZ Comunicação, para citar algumas das empresas que admiro, respeito e indico sem o menor problema.

Peço desculpas caso tenha esquecido de alguma, mas fatalmente falarei de outras ao longo do livro – isso sem contar as agências que admiro como Almap, DM9, Leo Burnett, Grey Brasil, Talent, Publicis, W/McCANN que são agências enormes e com certeza não estão mentindo para seus clientes para conseguir um dinheiro extra, mas estão gerando negócios!

Para defender se uma campanha vai ou não dar resultado, embase! Defenda, pesquise, mostre números, mostre onde a empresa está (diagnóstico) e para onde ela deve ir (estratégia) e como ir (tático), passando por quem vai seguir (público) e qual é o objetivo de tudo isso. Vamos aprofundar, em um próximo capítulo, o conceito de planejamento e acredito que isso vai ajudá-lo a desenvolver melhor sua estratégia.

No fim das contas, as dificuldades do mercado são a desculpa ideal para não fazer algo. O gestor entra na sala do chefe e justifica **fazer ou não** com o Valor Econômico nas mãos, para provar a queda nas vendas ou para defender não fazer algo diferente uma vez que "não é o momento". Se for sentar e esperar o momento, ele nunca virá. É melhor feito do que perfeito. Quando inventaram a roda, também não era o momento, não havia carro, né? Pense nisso antes de defender ao seu gestor porque não fazer algo. No fim das contas, mude ou morra!

2.1.2 Sua marca não quer mudar? Então, bem-vindo à UTI!

No livro do meu amigo Renato Mendes, *Mude ou morra*, que, em poucos meses, virou um sucesso de vendas – o que foi muito merecido, uma vez que Renato e seu sócio e coautor do livro, Roni Cunha Bueno, são caras que fazem acontecer – a defesa dessa mudança é constante. Seja eternamente "beta" é o recado. Não fique esperando o momento certo, erre, acerte, tente, teste, faça novamente. Nem a Apple acerta 100% das vezes, nem você toma 100% das decisões certas. Por que esperar que a sua marca, seja ela, grande, média, pequena ou micro acerte sempre? O mais importante é fazer! Segundo o livro,[3] "um detalhe que separa as empresas vencedoras das demais é a sua capacidade de antecipar possíveis erros" e é nesse momento que o planejamento se faz ainda mais necessário. Entender mercados, concorrência, públicos e tendências nos traz mais segurança contra o erro, mas essa segurança pode ser fatal. Complexo? Sim, talvez, mas se fosse fácil qualquer um faria!

O segredo de tudo isso é estar antenado, testar, aprovar, aprender, errar, aprender novamente e jamais parar. Se parar, aquele seu vizinho de 16 anos, com cara de sono, que você encontra todos os dias no elevador, pode ser o responsável pela quebra da sua empresa daqui há três anos...

---

3 MENDES, R.; BUENO, R. C. *Mude ou morra*: tudo que você precisa saber para fazer sua empresa crescer seu negócio e sua carreira na nova economia. São Paulo: Planeta Estratégica, 2018.

2.2 Arquétipos de marca

A forma como sua marca quer se comunicar no mundo digital faz muita diferença

Quando uma marca se posiciona na internet, é preciso que tenha um tom de voz. Isso é algo até básico para quem atua com redes sociais, mas será que está sendo aplicado no dia a dia das comunicações on-line nesses canais? Há mesmo um padrão de comunicação em todas as redes que fala da mesma forma, com o mesmo tom e a mesma relevância? Será mesmo que as redes sociais são apenas post, patrocínio e respostas? Lembre-se: a comunicação pertence à marca e precisa de uniformidade.

Originado na Grécia antiga, *archein* significa "original ou velho" e *typos* significa "padrão, modelo ou tipo". Arquétipo, então, é o "padrão original" do qual todas as outras pessoas similares, objetos ou conceitos são derivados, copiados, modelados ou emulados. Cada pessoa tem a sua personalidade. Ao criar a persona de marca, usar o arquétipo, mais do que indicado, é fundamental.

O psicólogo Carl Gustav Jung defendia a existência de um inconsciente coletivo, a camada mais profunda da psique, constituído por materiais herdados, nos quais residem os traços funcionais, como imagens virtuais, comuns a todos os seres humanos. Jung usou o conceito de arquétipo em sua teoria da psique humana, baseando-se em sua conclusão de que os arquétipos de míticos personagens universais residiam no interior do inconsciente coletivo das pessoas em todo o mundo.

Quando se estuda neuromarketing, isso fica ainda mais nítido – o neuromarketing é um fator muito importante para qualquer estratégia de marketing digital –, uma vez que nos mostra o quanto as compras são baseadas no repertório que as pessoas têm, criado a partir do momento em que saímos da barriga das nossas mães.

Como dito no livro *O herói e o fora da lei*,[4]

> Os arquétipos proporcionam o elo entre motivação do cliente e vendas. Todo o estrategista precisa compreender as motivações e emoções humanas. Um produto com identidade arquetípica fala diretamente com a matriz psíquica e profunda dentro do consumidor, ativando um senso de reconhecimento e significado. Algumas linhas de produtos ganham significados que lhes dá poder simbólico sobre todos os aspectos da nossa vida, como uma caneta para um garoto em seu bar mitzvah ou um eletrodoméstico para recém-casados.

Quando se trabalha a transformação digital usando dados – o que veremos mais para frente –, entende-se a importância desses símbolos para saber como conversar e se comunicar com seus clientes de forma mais expressiva, aumentando a experiência dessa comunicação.

---

4 MARK, M; PEARSON, C. *O herói e o fora da lei*: como construir marcas extraordinárias usando o poder dos arquétipos. São Paulo: Cultrix, 2017. p. 27.

Arquétipos não são apenas "blá blá blá" de planejamento para convencer cliente, mas são ricas fontes de estudo humano que, quando bem usado na transformação digital, podem ser poderosas ferramentas de persuasão.

As vendas não ocorrem no consciente. Você vai ver no Capítulo 5 que 95% das nossas decisões de compra são feitas no subconsciente, o local exato onde os arquétipos "conversam" com o nosso cérebro. A transformação digital atua entendendo como se comunicar – embora, ainda, o computador não fale direto com nosso cérebro, como no *Matrix*, mas veja bem, eu disse.

2.2.1 Os 12 arquétipos que você deve usar para a sua marca

Para conquistar, é preciso ter alma, paixão. As marcas mais desejadas do mundo têm isso. Um exemplo muito claro é a Starbucks. Ela vende café, um commodity, por um valor acima do que o mercado oferece pelo mesmo produto. Alguns tipos de café podem até ser melhor no Starbucks do que na padaria próxima à sua empresa, mas a marca não vende produto, ela vende experiência, sendo considerada uma *lovebrand*, ou seja, uma marca muito admirada – ou você acha normal uma pessoa pagar cinco vezes mais em um produto sem diferencial ou experiência aparente?

Os arquétipos constroem a identidade e podem ser explorados por meio de uma forma mais complexa e ampla – é o inconsciente coletivo, compartilhados por todos nós, repleto de desejos comuns.

O site Brand Target[5] possui uma definição excelente de cada um dos arquétipos. Pedimos licença ao site para expor aqui seu conteúdo sobre os arquétipos criados por Jung e, na sequência, daremos os caminhos para que você, ao criar as estratégias de marketing, entenda a fundo o que cada arquétipo representa e como ele pode ajudar na construção da sua marca.

2.2.1.1 O Inocente

Lema: "Somos livres para ser você e eu".

O Inocente apela aos conceitos de bondade, simplicidade e pureza. Estilo de vida mais natural e simples, retirando rótulos sociais e optando por uma qualidade de vida acima do comum, de modo que possa exercer a sua plenitude e vivenciar o paraíso. A fé e o otimismo constroem um forte laço nesse arquétipo, o qual tem a tendência de fazer tudo o mais correto e ético possível. Quer ser livre para ser ele mesmo, sem as convenções da sociedade e nem rótulos, com muita disposição e esperança de retornar à sua vida quase infantil, pura, sem as preocupações da vida moderna. Caracterizam-se por independência e autorrealização. O inocente é um arquétipo bem previsível, que leva às pessoas ideias positivas e esperançosas.

Exemplos de marcas: linha de shampoo Johnson's, Coca-Cola, Disney e McDonald's.

---

5 WALTTRICK. Arquétipos de marca. Disponível em: https://brandtarget.wordpress.com/2015/10/28/arquetipos-de-marca. Acesso em: jul. 2019.

2.2.1.2 O Explorador

Lema: "Não levante cercas à minha volta".

O Explorador busca produtos que auxiliem sua jornada para torná-la livre e independente. Está ligado a marcas que incentivam seus consumidores a descobrir novos mundos e a experimentar o novo. Gosta de viajar, buscar coisas novas, fugir do tédio e da rotina, sendo ambiciosos e autônomos. Caracteriza-se por independência e autorrealização. Deseja liberdade para viver sua descoberta mundo afora e tem receio de ficar preso a uma situação ou se acomodar. É muito associado à geração Y, que vive em constante movimento e não tolera as regras e amarras da vida moderna. Busca sua individualidade pelo mundo e fogem da rotina, além de ser inquieto.

Exemplos de marcas: Levis, McDonald's, Starbucks, Virgin, Nike, Amazon, Jeep, Red Bull.

2.2.1.3 O Sábio

Lema: "A verdade libertará você".

Seu maior medo é ser enganado, iludido ou ignorante. Busca o autoconhecimento e o desenvolvimento de habilidades. São inteligentes e confiantes. Para ele, a busca pela verdade suprema vai libertá-lo para viver plenamente. Investigador, pensador e conselheiro. Por meio do conhecimento, busca alcançar a felicidade e a verdade que trará alívio e liberdade ao seu existir, validando e mensurando tudo o que possa ser questionado. Ter conhecimento de processos e dos fluxos de informação o permite controlar, mensurar, avaliar e validar. Se identifica com marcas que instiguem sua criatividade, aptidões intelectuais e tudo o que o faça pensar e raciocinar.

Exemplos de marcas: Discovery Channel, Ibope, Itaú, HP, CNN, Google.

2.2.1.4 O Herói

Lema: "Onde há vontade, há um caminho".

Dinâmico, veloz, tem orgulho de ser disciplinado e ágil. As marcas que pretende explorar precisam oferecer produtos que estejam ligados a aptidões e competências ou que ofereçam desafios ligados ao perigo e à velocidade. Caracterizam-se por mestria e risco, buscando fazer algo notável e ser lembrado para sempre – mesmo que, para isso, seja preciso quebrar regras e superar desafios. Sua necessidade primária é proteger os demais e fazer tudo o que precisa ser feito. O herói pode passar facilmente a vilão quando subjuga seu oponente ou quando tem a índole de dominar pura e simplesmente, sem medir consequências. Está sempre tentando superar seus limites, agindo corajosamente, além de tentar melhorar o mundo em diversos aspectos.

Exemplos de marcas: Nike, FedEx, Hummer, Tag Heuer.

2.2.1.5 O Fora da Lei

Lema: "As regras são feitas para serem quebradas".

Deseja liberdade e tem habilidade em articular pessoas. Fiel a seus próprios valores, e não aos valores vigentes, precisa chamar atenção para si. Possui o perfil de alguém rebelde, selvagem, que quebra todas as regras. A liberdade é muito importante, sem contar o medo de perder o controle ou ser comum. Seu maior desejo é a revolução e seu maior receio é ser comum. Seu comportamento é sarcástico e cínico, para tentar desequilibrar a situação e ter o poder a seu favor. Caracteriza-se por mestria e risco quando quer fazer algo notável e ser lembrado para sempre e quando luta por seus sonhos. O revolucionário, aquele que gosta de quebrar as regras, apresentar novas ideias. Quer ser temido e criar seu próprio caminho.

Exemplos de marcas: Harley-Davidson, Apple e MTV.

2.2.1.6 O Mago

Lema: "Tudo pode acontecer".

Personifica a sabedoria mágica, que se vale da ciência, da religião e da tecnologia para entender como se dão os mecanismos que gerem pessoas e coisas no universo. Produtos e/ou serviços que curam, relaxam, catalisam mudanças ou até mesmo os que são altamente tecnológicos, ligados à racionalidade e ao bem-estar. A sabedoria para ele consiste em entender os fenômenos por meio da ciência, religião e tecnologia. Faz com que um sonho se torne realidade. O Mago é o catalisador da mudança, motivado pelo desejo de transformação das organizações.

Exemplo de marca: Absolut Vodka, Mastercard, Axe, Apple e Disney.

2.2.1.7 O Cara Comum

Lema: "Todos os homens e mulheres são criados igualmente".

Frequentemente associado aos sentimentos amenos, não expõe suas convicções e preserva sua identidade na multidão. Há grande vontade de pertencer, odiando ser deixado de lado e evitando se destacar. É empático, pouco vaidoso e quer se conectar com os outros. Não quer se destacar, mas se enquadrar em um esquema comunitário onde se sinta parte integrante. Esse arquétipo é democrático e quase sempre associado a sentimentos tranquilos.

Exemplo de marca: Hering, Ikea e Brahma.

2.2.1.8 Bobo da Corte

Lema: "Se eu não puder dançar, não quero fazer parte da sua revolução".

Sua estratégia é brincar e ser agradável. Seu dom: alegria e disposição. Trata-se de um arquétipo muito verdadeiro, que não está preocupado em se esconder no grupo. Vive intensamente com alegria os minutos de cada instante e foge do tédio por meio de travessuras, artes e jogos. Tem pontos fracos, como perder o tempo ou a frivolidade, sempre com receio de se tornar maçante. Tem personalidade própria, pois, além de ser brincalhão e alegre, quer ser visto como é, sem máscaras ou fingimentos. Pretende ser aceito, mas quer que o grupo o aceite como ele é, com seu jeito espontâneo e brincalhão. Ao levar a vida de forma mais leve, faz com que, por meio da inovação e da informalidade, processos complicados e tediosos fiquem mais "legais". Essa é sua maneira de encarar a vida. O bobo da corte nos ajuda a tornar situações chatas menos pesadas e densas, sem levar a vida tão a sério e trazendo um pouco de descontração. Seu espírito alegre e descompromissado permite que a inovação e a informalidade descompliquem as tarefas diárias, muitas vezes tediosas. Trata-se de um arquétipo que vive o momento e se diverte. Não está preocupado em se esconder.

Exemplo de marca: McDonald's, Fanta, Havaianas e Pepsi.

2.2.1.9 O Amante

Lema: "Só tenho olhos para você".

Associado a diversas marcas, principalmente no universo da moda e da beleza estética. Existe um culto e uma valorização da beleza, do romance e do sexo, invocando tudo o que manifeste a atração física e a admiração. Deseja estabelecer relacionamentos com pessoas e com o trabalho, mas se perde em prazeres e por vezes pode ser manipulado. É elegante e lúdico, prestando atenção aos divertimentos de modo intenso. Evoca a elegância e o erótico, além de diversos prazeres efêmeros.

Exemplos de marcas do amante: Playboy, Coco Chanel, Haagen-Dazs, L'OREAL e Marisa.

2.2.1.10 Criador

Lema: "Se pode ser imaginado, pode ser criado".

Caracteriza-se por estabilidade e controle. Sempre inovador e criativo, busca algo duradouro e evita a mediocridade na hora de elaborar uma grande sacada. Qualquer atividade de cunho artístico é útil na satisfação do desejo de harmonia e de estabilidade, além de elevar a autoestima do indivíduo. No marketing, praticamente todas as pessoas possuem uma forma de expressão por meio da criatividade, sendo exposta por meio de atividades como pintura, artes plásticas, escultura, decoração e outras mais.

Exemplos de marcas: Disney, Ikea, Google, Apple, Netflix, Lego.

2.2.1.11 Governante

Lema: "O poder não é tudo, mas é só o que importa".

Reforça atributos de liderança, prestígio e poder. Marcas que possuem o *target* focado em classes sociais mais altas e empresas relacionadas a crédito e dinheiro, em geral, tendem a ser governantes. Os produtos e serviços resguardam e encorajam a administração desses encargos de modo adequado, reafirmando o poder, o prestígio e o status do cliente ou do consumidor. Caracterizam-se por estabilidade e controle. Cartões de crédito, instituições financeiras, computadores e produtos destinados ao público-alvo classe A são alguns exemplos.

Exemplos de marcas: Microsoft, Cadillac, Porto Seguro, Mercedes-Benz, IBM, American Express.

2.2.1.12 Prestativo

Lema: "Ama o teu próximo como a ti mesmo".

O Prestativo é percebido em praticamente quaisquer atividades relacionadas à prestação de serviços, tanto para indivíduos como para organizações, corporações e firmas, como conserto de vestidos e outros trajes, limpeza de moradias, avenidas, oficinas etc., restauração de objetos avariados ou quebrados, cuidados para com a saúde e o bem-estar de pessoas enfermas ou idosas, serviços de condutor de automóveis, entre outros.

Considera eficaz o marketing que leva em consideração as inquietações do consumidor direcionadas aos outros. Enquanto cliente, preocupa-se com os demais, e o produto deve auxiliá-lo no sentido de demonstrar maior empenho e fornecer grande facilidade de ação. Altruísta por natureza, sempre está pronto para ajudar a todos, preocupando-se com o sofrimento dos menos afortunados. A prestação de serviços é seu maior objetivo.

Exemplos de marcas: Buscapé, Amazon, Evernote, Nestlé, Porto Seguro, Volvo.

2.2.2 E agora?

Dentro de todos esses arquétipos, está na hora de você, gestor de marketing digital, analisar qual é o caminho a seguir. Uma marca pode ser 100% um arquétipo, ou ser 30%, um, 40% outro e 30% outro. Eu sempre aconselho a não passar de três arquétipos para cada marca, deixando sempre um deles mais forte, mais presente e marcante, ou seja, um que domine, enquanto outros dão suporte.

Segundo o livro *O herói e o fora da lei*,[6] devemos saber como contar histórias. O bom estrategista, e isso você verá no Capítulo 5, antes de mais nada, é um bom contador de histórias: "como contadores de histórias das marcas arquetípicas, deveríamos ser capazes de compreender e expressar as grandes histórias humana, proporcionando as marcas uma voz única". O arquétipo da sua marca precisa se relacionar com seus consumidores em todos os pontos, até mesmo em suas estratégias de transformação digital.

Agora, comece a traçar as estratégias de comunicação e, principalmente, de conteúdo, a ser passado de acordo com o perfil/arquétipo de sua marca, mas lembre-se: é preciso que a comunicação seja contínua em todos os pontos de contato, como site, blog, redes sociais e e-mail. Uma marca que fala diversas línguas em diversos meios deixa o consumidor confuso e pessoas confusas não compram produtos.

---

6   MARK; PEARSON, 2017, p. 292.

CAPÍTULO 3

PLANEJAMENTO DIGITAL

Ao entrar no universo da transformação digital, entenda o cenário e pense de forma estratégica para ser o mais assertivo possível

3.1 Como fazer um planejamento digital?

Para Marcelo Magalhães, vice-presidente de planejamento da LeoBurnett-Chicago, o "planejamento tem um papel muito mais proativo ao negócio do cliente. O que antes era voltado ao comportamento de consumo, hoje está olhando negócios, inovação, construção de marcas, novos produto e segmentos".

Em 2017, também pela Editora Saraiva, relancei meu livro *Planejamento estratégico digital*,[1] no qual apresento minha metodologia de planejamento. Vou resumi-lo nesse capítulo, já que o foco deste livro não é planejamento. Mas deixo o convite para que você o leia na íntegra e me siga nas redes sociais e no YouTube, onde, periodicamente, divulgo artigos, pesquisas e opiniões sobre o tema que ajudam a compreender mais esse universo. Claro, além disso, também replico o conhecimento adquirido em eventos ou cursos na área aos meus seguidores.

A metodologia de planejamento passa por pilares importantes, os quais pretendo explorar aqui de forma mais resumida, porém, direta, para que você possa ter um direcionamento sobre o que é planejamento. Costumo dizer que é mais do que apenas "preencher caixinhas", tratando-se de pensamento, análise, conhecimento, estudos e muita, mas muita, pesquisa.

---

1 MORAIS, F. *Planejamento estratégico digital*. 2. ed. São Paulo: Saraiva, 2017.

O planejamento não se faz somente com Power Point, Keynote ou Excel, mas com conhecimento e pesquisas em diversos campos, como concorrência, mercado, tendências e, principalmente, público-alvo para um melhor direcionamento. Com a metodologia, você compreenderá a "espinha dorsal" do planejamento, percebendo o que precisa ser feito, passo a passo, para preencher as "caixinhas" dessa espinha – mas reforço a necessidade de pesquisar continuamente, o tempo todo.

O que vamos analisar na metodologia, ou melhor, na espinha dorsal que mencionei anteriormente, são os seguintes pontos: diagnóstico, objetivo, cenário, concorrência, público-alvo, posicionamento, estratégia, plano tático e métricas e ROI. Esses 10 pontos são essenciais para um bom planejamento e para que a marca entenda o caminho que deve seguir, além de ser muito importante para que as suas ideias não sejam jogadas, sem norte, sem consistência ou sem objetivo claro.

Segundo João Riva, CEO da DuoVozz,

> sempre que você criar um planejamento, tenha um objetivo claro, mas mais importante do que isso, tenha metas. Sem metas, números, valores, fica impossível saber se o plano está dando certo ou errado. Tenha metas estabelecidas previamente e que sejam alcançáveis, do contrário, você estará planejando, executando, mas sem um sentido.

A transformação digital entra no plano tático, uma vez que pode ser a grande estratégia da marca. Estamos descobrindo aqui como construir essa estratégia, mas ela precisa ser executada. Vamos ver, a seguir, como pensar cada um dos pontos e como preencher "as caixinhas".

3.1.1 Diagnóstico

Você sabe como a sua marca está sendo vista pelo mercado? Sabe o que as pessoas estão falando sobre ela? Como está o seu site em comparação à concorrência? E as redes sociais, estão de acordo com o que a marca deseja passar? Essas são algumas das perguntas que precisam ser respondidas com o seu planejamento. O diagnóstico é uma parte muito importante, pois é nesse momento em que se levantam os problemas que a marca possui.

3.1.2 Objetivo

Em primeiro lugar, é importante entender que há uma diferença entre objetivos de marketing e comunicação. Para o marketing, cujo foco é marca e vendas, os objetivos podem ser: vender mais, aumentar participação de mercado, conquistar território, ampliar presença em território, fortalecer a marca, fidelizar e conquistar novos clientes, mostrar ao mercado o uso do produto, ou lançar produtos.

Já os objetivos da comunicação são mais difíceis de desenhar – e optar por copiar os objetivos de marketing demonstra a falta de inteligência do planejamento logo no começo da história que será contada –, mas devem ser enfáticos e diretos: despertar isso, criar aquilo, melhorar a percepção disso, trazer para o universo daquilo. Ninguém sai de casa para talvez ir comer pizza ou lanche ou sushi. Se isso acontece, as pessoas ficam rodando de carro para diversos lugares e acabam indo para o lugar mais básico: o de sempre. O mesmo acontece com o planejamento: ao rodar para voltar ao mesmo, será difícil se diferenciar.

3.1.3 Cenário

Existem diversas ferramentas de pesquisa sobre o cenário da internet no Brasil. Ibope, Marplan, TGI, ThinkWithGoogle, entre outras, são extremamente importantes para nos dar os números atuais, mas é preciso saber que não é porque mais de 120 milhões de pessoas acessam a internet que todo esse público está interessado em sua marca. Entender o cenário digital é compreender o terreno que estamos pisando, e, dessa forma, saber como tirar o melhor proveito.

Segmentos como imobiliária, automóveis, educação, moda e eletrônicos são alguns dos quais não vivem mais sem a internet em seu dia a dia. Não há como marcas que desejam falar com jovens não terem uma fortíssima presença na internet, afinal, é lá que o jovem está e, quando falamos de internet, podemos abranger todo o seu universo, citando blogs, redes sociais e, principalmente, mobile.

3.1.4 Concorrência

Analisar a comunicação é um dos pontos mais importantes para olhar a concorrência. É preciso entender o design das peças, a linha criativa de texto, os tipos de imagens, os apelos promocionais e as cores trabalhadas, analisando o que as pessoas falam das marcas, o que gostam, o que não gostam, por que recomendam ou se as críticas são realmente respondidas. No mundo digital, o que as pessoas buscam é relacionamento, e quando as marcas não o trazem para o seu dia a dia, abrem espaço para que a concorrência o traga – e esse pode ser um fator extremamente importante para ganhar o mercado.

3.1.5 Público-alvo

Se você ainda acredita que seu público-alvo é de São Paulo, tem mais de 25 anos e ganha dez mil reais por mês, você está tentando atingir o público errado, pois ele é muito mais que uma pequena descrição como essa. As pessoas têm histórias, envolvimento e razões pelas quais compram determinada marca ou produto. Para efetuar uma compra, as pessoas precisam acreditar. O dia que pararem de acreditar que a Apple é inovadora, ela não mais estará entre as três marcas mais valiosas do mundo. O dia em que o Google parar de ajudar as pessoas a localizar o que buscam mais rápido, ele também não estará mais no topo.

Para entender o perfil de consumo, é preciso trabalhar quatro quadrantes principais:

1. **Geográfico:** região, tamanho da cidade/bairro, clima e estado.
2. **Demográfico:** idade, sexo, classe social, renda, perfil familiar e educação.
3. **Psicográfico:** estilo de vida, personalidade, valores e hábitos de mídia.
4. **Comportamental:** benefícios, grau de uso de produto, grau de envolvimento com marca e lealdade.

3.1.6 Posicionamento

Segundo os grandes nomes Jack Trout e Al Ries, o "posicionamento não é o que faz o produto, mas o que a marca faz na cabeça do público-alvo". Uma marca deve, então, ter um posicionamento claro e consistente – e uma promessa convincente. Essa é uma atividade que começa dentro do negócio por meio dos valores, da cultura e do perfil dos colaboradores.

Uma vez consolidada na empresa, deve ser comunicada e reforçada ao público. Com isso, tem o poder de criar fortes elos emocionais com os clientes e aumentar a fidelização. Parece algo exagerado demais para ser verdade? Então, pare por alguns minutos para lembrar como os clientes da Apple defendem a marca e seus produtos. Eles chegam a acampar por dias na frente de lojas para vivenciar o prazer de comprar um lançamento. Percebendo isso, você começará a entender o poder de uma marca forte.

3.1.7 Estratégia

Ao longo deste livro, esse é o assunto sobre o qual mais vamos falar. Por isso, me permito ser ainda mais resumido aqui para não correr o risco de ficar maçante. Estratégia é o pensamento, ao passo que tática é a execução. Na estratégia é que mudamos os rumos da marca, movendo-a do ponto A para o ponto B. Definir, como falamos antes, propósito, visão, valores e promessa é fundamental para que uma estratégia esteja de acordo com o que a marca precisa, mas fica aqui uma dica: a melhor estratégia ainda é entender profundamente as pessoas.

3.1.8 Plano tático

O que é melhor fazer para sua marca: um site ou um hotsite? Uma campanha no Google ou no Facebook? Remarketing o Google display Network? Um aplicativo mobile ou só o site responsivo? Uma marca é um conjunto de imagens que distingue um produto ou serviço de uma empresa de seus concorrentes, é o reservatório que guarda todo o valor agregado pelas campanhas da marca, é a experiência total do consumidor que uma empresa oferece aos seus clientes. O mais importante não é o pensamento, mas a execução de acordo com os propósitos da marca.

3.1.9 Métricas e ROI

Medir a performance do projeto – e por projeto entendemos um site, hotsite, ação em redes sociais ou qualquer que seja a estratégia – é fundamental para o seu sucesso. Se pensarmos em um carro, que avisa quando o óleo, a gasolina ou a água estão acabando, além de quaisquer anomalias que estão acontecendo para que o condutor possa resolver rápido e voltar a ter a melhor performance com o carro, o mesmo acontece com a campanha. O ideal é mensurar hora a hora e não mais dia a dia, pois pode ser que o seu concorrente passe na sua frente, por exemplo, no Google, porque uma palavra está melhor otimizada. É aqui que começa o nosso trabalho de planejamento para garantirmos que a nossa estratégia seja um sucesso, trazendo resultados ao cliente acima do esperado. Portanto, tenha em mente que as métricas devem estar em todo o projeto.

O Google Analytics é uma ferramenta gratuita que pode melhor lhe dar os caminhos. Facebook, Instagram e Twitter também possuem ferramentas de *analytics* gratuitas. Use-as sem moderação, ou seja, todos os dias, sempre. Entenda os caminhos das pessoas, de onde elas vêm, para onde vão, porque saem e porque compram. Essas são perguntas importantes que devem ser respondidas para entender qual caminho seguir.

Em 2018, criei um material sobre reflexões de planejamento que acredito ser válido passar aqui. Trata-se de frases de grandes nomes da área selecionadas para que você amplie a sua mente. Planejar é também fazer com que as pessoas reflitam sobre tudo o que acontece. Nesse material, reuni 100 frases, mas selecionei cinco para sua reflexão.

1. "A *big ideia* não surge do nada. Ela surge depois de muito estudos, análises, conversas, pesquisas e hipóteses. Aprofunde-se no seu cliente, entenda a marca, viva a vida do consumidor. A grande ideia surgirá daí." – Gustavo Zanotto, CEO da Izimob.
2. "Crie crises de oportunidade ou ameaça para as marcas repensarem seus negócios. Planejamento é repensar business, é transformar empresas." – Fabiano Coura, CEO da RG/A Brasil.
3. "Bons planejadores têm uma visão. Pesquisam e mudam essa visão. Precisam viver o dia a dia ou não vão saber o que acontece lá fora." – Ken Fujioka, consultor de planejamento.
4. "Se você não tem uma base de realidade para basear sua descoberta, você pode descobrir a coisa errada. O conhecimento é essencial, mas não é o planejamento." – Julio Ribeiro, fundador da Agência Talent.
5. "Não existe mais on e off. Existe marketing, onde existe apenas uma preocupação: o consumidor. Como impactar, engajar e lucrar com eles. A propaganda, a cada dia está mais estratégica e interativa." – Igor Puga, diretor de marketing e branding do Santander Brasil.

3.2 Como pensar sua transformação digital de forma estratégica?

O que vimos neste capítulo foi a forma de pensar o planejamento como um todo. Como mencionado, diagnóstico, objetivo, cenário, concorrência, público-alvo, posicionamento, estratégia, plano tático e métricas e ROI são "as caixinhas" a serem preenchidas. O diferente não é saber qual é o roteiro, mas o que fazer com ele. Quando você assiste a um filme de Hollywood – os de ação principalmente, que são os que mais me chamam a atenção –, você sabe o que vai acontecer. O mocinho perdeu a família e odeia o bandido, que tem um monte de pessoas trabalhando para ele, uma vez que aterroriza a cidade; porém, o mocinho, sozinho, mata todo mundo, e, no final, trava uma batalha de dois minutos com o bandido. Com apenas um soco, ele mata todos os soldados do bandido, mas o chefão, após 318 socos, pouco se fere. O bandido cai, machucado, ri do mocinho, que pega uma arma escondida, mas é morto por um amigo do mocinho. Fim!

Entretanto, por que alguns filmes chamam mais a atenção do que outros? Porque, embora o roteiro seja o mesmo, a história a ser contada é outra.

Ao criar um roteiro de planejamento, seja o Blockbuster, não o filme que ninguém conhece! Encare o planejamento da transformação digital da sua empresa como uma situação de vida ou morte. Siga os passos citados aqui – todos eles te darão o norte para onde seguir –, mas, se você acredita que eles lhe darão a resposta... eu já disse, você está lendo o livro errado!

Quem dá as respostas são as fórmulas milagrosas que enganam 99% das pessoas. Eu sou apenas um estudioso com experiência de mercado, que ouço, aplico, vejo e compartilho conhecimentos com as pessoas que escolheram ler este livro. Aliás, obrigado pela confiança. Como sempre digo, se você quer ter sucesso no mundo digital, siga esses passos: acorde cedo, estude muito, converse com quem conhece, estude mais, aplique, erre, volte, conserte, aprenda com quem faz.

Estude mais. Leia, ouça, veja, participe ativamente das aulas do seu MBA, pós, mestrado ou o que quer que seja. Estude mais! Compre e leia revistas, livros, veja palestras no YouTube, sites como Mundo do Marketing, Proxxima e E-Commerce Brasil. Ouça e estude quem faz a diferença. E, não, o editor não errou, falei a palavra **estudar** várias vezes, porque é cansativo demais ver os "gênios do marketing" que só sabem fazer redes sociais virar a cara para quem estuda!

Bem, muito legal o texto, mas como vou colocar em prática o planejamento para a transformação digital da minha empresa? Se eu fosse um vendedor de fórmula, te venderia agora um curso por 20 mil reais com direito a duas horas por Skype comigo, mas vou ser extremamente sincero com você: não existe fórmula pronta! É preciso pegar os passos mencionados e seguir em frente para chegar à conclusão do que fazer. O planejamento da transformação digital da Zara é totalmente diferente da Crawford – e olha que são duas lojas de moda, com nomes fortes no Brasil.

Obviamente, o planejamento da Coca-Cola é diferente da Apple, da Montblanc, da Fiat, da Saraiva, do Outback, e por um motivo simples: cada uma das empresas tem o seu DNA, sua missão, valores, filosofia, seu arquétipo, sua marca e seu público, como vimos aqui. Outback e Applebee's, por exemplo, são concorrentes. Ou não. Depende do ponto de vista do consumidor.

No final, o que importa é que a transformação digital seja voltada ao consumidor, não ao ego do CEO da empresa, seja a empresa que for!

CAPÍTULO 4

PLATAFORMAS DIGITAIS

Um dos conceitos mais fortes da internet para os próximos anos são as plataformas que unem pessoas e marcas em experiências únicas – e elas estão apenas começando

4.1 O poder da plataforma

O conceito de plataforma está modificando radicalmente os negócios, a economia e a sociedade. Trata-se de um novo modelo de negócio que usa a tecnologia para conectar pessoas, organizações e recursos em um ecossistema interativo, no qual podem ser criadas e trocadas quantidades incríveis de valor. Os grandes exemplos são: Airbnb, Uber, Alibaba, Facebook, Amazon, YouTube, Wikipédia, iPhone, Kayak, Instagram, entre outros.

O produto é constituído por informações, assim como qualquer outra que extraia valor do acesso a informações sobre necessidades de clientes, flutuação de preços, oferta e procura e tendências de mercado. As plataformas de negócio vêm assumindo uma fatia grande – e crescente – da economia enquanto empresas que viabilizam interações e criam valor entre produtores e consumidores externos.

NOS BASTIDORES

Saí mais cedo de um cliente que atendia pela FM Consultoria e fui para um evento na empresa da minha esposa. Estava sem carro, pois, naquele dia, o meu estava no mecânico. Não fazia o menor sentido fazer minha esposa rodar 30 km, em São Paulo, para vir me buscar para o evento onde ela já estava. Por 30 minutos, sentei na portaria do prédio à espera de um táxi. Ele passou, eu o peguei e, ao chegar ao evento, disse-me que não aceitava cartão. Por sorte, havia um banco logo ao lado, onde eu tenho conta, e pude sacar o dinheiro para pagá-lo. Essa história remete a algo muito antigo, certo? Mas estávamos em 2016. Veja como a tecnologia está em nossas vidas: algo assim, com dois ou três anos de "história", remete à década de 1980 – afinal, hoje temos Uber, Cabify, 99Taxi, Easy Taxi, entre outros, para resolver o problema.

Em 2015, teve início uma das piores crises da história do país e muitas pessoas ficaram desempregadas – a situação só não ficou pior porque o Uber e o Cabify salvaram muita gente. Estima-se que, apenas em São Paulo, capital, onde há 14 milhões de moradores, 170 mil sejam motoristas de aplicativos, entre os que trabalham apenas com isso e aqueles que, para complementar renda, trabalham depois do horário da empresa, normalmente, entre 18 h a 23 h e aos fins de semana.

O Uber é a representação exata de uma plataforma, uma empresa, que, por meio de tecnologia, algoritmos e muito uso de dados, conecta pessoas que oferecem seus carros para uma carona remunerada e pessoas que precisam, como eu no caso do começo do parágrafo, de uma carona.

O Uber quebrou o paradigma de que ser taxista exige alto investimento, sendo um excelente exemplo de plataforma digital. Entretanto, como o começo do capítulo diz, não existe apenas uma e estamos vivendo o começo dessas plataformas. Mercado Livre, Google, Amazon, Netflix também estão entre aquelas que vêm revolucionando o mundo dos negócios. A boa notícia é que essas gigantes conseguiram, mas há muita startup surgindo de salas de aula, pequenos coworkings e sendo expostas em hackthons que já são plataformas de conexão.

Meu amigo, Ricardo Longo, por exemplo, criou a Agência Crowd, que conecta empresas que precisam de serviços de propaganda a profissionais que se dispõem a dedicar seus conhecimentos em troca de uma renda extra. A Crowd possui diversos profissionais em todo o planeta e, por meio de algoritmos, seleciona o melhor profissional para o brief recebido – tudo via plataforma. Alguém duvida ainda que o modelo das agências está quase morto? Esse é apenas um dos caminhos, mas há outros, e um deles é que cada vez menos agências inovam e buscam a transformação digital porque ainda estão enraizadas nos modelos de compra e bonificação pelo volume de mídia para se sustentar. As consultorias, como a FM Consultoria, buscam inovar em modelos de negócios que gerem inovação, valor, branding e negócios para as marcas.

No livro *Plataforma*,[1] é possível compreender, mais profundamente, como criar a sua plataforma digital. Confesso que conheci esse livro em uma das minhas andanças pelas livrarias físicas, e comprei apenas pela capa – às vezes faço isso. Porém, me surpreendi como sendo um

---

1 PARKER, G.; VAN ALSTYNE, M.; CHOUDARY, S. P. *Plataforma*: a revolução da estratégia. São Paulo: HSM, 2016.

dos melhores que li. Aqui, pretendo focar como uma plataforma pode se conectar ao universo da transformação digital. Esses dois universos, sozinhos, renderiam – como renderam – livros apenas sobre eles. Porém, minha missão é uni-los para que você entenda que a plataforma é um dos grandes pilares da transformação digital – tão importante que escolhi deixar um capítulo à parte tratando plataforma como estratégia e não como tática.

Antes de sua transformação digital dar resultado, comece pelo simples, conecte-se ao consumidor via universo digital – utilizando o conceito básico de plataforma: unir produtores de conteúdo com consumidores de conteúdo. Produtores, consumidores e a própria plataforma estabelecem entre si um conjunto variável de relações. O valor pode ser criado, modificado, trocado e consumido de diversas formas, em diversos lugares, graças às conexões facilitadas pela plataforma. Mas, atenção: lembre-se que não estamos falando de apenas ter um perfil no Facebook ou disparar 30 e-mails por mês, sem saber o que de fato as pessoas querem.

A Red Bull tem uma área enorme de produção de conteúdo esportivo para diversas TVs em todo o planeta, mas, em sua origem, fabrica apenas energético. Louco? Não, genial! Ela se conecta à sua audiência de forma única, fazendo com que a venda do produto seja quase mecânica.

Veja um trecho do livro *Plataforma*:[2]

> Em rodada de investimento realizada em abril de 2014, o Airbnb foi avaliado em mais de 10 bilhões de dólares, um patamar superado por apenas algumas das maiores cadeias hoteleiras do mundo. Em menos de uma década, o Airbnb segmento de clientes do setor tradicional de hotelaria, mesmo sem possuir um único quarto de hotel. Uber, lançado em 2009 em São Francisco, em 5 anos foi avaliado em mais de 50 bilhões de dólares.

Em cinco anos, a plataforma que conecta quem quer viajar com quem quer ceder um espaço em sua casa vale mais do que muitas cadeias centenárias de hotéis pelo mundo. E não vai parar por aí.

4.2 A arquitetura da plataforma

Construir uma plataforma não é tão simples como parece. Não basta apenas ter a grande ideia para que saia do papel e seja lançada no mercado como um serviço inovador que gera negócios a todo o ecossistema a sua volta. Há diversos pontos a serem alinhados e amarrados para que seu desenvolvimento seja bem sucedido e para que a empresa possa gerar resultados com a plataforma – do contrário, é dinheiro jogado no lixo e empregos perdidos.

Vale lembrar aqui da importância do planejamento para executar uma plataforma – sugiro, então, que você olhe o Capítulo 3 para entender melhor sobre a necessidade de construir uma plataforma com objetivos, estratégias e metas, sem deixar de analisar o que o mercado tem de carência *versus* o que as pessoas desejam. Em tese, ninguém sonhou com Uber ou Netflix, mas as pessoas já desejavam se locomover sem carro próprio e já estavam vendo filmes – mesmo que por sites piratas – on-line. Uber e Netflix surgiram apenas como uma ideia para um mercado que tinha uma necessidade reprimida sem saber o que realmente era.

---

2 PARKER; VAN ALSTYNE & CHOUDARY, 2016, p. 10.

A concepção de plataforma é algo muito mais complexo do que se imagina. Na visão dos autores,[3] "plataformas constituem sistemas complexos e multifacetados, e precisam sustentar grandes redes de usuários que desempenham diferentes papéis e interagem de maneira ampla e variada", ou seja, não adianta um profissional com conhecimento de tecnologia pegar uma plataforma gratuita ou de baixo custo e querer lançar no mercado com a sua marca – isso pode não funcionar e denegrir a imagem da marca de maneira irreversível.

NOS BASTIDORES

Abrindo apenas um parêntese: até hoje eu acredito que o Second Life seria uma febre no mundo todo, caso tivesse sido lançado alguns anos mais tarde. Ele surgiu e ganhou força por volta de 2007. Eu me lembro, trabalhando na extinta agência A1 Brasil, que era uma "febre" e todos os planejamentos tinham que ter ações no Second Life, que era sim uma plataforma que conectava pessoas do mundo todo. O problema era, ao meu ver, ter de baixar um aplicativo para a máquina – o medo de vírus impedia alguns –, além das conexões a cabo ainda terem uma velocidade baixa e com pouca penetração. Talvez, se tivessem feito o lançamento em 2012, seria um grande sucesso, mas estávamos em 2007, o projeto começou a perder muito o interesse e se encerrou – e relançar seria errado, uma vez que a marca Second Life já estava desgastada.

O ponto principal para o sucesso de uma plataforma é ter papéis bem definidos sobre quem produz o conteúdo e quem vai consumi-lo. Se uma marca vai criar uma plataforma, deve ter bem claro quem será o produtor, mas é preciso estar ainda mais consciente sobre **quem** vai consumir e **porquê**. A Netflix tinha um apelo forte para filmes, afinal, quem não gosta de filmes? Mas se a Casas Bahia lançar um concorrente da Netflix, vai resultar? E se a Casas Bahia lançar uma plataforma que conecta pessoas que montam e arrumam móveis e eletrônicos a seus milhares de clientes que compram isso todos os dias?

4.3 Unidade de valor

Qual será a unidade de valor? Por exemplo, as lojas on-line criam uma lista de todos os produtos que vendem, facilitando o poder de decisão do consumidor. Ela liga o produtor de uma TV, por exemplo, a quem quer comprar TV. Por meio da unidade de valor, o consumidor consegue decidir pela marca A, B ou C.

Os filtros, ainda mais quando usam algoritmos, são essenciais para a percepção de valor do usuário, na medida em que permitem a ele identificar os conteúdos com os quais quer se relacionar e o que deseja. Imagine que algumas lojas on-line têm mais de 100 mil produtos dentro de seus estoques. Como uma pessoa pode encontrar o que deseja?

Falo de e-commerce para você visualizar melhor, mas no Uber, só em São Paulo, há mais de 110 mil carros cadastrados. Como saber qual é o melhor para você? Simples: filtro. A plataforma

---

3 PARKER; VAN ALSTYNE; CHOUDARY, 2016.

entende sua localização e a do motorista – ou motoristas – mais próximo e filtra de 110 mil para quatro ou cinco, oferecendo ao primeiro que der OK a opção de pegar o cliente.

O Google ensinou ao mundo o poder do filtro. Ele é um enorme sucesso, pois consegue organizar toda a informação do mundo e disponibilizar o que é mais relevante para milhares de pessoas ao mesmo tempo usando apenas alguns termos. Isso é fantástico! Imagine que agora, no momento em que você lê este livro, tem pelo menos 100 milhões de pessoas no mundo buscando algo no Google, enquanto seus filtros – o grande segredo da plataforma – estão trabalhando para entregar relevância. Por isso, o Google se tornou o que é, por trazer relevância, de forma rápida, a quem busca algo em seu banco de dados.

4.4 Trocas da plataforma

Como dito anteriormente, a plataforma usa a tecnologia para conectar pessoas, organizações e recursos em um ecossistema interativo, ou seja, conecta pessoas para realizar trocas de **informações**, **bens/serviços** ou **moedas**. Em breve, falaremos sobre *bitcoins*, cuja plataforma é o elo para que essa moeda seja um grande sucesso.

As plataformas de EAD, por exemplo, são plataformas de trocas de informações. As pessoas pagam para ter aulas com pessoas que produzem conteúdo. O aluno paga para ter o conhecimento que o professor ganha para disponibilizar. É como na escola ou na faculdade, mas, via EAD, a capilaridade é muito maior, mais pessoas têm acesso ao conteúdo e o professor pode ganhar mais dinheiro. Já as plataformas de bancos podem ser de troca de bens ou serviços, assim como as lojas on-line, pois a plataforma funciona como o elo, embora os produtos sejam trocados fora dela. Você pode, por exemplo, contratar um empréstimo bancário via aplicativo do seu banco, um seguro para o seu carro via site da seguradora e comprar um livro pelo site da livraria Saraiva com entrega na sua casa.

Tudo isso via plataforma. Na troca de moeda, ambos os casos se aplicam – mas a atenção pode ser uma moeda importante, afinal, quanto mais, por exemplo, visualizações tem um youtuber, maiores as chances de as marcas oferecerem patrocínio e, com isso, ganhar mais dinheiro com mídia.

4.5 Design da plataforma

Segundo o livro *Plataformas*,[4] uma boa plataforma precisa oferecer três conceitos básicos para que seu design fique altamente atrativo para seus usuários:

> *Atrair, facilitar e parear*. Tendo esses três conceitos bem definidos, a arquitetura começa a ser melhor aproveitada, claro, sendo esse um dos pilares dentro do conjunto de ações, acima mencionados, que farão a sua plataforma ser algo que agregue valor ao consumidor. Dentro da transformação digital, é possível que plataformas sejam o seu primeiro – ou as vezes único – ponto de contato com os consumidores, o que pode ser algo muito bom, no

---

4 PARKER; VAN ALSTYNE; CHOUDARY, 2016, p. 52, 54.

sentido de você entender que ali, o consumidor dará insumos para seu banco de dados, deixando diversos rastros para serem analisados. Dentro das plataformas, os conceitos de big data, neuromarketing, varejo, mídia programática, entre outros, aqui descritos no livro, nos próximos capítulos ganham ainda mais relevância a ponto de marcas entenderem ainda mais sobre consumidores e consequentemente gerarem muito mais negócios. (...) Uma plataforma precisa *atrair* para si os produtores e consumidores, permitindo-lhes a interação. Deve, também, *facilitar* as interações, fornecendo-lhes ferramentas e regras que tornem a conexão simples e estimule trocas importantes. Se faz necessário, *parear* produtores e consumidores de forma eficiente usando informações específicas e relevantes de cada um dos lados.

Perceba que, nesse trecho, os autores do livro deixam bem claro a necessidade de ser relevante e de ter regras, sem, no entanto, engessar o processo. A Amazon, uma das maiores plataformas do mundo, atrai clientes com mídia, facilita compras com seus filtros e diversidade do mix de produto e traz informações altamente relevantes dos produtos para a tomada de decisão de compra, ao passo que traduz as informações das pessoas para oferecer os produtos mais relevantes.

4.6 Evoluir sempre!

Ao longo deste livro, falamos muito sobre evoluir com as marcas e inovar – mesmo porque a transformação digital é uma inovação. A regra para algo não ficar obsoleto é evoluir constantemente. Lembro-me, em 2007, em um evento em São Paulo, de ouvir um palestrante dizer que o Orkut morreria, pois o Facebook acabaria com ele. Na época, muitos, inclusive eu, achamos ser algo só para chamar a atenção. O Orkut, no Brasil, era gigante e tinha milhares de usuários, ao passo que o Facebook era pouco usado. "Para que ter mais de uma rede social?" – esse era o pensamento da época. Hoje, nem precisa falar o que houve com a teoria do palestrante.

Algo que não evolui é facilmente descartado pelas pessoas, pois se torna obsoleto, chato. Algo que não evolui se torna mais do mesmo e o concorrente que evolui se torna mais legal. Esse pensamento não cabe apenas na plataforma, mas em todos os modelos de negócios. Já citei aqui como as agências estão na UTI, uma vez que não evoluem o modelo de negócios e os clientes estão cansados de campanhas bonitas sem geração de valor. Quando a experiência da plataforma concorrente for melhor que a sua, as pessoas fatalmente vão migrar. Orkut e Facebook é um exemplo, mas pense que há outros por aí. Não caia no golpe de achar que a sua plataforma está ótima e pronta: no mundo digital, estamos sempre em Beta, ou seja, em constante evolução.

PARTE II

MACROTENDÊNCIAS DA TRANSFORMAÇÃO DIGITAL

CAPÍTULO 5

APLICANDO A TRANSFORMAÇÃO DIGITAL EM SUA MARCA

Chegamos ao ponto alto do livro. O terreno foi preparado para que você entenda que fazer a transformação digital na sua empresa não é digitalizar processos, mas ter todo um pensamento voltado ao universo digital

5.1 Geração de negócio

A transformação digital gera uma exposição com a qual muitas pessoas ainda não estão preparadas para lidar. Tudo o que é novo assusta, mas também chama muita atenção. Essa tensão que o novo produz é algo que, se bem usado, pode facilmente gerar negócios para as marcas. Vamos lembrar sempre neste livro que a estratégia de transformação digital jamais pode ser algo a ser usado para fazer "barulho" com a marca, uma vez que seu objetivo é gerar negócios – e eles serão gerados, afinal, toda essa tecnologia vem debaixo do guarda-chuva da transformação digital!

De fato, a transformação digital vem para mudar tudo o que conhecemos hoje no mercado de comunicação, marketing e, principalmente, varejo – o varejo não é mais o mesmo e não será mais o mesmo em alguns anos.

> **SAIU NA MÍDIA**
>
> Para Paulo Correa, CEO da C&A, em entrevista para o Portal do Varejo, "desde que lançamos a plataforma de e-commerce em 2015, o crescimento é muito veloz, muito forte, hoje em dia é um negócio que representa várias lojas. No final, está tudo cada vez mais integrado. Mais de 25% das nossas vendas on-line são retiradas na loja. Onde começa e onde termina, onde foi a venda de fato, interessa cada vez menos. O que interessa é como de alguma maneira a gente facilita o processo do cliente". E, de fato, saber de onde o cliente vem importa cada vez menos, mas saber quem ele realmente é importa cada vez mais!
>
> Fonte: NUNES, A. C. Onde foi feita a venda de fato, interessa cada vez menos. Disponível em: https://portalnovarejo.com.br/2018/11/onde-foi-feita-a-venda-de-fato-interessa-cada-vez-menos. Acesso em: jul. 2019.

As empresas estão introduzindo produtos digitais que complementam seus produtos tradicionais. Um fabricante de roupas esportivas, por exemplo, pode vender GPS e outros dispositivos digitais para rastrear e relatar o treino de um cliente. Outras empresas estão mudando os modelos de negócios e reformulando seus limites a partir do digital. Uma empresa de seguros, pode, por exemplo, criar uma plataforma digital central para os principais processos de sinistros. Os sistemas de autoatendimento de funcionários, especialmente em áreas como RH, também estão crescendo.

O que você verá, neste capítulo, são as diversas estratégias de marketing digital que estão debaixo do *guarda-chuva da transformação digital*. Espero que este livro seja um guia para ajudar a sua marca a entrar definitivamente nesse mundo novo, complexo, mas, ao mesmo tempo, fascinante!

5.2 O que o MIT diz sobre transformação digital?

Foi em um rápido bate-papo com meu amigo e mestre Alexandre Marquesi que descobri esse quadrante do Massachusetts Institute of Technology (MIT). Para quem ainda não está familiarizado com o MIT, trata-se de uma das mais importantes e reconhecidas faculdades de tecnologia do mundo. Localizada nos Estados Unidos, na cidade de Cambridge (adjacente a Boston), na região de Middlesex, é uma das maiores referências nas áreas de tecnologia e inovação do mundo. Do seu campus, saem pesquisas, estudos e novidades que mudam gerações! Faço questão de reforçar aqui sua importância ao mundo dos negócios.

Para que você entenda a importância desse quadrante, é com ele que você pode iniciar uma defesa de transformação digital dentro da estrutura da sua empresa – aliás, citar um estudo do MIT tem sempre um peso extra, tal qual citar algo de Philip Kotler – como mostra a Figura 5.1.

CAPÍTULO 5 APLICANDO A TRANSFORMAÇÃO DIGITAL EM SUA MARCA

Figura 5.1 Os pilares da transformação digital

Experiência do cliente	Processo operacional	Modelo de negócios
Compreensão do cliente » Segmentação com base em análise » Conhecimento com base em informações sociais	**Digitalização de processos** » Melhoria de desempenho » Novas características	**Negócios modificados digitalmente** » Ampliação de produtos/serviços » Transição do físico para o digital » Pacotes digitais
Crescimento do topo de linha » Vendas potencializadas digitalmente » Marketing preditivo » Processos otimizados para o cliente	**Capacitação da mão de obra** » Trabalho de qualquer lugar, a qualquer hora » Comunicações mais amplas e mais rápidas » Compartilhamento de conhecimento entre membros da comunidade	**Novos negócios digitais** » Produtos digitais » Reorganização das fronteiras organizacionais
Pontos de contato do cliente » Serviço de atendimento ao cliente » Coerência entre canais » Autoatendimento	**Gerenciamento de desempenho** » Transparência operacional » Tomada de decisão baseada em dados	**Globalização digital** » Integração corporativa » Redistribuição da autoridade na tomada de decisões » Serviços digitais compartilhados
Dados e processos unificados Capacidade analítica	Capacidades digitais	Integração comercial/TI Entrega de soluções

Fonte: PORTAL CREATIVANTE, 2017.

Perceba que o quadrante do MIT começa com **experiência do consumidor** como primeiro pilar. Não se vê ali o que é mais ou menos importante, mas indica que iniciar qualquer estratégia pensando, em primeiro lugar, no consumidor é o melhor caminho – falamos muito nesse livro sobre isso e pode ter certeza que falaremos ainda mais.

Segundo Alexandre Cavalcanti Marquesi, em seu livro *Stakeholders*,[1] vivemos em uma era em que não é possível continuar fazendo o mesmo para impactar o consumidor. Marquesi descreve que "os consumidores esperam que as marcas sejam criativas e inovadoras, mas as

---

1 MARQUESI, A. C. *Stakeholders*: influenciadores digitais. São Paulo: Santarem, 2018. p. 11.

manifestações não podem fugir ao projeto da marca e ao contato com o consumidor, feito na comunicação. A natureza relacional da marca faz com que a inovação seja um desafio".[2]

Caso você ainda esteja pensando se entra ou não nesse novo universo digital, acredito que essa afirmação de Marquesi o deixou com a pulga atrás da orelha ou – o que eu acredito ser mais válido – com total desejo de pegar tudo o que você viu neste livro e em outras fontes e colocar a mão na massa!

Segundo o estudo do MIT, é ideal pensar no consumidor em primeiro lugar:

> o atendimento ao cliente pode ser aprimorado significativamente por iniciativas digitais. Resolução rápida e transparente de problemas gera confiança para os clientes, que estão procurando em diferentes o que deixa mais difícil transmitir a mensagem com eficiência varejo. É preciso a atividade multicanal integrada. No entanto, os serviços multicanais exigem a previsão e a implementação de mudanças na experiência do cliente e nos processos operacionais internos. Muitos varejistas agora oferecem compras em casa com a opção de receber produtos pelo correio ou em uma loja. Várias empresas estão oferecendo autoatendimento por meio de ferramentas digitais. Essas ferramentas permitem que o cliente economize tempo e economize dinheiro da empresa.

A transformação digital passa pela melhora na experiência do consumidor, e esse estudo mostra alguns dos passos seguidos pelas empresas nessa direção. Vale tê-los como exemplo, mas não apenas como modelo do que deve ser feito – afinal, o guarda-chuva da transformação digital está muito além dessas iniciativas, embora exista sempre um ponto de partida. Sempre!

Segundo David L. Rogers,[3] a transformação digital passa por cinco domínios fundamentais da estratégia: clientes, competição, dados, inovação e valor.

1. **Clientes:** interagem dinamicamente por meios e modos que transformam suas relações entre si e com as empresas. O uso de ferramentas digitais vem mudando a maneira como descobrem, avaliam, compram e usam os produtos, e como compartilham, interagem e mantêm-se conectados com as marcas.

2. **Competição:** nossos maiores desafiadores podem ser concorrentes assimétricos, isto é, empresas estranhas ao setor, em nada parecidas com a nossa, mas que oferecem aos nossos clientes valores concorrentes. As tecnologias digitais estão turbinando o poder de modelo de negócios de plataforma, permitindo que uma empresa crie e capte enorme valor ao facilitar as interações envolvendo outras empresas ou clientes. Há cada vez mais disputa por influência entre empresas.

3. **Dados:** a maioria dos dados que hoje inunda as empresas não é gerada por qualquer planejamento sistemático, como pesquisa de mercado. Em vez disso, é produto de quantidade sem precedentes de conversas, interações ou processos, dentro ou fora das empresas. Dados

---

2 MARQUESI, 2018.
3 ROGERS, L. D. *Transformação digital*: repensando o seu negócio para a era digital. São Paulo: Autêntica Business, 2016. p. 24.

são componentes fundamentais sobre como as empresas funcionam, diferenciam-se nos mercados e geram novo valor.

4. **Inovação:** baseia-se no aprendizado contínuo por experimentação rápida. Trata-se de experimentos cuidadosos e em protótipos de viabilidade mínima, que maximizam o aprendizado ao mesmo tempo que minimizam os custos.

5. **Valor:** a única prevenção segura em um contexto de negócios e mutação é escolher o caminho da evolução constante, considerando todas as tecnologias como maneira de estender e melhorar a nossa proposta de valor aos clientes.

Como dissemos ao longo deste livro, a transformação digital nos obriga a colocar clientes, pessoas, consumidor – chame como quiser – no topo do processo. A concorrência deve ser analisada todos os dias. Não é apenas a sua marca que se transforma, todas o fazem. Quando a Apple lançou o iPhone, a Nokia não deu bola, a Blackberry fez seu próprio sistema e a Samsung não era uma gigante do segmento – isso em 2007. Estamos à beira de 2020, a Blackberry quase morreu, a Nokia, que liderava a telefonia celular, está cada dia apostando menos nesse segmento e a Samsung passou a bater de frente com o iPhone.

Sem os dados – e vamos aprofundar mais sobre esse tema no Capítulo 7 – a transformação digital não passa de um monte de ideias! A inovação está no DNA do guarda-chuva do conceito de transformação digital. E, por fim, quanto ao valor: mostre-o ao cliente. As pessoas pagam mais por aquilo em que enxergam valor. Uma Bic custa dois reais e uma MontBlanc custa dois mil reais, mas ambas são canetas, e, como sempre brinco, a Montblanc não deixa a sua letra mais bonita – garanto a você!

Um estudo da *Harvard Business Review* mostra que

> a maioria das empresas quer a transformação digital e acaba com upgrades digitais, usando tecnologia digital para aumentar a eficiência ou a eficácia em algo que a sua empresa já está fazendo. Por exemplo, aumentar seu gasto com marketing para canais digitais ou fazer upgrade nos sistemas de comunicação interna. Por outro lado, uma transformação digital ocorre quando você usa tecnologia digital para mudar o modo que você opera, especialmente em torno de interações com clientes e a maneira na qual o valor é criado.

E isso é algo que defendo em minhas iniciativas de transformação digital nas empresas com as quais trabalho. Não basta digitalizar o sistema, automatizar o e-mail ou elevar investimento em post do Facebook para dizer que está inserido na transformação digital. Como estamos vendo aqui, o processo é muito mais complexo, ou como popularmente se diz, "o buraco é mais embaixo".

Para fechar este capítulo, convido você a refletir com a frase de Marcelo Camara, *head* do laboratório de pesquisa e inovação do Bradesco: "As relações homem-máquina e máquina-máquina terão muito menos fricção que as atuais, permitindo às empresas oferecer jornadas inteligentes de relacionamento e interação para seus clientes". Concorda?

CAPÍTULO 6

INTERNET DAS COISAS (IOT)

Um dos pilares da transformação digital é a Internet das Coisas (IoT) – não por acaso, o primeiro item que vamos abordar para entrar a fundo em seu conceito e aplicabilidade no dia a dia das marcas. Também não por acaso, ao escrever este livro, decidi aprofundar ainda mais os conteúdos pesquisados e vivenciados, apresentando-os para você, amigo(a), leitor(a)! Sem dúvida, a IoT, como vou chamá-la a partir daqui, não poderia ficar de fora da "lista VIP".

SAIU NA MÍDIA

"As pessoas podem fazer seus trabalhos de suas casas, reuniões podem tranquilamente ser realizadas por diversas tecnologias e a Internet das Coisas vai acelerar ainda mais essa situação. Então, eu diria que o real desafio é comportamental, até psicológico, de fazer as pessoas entenderem isso", segundo Ricardo Gorski, diretor-geral na iLink Solutions, contou em entrevista ao Portal Consumidor Moderno.

Fonte: LULIO, M. Estamos conseguindo acompanhar as mudanças provocadas pela transformação digital? Disponível em: https://www.consumidormoderno.com.br/2018/10/30/acompanhar-transformacao-digital. Acesso em: jul. 2019.

Trata-se de uma revolução na forma como as pessoas se conectam com as marcas, por meio de tudo, absolutamente tudo, que possa ser conectado à internet, desde seu smartphone até sua caneta, passando pela geladeira, TV, carro, roupa e muitos outros itens do dia a dia, que, em breve, estarão conectados entre si, ajudando, assim, as marcas a entender mais pessoas e a vender mais.

Não à toa, marcas de grande importância no cenário digital estão cada vez investindo mais nesse segmento. Segundo a IM Magazine,[1] Google, Amazon e Apple, por exemplo, investem pesado na área de automação doméstica, com o Google Home, a Echo e o Homekit, respectivamente. Segurança frágil, infraestrutura aquém do desejado e regulamentação falha para aproveitar as oportunidades do futuro digital são as barreiras das empresas de tecnologia que operam no Brasil. No futuro, devem ganhar espaço soluções com foco na utilização de processos, no aprimoramento da experiência do cliente e na eficiência e produtividade. A difusão da IoT deve ser acompanhada de uma quantidade enorme de dispositivos conectados e, para isso, vamos precisar de soluções que extraiam valor dos dados gerados.

6.1 Conceito

A IoT, nem de longe, pode ser considerada apenas dispositivos conectados – isso significa reduzir esse importante conceito a algo muito limitado. Os aparelhos, em um futuro muito próximo, estarão sim conectados à internet, como hoje é seu smartphone, sua smartv ou mesmo seu notebook, câmeras digitais ou relógios de pulso, como os Smartwatchs, porém, não devemos limitar, por exemplo, a geladeira conectada à internet ao simples fato de uma pessoa poder ver o YouTube e baixar uma receita de comida, por exemplo. Para isso, usa o smartphone. IoT vai muito além disso.

O primeiro passo para entender essa tecnologia é saber que a palavra "padrão" é a palavra-chave por trás do sucesso dessa tecnologia no dia a dia das marcas e das pessoas. Nos próximos tópicos, você verá que **padrão** é algo explícito, e nem sempre citado, para que os projetos de IoT tragam os resultados esperados pelas marcas, principalmente quando outro conceito muito abordado nesse tema, a **experiência**, está em jogo. No final do dia, o que mais importa é a experiência que o consumidor terá com a, ou as, marca(s) envolvida(s) no projeto.

Um dos principais pontos da IoT é a ampla abertura para o uso do conceito – vou dar um exemplo para que você compreenda melhor. Uma lâmpada, por exemplo, pode ser controlada à distância ou a partir de sensores de movimento ajustados por um aplicativo; um ar-condicionado ou um aspirador de pó inteligente podem facilitar o trabalho doméstico, operando nos horários programados; garrafas de água, vasos de flores e armários também contam com recursos para ficarem conectados. Na IoT, tudo depende da criatividade do desenvolvedor.

---

1 *IM Magazine*. Ano 2, n. 3, fev. 2017.

EXEMPLO DE IOT

Geladeira inteligente

José é um fanático torcedor do São Paulo. Ele tem em sua casa uma geladeira da Panasonic com um dispositivo inteligente de IoT. José tem um padrão de comportamento: todas as quintas-feiras coloca cerca de seis latas de cerveja na geladeira, pois seu pai, Mauro, vai todo o domingo em sua casa para assistirem juntos ao jogo do São Paulo. Normalmente, os jogos do São Paulo acontecem de domingo, às 16 h. Mauro costuma chegar na casa de José às 15 h, conversam, assistem ao jogo e depois ele volta para a sua casa. Ambos consomem as seis latas de cerveja ao longo do jogo. O padrão ficou claro, certo? Quinta-feira, cerveja na geladeira, para consumir no domingo.

A geladeira de José já entendeu esse padrão, uma vez que ele faz isso praticamente toda quinta-feira. Esse dia foi escolhido porque é rodízio do carro de José e, por isso, ele fica até mais tarde na empresa. Assim, aproveita e vai ao supermercado depois das 19 h e faz a compra do fim de semana, que, entre outros produtos, envolve a "sagrada cerveja do jogo". Como a geladeira é inteligente, o que ela faz? Se antecipa.

Na quinta-feira, de manhã, José está no trabalho. O São Paulo enfrentará o Palmeiras no domingo, às 16 h. A geladeira sabe do jogo, pois como é conectada à internet da casa de José, consegue sincronizar tudo o que ele acessa e percebe que ele torce para o São Paulo, dada a quantidade de vezes que o site do time, vídeos no YouTube, blogs do time e até compra de produtos na loja oficial são acessados. A frequência é grande.

A geladeira, então, sabe que domingo tem jogo e que, dado o padrão das últimas semanas, José deverá comprar cerveja para consumir no domingo. Sabendo dessa informação, a geladeira, via aplicativo instalado no smartphone de José, envia uma mensagem:

— Boa tarde, José. Domingo o São Paulo joga com o Palmeiras às 16 h. Você deseja comprar a sua cerveja?

José quase cai da cadeira, mas responde que sim, apenas apertando o botão que aparece na tela do seu smartphone, via aplicativo da Panasonic.

O aplicativo, então, analisando as informações já colhidas pelo código de barras da lata de cerveja questiona:

— Vamos comprar seis latas de Skol mesmo?

José, intrigado, responde que sim, mais uma vez, apenas apertando o botão do aplicativo.

A geladeira, usando o Google Maps, localiza o Pão de Açúcar mais perto da sua casa. José tem o aplicativo do supermercado instalado. Via aplicativo, a geladeira questiona:

— Podemos comprar no Pão de Açúcar da Santo Amaro, que fica a 2 km de casa?

José, ainda impressionado, novamente aperta o sim.

A geladeira, então, entra no aplicativo do Pão de Açúcar, compra as cervejas e manda a seguinte mensagem para José:

— Ficou em R$ 7,50 as cervejas e R$ 15,00 de frete. Tudo bem?

José diz que sim.

A geladeira agradece e mostra os dados do cartão de José, retirados de outros aplicativos utilizados por ele.

— Vamos usar o Visa, certo?

— Sim. — clica José.

— Por favor — informa a geladeira —, digitar o código CVV.

José digita e dá o ok. A geladeira confirma a compra e informa que quando ele chegar do trabalho, deverá passar na portaria e retirar o produto, que será entregue em até 3h.

Em menos de um minuto, José recebe um SMS em seu smartphone confirmando a compra e, na sequência, dois e-mails do Pão de Açúcar confirmando a compra e o pagamento.

Você demorou mais tempo para ler esse exemplo do que José para fazer a compra. No trabalho, interagindo com a geladeira, via aplicativo, ele efetuou a compra de um produto no local de costume, com o cartão que mais usa. Simples e rápido, em menos de um minuto. A Internet das Coisas é isso: uma grande conexão de máquinas e dispositivos, por meio da internet, que proporciona uma melhor experiência para o usuário.

SAIU NA MÍDIA

Segundo o blog RockContent, "IoT é conexão de diversos objetos com a internet, além daqueles com que já estamos acostumados, como smartphones, tablets e computadores. Esses objetos, combinados com sistemas automatizados, podem ajudar a coletar informações em tempo real, analisá-las e criar ações de resposta conforme a necessidade. Dessa forma, a IoT nada mais é do que uma expansão da conectividade. Em vez de usar apenas os dispositivos 'tradicionais' para isso, a ideia é tirar proveito dos benefícios que a internet traz para qualquer cenário, o que envolve todo tipo de objeto".

Fonte: MORAES, D. Você sabe o que é a internet das coisas e como ela impacta a sua vida? Disponível em: https://rockcontent.com/blog/Internet-das-coisas. Acesso em: jul. 2019.

O conceito pode ser observado com as assistentes virtuais que aprendem a falar automaticamente todas as manhãs a previsão do tempo ou as notícias do dia para os usuários. Se você acredita que isso é algo de outro mundo ou muito futurista, saiba que você já pode comprar o Google Home, que é um alto-falante conectado ao Wi-Fi que funciona como uma espécie de assistente pessoal. A partir dele, é possível, por exemplo, fazer perguntas como as feitas no Google, verificar sua agenda de compromissos, configurar alarmes e estabelecer um timer, ou pedir para tocar alguma playlist específica de seu sistema de streaming – todas as funções realizadas por comando de voz. Ou seja, isso não é algo do futuro, já que no Mercado Livre, por cerca de 600 reais, você pode ter um desses na sua casa, hoje mesmo!

6.2 Planejamento

O planejamento para entrar na IoT não é simples, mas precisa ser feito urgentemente. Da mesma forma que, no exemplo da geladeira, a Panasonic, a Visa e o Pão de Açúcar ganharam dinheiro com a modalidade, outras marcas podem ganhar. E você deve ter percebido que não se tratou de uma ação casada das marcas, mas uma ação onde uma geladeira da Panasonic, via dispositivo interno, analisou um comportamento e comunicou ao usuário, via smartphone, fazendo toda a transação. Quais outras marcas podem lucrar com isso?

Como já visto neste livro, o primeiro passo é entender o objetivo da marca em fazer parte desse universo. Passado isso, é necessário analisar o cenário – que, de fato, está cada dia mais favorável.

Uma pesquisa publicada no site IDGNow mostra como as marcas estão se planejando, mundo afora, para entrar de vez nesse conceito. Não quero ser o mensageiro do caos, mas, não entrar nessa onda hoje é como se nos anos 2000 sua empresa não aderisse à internet. Agora, quem entrou na frente colheu os frutos e, quem não se ateve, morreu, perdendo espaço para quem soube entrar na onda.

"A pesquisa, conduzida pela Forrester Consulting, em 2018, ouviu executivos de TI e de linhas de negócio de quase 600 firmas globais dos setores varejista, de produtos de consumo, fabricação, transporte, governo, petróleo/gás, saúde e hospitalidade. De cada cinco empresas ouvidas, quatro afirmam que as soluções IoT serão a iniciativa de tecnologia mais estratégica da década para suas organizações. Cerca de 65% das entrevistadas implantaram ou estão no processo de implementação de soluções IoT. Mais de 70% das firmas da Ásia Pacífico têm uma solução IoT instalada ou estão em processo de implementação, enquanto 60% das firmas americanas, 52% das europeias e 71% das latino-americanas estão nestes mesmos estágios de implantação da solução IoT. Wi-Fi, rastreamento de localização em tempo real e sensores de segurança são elementos importantes das soluções IoT. Tecnologias de sensor para monitorar ativos e o ambiente também foram apontadas com elementos de tecnologia importantes ou muito importantes por mais de 80% das firmas globais".

Fonte: ITMÍDIA.COM. Internet das coisas é 'tecnologia transformadora da década', aponta estudo. Disponível em: https://itmidia.com/Internet-das-coisas-e-tecnologia-transformadora-da-decada-aponta-estudo. Acesso em: jul. 2019.

O planejamento é uma conexão de ideias. Para inspirar você a usar a IoT em sua empresa, vale a pena ler o que Dan Wright, Head of International for Advertising da Amazon, tem a dizer:

> Vivemos um momento rico em possibilidades para a criatividade da comunicação e do marketing. Cabe a essas áreas criar as possibilidades de uso e aplicação da tecnologia de interação via voz na Internet das Coisas, que tem como meta melhorar a vida dos clientes. Estamos falando de aparelhos que estarão na casa e nas vidas das pessoas permanentemente conectados com elas, de um lado, e com a Internet, de outro. Caberá a todos nós imaginar como fazer isso da melhor forma para as marcas, fugindo da propaganda tradicional.

> **SAIU NA MÍDIA**
>
> Quer entender um pouco mais do porquê entrar na IoT? Bem, segundo uma matéria do Portal TechTudo, cidades inteiras podem se tornar inteligentes em pouco tempo. A matéria cita que "a conexão com a internet também pode chegar às ruas e avenidas, tornando cidades inteiras inteligentes, citando a Espanha, onde monitores estão sendo planejados para ajudar idosos. Além disso, há empresas investindo no monitoramento de pontes e rodovias para identificar rachaduras. No Brasil, uma cidade inteligente está sendo construída na região Nordeste. O local deverá contar com iluminação smart, mobilidade otimizada por sensores e praças com equipamentos que geram energia quando utilizados".
>
> Fonte: GIANTOMASO, I. O que é internet das coisas? Dez fatos que você precisa saber sobre IoT. Disponível em: https://www.techtudo.com.br/listas/2018/08/o-que-e-internet-das-coisas-dez-coisas-que-voce-precisa-saber-sobre-iot.ghtml. Acesso em: set. 2019.

Para Walter Longo, quando se pensa em planejar IoT, é preciso perceber como as máquinas estão usando seu potencial total para melhorar a vida das pessoas:

> Me chama muito a atenção que está surgindo uma nova civilização vivendo entre nós: as máquinas. As máquinas estão falando entre si, aprendendo uma com as outras e gerando dados e muita informação. A IoT vai, cada vez mais, máquinas todos conectados, gerando informação de uma forma jamais vista e isso vai trazer para as marcas um volume gigante de oportunidade para as marcas falarem de forma mais pessoal e criando ainda mais sinergia entre fornecedores, marcas e pessoas. O ecossistema do varejo se modifica a cada dia. O IoT é o que conecta tudo, é disruptiva, mas o big data, enriquecido pelo IoT está transformando as relações. As marcas, antenadas, se antecipam ao que as pessoas querem, pois essas deixam tudo nas Redes Sociais. Há uma nova dinâmica na comunicação: as pessoas não estão, elas são.

Pouco importa o que as pessoas são, mas sim o que estão fazendo. Os comportamentos de consumo mudam de acordo com os micromomentos – um tema que vamos ver mais para frente – e jamais poderemos fugir disso. Você que está lendo este livro pode até se irritar um pouco com esse assunto. Alguns até poderão publicar em suas redes sociais que "esse livro fala mais de comportamento de pessoas do que de tecnologias...", dado meu histórico de planejamento. De fato, isso é uma verdade, afinal, no fim do dia, não importa a tecnologia: se a pessoa não aderir, não comprar, a marca não vende e quebra! Então, sim, vou falar muito sobre pessoas!

6.3 Sair do tradicional

Quando você atua com estratégia, essa é sua meta diária. Em meu livro *Planejamento estratégico digital*,[2] defendo muito a razão pela qual o profissional de planejamento, estrategista, precisa, diariamente, pensar no amanhã, em ir além. O planejamento é um provocador, logo,

---

2 MORAIS, F. *Planejamento estratégico digital*. 2. ed. São Paulo: Saraiva, 2017.

estou provocando você a planejar sua transformação digital. Em todos as iniciativas, dentro do guarda-chuva da transformação digital, uma será sobre planejamento.

Ao ensinar como planejar a iniciativa, vocês vão perceber que vou provocar, em vez de dar o passo a passo, pois o foco desse livro é esse: provocar em você a mudança!

Não fique esperando as coisas acontecerem e não pense que amanhã você fará acontecer – esqueça isso. Renato Mendes[3] diz que "na nova economia, as empresas vencedoras são as que agem e reagem mais rápido ao que está acontecendo", ou seja, não dá para planejar a entrada de sua empresa no mundo da IoT amanhã – isso já devia ter sido feito ontem!

A TV, cada vez mais, será um grande *hub* dentro das casas – é ela que fará, via IoT, a conexão com tudo o que você tem de eletrônico. Por meio de pequenos sensores, os aparelhos vão recolhendo dados de uso e consumo e melhorando a experiência do usuário – e é bom lembrar que isso poderá ser replicado em diversos outros lugares, não apenas em casa.

Segundo Marcelo Gonçalves, gerente de marketing da Sony,

> a televisão se torna um centro de entretenimento conseguindo se conectar com tudo na casa. O smartphone mudou toda a indústria de comunicação e via IoT tudo se conecta, a TV controlará todo o ambiente da casa. A cada ano, os produtos têm mais tecnologia. Não há como fugir disso.

Trata-se, então, de aparelhos conectados entre si por meio de dados que permitem a nós, consumidores, fazer parte da interação. Em todos os momentos, a IoT será útil em nossa vida, sempre melhorando experiências, economizando tempo e ajudando em nosso dia a dia junto ao futuro, com segurança, reconhecimento e aprimoramento. Em casa, no trabalho, no momento de consumo, no veículo... Tudo o que está em nosso dia a dia será conectado por meio de uma enorme rede.

Seu objetivo é nos ajudar a ter uma vida melhor e mais segura. Por exemplo, eu vou poder saber se a Fernanda, minha filha, está na escola e se está bem, apenas recebendo informações de sua camiseta, que vai medir se está com febre, por exemplo, mas também vai indicar o exato local em que se encontra – e se, por um acaso, houver alguma alteração no padrão de seu dia, eu saberei o que houve.

"Imagine que você está assistindo o seu seriado favorito na Netflix e comenta com sua esposa (ou marido) que adora aquela música. Em segundos, seu celular envia uma notificação oferecendo a música para você. Em breve será possível", diz Maria Prata. De fato, isso ainda não é possível, mas tendo a IoT em casa, com todos os aplicativos conectados, isso será viável.

Segundo o Índice Global de Inovação (IGI),[4] o Brasil ficou em 66º lugar no índice de inovação – uma posição muito aquém, segundo minha visão profissional, para o potencial criativo do país. Como tenho batido muito na tecla, não falta dinheiro, inteligência, ideias ou inovação: o que falta é coragem de entrar de vez no mundo digital, o que Walter Longo definiu como "alma digital" que, ou é incorporada nas empresas, ou não haverá um futuro muito promissor.

---

3 MENDES, R.; BUENO, R. C. *Mude ou morra*: tudo que você precisa saber para fazer sua empresa crescer seu negócio e sua carreira na nova economia. São Paulo: Planeta Estratégica, 2018.

4 VALOR ECONÔMICO. Brasil cai duas posições no índice global de inovação. Disponível em: https://valor.globo.com/brasil/noticia/2019/07/24/brasil-cai-duas-posicoes-no-indice-global-de-inovacao.ghtml. Acesso em: set. 2019.

6.4 Para o varejo

Quando você olha para o varejo, é preciso saber como usar toda essa tecnologia para que as vendas cresçam – isso é fato! Não se faz mais inovação pela inovação, ou isso será um grande erro da marca. Walter Longo diz que

> um bom estrategista é, acima de tudo, um curioso! Precisa saber como as coisas funcionam e por que funcionam dessa forma. Se você não é curioso, você não inova. A mudança é o único estado permanente, ou isso deveria ser no dia a dia das empresas. Mudança não é mais um desejo ou objetivo das marcas, é preciso ser algo constante, ou seja, do dia a dia. Isso gera muito insegurança dos gestores. Não olhar a tendência é um problema sério para qualquer gestor. A cada dia que passa, a rotina tem que ser acelerada.

Ao longo deste livro, você poderá ver diversas ações que vão ajudar suas vendas no varejo como um todo. Não existe mais on e off, mas no caso do varejo, em alguns momentos, vamos falar de varejo físico (shopping, supermercado, lojas) e on-line (e-commerce, **mobile commerce**) entre outros. Idealmente, é necessário unir os dois mundos nas chamadas *interfaces digitais*.

É importante saber que você pode usar apenas a IoT em sua estratégia, mas o ideal é usar o máximo de ações que possam impactar os consumidores de forma única – além, claro, de trabalhar com todas de forma integrada, fazendo assim a transformação digital da marca, mesmo que seja no ponto de venda.

SAIU NA MÍDIA

"A Amazon já implantou sete unidades de suas lojas autônomas nas cidades de Seattle, Chicago e San Francisco. Os locais funcionam a partir de sensores e um cadastro do cliente no aplicativo da loja, permitindo que a compra seja feita a partir da análise dos produtos que leva ao sair da loja. Agora, a gigante deseja usar a mesma tecnologia em supermercados grandes, com um mix muito maior de produtos. A companhia está experimentando o formato em 'território expandido', um lugar que simula um supermercado, com grandes prateleiras, muitos produtos e pé direito alto. A experiência inclui frutas e vegetais, para ver como lidar com itens que precisam ser pesados, empacotados e cobrados de acordo com a quantidade. Uma possibilidade é que a Amazon utilize a tecnologia da rede Whole Foods, de produtos naturais, que conta com um mix médio de 34 mil produtos por unidade. A varejista foi comprada pela Amazon no ano passado e é muito popular nos Estados Unidos".

Fonte: MERCADO&CONSUMO. Amazon testa sistema de lojas autônomas para grandes supermercados. Disponível em: https://www.mercadoeconsumo.com.br/2018/12/05/amazon-testa-sistema-de-lojas-autonomas-para-grandes-supermercados/?utm_campaign=M%26C+News+-+05%2F12%2F2018&utm_content=Amazon+testa+sistema+de+lojas+aut%C3%B4nomas+para+grandes+supermercados+%7C+Mercado%26Consumo+%281%29&utm_medium=email&utm_source=EmailMarketing&utm_term=M%26C+News+-+05%2F12%2F2018. Acesso em: jul. 2019.

6.5 O que o público espera?

Quando uma marca usa tecnologia para desenvolver uma ação, o mínimo que as pessoas esperam é que seja diferenciada e traga algo relevante. Como já dito diversas vezes neste livro, mais do mesmo não vende mais.

A IoT ainda é algo novo para o consumidor, que não precisa conhecer praticamente nada sobre como a tecnologia funciona, mas você, gestor de marca, tem o dever de saber. Talvez não tecnicamente, mas precisa entender muito bem como as coisas funcionam para entender como tirar o melhor proveito.

O consumidor leigo em comunicação adere a ela ou não, aceita a marca ou não, pouco importando se a mensagem vem pelo Facebook, e-mail, YouTube ou celular. Se você oferece uma camisa do Corinthians a um são-paulino, pouco importa o canal, ele não vai nem ver. Agora, ofereça uma camisa do São Paulo, via notificação de celular, a um são-paulino que foi ao jogo no dia anterior e viu seu time ganhar de 1x0 com gol do ídolo, com 5% de desconto quando estiver na porta de uma São Paulo Mania, por exemplo.

Perceba que faz pouca diferença o canal utilizado, porque o que importa é a mensagem. Perceba que pouca diferença faz para o consumidor onde recebeu a mensagem e a tecnologia aplicada, ele só quer algo que lhe seja relevante, que tenha sido pensado para ele, no momento certo e na hora certa.

Na comunicação tradicional, é complicado saber com precisão quantas pessoas realmente querem comprar um pacote de viagem para Fortaleza e estão vendo o Jornal Nacional, mas a CVC faz sua divulgação ali. Porém, no caso da IoT, é possível – e cada vez mais será – entender o comportamento via dados – e falaremos mais sobre isso no Capítulo de Big Data – e saber que, para a esposa do consumidor, o pacote para Maceió é o que ela realmente deseja, e oferecê-lo via Facebook.

6.6 Pós-consumidor

Um estudo da MindMiners mostra que "o smartphone é uma ferramenta indispensável, mas, muitas vezes, a compra ainda é concretizada em lojas físicas, pois o brasileiro tem o hábito arraigado de ver as mercadorias e tocá-las antes de comprar". Esse é o grande *hub* de entendimento de comportamento de consumo. As pessoas não vivem mais sem o celular e fazem tudo por meio dele!

Dentro desse objetivo, múltiplas fontes de dados como redes sociais, dispositivos móveis, Inteligência Artificial (IA), aplicações legadas, entre outras, precisam se integrar para realizar análises e facilitar a comunicação com clientes em plataformas heterogêneas, mas unificadas aos olhos do consumidor que procura respostas simples, empáticas e resolutivas.

As empresas que conseguem incorporar adequadamente as tecnologias trazendo essa percepção ao cliente ou usuário são as que verdadeiramente se tornam referência, gerando valor para elas mesmas e para seus consumidores. É necessário demonstrar domínio sobre o que está sendo solicitado e conhecimento a respeito do consumidor, personalizando esse contato e levando a mesma qualidade e versatilidade a todos os canais de comunicação oferecidos ao cliente, deixando a ele a escolha do ponto de contato e dando a segurança da melhor jornada. No fim do dia, o consumidor quer apenas que a marca seja rápida, ágil e resolva o seu problema. As marcas, por sua vez, quanto mais entenderem o problema, melhor!

6.7 Como aplicar em sua empresa hoje?

O varejo simultâneo, físico e digital a um só tempo está surgindo. As novas lojas da Amazon, movidas a algoritmos, são o novo padrão, maximizando os *touch points* com os clientes e lançando novos padrões de experiência que terão de ser seguidos por todo o varejo. Como é possível competir com a Amazon e sua inteligência de dados? Como oferecer formas de pagamento tão fluidas e inteligentes quanto o AliPay?

O segredo do sucesso, para muitos especialistas do varejo em todo o planeta, está relacionado com a experiência do cliente ao longo do varejo simultâneo. Como cheguei a essa conclusão? Bem, para escrever este livro, vocês devem ter percebido que eu pesquisei e li muito – as informações interessantes repliquei aqui, e farei o mesmo em outros capítulos. Então, essa é uma conclusão que chego baseada em todos esses estudos, análises e entendimentos, mas também em minha própria visão do todo e em minha experiência profissional – visão que não apenas compartilho com você, leitor(a), mas com meus clientes na FM Consultoria.

> **SAIU NA MÍDIA**
>
> Segundo estudo do WebSummit 2018, publicado no Portal do Varejo, "hoje os millennials dedicam-se a gastar mais dinheiro em experiências do que em compras, portanto, conhecer quais são as experiências e expectativas dos consumidores em sua loja é algo que importa muito. É importante reconhecer as capacidades que as tecnologias podem oferecer para realçar aspectos humanos, conciliando emoção, intuição e pedaços de informação, dados, informações que podem trazer novas ideias para dentro da loja. A emoção é muito importante como diferencial, para realçar os objetivos aspiracionais. Uma loja não pode ser a reunião fria de elementos funcionais com produtos colocados e expostos, sem relação a contextos e sem despertar impressões nos clientes".
>
> Fonte: MEIR, J. Um novo olhar para o varejo, para além do digital e da loja física. Disponível em: https://portalnovarejo.com.br/2018/11/um-novo-olhar-para-o-varejo-para-alem-do-digital-e-da-loja-fisica. Acesso em: jul. 2019.

A IoT não apenas reconhece essas experiências, por meio de dados e usos, como também proporciona algo memorável, e até customizado, para o consumidor. Bem, quanto mais customizado, mais memorável, concorda? A IoT deve mapear as funções do que se quer vender, mas tendo como referência, sobretudo, exatamente o que o cliente pretende comprar.

No Capítulo 15 vamos falar sobre *omnichannel* – mas aqui já destaco que a IoT pode trazer essa experiência, apresentando ao vendedor o que o consumidor deseja, via smartphone, por exemplo, antes mesmo do cliente chegar até ele. Surpresa é algo que cativa qualquer um!

SAIU NA MÍDIA

O Portal do Varejo, em outra matéria, mostra como a Renner utiliza a IoT no varejo: "a Renner encontrou uma maneira de vender um produto ao seu cliente tão logo ele vê uma peça da qual gostou em uma outra pessoa. A nova tecnologia incluída no aplicativo da varejista permite que o consumidor tire uma foto de outra pessoa com determinada peça de roupa e descubra se é produto da Renner e se está disponível em estoque. Isso é possível por meio da tecnologia de reconhecimento por imagem, incluída, agora, no app da Renner. Ao identificar aquela peça, o aplicativo leva o consumidor direto para a página correspondente ao produto no e-commerce da marca para que ele efetue a compra na mesma hora. O recurso vale-se da IA e do *machine learning* para relacionar a imagem captada pelo smartphone às peças que a Renner tem em estoque. Com isso, a marca espera aumentar suas vendas dentro do aplicativo e as conversões no ambiente digital, um desafio dos mais difíceis para os varejistas."

Fonte: CORACCINI, R. App da Renner identifica roupas que outras pessoas estão usando. Disponível em: https://portalnovarejo.com.br/2018/06/app-renner-identifica-roupas-outras-pessoas-usando/?fbclid= IwAR1kHF_nQwW3n2vZyagfDC4e2JQypYQj7gC9TEAj4Wp99eNq770PN4OT8aA. Acesso em: jul. 2019.

Nesse case falamos de IA, outro tema sedutor que vamos aprofundar mais adiante. Entretanto, é importante frisar que a IoT é um campo vasto e ainda muito mal explorado, e que, sim, ganha uma potencialidade enorme no momento em que outros elementos desse guarda-chuva chamado transformação digital são agregados às ações.

O QUE AS MARCAS ESTÃO FAZENDO?

Casa Google

O pensamento do Google, em 2015, era ter uma casa totalmente automatizada seguindo os padrões da IoT. Esse pensamento, em 2019, ainda não foi totalmente aplicado, pelo menos no Brasil. Por mais que existam alguns projetos de casa automatizada, chegando a custar um milhão de reais e voltados para a classe AAA, ainda há muito o que evoluir.

O Evento #CasaGoogle, feito no Hotel Unique, apresentou a visão do gigante da tecnologia para mostrar que uma das três marcas mais valiosas do mundo pensa sobre o futuro. Não, o Google não é apernas um buscador, ele é uma empresa que deseja coletar toda a informação do mundo. Não pense que o Google é inovador e quer fazer a sua vida melhor, ele quer ser inovador sim, mas quer coletar os seus dados para saber mais sobre você e, com isso, oferecer uma propaganda mais efetiva. Resultado: mais lucro para o anunciante, que anuncia mais, e para o Google, que tem a maior parte da sua receita em publicidade, tem mais verba e mais anunciantes em todo o planeta.

Ninguém dá nada de graça, mas pensemos: essa pode ser também uma estratégia do gigante para diversificar seu portfólio de produtos. O Google já tem uma marca tão forte que, qualquer que seja o produto lançado, virá com um viés de inovação — as pessoas, podem não comprar, mas vão considerar. E, sim, o Google entra na seara, se essa for a ideia, de concorrer com Samsung, LG, Panasonic, Sony e outros gigantes da indústria de tecnologia, que não serão loucos de parar de anunciar no Google. Um belo jogo a ser jogado — mas como disse, essa é uma hipótese levantada por mim.

Fonte: MORAES, R. Das telas para toda a casa: Google mostra que o futuro já chegou. Disponível em: https://www.mundodomarketing.com.br/reportagens/digital/34736/das-telas-para-toda-a-casa-google-mostra-que-o-futuro-ja-chegou.html. Acesso em: jul. 2019.

CAPÍTULO 7

BIG DATA

Por mais que se fale muito sobre digitalização, é preciso admitir e reconhecer que as mudanças ainda estão em andamento, ou seja, esse movimento não chegou ao fim e nem está consolidado, embora esteja reinventando todo o mercado, obrigando as empresas a passar por profundas mudanças.

Nesse processo, o avanço do uso da tecnologia, incluindo automação de processos, sistemas analíticos, big data e inteligência artificial, integrado aos vários canais de atendimento, tem afetado a forma como as empresas se relacionam com seus clientes, cada vez mais conectados e exigentes sobre quando e qual meio preferem usar para se comunicar.

Como vimos até aqui, os dados são grandes amigos de qualquer estrategista e vêm moldando a forma como o marketing está trabalhando. Diversas estratégias dentro do guarda-chuva da transformação digital trazem para os gestores de marca o "santo graal" do marketing moderno: *dados!* Qualquer pensador do marketing, como Neil Patel, Chris Anderson, Seth Godin ou mesmo os tradicionais Kotler ou Joe Pulizzi, vão falar sobre isso. Para citar os brasileiros, temos Romeo Busarello, Rafael Rez, Walter Longo, Jaime Troiano, Elcio Santos, Alexandre Marquesi, para ficar apenas nesses, que vão defender os dados como a grande arma do mundo digital.

As soluções de big data são feitas para lidar com grande volume de dados não estruturados, ou seja, que não têm relação entre si e nem uma estrutura bem definida, como posts no Facebook, vídeos do YouTube, fotos no Instagram, tweets, geolocalização, isto é, comportamentos que os sistemas buscam de diversas fontes.

7.1 Conceito

Big data é a análise e a interpretação de grandes volumes de dados de grande variedade. Para isso, são necessárias soluções específicas que permitam a profissionais de TI trabalhar com informações não estruturadas a uma grande velocidade. As ferramentas de big data são de grande importância na definição de estratégias de marketing. Com elas, é possível, por exemplo, aumentar a produtividade, reduzir custos e tomar decisões de negócios mais inteligentes.

Segundo Schonberger e Cukier,[1] "os dados se tornaram matéria-prima dos negócios, um recurso econômico vital, usado para criar uma nova forma de valor econômico. O mundo não apenas está mais cheio de informação como também a informação está se acumulando com mais rapidez".

Como disse acima, e não custa repetir, a transformação digital é um guarda-chuva com todas essas iniciativas juntas, integradas e trabalhando de forma unificada para melhorar a experiência do usuário, que, no final, é o que mais importa. Não adianta ter uma empresa de big data reconhecida mundialmente, pagando dezenas de milhares de reais (ou, às vezes, dólares) para extrair dados de diversos lugares e, no final do dia, usar isso apenas para montar um relatório lindo para o seu chefe.

Big data é para ser usado e não para ficar em discurso bonito de estratégia para os próximos anos ou ter um slide sobre isso na palestra do diretor da empresa para parecer inovador no mercado. Pode acreditar, tem empresa que ainda não usa nem o Google Analytics, ferramenta simples dentro do universo do big data.

O big data serve para trazer padrões de comportamentos que gerem *insights* estratégicos para a sua marca e deve ser usado para descobrir o que o mercado não descobriu ainda, mas o consumidor anseia. Em resumo, é uma ferramenta de competitividade estratégica muito importante para o futuro do seu negócio.

Entretanto, como toda a pesquisa, o big data não é exato, ele traça probabilidades – o que requer ainda mais trabalho por parte do estrategista com relação ao que fazer com os dados extraídos, trabalhados e expostos pelas ferramentas. A ferramenta não faz o planejamento da marca, quem faz é o estrategista!

Para Jack Levis, diretor de gerenciamento e processo da UPS, "a previsão nos trouxe conhecimento, mas depois do conhecimento há sempre algo a mais: sabedoria e perspicácia", ou seja, não basta ter um monte de dados, se não forem usados a favor da marca.

---

1 SCHONBERGER, V. M.; CUKIER, K. *Big data*: como extrair volume, variedade, velocidade e valor da avalanche de informação cotidiana. Rio de Janeiro: Campus, 2013. p. 4-5.

7.2 Planejamento

Segundo Eduardo Yamashita, da GS&MD "o big data é caracterizado pelos 5Vs: Volume de dados gerados, Velocidade da mudança que os dados contribuem, Variedade de fontes, Veracidade dos dados e Valor gerado pelos dados nas tomadas de decisão".

A jornada de consumo tem como objetivo entender o que as pessoas fazem dentro do processo de compra, desde a pesquisa até a recomendação. Basicamente, trabalho com cinco pontos dentro dessa jornada: *escolha*, *compra*, *utilização*, *relacionamento* e *recomendação*.

O big data usa todos esses momentos da jornada para gerar dados que, quando bem trabalhados, geram *insights* e indicam o que melhorar. Quando uma campanha tem início, há diversos pontos e momentos para atingir o consumidor. Durante a escolha, por exemplo, ele estará no Google procurando a localização das lojas, o preço, o valor do frete, entre outros. Já no momento da compra, ele estará no site da marca, seja e-commerce ou não. Na utilização, poderá entrar em contato com o SAC querendo saber mais e depois vai para as redes sociais falar do produto. O big data organiza tudo isso de forma que as marcas e os gestores possam entender onde é necessário dedicar mais tempo, conteúdo e esforços para melhorar as experiências.

> **SAIU NA MÍDIA**
>
> Segundo o Think With Google, ferramenta de enorme importância de consulta diária de qualquer profissional que atue no mercado digital, os micromomentos são "estudos de comportamento de consumo onde a batalha pela conquista de corações, mentes e dinheiro é vencida ou perdida em micromomentos - minúsculos momentos de intenção de tomada de decisão e formação de preferências que ocorrem durante a jornada do consumidor".
>
> Fonte: THINK WITH GOOGLE. A revolução dos micro-momentos: como eles estão mudando as regras. Disponível em: https://www.thinkwithgoogle.com/intl/pt-br/marketing-resources/micro-momentos/how-micromoments-are-changing-rules. Acesso em: jul. 2019.

O desafio está em compreender os negócios dos clientes e as demandas do consumidor para traçar estratégias e soluções cada vez mais eficientes, integrando canais e oferecendo atendimento fluido, aderente e sem rupturas. O foco é oferecer soluções cada vez mais customizadas e eficientes, sempre incorporando o uso de novas tecnologias com interações baseadas em big data, analytics e inteligência artificial – traduzir dados em táticas operacionais inteligentes em negócios altamente competitivos é palavra de ordem!

No evento Leadership Xperience,[2] muito se falou sobre big data. Entre os muitos *insights* que presenciei, compartilho com vocês o de maior valor: não se pode esperar para tomar uma

---

2 O Leadership Xperience ocorreu na sede da IBM, em São Paulo, em março de 2018. Tive a oportunidade de participar graças à parceria da FM Consulltoria com a LRS Tecnologia.

decisão, porque isso pode ser prejudicial para sua marca. O conceito de micromomentos do Google mostra que tenho razão: "94% dos usuários de smartphones procuram por informações em seus aparelhos enquanto estão em meio a tarefas e 80% dos brasileiros que possuem esses aparelhos usam seus dispositivos para saber mais sobre algum produto ou serviço que querem comprar". Dá para perder tempo? Lembre-se: antes de pesquisar lojas, as pessoas procuram produtos; enquanto você perde tempo, a concorrência pode não perder.

Os dados em tempo real deixam a marca mais rápido que a concorrência e isso é uma enorme vantagem competitiva em um mundo gerido, cada vez mais, por dados. Enquanto o Google fala de micromomentos, para IoT, por exemplo, a IBM fala de microssegundos, uma vez que, segundo um estudo da empresa, mais de 90% dos cientistas de dados estudam dados gerados em tempo real e seu impacto na estratégia de negócios.

É difícil prever o que se faz com dados que não sabemos quais são, mas devemos saber de onde eles vêm e, com eles em mãos, tomar as melhores decisões estratégicas. Como diz Antonio Navarro, diretor da IBM, "empresas usando dados vão mudar radicalmente o mundo dos negócios nos próximos anos".

7.3 Para o varejo

Segundo Schonberger e Cukier,[3] usar dados é cada vez mais corriqueiro no mundo on-line e

> os usos em potencial de dados são extraordinários. Várias empresas vêm buscando adaptar gráficos sociais para usá-los como sinais capazes de estabelecer pontuações de créditos. A ideia é que os pássaros voam em bando, logo, pessoa prudentes se tornam amigas de pessoas semelhantes, enquanto os gastadores também se reúnem.

Existe um campo muito aberto para explorar o big data para o varejo. Separei aqui alguns pontos que podem – aliás, devem – ser usado pelas empresas. Para que fique claro, pouco importa o tamanho da sua empresa, ao fazer mais do mesmo ou ter medo de inovar, isso será o início do fim do seu negócio.

Os algoritmos fornecem aos varejistas meios possíveis para avaliar as tendências do mercado usando múltiplas fontes de dados que ajudam na tomada de decisão para mapear o aumento e a queda da demanda e combinar o preço de acordo com cada momento da empresa, assim como permitem controlar o estoque de acordo com a sazonalidade de mercado, por exemplo.

7.4 O que o público espera?

Amazon, Google e Netflix estão no topo da lista de empresas que não apenas coletam dados, mas os transformam em algo relevante para as pessoas. Quando você compra, na Amazon, o livro do Kotler, na sequência recebe um e-mail sugerindo livros de Peter Ducker e Martin Lindstrom. Quando você assiste um filme do Robert De Niro, na Netflix, no dia seguinte, ao se conectar novamente, outro filme de De Niro será sugerido. Quando você pesquisa diversas

---

3 SCHONBERGER; CUKIER, 2013.

vezes sobre Mercedes-Benz no Google, ao iniciar a digitalização de Mercedes, aparece na busca "Mercedes Benz 180 2019 preta". Você pode achar isso mágico, mas, na verdade, isso é big data aplicado ao consumidor.

A Amazon, por exemplo, não registra apenas o livro que você compra, mas toda sua navegação dentro e fora da plataforma. Isso faz com que ela possa oferecer a melhor experiência para as pessoas. O digital trouxe uma comodidade única: a economia de tempo, hoje, nosso principal ativo. Cada vez mais, temos menos tempo para fazer tudo o que queremos ou precisamos e é por isso que as pessoas buscam o que pode ajudar a otimizar tempo. Não se espera mais o táxi por cinco minutos na porta de casa até passar um: Cabify, Uber, EasyTaxi e 99Taxi estão aí para nos ajudar a economizar tempo.

O consumidor quer marcas que tragam agilidade e comodidade. Se está na dúvida sobre comprar um presente para o pai, e a Amazon lhe oferece um livro de direito, uma vez que recebeu informações de que ele pesquisou em algum momento esse tema, já que seu pai é advogado, ponto para a Amazon que resolveu o problema do consumidor!

Para Walter Longo, "os velhos bancos de dados – que estão virando um bando de dados – precisam se reciclar, casar com algoritmos e se transformar em banco de fatos, big data. O mobile parece ser o local adequado desse casamento". Walter está certo! Cabe a você, gestor de marca, não deixar que isso ocorra com a sua empresa, pois com certeza, algum concorrente não deixará – e além de que, no mundo de hoje, seu maior concorrente pode ainda nem ter nascido ou estar nas mesas de um coworking do Google ou no Cubo, do Itaú.

7.5 Como aplicar em sua empresa hoje?

Há alguns pontos que o livro *A transformação dos negócios na Omniera*[4] traz como importantes sobre a tomada de decisão com base no novo conhecimento de pessoas que você deve saber. Fique atento ao *sortimento*, como o consumidor percebe as categorias; ao *layout*, como o consumidor percebe o espaço; ao *preço*, entendendo a sensibilidade de diferentes grupos; às *promoções*, em que cada cliente responde de um jeito – tem gente que acredita que promoção é só queima de estoque, outros, que é uma vantagem sendo oferecida –; às *recomendações de produtos,* como as pessoas, e perfis similares, expõe satisfação ou insatisfação com produto, marca, serviço e ponto de venda (on e off-line); e à *mídia*, prestando atenção em sua relevância, pois não se pode torrar dinheiro à toa, ainda mais quando se tem sistemas de big data para ajudar as marcas e os estrategistas a entenderem mais de comportamento e serem mais assertivos. Ao longo deste livro, você verá várias estratégias – até de mídia – que se tornam mais assertivas com o uso do big data, sendo um importante pilar do guarda-chuva da transformação digital.

Segundo Schonberger e Cukier,[5] há uma empresa nos Estados Unidos que usa o big data para mapear a saúde nacional:

---

4 SOUZA, M. G. *A transformação dos negócios na Omniera*. São Paulo: GS&MD, 2015.
5 SCHONBERGER; CUKIER, 2013, p. 16-17.

Desde 2007, a 23andMe, do Vale do Silício, analisa o DNA das pessoas, que buscam a empresa para saber o potencial que elas têm de doenças como câncer ou problemas cardíacos, por exemplo. Com isso, a 23andMe tem conseguido mapear toda a população dos EUA e consegue prever as doenças que podem ocorrer em cada grupo de pessoas e região, ajudando os EUA a prevenir as pessoas do que elas um dia, em anos, poderão ter.

O ativo de dados pode gerar valor na forma de novos *insights* de mercado. Para desenvolver uma boa estratégia, é importante compreender os quatro paradigmas da criação de valor a partir dos dados, as novas fontes e as capacidades analíticas do big data, o papel da causalidade na tomada de decisão movida a dados e os riscos referentes à segurança e privacidade.

7.5.1 Atrair novos clientes

Uma das melhores aplicações do big data é ajudar os varejistas na análise do cliente e dos futuros clientes por meio de métricas, estudos e um bom planejamento de marca que poderão atrair um público muito maior e trabalhar algo extremamente importante no mundo on-line: *fidelização*! Quanto mais as pessoas conhecem a respeito das marcas, mais fãs se tornam. Com os dados obtidos com auxílio do big data, é possível melhorar o funil de vendas e realizar mudanças pontuais em seus produtos e serviços. Assim, sua marca passa a oferecer um atendimento muito mais satisfatório e a fidelização se torna mais fácil. Transformação digital significa melhorar a experiência das pessoas junto às marcas, lembra-se?

7.5.2 5G vem aí.... E o big data nisso?

O uso de big data é uma das grandes apostas de operadores e indústrias para o 5G. Adotada massivamente pelos algoritmos das redes sociais, que criam "bolhas'" de temas para os seus usuários buscando personalizar conteúdo, a estratégia tem seus defensores e detratores. Em setores como o de jornalismo e mídia, o big data e a personalização vêm sendo usados para oferecer homepages diferentes para cada perfil de leitor. "É uma experiência customizada de consumo de notícias, baseada na ideia de parar de forçar conteúdo para adicionar informação aos interesses do leitor", diz Joy Robins, CRO do site *Quartz*.

CAPÍTULO 8

SMALL DATA

O termo *small data* está totalmente ligado ao temo big data, que vimos no capítulo anterior. Entretanto, dediquei menos páginas nesse tema por ser algo complementar. Estudos de small data procuram a mina de ouro, trabalhando uma mineração estreita, enquanto estudos de big data procuram extrair pepitas por meio da mineração a céu aberto, recolhendo e peneirando enormes faixas de dados. Essas duas abordagens de mineração, estreita *versus* aberta, têm consequências em relação à qualidade dos dados, fidelidade e linhagem. Devido ao tamanho limitado da amostra de small data, a qualidade, objetividade, consistência, veracidade e confiabilidade são de suma importância.

Muito trabalho é dedicado a limitar a amostragem e o viés metodológico, bem como assegurar que os dados sejam tão rigorosos e robustos quanto possível, antes de serem analisados ou partilhados. Em contrapartida, o big data não necessita dos mesmos padrões de qualidade, veracidade e linhagem, porque a natureza exaustiva do conjunto de dados elimina os vieses da amostragem e compensa mais do que quaisquer erros ou lacunas.

8.1 Conceito

"Dados pequenos são dados que são "pequenos" o suficiente para a compreensão humana. São dados em um volume e formato que os tornam acessíveis, informativos e acionáveis. O termo "big data" é sobre máquinas e "small data" é sobre pessoas". O conceito é da Wikipédia, mas é importante para que você analise. Small data é sobre pessoas, é entender como podem agir e pensar. No fundo, o marketing, ainda gira em torno de pessoas – lembra que estamos falando sobre isso insistentemente?

8.2 Planejamento

Você tem uma marca de roupas com três lojas, sendo uma em um shopping voltado mais para classes C e D, uma na rodoviária da sua cidade e outra em uma rua popular. As três lojas têm o mesmo produto, afinal, é a mesma marca, mas estão em localizações diferentes, onde pessoas vivem momentos diferentes. Por exemplo, na rodoviária, estão mais relaxadas, pois a maioria está indo viajar para descansar. A cabeça delas está focada em gastar menos antes da viagem para ter dinheiro durante a viagem; logo, podem pesquisar mais do que efetivamente comprar. No shopping, teoricamente, foram ali para pesquisar e comprar, porém, a concorrência com sua loja é enorme, uma vez que as pessoas podem decidir, com 50 reais, comprar um livro em vez da bermuda que você vende. Na rua, o momento também é outro: as pessoas estão passando ali indo para o trabalho, por exemplo, estressadas e sem olhar com calma seu produto. O small data pode ajudá-lo a captar os dados importantes para saber como vender mais em sua loja. Agora, pense nisso em larga escala, direcionada para a Unilever, por exemplo.

8.3 Para o varejo

Segundo Martin Lindstrom,[1] como poucas pistas indicam grandes tendências, não basta ter poucos e isolados dados para chegar a uma conclusão – aliás, como vimos anteriormente, os dados traçam uma tendência e não a resposta. Para Lindstrom,[2] "um pequeno dado isolado quase nunca é suficiente para montar um caso ou criar uma hipótese, porém, misturado com outros *insights* e observações, os dados podem ser muito úteis nas tomadas de decisão", ou seja, fica cada vez mais clara a importância do uso dos dados para o seu negócio.

Os dados ajudam a entender pessoas e, quanto mais entendemos pessoas, mais chances temos de trazê-las para o nosso lado, processo chamado de fidelização. Casais com uma relação de dez anos se conhecem mais do que casais juntos a cinco e menos do que aqueles que estão juntos a 25 anos.

Para Lindstrom[3], "a melhor percepção que se pode chega sobre seres humanos vem das misturas de personalidades on e off, por isso, para chegar a entender exatamente quem são as pessoas, o ideal é unir o small data com o big data". Concordo com Lindstrom e incluo o uso do planejamento para saber como usar esse monte de dados em prol de uma estratégia única que melhore a experiência . Insisto nesse assunto porque melhorar experiências é o grande objetivo da transformação digital para sua marca.

---

1   LINDSTROM, M. *Small data*: como poucas pistas indicam grandes tendências. Rio de Janeiro: Harper Collins, 2016.
2   LINDSTROM, 2016.
3   LINDSTROM, 2016.

8.4 O que o público espera?

Desejo – de comer, comprar, beber ou mesmo ir ao banheiro. O desejo está inserido na vida das pessoas e se manifesta várias vezes ao dia. O casamento entre os mundos on-line e off-line melhora a percepção de marca de quem são os seres humanos – seus consumidores ou potenciais consumidores. Cada vez mais, as pessoas estão aceitando que empresas coletem seus dados, fornecendo-os em plataformas sociais e de compra para as empresas, enquanto mais startups e ferramentas surgem para que seja possível coletá-los em qualquer site, blog, plataforma social, e-commerce, aplicativo ou via IoT.

Então, o que as pessoas esperam é muito simples: receber uma comunicação cada vez mais focada em seus desejos, em vez de comunicações abertas em que o produto oferecido pode ser para o José, Pedro, Maria ou a Carla. O José quer receber em seu e-mail, por exemplo, um desconto para comprar a camisa do Palmeiras; já a Maria quer saber mais sobre a Disney para levar Patrícia, sua filha de seis anos. A união small e big data é o que vai direcionar a comunicação das marcas. No futuro? Não, desde "ontem"!

8.5 Como aplicar em sua empresa hoje?

Não é algo simples, mas é necessário. Se a sua empresa é de pequeno ou médio porte, encontre softwares que se enquadrem no seu orçamento; para as grandes, tenha equipes. O mais importante não é captar, mas, sim, saber como usar os dados que as pessoas deixam.

CAPÍTULO 9

STORYTELLING

Você conhece alguém que não goste de uma boa história? Sempre cito o Batman em minhas aulas. Todos nós sabemos sua história, mas, se no próximo ano, a DC Comics lançar um novo filme, com um novo ator para contar a origem do Batman, será um enorme sucesso de bilheteria. Eu, por exemplo, sou muito fã do Batman, era o meu herói favorito, até conhecer Optimus Prime, um caminhão que se transforma em um robô de cinco metros, membro do grupo Autobots que veio de Cybertron para defender a terra de Megatron e seus Decepticons. Uma história maluca, onde já se viu robôs gigantes lutando em Chicago? Pois é, confesso, meu filme favorito! O primeiro filme, *Transformers*, de 2007, faturou mais de 700 milhões de dólares em bilheteria. O meu favorito, *Lado escuro da Lua*, de 2011, passou do um bilhão. Em uma rápida conta, os cinco filmes da franquia, até 2018, apenas em bilheteria, aproximavam-se dos quatro bilhões de dólares. Isso sem contar merchandising, DVD, Netflix, produtos... Histórias bem contadas, vendem – e muito!

Exatamente porque as pessoas compram histórias emocionantes, que esse conceito está cada dia mais inserido no DNA das campanhas de marketing – ainda mais quando falamos de marketing digital. Contar histórias é o que as marcas fazem desde que o marketing existe, mas hoje é possível construir histórias ainda mais impactantes e interativas a partir dos recursos que a transformação digital traz para o universo de hoje.

> **SAIU NA MÍDIA**
>
> Martha Terenzo, professora da ESPM, está entre os grandes nomes da área de *storytelling* no Brasil. Segundo a professora, que também tem livros publicados sobre o tema, "podemos usar o *storytelling* como uma forma de resgatar marcas. Essa não é uma estratégia apenas de contar histórias, mas sim uma metodologia para que as marcas possam atingir seus objetivos de comunicação".
>
> Fonte: TERENZZO, M. Storytelling: de arte a metodologia. *HSM entrevista especial*, out. 2012. Disponível em: https://www.youtube.com/watch?v=dvS_5aZmt14. Acesso em: jul. 2019.

Storytelling é uma arma que as marcas podem usar para se comunicar melhor com seus consumidores, contando histórias emocionantes para encantar em vez de simplesmente usar o "leve 3, pague 2". Pasmem, mas até a Casas Bahia, líder em fazer campanhas promocionais do famoso "Quer pagar quanto?" já usou esse recurso, durante um Natal, contando a história do Sr. Samuel Klein, fundador da marca, para emocionar seus consumidores.

9.1 Conceito

Podemos entender que o *storytelling* utiliza palavras ou recursos audiovisuais para transmitir uma história, que pode ser contada de improviso ou pode ser polida e trabalhada. Também é muito usado no contexto da aprendizagem, sendo uma importante forma de transmissão de elementos culturais como regras e valores éticos. O ser humano estabelece ligações interpessoais por meio do ato de contar histórias. Atualmente, o *storytelling* está presente em várias áreas de expressão, como cinema, TV, literatura, teatro e até mesmo *videogames*.

> **SAIU NA MÍDIA**
>
> Segundo Rafael Rez, em seu portal Nova Escola de Marketing, *storytelling* é a capacidade de contar histórias de maneira relevante, onde os recursos audiovisuais são utilizados juntamente com as palavras. É um método que promove o seu negócio sem que haja a necessidade de fazer uma venda direta. Em outras palavras, o *storytelling* tem um caráter muito mais persuasivo do que invasivo. O *storytelling* é muito utilizado no marketing e na publicidade. A ferramenta se destaca pela capacidade de estreitar a relação entre uma marca e o seu consumidor final. É um ótimo aliado para compartilhar ideias, conhecimentos e demais interesses através de uma narrativa".
>
> Fonte: REZ, R. O que é storytelling? Disponível em: https://novaescolademarketing.com.br/marketing/o-que-e-storytelling. Acesso em: jul. 2019.

Roteiristas são excelentes criadores de *storytelling*. Se a sua empresa é de grande porte e conta com recursos financeiros, meu conselho é buscar, para sua estratégia de *storytelling*, roteiristas profissionais de cinema para criar uma narrativa. Porém, se os recursos da sua empresa são mais escassos, existem excelentes alunos de cinema e mesmo redatores publicitários que conhecem as técnicas necessárias para lhe ajudar. Estudantes de cinema são a chave para a empresa não gastar tanto dinheiro, mas nem sempre vêm com a mesma qualidade, embora tenham professores experientes para orientar – bem, pelo menos eu, quando era aluno da faculdade, pegava textos publicitários e debatia com alguns professores e depois entregava nas agências.

9.2 Planejamento

Para construir uma boa narrativa de *storytelling*, é preciso seguir as técnicas de qualquer outra história a ser contada, como em um filme, por exemplo, uma vez que toda a história tem começo, meio e fim. Existem conflitos, dores e felicidades. Isso é fato. E quase tudo é história – este livro também pode ser visto como uma grande história, mesmo que seja técnico e não um romance.

Martha Terenzo, professora da ESPM, diz que "toda a história tem a jornada do herói, em cima dos arquétipos que são criados e isso pode maximizar ou até mesmo construir uma marca, ainda mais no universo digital. Startup é um campo muito aberto para crescer junto ao *storytelling*".

Uma maneira de amarrar a atenção da sua audiência para ouvir uma história é não enxergar a narrativa de forma linear, com início e fim iguais, mas entregar altos e baixos, ou seja, sequências positivas e negativas intercaladas. Você pode se perguntar "Como vou mostrar algo negativo sobre a minha marca?". A resposta é simples: você deve mostrar algo negativo do consumidor que, com a marca, pode se tornar positivo, por exemplo, o consumidor morrendo de sede, nas areias de uma maravilhosa praia de Natal, com sol de 40 graus. Ele está com muita sede – fato negativo –, mas, ao mesmo tempo, está em um cenário dos mais lindos do mundo. Quando está para desmaiar de tanto calor, surge um vendedor ambulante de Coca-Cola e lhe oferece uma garrafa gelada – fato positivo.

As melhores histórias funcionam quando você entrega algo, mas a resposta não vem naquele momento. Netflix é mestre em fazer isso com suas séries. Eu e a Maya, minha esposa, assistimos as primeiras temporadas de *Narcos*, *Elite* e *La Casa de Papel* de uma só vez. Quase 10h de conteúdo sem parar, pois as histórias eram tão interessantes que não conseguíamos desgrudar os olhos da tela. Agora, você lê isso e diz "grande coisa, eu já fiz isso com a série…". Pois é, isso mostra o quanto a maratona de séries da Netflix está cada dia mais inserida no cotidiano das pessoas.

Ao criar uma estratégia de *storytelling*, é preciso falar o que as pessoas querem ouvir. Julian Treasure, no TED, fala sobre a voz humana, a mais poderosa arma do mundo, uma vez que, segundo ele, "pode iniciar uma guerra ou dizer eu te amo". A ideia que Treasure passa é sobre como falar e ser ouvido. Esse não é um TED com foco em marcas, mas se você quer montar um planejamento de *storytelling* antes de saber como as

> mensagens chegarão no público, é preciso saber se eles vão ouvir, pois, como já disse aqui, pensar no canal (Facebook, Twitter, YouTube) é fácil, o complicado é o passo anterior, isto é, saber qual mensagem vai fazer a diferença na vida do consumidor.
>
> Treasure elenca sete pecados capitais que fazem com que sua mensagem não seja ouvida pelas pessoas, mesmo que você compre milhões de reais em mídia. Vou resumi-las aqui, mas fica a dica para assistir o vídeo completo no YouTube, que, até o momento de escrever este capítulo, tinha mais de 5,9 milhões de visualizações. Segundo o palestrante, fofoca, julgamento, negatividade, reclamação, desculpas, exagero e sentir-se o dono da verdade afastam o público. Se as pessoas precisam fugir desses conceitos para serem ouvidos, o que dirá as marcas, que precisam, antes de vender, convencer as pessoas a comprar delas. Entretanto, Treasure coloca em pauta quatro elementos essenciais para que a sua comunicação seja ouvida: honestidade, autenticidade, integridade e amor.
>
> Fonte: TREASURE, J. Como falar de um jeito que as pessoas queiram ouvir. Disponível em: https://www.youtube.com/watch?v=D236cCikGmA. Acesso em: jul. 2019.

A entonação é essencial para que as pessoas compreendam o que é mais importante no momento de passar a mensagem. As técnicas de apresentação – e, como palestrante, estou sempre atento a isso – mostram como a entonação é uma ferramenta necessária para aquele momento da palestra em que você precisa que as pessoas gravem o que você diz, o momento que, na sua visão, é importante.

Eu tenho duas figuras como referência na minha formação profissional: Conrado Adolfo e Martha Gabriel. Tenho várias outras, como poderão ver ao longo deste livro, mas cito aqui duas para falarmos de ritmo. Conrado tem uma forma mais calma e pausada, usando bem as expressões faciais para passar o que deseja. Já Martha é veloz na fala, o que reflete a forma como pensa, sempre um passo à frente de todos. As mensagens que passam são ótimas, embasadas e claras. Excelentes palestrantes, sem dúvida – e o YouTube está aí para comprovar o que digo.

Em seu livro *TED: falar, convencer e emocionar*, Carmine Gallo[1] conta como consegue preparar executivos de todo o mundo para palestras importantes. Você pode até achar que isso nada tem a ver com *storytelling*, mas está muito enganado, pois o que Gallo descreve no livro e faz da sua carreira nada mais é do que *storytelling*. Nesse livro, há uma frase – que uso muito em sala de aula e nas minhas palestras sobre planejamento estratégico digital – que diz "se você não for capaz de inspirar ninguém com as suas ideias, não faz diferença se essas ideias são geniais ou medíocres"[2] – e ele tem razão. O *storytelling*, como vimos até aqui, precisa inspirar, caso contrário, não passa de uma campanha de redes sociais que não vai gerar vendas.

Para fazer um paralelo com o que estudamos anteriormente, é perfeitamente possível usar big data e small data para construir elementos de uma narrativa de *storytelling*.

---

1 GALLO, C. *TED*: falar, convencer e emocionar. São Paulo: Saraiva, 2015.
2 GALLO, 2015, p. 17.

9.3 Para o varejo

No varejo, as histórias precisam ter um objetivo claro de venda e/ou branding. Uma história bacana pode até engajar, mas, no final de tudo, ou gera algo para a marca ou foi apenas uma boa e criativa ideia, sem o viés de negócio. O tempo da propaganda glamorosa, onde cabia essas ações, se foi. Hoje, vivemos a época da propaganda com resultados, a propaganda com ROI atrelado!

O *storytelling* é uma história, sim, mas que tem como objetivo vender produtos e marcas. Em 2014, por exemplo, vivenciamos um case muito interessante de despedida de um produto, mas que ajudou no fortalecimento de uma marca. A Volkswagen anunciou que pararia de fabricar a Kombi, um "*storytelling* ambulante". O carro traz, em si, histórias e mais histórias. Criada pela Almap, uma das mais criativas agências do mundo, o filme tem quatro minutos e chama "Os últimos desejos da Kombi". Com um texto emotivo, mostra a Kombi contando a sua própria história e trazendo lembranças verdadeiras de pessoas comuns em suas viagens, pinturas, nascimentos... tudo dentro da Kombi. A Volks conseguiu vender sua marca, fortalecer vínculos e trazer emoção se despedindo de um ícone.

Fonte: PIRES, E. G. Os últimos desejos da kombi. *Volkswagen*, ago. 2014. Disponível em: https://www.youtube.com/watch?v=jD634XWvSw0. Acesso em: jul. 2019.

9.4 O que o público espera?

Carmine Gallo apresenta um estudo muito interessante em que as histórias são sempre bem aceitas. Ele mostra que Bryan Stevenson foi um dos palestrantes mais aplaudidos da história do TED e passou 65% da sua palestra, de 18 minutos, apenas contando histórias. A teoria que Gallo apresenta é que "estudos sobre o cérebro revelam que histórias estimulam e engajam o cérebro humano ajudando quem conta a se conectar com quem ouve", ou seja, não precisa ser o ator global a contar a história da sua marca, ela precisa apenas ser uma boa história, do contrário, o ator global pode até ser lembrado, mas a história dificilmente será!

A melhor ferramenta de persuasão é uma boa história. Em minhas conversas, e porque não dizer, durante o coach, com meu mestre e amigo Roberto Shyniashiki, ele sempre me motivou a contar histórias em minhas palestras, mesmo que tivessem focadas em marketing digital. Então, depois de muito pensar, consegui achar uma história divertida da minha filha, Fernanda, ocorrida em 2012, quando ela tinha quase dois anos – mas vou pular essa parte para dar sequência ao nosso aprendizado...

Perceba que, nesse momento, seu cérebro fez uma desconexão. Você quer saber o que ocorreu com a Fernanda naquele dia, primeiro porque é uma história, depois porque foi indicação de uma influente pessoa e um dos maiores palestrantes do país, e, terceiro, porque eu criei uma expectativa em você ao dizer "consegui achar uma história divertida da minha filha". Divertida, história, criança... palavras que engajaram seu cérebro a prestar mais atenção. Como não sou nenhum sacana, vou contar sim o que houve!

NOS BASTIDORES

Eu tinha acabado de me separar da mãe da Fernanda. Por isso, estava morando com meus pais. Dois meses depois da separação, por meio de uma foto no Facebook, reencontrei a Maya, com quem estudei entre 1988 a 1992. Começamos a conversar e em maio engatamos um namoro que, hoje, evoluiu para um casamento. Era junho, aniversário da minha irmã. Saí da casa dos meus pais rumo a casa da Maya para pegá-la e irmos ao almoço da minha irmã. A Fernanda foi comigo e meus pais foram mais cedo para a casa da minha irmã ajudá-la com a festa. A Maya engatou uma conversa com a Gabi, sua irmã, e acabou perdendo o horário, o que me fez parar no posto de gasolina ao lado do seu apartamento e aproveitar para lavar o carro. Por ser de forma manual, não poderíamos ficar dentro do carro, então, a Fernanda saiu e eu fiquei na porta, conversando com o lavador, que, por ter visto um caderno do São Paulo FC dentro do carro, puxou papo sobre o time que ele também torcia. Em menos de cinco minutos, ele olha por cima do meu ombro e começa a rir. Sem entender, eu fico "vendido" até que ele aponta. Fernanda, com a roupa toda branca e uma malha rosa, estava imitando Peppa Pig. Bom, para quem tem filho pequeno, "matou a charada". Para quem não tem, Peppa ama pular em poça de lama. Como outros carros haviam sido lavados ali, algumas poças de água haviam se formado e a pequena Fefe entendeu que era ótimo ser a Peppa naquele momento. Não satisfeita, ela pegou um vaso de plantas e, ao sujar a mão com terra, limpou na blusa e na calça — ambas brancas. Bem, ela não ia mais com aquela roupa. Deixei que brincasse. Ao acabar de lavar o carro, Maya me ligou dizendo que estava pronta. Quando a peguei em casa, nem tive tempo de contar, mas ela entrou e viu a Fernanda, tendo um ataque de riso, claro. Voltamos aos meus pais, dei um banho na Fefe, Maya escolheu outra roupa e fomos para a festa. Passado, exatamente, um ano, outra vez, aniversário da minha irmã. A diferença é que eu morava com a Maya na época, então enquanto ela se trocava, fui pegar a Fefe nos meus pais — às sextas-feiras, deixo ela dormir nos avós para curtirem um pouco a neta — para que eles, novamente, fossem mais cedo para a casa da minha irmã ajudar no almoço. Ao parar no farol em frente ao posto, ouço no banco de trás: "Papai, lembra da bagunça que eu fiz aqui? Aquele dia foi demais...". Eu conto isso no momento de falar sobre posicionamento de marca, ilustrando o que falo com "Omo, porque se sujar faz bem!" – na minha opinião, o melhor posicionamento de marca no Brasil, ao lado do SBT, em segundo lugar.

Sem dúvida, contar essa história é um dos pontos onde mais prendo a atenção do público durante as palestras e as aulas. Se pudesse mensurar neste livro – e, um dia, isso será possível –, certamente o leitor acaba de passar por um dos momentos que mais lhe chamou a atenção, afinal, acabei de contar uma história!

9.5 Como aplicar em sua empresa hoje?

No programa *A Praça é Nossa*, há um personagem, o Paulinho Gogó, cujo bordão é "quem não tem dinheiro, conta história...". Essa é uma clássica referência à forma como ele vive a vida, mas como podemos usar isso para o nosso dia a dia de marca? Algumas marcas usaram de *storytelling* para crescer, como foi o caso da Reserva, por exemplo.

A questão reside justamente na escolha do material para o *storytelling*. Antes de pensar em algo engraçado ou emocional, o foco principal deve ser o posicionamento da sua marca no mercado, estabelecendo objetivos claros para essa ação específica. Para saber qual é a história mais interessante e eficiente, é preciso entender o seu público e saber o que ele deseja. Aqui entra a importância da empatia – colocar-se no lugar do outro – e do conhecimento do perfil e hábitos dos clientes.

CAPÍTULO 10

PRETARGETING

Vamos agora entrar mais no campo da mídia do que propriamente na estratégia digital enquanto negócio – tal qual estávamos vendo até aqui. Algumas pessoas pensam que eu sou contra mídia – o que não é verdade. Eu apenas acredito que digital é mais do que mídia, ao contrário de uma imensa maioria do mercado que resume digital em mídia – uma miopia sem tamanho, como se você fosse na melhor pizzaria da cidade, comesse a azeitona e falasse que curtiu a pizza.

O *pretargeting* tem forte ligação com o *retargeting*. Para quem não conhece, sendo bem simplista, o *retargeting* é aquele anúncio que segue você em diversos canais, como Facebook, por exemplo, depois que você entra em uma loja e clica em um produto. O *pretargeting* é o passo anterior.

Segundo o site da Navegg, a diferença em relação ao *targeting* e ao *retargeting* é que o *pretargeting* é uma estratégia de *behavior targeting* (segmentação que possibilita a entrega de conteúdo personalizado ao usuário que tenha mais relevância com a marca que oferece a comunicação) avançado, que combina as informações do passado e do presente, sobrepondo-as com teorias mercadológicas e psicossociais, tornando possível antever comportamentos dos usuários, especialmente àqueles ligados ao consumo.

> Já o *retargeting* é um tipo de segmentação que ajuda a identificar usuários que abandonaram seu site sem efetuar a conversão e a alcançá-los com anúncios personalizados até que o objetivo final seja concluído.
>
> Fonte: SILVA, C. Pretargeting: preveja o futuro, antecipe tendências e atenda os desejos do seu público. *Navegg blog/artigos*, jan. 2015. Disponível em: https://www.navegg.com/blog/artigos/pretargeting-preveja-o-futuro-antecipe-tendencias-e-atenda-os-desejos-do-seu-publico. Acesso em: jul. 2019.

10.1 Conceito

O futuro da publicidade – considerado presente, para alguns – está na segmentação que antecipa os movimentos do consumidor baseada em seu comportamento, nas tendências e na evolução dos estudos de mercado. Isso se chama *pretargeting*. Mais uma vez, nos deparamos com o big data dentro de uma estratégia de negócios digitais, tendo a mídia como elo entre marca e consumidor, mas com uma chance muito maior de atingi-lo.

10.2 Planejamento

Para produzir uma boa campanha de *pretargeting*, você precisará de empresas especializadas nesse segmento. Não farei aqui propaganda gratuita, uma vez que há diversas *Data Management Platforms* (DMPs) no Brasil, e o foco deste livro não é dar a vocês uma lista de empresas, mas ensinar como pensar estrategicamente para que essas empresas executem sua ideia – claro que elas, com o conhecimento, pensam junto e trazem melhores práticas, mas a última palavra será sempre do estrategista. Como costumo dizer em sala de aula: preguiça de pensar nunca criou bons estrategistas.

A segmentação de campanhas, entre outros motivos, é importante para conhecer aqueles que estão por trás dos dados, tornando possível a comunicação personalizada e, ao mesmo tempo, inteligente. Quanto mais cedo você souber quem é o público, mais fácil será influenciá-lo na sua jornada pela web. Isso não apenas dará melhor visibilidade diante dos diferentes comportamentos de compra on-line, como também permitirá estudos de ações que possam impactá-los de forma efetiva e antecipada.

10.3 Para o varejo

O ecossistema digital é uma fonte inexplorada de dados para a publicidade – e a mudança em nosso comportamento contribui para isso. Quanto mais curtimos posts no Facebook, aceitamos serviços de localização, usamos calendários digitais e compartilhamos informações nos dispositivos móveis, mais as marcas entendem nossas vidas e, claro, usam isso a seu favor e contra nós. O pior de tudo? Geralmente, gostamos! Bem, se não houver uma boa estratégia por trás, será apenas um banner a mais na vida do consumidor. Quando as empresas com poder de processamento captam o que fazemos, onde vamos e quanto tempo levamos – como indivíduos e coletivamente –, resultados de negócios são efetivados. E, no fim do dia, o que as marcas querem? Publicidade bonita ou dinheiro no banco? Bem, salários são pagos com dinheiro, não com elogios ou prêmios.

10.4 O que o público espera?

Correndo o risco de ser repetitivo, reafirmo que não há segredo quanto ao que as pessoas esperam. Todos nós – inclusive eu – estamos cansados das mesmas campanhas, com as mesmas mensagens e o mesmo apelo. A piada, por exemplo, funciona bem, mas e uma piada contada 32 vezes? É como o tio do churrasco com as tradicionais piadas do pavê.

Analise com calma. Você tem todos os dados das pessoas. Sabe o que elas querem, porque querem e quando querem. A DMP, via *pretargeting*, vai poder oferecer o produto certo, na hora certa, e você, com big data e inteligência, vai saber exatamente qual é a palavra que pode despertar o cérebro do consumidor para o desejo – algo que veremos com mais profundidade na Seção 5.20 deste capítulo. O que você está esperando para usá-la? Quer aguardar até que a concorrência triplique o faturamento em cima dos seus clientes?

10.5 Como aplicar em sua empresa hoje?

Vamos a um case da InLoco, uma das DMPs presentes no Brasil.

O QUE AS MARCAS ESTÃO FAZENDO?

Campanha da InLoco

O objetivo da campanha era atrair pessoas até a concessionária, sem divulgar a marca, para um *test drive*. Para concessionárias, o *test drive* é muito importante como ferramenta de conversão, por isso, a grande maioria das campanhas digitais leva os potenciais consumidores do carro para as concessionárias. "Durante o primeiro mês de campanha, a ação consistiu na veiculação de anúncios da marca com *pretargeting* e *retargeting* para concessionárias em São Paulo. Já no segundo mês, a ação consistiu na veiculação de anúncios da marca para usuários e pelo *pretargeting* em uma concessionária concorrente, ou para usuários que estiveram em uma concessionária da marca nos últimos 30 dias a contar do início da campanha. A campanha gerou mais de 90 mil cliques durante os totais 50 dias de veiculação, e contabilizou mais de 100 *test drives* realizados por quem foi impactado pela publicidade".

Dá resultado? Aí é com você: testar ou esperar a concorrência fazer isso?

Fonte: MEIO & MENSAGEM. Disponível em: https://portfoliodemidia.meioemensagem.com.br/portfolio/midia/IN+LOCO/33970/home. Acesso em: set. 2019.

CAPÍTULO 11

MOBILIDADE

A **mobilidade** é o que permite a você, pessoa, ter liberdade para fazer o que quiser e onde quiser. Por coincidência, hoje estou escrevendo esse capítulo em um *coworking* no Shopping Morumbi, onde tenho acesso à internet de graça. É sábado de manhã e vim aqui para ter paz e poder me concentrar longe de tudo e de todos. Isso é mobilidade, pois com acesso à internet, notebook, caderno e caneta (não abro mão disso, jamais), tenho o meu escritório móvel e posso tanto escrever o livro, como fazer o planejamento de um dos meus clientes.

Isso hoje não é nenhuma novidade, mas como era há dez anos? E como será daqui há dez anos? Será que o celular vai mesmo substituir os PCs? Bem, em 2015 estive no evento Google Mobile Day e, segundo o Google neste evento, desde 2015 o brasileiro acessa mais a internet via mobile do que pelo desktop – aliás, em 2015, o celular virou a primeira tela, mesmo que o mercado ainda lute contra isso.[1]

De 2015 para cá, esse vetor não se inverteu! Pelo contrário, em 2018, era muito comum ver lojas virtuais com 75% a 80% dos acessos vindos de mobile, sendo 95% feitos pelo celular e 5% pelo tablet, em média. Onde eu achei esses dados? Pesquisei com alguns amigos que trabalham em lojas virtuais e também vi alguns dos clientes da FM Consultoria para chegar a essa média. Fonte? Google Analytics de cada um deles.

Nosso foco, a partir de agora, será smartphones e tablets. Por mais que mobilidade, como dito acima, seja um tema muito abrangente – que, com certeza, daria outro livro –, vamos olhar

---

1 GOOGLE MOBILE DAY. Disponível em: https://mobileday.withgoogle.com/index. Acesso em: set. 2019.

para o que esses dois aparelhos podem fazer pelo universo da transformação digital como um todo. Em outro momento, vamos abordar os *wearables*, tecnologias móveis que vestimos como óculos, relógios e até camisetas.

Um fato que sempre exploro quando o mobile surge no assunto, seja auxiliando meus clientes com sua estratégia digital, seja em aulas ou palestras, é que a Apple, sem dúvida, está entre as mais desejadas marcas do mundo e, quando se pensa em mobilidade, logo as marcas pensam em iPhone e iPad. Não tiro sua razão, mas permita-me fazer um pequeno comparativo: criar uma estratégia de mobile apenas para iOs (sistema operacional da Apple) é a mesma coisa que pensar em uma estratégia de buscadores apenas para Bing/Yahoo – não, não estou louco em indicar uma campanha feita em buscador que não o Google, o maior deles, mas quando começamos a analisar dados e números, seu papel como estrategista passa por isso, se entende o que eu quero dizer.

iOs e Android são os dois sistemas operacionais que funcionam no Brasil na maioria dos celulares. Enquanto o iOs serve apenas para iPhone, seja a versão que for, o Android, do Google, está presente nas outras marcas de celular como Samsung, LG, Motorola, Quantum, Sony, Lenovo, Alcatel e por aí vai. Dados do mercado apontam que quase 90% dos celulares ativos no Brasil são Android, capitaneados pela Samsung, a marca que mais vende celular em todo o planeta e que, no Brasil, detém a liderança. Ou seja, se quase 90% dos celulares ativos no Brasil são Android e quase 92% das pessoas usam o Google como seu principal buscador, sendo o Google o site mais acessado no Brasil, deu para entender a lógica? Criar um aplicativo apenas para iOs é deixar 90% da população – fazendo a famosa "conta de padaria" – de fora da possibilidade de se relacionar com a sua marca.

11.1 Conceito

Mobilidade é um termo muito amplo, mas seu conceito primário é móvel: pode ser o carro, quando falamos, por exemplo, de mobilidade urbana; pode ser o smartphone, pois você pode acessar a Internet de qualquer local; e pode ser seu notebook, como dei o exemplo acima sobre onde estou escrevendo esta parte do livro. Se a tecnologia é o oxigênio da era digital, não tenha a menor dúvida que os smartphones são o elo para as marcas no universo digital e tecnológico.

Hoje, acreditar que as pessoas não consomem tecnologia é uma miopia enorme – e, pasmem, isso ocorre na mente de muito gestor de marketing que foca seus esforços apenas em campanhas. Agências e empresas, de olho no futuro, estão montando *hubs* de conteúdo, uma vez que as pessoas consomem conteúdo, tecnologia e produtos o tempo inteiro – e, diferente de como as verbas de marketing são distribuídas, as pessoas não estão 70% do seu tempo na TV e 4% na internet. O dado é completamente contrário, mas para a maioria das marcas, a divisão de verbas de comunicação é feita assim, basta ver os estudos do Meio&Mensagem no final do ano sobre o quanto do bolo publicitário foi investido em TV e na internet. A "desculpa" é que só 55% da população brasileira tem acesso à internet ao passo que 98% tem TV em casa. Ok, esse é um dado Ibope que não vou discutir, mas qual é o tempo gasto em TV *versus* internet?

O desejo por algo se dá a todo o momento. Agora mesmo você pode estar com vontade de tomar uma Coca-Cola bem gelada, sua esposa com vontade de comer aquela pizza de catupiry perto de casa e sua filha com desejo de assistir ao vídeo do Minecraft – bem, na minha casa, pelo menos, isso é uma constante. Onde eu vou pesquisar para comprar uma Coca? Onde minha esposa vai pedir a pizza? Onde minha filha está assistindo ao Minecraft? Na lista telefônica e na TV é que não é! Smartphone! Mexemos nesse aparelho, em média, 150 vezes ao dia – *em média*, ou seja, tem gente que mexe 300! Somos o país mais multitelas do mundo, ficamos no smartphone, TV e tablet ao mesmo tempo – e, com as novas "casas inteligentes", ainda mais, uma vez que as TVs estão se tornando os *hubs* de controle, mas esse é outro papo.

De fato, o que vamos ver aqui é como entender que o *hub* de toda transformação digital é o celular – afinal, se esse conceito tem como meta melhorar a experiência do usuário, não há como fugir do aparelho que o usuário mais usa para tudo, inclusive para se conectar com a marca no momento em que sente o desejo.

11.2 Planejamento

Quando falamos, anteriormente, sobre big data e small data, vimos como o desejo surge nas pessoas a todo o momento e como o uso do micromomento – que o Google tanto prega – permite compreender como melhorar a jornada de consumo, sem nos esquecer o que une tudo isso: o smartphone! Não há como fugir desse aparelho que está presente na mão das pessoas o dia inteiro. Lembro-me há alguns anos que a pessoas costumavam dizer que o brasileiro saía de casa sem a carteira mas não esquecia o celular. O curioso é que hoje, com os avanços dos meios de pagamento móvel, realmente cada vez menos as carteiras são usadas!

A experiência mobile é única e está cada vez mais inserida no dia a dia das pessoas. Segundo meu amigo Rafael Rez, "o grande feito de Steve Jobs não foi criar o iPhone, mas sim, colocar um computador na mão de cada ser humano". De fato, para o marketing, Jobs trouxe uma revolução, que nem ele, com toda a sua genialidade, poderia prever.

O smartphone conecta tudo a todos em qualquer momento e em qualquer lugar. Você pode dizer que a internet já fazia isso em 1998, nos PCs brancos da sala de casa. Sim! Mas o celular me permite, hoje, comprar o DVD do Queen, em algum e-commerce, enquanto estou na casa de shows, vendo a performance da banda, além de comprar um ingresso de cinema, para ir com a pequena Fernanda, enquanto eu e ela estamos aproveitando o sol da manhã na piscina de casa. E não para por aí.... O celular gera dados que cada vez mais serão usados pelas marcas para oferecer experiências.

Para se ter uma ideia, a nova revolução, que vem forte nos próximos anos, está nos celulares com inteligência artificial. Vamos abordar esse assunto mais para frente, mas, por enquanto, pense que o celular vai entender sua rotina e oferecer experiências com aplicativos, notícias, vídeos e até compras antes que você o acione – e isso sem falar dos assistentes de vozes, como a Siri, que, segundo algumas previsões, será a próxima interatividade no celular, eliminando a necessidade de baixar aplicativos. Hoje, por exemplo, a Siri lhe envia uma rota de trânsito similar ao Waze, ou seja, estamos falando de uma enorme possibilidade. As pessoas já entenderam que com apenas um clique muita coisa pode ser resolvida pelo celular – e isso é ótimo para elas, mas melhor ainda para as marcas que conseguirem captar esses dados e usá-los a seu favor via estratégias de big data.

11.3 Para o varejo

Para dar um exemplo simples, nas Olimpíadas do Rio de Janeiro, em 2016, a Visa lançou uma pulseira de pagamento móvel – algo bem similar à MagicBand, da Disney, lançada em 2013. Isso é mobilidade, afinal, você carrega a pulseira para onde desejar. Basicamente, ela serve como chave do quarto, ingresso, *fastpass*, cartão de débito e cartão de *photopass*. Até aqui, tudo normal. Porém, quando qualquer pessoa passa por algum dos leitores, o big data da Disney capta todas as informações do usuário e oferece a ele descontos personalizados, seja no brinquedo que mais utilizou, seja no produto que mais consumiu.

Não há como fugir do mobile – inclusive, o Google penaliza sites que não têm boas estratégias de mobile. Saiba, porém, que nem 20% das empresas possuem boas estratégias de mobile no Brasil. Segundo o site Empresômetro, o Brasil tem mais de 20 milhões de empresas ativas. Segundo o Registro.br, temos 3,9 milhões de sites registrados, ou seja, 20% dos CNPJs ativos no Brasil têm um site. E o pior: dos 20% com site, nem 20% têm estratégia mobile efetiva. Falta conhecimento? Acredito que não. Verba? Menos ainda. O que falta? Coragem de olhar que o mundo mudou e que a transformação digital não é uma brincadeira ou um bom tema para livros, palestras e aulas. Ela é a revolução da comunicação e do marketing como um todo, é o Tsunami que vem para derrubar quem parou no tempo.

11.4 O que o público espera?

> **O QUE AS MARCAS ESTÃO FAZENDO?**
>
> A Dafiti, importante loja on-line no Brasil, permite que as pessoas comprem produtos via reconhecimento facial, no PC ou no mobile. Você pode, por exemplo, estar andando no shopping, ver um sapato, achar interessante e pesquisar na Dafiti. Lá, você percebe que tem 20% de desconto e resolve comprar. Em vez de preencher todos os dados novamente, você pode, por meio do reconhecimento facial, comprá-lo diretamente do celular, de forma rápida e prática. Via geolocalização, a Dafiti sabe onde você está. Via big data, a Dafiti sabe o que você já comprou, seja no site ou no aplicativo, e sabe também por onde você navegou, uma vez que o aplicativo passa esses dados ao sistema da marca. Ou seja, na próxima vez que estiver no shopping, antes de pesquisar o sapato novo, a Dafiti poderá oferecê-lo a você.
>
> Fonte: [S.A.]. Dafiti inicia testes para pagamentos com reconhecimento facial. *No varejo*, 2016. Disponível em: https://portalnovarejo.com.br/2017/12/dafiti-inicia-testes-para-pagamentos-com-reconhecimento-facial. Acesso em: out. 2019.

> **SAIU NA MÍDIA**
>
> Um estudo do Google junto ao Boston Consulting Group (BCG), de 2018, chamado "Uma Perspectiva Brasileira: A Jornada do Marketing Orientado por Dados", mostrou que, no Reino Unido, em média, 61% dos gastos vão para o digital; nos Estados Unidos, 44%; e, no Brasil, apenas 25%. Entretanto, no Brasil, 56% das pessoas estão inclinadas a clicar no anúncio digital e 75% clicam em anúncios do seu interesse. Agora, imagina cruzar os dados coletados do celular e oferecer, no momento em que o consumidor está perto de uma loja, um anúncio que lhe seja relevante? Deixamos rastros no celular que permitem que as marcas sejam muito assertivas!
>
> Fonte: HENRIQUES, A.; RUSSO, R. Empresas com maturidade digital lucram mais e gastam menos: saiba como chegar lá. Disponível em: https://www.thinkwithgoogle.com/intl/pt-br/marketing-resources/metricas/empresas-com-maturidade-digital-lucram-mais-e-gastam-menos-saiba-como-chegar-la. Acesso em: jul. 2019.

11.5 Como aplicar em sua empresa hoje?

Segundo Leonardo Xavier, CEO da PontoMobi/Isobar, as marcas devem pensar no *people first* antes do *mobile first*, ou seja, é preciso planejar a jornada das pessoas no universo mobile antes de pensar no site ou na campanha. Para o executivo, um dos pioneiros na área de mobile no Brasil, "comece o planejamento para uma boa presença. Seja encontrado, exista no ambiente online, promova aplicativos, serviços, conteúdo e experiências imersivas".

Mobile first é um conceito que surgiu em 2014-2015, a partir do crescimento avassalador do mobile, cujo foco é pensar a construção de sites institucionais e/ou lojas virtuais primeiro para o mobile e depois para o desktop, invertendo a regra que, antes, era criar para o desktop e depois para o mobile. Embora grande parte do mercado ainda não esteja atento a isso, para a sorte dos "desavisados", plataformas como WordPress, a mais usada para construir sites em todo o mundo, Rakuten, Vtex e JetCommerce estão antenadas e preparadas para o universo mobile.

Vale lembrar que site para o mobile não é site que abre no mobile – isso qualquer um pode fazer. Há regras que devem ser respeitadas no mobile; entre elas, há duas muito básicas que devem guiar suas estratégias: tamanho da tela e qualidade do 3G e 4G no Brasil.

> **SAIU NA MÍDIA**
>
> Deixar o mobile de lado é um enorme erro – e vou continuar repetindo essa frase. Segundo Matt Bush, diretor de agências do Google UK, "mais de 40% das pessoas prefere fazer toda a sua jornada de consumo no mobile - da pesquisa à compra. É verdade que a conversão no desktop é maior que no mobile, mas isso não acontece porque o consumidor não quer fazer compras no celular, ou prefere fazê-lo em uma tela maior. O motivo é que a experiência no mobile ainda é inferior - carregamento lento, longos formulários e fluxo de navegação ruim deixam as pessoas frustradas".
>
> Fonte: BUSH, M. *Sem desculpas*: hora de melhorar a experiência mobile da sua marca. *Google UK*, maio 2018. Disponível em: https://www.thinkwithgoogle.com/intl/pt-br/advertising-channels/mobile/sem-desculpas-hora-de-melhorar-experiencia-mobile-da-sua-marca. Acesso em: jul. 2019.

A sua marca pode criar um aplicativo – na minha opinião, *deve* criar –, mas se o aplicativo não "conversar" com quem o baixou, logo será deletado para dar lugar às fotos do celular. Se o controle remoto é o vilão do comercial de TV, as fotos exercem o mesmo papel em relação aos aplicativos. Não pense que sua marca ganhará a guerra entre deletar o aplicativo de uma marca, que pode ser a sua, ou deletar as fotos do churrasco no domingo. Por essa razão, algumas empresas estão refazendo seus aplicativos, como é o caso do Itaú Light, para ocupar menos memória nos celulares e reduzir as chances de serem deletados.

Conhece usabilidade? Arquitetura de informação? *User experience*? Meu amigo Eurípedes Magalhães[2] pode explicar melhor para você, mas esses recursos vêm sendo utilizados pelas marcas para reconstruir seus sites, uma vez que devem ser inseridos na construção do aplicativo e no site mobile.

Não acredite que a ideia do criativo será fantástica, pois, caso a experiência e a navegação forem ruins, você perde o usuário! "90% das empresas que investem em experiências de usuário customizadas dizem que isso contribui significativamente para aumentar a lucratividade", afirma Matt Bush.[3]

No evento do Google Day, por exemplo, foi apresentado um dado muito interessante: por falta de paciência para escrever no teclado do celular, a busca no topo do site é muito importante. Se tiver o recurso de voz, mais importante ainda! Cadastro social é fundamental para o sucesso, pessoas detestam ficar digitando no celular. Você manda mais texto, emoji ou áudio no WhatsApp? E recebe mais o quê?

Saiba que um segundo a mais no tempo de carregamento de uma página mobile pode influenciar as conversões em até 20%, ou seja, ao tornar seu site um segundo mais rápido, você pode elevar suas vendas, uma vez que a experiência ficou melhor.

Vá além do clique. Entenda o comportamento do seu consumidor. Quantos leads o aplicativo trouxe? Quantas ligações para a empresa o aplicativo gerou? Quantos cownloads do aplicativo ou dos conteúdos foram efetuados? Qual o engajamento do usuário? Quantas vezes as pessoas usam o aplicativo durante o dia/semana/mês? Apenas um clique no produto ou um download não trarão os dados necessários para a tomada de decisão.

---

2   EM. Design, educação, UX, XD e afins. *Eurípedes Magalhães*, 2016. Disponível em: http://euripedes.com.br. Acesso em: jun. 2019.

3   BUSH, 2018.

CAPÍTULO 12

CROWDSOURCING

O termo pode soar complexo na hora de falar – eu mesmo me enrolo na maioria das vezes em que falo essa palavra –, mas a sua essência é muito simples: colaboração entre um grupo de pessoas. Dentro da transformação digital, esse conceito pode ser usado, por exemplo, para que uma comunidade de pessoas se torne parte da empresa ajudando crianças carentes próximas a alguma unidade da organização. E não precisa ser Nestlé, Coca-Cola ou Pirelli para fazer isso. A sua pequena loja de rua, que fica próxima a uma comunidade, pode pensar em uma ação de *crowdsourcing* no sentido de criar uma grande plataforma digital para ajudar aquela comunidade a comprar roupas para o inverno, por exemplo.

Um dos pilares essenciais para uma marca hoje é a sustentabilidade e ajudar a comunidade em volta da marca é um dos pontos mais importantes. Ao estudar o conceito de *propósito* – o qual citei aqui no livro, mas que está presente em todos os documentos sobre branding –, é possível compreender que o consumidor está cada vez mais preocupado com o que as marcas estão fazendo pela sociedade. A Reserva é uma marca de roupa que cresce a cada dia porque promove, dentro da própria operação, histórias tão fantásticas, que as pessoas acabam comprando o conceito e, consequentemente, a marca. Não à toa, a marca é um sucesso de vendas, mesmo tendo um ticket médio alto para a grande parte da população.

12.1 Conceito

Crowd, em inglês, significa multidão. *Sourcing*, terceirização. Portanto, o termo significa, literalmente, terceirizar a multidão – o que, no marketing, podemos entender como o ato de trocar ideias com as pessoas. O termo ficou estranho, mas é isso mesmo: as marcas podem – na verdade, devem – cada vez ouvir mais as pessoas para melhorar experiências. Afinal, o conceito de transformação digital é esse, correto?

Crowdsourcing, então, refere-se a uma colaboração massiva entre indivíduos que não fazem parte de uma entidade ou instituição. Trata-se de uma modalidade aberta de trabalho conjunto que consiste em um trabalho colaborativo e voluntário. Segundo Gilmar Marques, professor da ESPM, "significa obter muitas informações na multidão. É preciso um uso intenso das redes sociais para conseguir essas informações. No *crowdsourcing*, as marcas conseguem construir uma rede colaborativa livre onde as ideias podem ser premiadas".

12.2 Planejamento

Já vimos aqui o conceito de plataforma digital. No *crowdsourcing*, a criação dessa plataforma é imprescindível – ainda mais depois do que o professor Marques nos ensinou sobre o termo. Diferente do que muitos acreditam – há quem diga que serve apenas para arrecadar dinheiro para construir hamburguerias –, trata-se, na verdade, de uma troca de ideias que pode ser utilizada pelas marcas, no conceito de transformação digital, para, por exemplo, melhorar experiências de atendimento, produtos e serviços, bem como para entender a performance de produtos e os preços que as pessoas estão dispostas a pagar, entre outros pontos que sua imaginação de estrategista pode pensar.

Em tempo, o uso do dinheiro para montar a hamburgueria, um projeto que não deu certo, mas que apresentou ao mundo quem era a verdadeira "Menina do Vale", na verdade, recebe outro nome, crowdfunding, e é usado para projetos que precisam de fundos. Empresas que usam esse conceito buscam o dinheiro necessário para colocar em prática o projeto que acreditam de diversos apoiadores que se dispõe a entregar um valor em troca de algum benefício. O livro do ex-jogador Muller contou com esse recurso: foram criados pacotes, com valores definidos, sendo que, cada valor, correspondia a um prêmio, como uma camisa autografada e um jantar com o ex-jogador. Nesse conceito, há troca – a pessoa doa um valor para um projeto e recebe algo físico de volta –, enquanto, no *crowdsourcing*, trata-se de colaboração de ideias!

12.3 Para o varejo

O case Tecnisa Fast Dating é ideal para mostrar como empresas podem ajudar no crescimento da sua empresa. Trata-se de um encontro no qual você recebe dez minutos para apresentar suas ideias inovadoras e mostrar como podem agregar valor à marca.

12.4 O que o público espera?

O público não espera apenas ser ouvido, mas atendido. Não há nada pior do que falar e ninguém ouvir. Em nada adianta a marca promover estratégias baseadas nesse conceito e, ao receber as ideias, nem se dar ao trabalho de ouvi-las e respondê-las. Isso faz com que a ideia se transforme de algo bom para algo que mancha a marca. Um professor na ESPM me disse uma vez "todo consumidor é carente, cuidado com isso" – e, de fato, ele está certo.

Uma vez que "estão pagando", as pessoas se veem no direito de receber bom atendimento, de serem ouvidas e terem suas ideias analisadas. Um feedback é sempre importante. A ideia não ser utilizada faz parte, mas não receber nenhum feedback pode gerar muito mais dores de cabeça do que benefício, caso a marca não esteja preparada para ouvir e responder. Se não está, nem entre.

12.5 Como aplicar em sua empresa hoje?

Lembra-se do case da Ruffles? A marca pediu para as pessoas criarem um novo sabor do produto, aquele que tivesse maior aceitação seria produzido e o dono da ideia ganharia um percentual sobre as vendas. Pois é, trata-se de uma ação de *crowdsourcing*. Lembra, em 2010 – até hoje, para mim, é um dos melhores cases de marketing digital do Brasil – do Fiat Mio? Com isso, a Fiat conseguiu mais de 20 mil ideias para produção de um carro. Ideias que, quando filtradas, podem ajudar a marca nos próximos anos – e as pessoas não ganharam nada para ir no site e dar a sua ideia. Linux e Firefox foram criados, e são mantidos, via *crowdsourcing*.

A sua marca pode ouvir, via plataforma, mais sobre produtos, serviços e atendimento. Com absoluta certeza, muita coisa poderá ser mudada para melhor e, em muitos casos, é possível, inclusive, economizar dinheiro, uma vez que você pode, por exemplo, ter uma plataforma de sugestões de melhorias e usar isso para, via e-mail, treinar seus funcionários para melhorar o atendimento. A plataforma mais o e-mail teriam um custo irrisório, beirando a zero, mas que podem trazer um aumento de receita. Ouça as pessoas!

CAPÍTULO 13

INTELIGÊNCIA ARTIFICIAL (IA)

Preciso confessar uma coisa: eu não via a hora de começar a escrever sobre este tema. Como venho estudando muito sobre esse assunto, não via a hora de colocar no papel tudo o que tenho lido, aprendido e até pensado em usar nas campanhas dos clientes da FM Consultoria. Estou cada dia mais "apaixonado" por esse termo.

A IA anda lado a lado com o *machine learning* – termo que vamos ver com mais profundidade no próximo capítulo. Pela proximidade de ambos, tomei o cuidado de deixar um na sequência do outro. Ambos têm crescido muito.

Neste capítulo falaremos bastante sobre o IBM Watson. Não há como falar de IA sem falar de um dos programas mais desenvolvidos do mercado. Eu estive, em março de 2018, em um evento da IBM onde se falou muito do Watson, uma ferramenta que aprende com os dados dos clientes e gera *insights* para as marcas melhorarem experiências.

13.1 Conceito

Em 2004, Will Smith protagonizou um clássico da ficção científica, o filme "Eu, Robô", que se passa em 2035, onde robôs são usados como empregados e assistentes dos humanos. Para manter a ordem, os robôs possuem um código de programação que impede a violência contra humanos, a Lei dos Robóticos, baseado no livro de Isaac Asimov da década de 1950. Quando Dr. Miles aparece morto e o principal suspeito é justamente um robô, acredita-se na possibilidade de que os robôs tenham encontrado um meio de desativar a Lei dos Robóticos. Nesse momento, o Detetive Del Spooner (Will Smith) é chamado para investigar a morte de seu velho amigo e evitar uma catástrofe maior quando os robôs parecem ficar tão inteligentes que criam sentimentos e, com isso, vida própria. Muitos teóricos têm medo de que a IA chegue a esse nível, mas eu, particularmente, não acredito, mesmo com a notícia de agosto de 2017, quando o Facebook decidiu desligar Alice e Bob, dois robôs criados para uma experiência que visava a monitorar a capacidade de negociação entre dois robôs. Esses *chatbots* tinham desenvolvido uma linguagem própria para conversar com outra IA, que o time de tecnologia do Facebook não conseguiu desvendar.

Segundo o portal da Salesforce, "a definição de inteligência artificial está relacionada à capacidade das máquinas de pensarem como seres humanos – de terem o poder de aprender, raciocinar, perceber, deliberar e decidir de forma racional e inteligente. E não é um conceito novo. Em 1956, John McCarthy, um professor universitário, criou o termo para descrever um mundo em que as máquinas poderiam resolver os tipos de problemas que hoje são reservados para humanos". Ou seja, por mais que hoje ainda estejamos aprendendo o que é e como usar a IA, ele não é um termo tão novo.

Fonte: SALESFORCE. Entenda os principais conceitos e o que é inteligência artificial. Disponível em: https://www.salesforce.com/br/products/einstein/ai-deep-dive. Acesso em: set. 2019.

Abhay Parasnis, CTO da Adobe, afirmou que IA e a aprendizagem de máquina representam a mudança de paradigma mais disruptiva da próxima década, que transformará a forma com que todos nós trabalhamos. Parasnis pontuou uma falsa crença sobre IA. Para ele, "na Adobe, nossa perspectiva é que a IA irá amplificar a criatividade e inteligência humana – não substituí-las. Irá nos libertar de tarefas mecânicas e ajudar a realçar o tipo de expressão criativa singular, que só humanos possuem".

13.2 Planejamento

Como já vimos diversas vezes aqui, planejamento e comportamento de consumo andam lado a lado – ou, pelo menos, deveriam andar. Entender comportamento é o que faz a sua marca crescer ou não. Quanto maior a compreensão sobre comportamentos, melhor. Os leigos em tecnologia avaliam que a Netflix é sensacional por apresentar sugestões de filmes e séries muito aderentes ao que querem – sem a IA, isso seria impossível, mesmo porque a Netflix usa diversas fontes, dentro de um big data, para ser cada dia mais assertiva.

CAPÍTULO 13 INTELIGÊNCIA ARTIFICIAL (IA)

Segundo Kotler,[1]

> Para várias marcas, é obrigatório ser flexível e adaptativo devido às rápidas tendências tecnológicas as suas características autênticas que se tornam mais importantes do que nunca. O M2M (*machine-to-machine*) e a inteligência artificial, a fim de aumentar a produtividade do marketing, enquanto aproveita a conectividade humano a humano a fim de reforçar o envolvimento do consumidor.

Um case muito interessante é o Bradesco Inteligência Artificial (BIA). A BIA é a inteligência artificial do banco Bradesco, um *chatbot* desenvolvido para oferecer atendimento imediato aos clientes. Criada a partir da plataforma de computação cognitiva Watson, em parceria com a IBM, a IA utilizada na BIA funciona com base no comportamento do usuário. A campanha é interessante: quando os usuários começam a perguntar sobre sua relação com o banco, o sistema vai respondendo, mas quando perguntam sobre o melhor caminho, o sistema diz que ainda não sabe, mas está aprendendo. E é isso mesmo. Ele vai aprendendo com o padrão que as pessoas possuem e depois oferece a elas a melhor experiência.

Vamos a um exemplo prático. Existem algumas contas que pagamos, cujo valor é fixo. Vou criar um cenário básico para você entender. A escola do seu filho, todo dia 10, custa R$ 1.5000,00. No dia 15, você paga R$ 3.000,00 de prestação da sua casa. No dia 20, paga R$ 1.200,00 da prestação do seu carro e no dia 25 paga R$ 2.000,00 de plano de saúde da família. Esses valores nunca mudam, mas água, luz, telefone, cartão são variáveis. A BIA pode pagar essas contas fixas sem que você se preocupe, como se fosse um débito automático mais moderno. Quanto às outras contas, avisa o valor no dia do pagamento, pois sabe que todo o dia 1 você paga água e luz, todo dia 7, o celular, e dia 25, o cartão de crédito – e, sabendo que você paga, em média, 70% do valor da fatura, já calcula e indica o valor a ser pago. Por meio da computação cognitiva, o usuário interage com a BIA para que ela consiga aprender quais são suas necessidades e consiga antecipá-las. O processo de aprendizado e interação acontece em tempo real e de forma mútua.

A IA pode reduzir custos. Imagine a seguinte conta: um atendente de telemarketing tem capacidade, por hora, para atender dez pessoas, supondo que passe seis minutos com cada uma delas. Ele só pode atender uma pessoa por vez. Como trabalha 8h por dia, pode atender, em média, 80 pessoas. Uma conta bem simples. Esse atendente custa, para a empresa, R$ 4.000,00 de salário, encargos e custos administrativos, como aluguel do espaço, computador, luz, internet entre outros. A empresa precisa, para suprir a demanda, de 50 profissionais, que atendem quatro mil pessoas por dia e custam R$ 200.000,00 por mês à empresa – isso sem contar os problemas trabalhistas. Agora, imagina que a IA pode reduzir de 50 pessoas para um computador, de R$ 200.000,00 para R$ 30.000,00 e, de quatro mil atendimentos por dia, passe a fazer 50 mil atendimentos (pelo 0800, redes sociais e e-mail marketing). Que empresário não vai querer isso? Se a digitalização dos bancos praticamente matou o primeiro emprego de muita gente (os office-boy, como eu fui), a IA vai matar outro "clássico" primeiro emprego de muita gente, o atendimento de call center. Claro que o Brasil tem muito a evoluir ainda, mas, se bem feito, falaremos apenas com robôs e nem vamos perceber!

---

1 KOTLER, P. *Marketing 4.0*: mudança do tradicional para o digital. Lisboa: Actual, 2017. p. 73.

Para Gabriel Boselli, CPO do canal de Pessoa Física e *head* de Atendimento do Grupo Recovery, "a IA pode ser humanizada, correspondendo ao fato de que é necessário que haja empatia no atendimento, seja qual for o canal. Quando passa a ser aplicada, a IA não parece mais tão mágica, porque se torna normal no cotidiano. A IA se faz com sabedoria humana".

13.3 Para o varejo

A IA vai mudar muita coisa. As profissões não deixarão de existir, mas as pessoas devem se reinventar. Por mais que eu seja filho de advogado, eu não sei se deixarei a minha filha se forma em Direito, Não que eu vá proibi-la de seguir a profissão que quiser, mas aparentemente, hoje, essa é uma profissão que corre o risco de ser substituída por robôs no futuro. Isso não é algo fantasioso, como mostra o case do site Jota a seguir. A IA vem com tudo e, trabalhada junto aos sistemas de *machine learning*, poderá desenrolar em minutos processos que, às vezes, levam anos para ter um desfecho.

SAIU NA MÍDIA

De fato, não é possível comparar a capacidade de processamento de uma máquina com o cérebro humano. O site JOTA, em outubro de 2017, publicou um mapa das *lawtechs* no Brasil. O negócio começa a ganhar corpo no Brasil, a ponto de já existir uma associação brasileira (AB2L) do setor. Similar às *fintechs* — sobre as quais falaremos mais à frente neste livro –, as Lawtechs são empresas do setor jurídico focadas em tecnologia. Você pode encontrar o termo *legaltech* com o mesmo significado, usado para nomear startups que criam produtos e serviços de base tecnológica para melhorar o setor jurídico. Basicamente, são robôs (tecnologia) que processam dados e informações de processos com mais agilidade que o cérebro humano. Imagine, por exemplo, a quantidade de processos similares que um computador por ter acesso e ler para um parecer? Os advogados mais tradicionais são totalmente contra isso, mas não se pode ir contra a tecnologia.

Fonte: JOTA. O mapa das lawtechs e legaltechs no Brasil. Disponível em: https://www.jota.info/advocacia/o-mapa-das-lawtechs-e-legaltechs-no-brasil-10102017. Acesso em: jul. 2019.

EXEMPLO

Imagine o seguinte caso: uma mulher entra com um processo de pequenas causas porque um homem bateu em seu carro e se recusa a pagar pelo estrago. Quantas vezes isso ocorre por dia, apenas em uma cidade como São Paulo, com mais de seis milhões de veículos rodando? Uma *lawtech* pega o processo da moça, avalia os dados — incluindo as câmeras de segurança da via em que houve a colisão, as informações sobre o carro do infrator, no sistema do Detran e da Polícia Militar —, verifica as redes sociais para saber onde mora, trabalha e os demais lugares que frequenta, e analisa todos os casos similares dos últimos seis meses, para, em minutos – ou até segundos – dar um parecer ou formatar uma defesa. Quanto tempo um advogado levaria para fazer tudo isso?

Vou dar um exemplo ainda mais real. Vamos supor que eu pense em viajar com a minha família. Eu sou casado e tenho uma filha de oito anos. Estamos pensando em ir para Disney, Nova York ou Cancún. Um desses três destinos nos agrada, mas temos um cachorro, o Popó, que não pode viajar para nenhum desses lugares, e precisa ficar em um hotel para cachorro. Não queremos fechar pacote com uma CVC, por exemplo, pelo custo, porque queremos ter liberdade durante a viagem e a ideia é alugar um carro para termos mais mobilidade. Eu e a minha esposa trabalhamos remotamente, por isso, precisamos de um hotel com Wi-Fi gratuito no quarto, até porque, antes de dormir, minha filha gosta de assistir, no iPad, alguns desenhos no YouTube. Enquanto isso, eu e a minha esposa tiramos algumas horas de folga para trabalhar. Queremos saber quais os passeios mais legais para fazer com uma criança de oito anos, ver os melhores restaurantes para um jantar especial, mas também encontrar aqueles restaurantes mais baratos para o dia a dia. Precisamos, além disso, checar os horários de voo para nos programar, saber se nas cidades onde vamos está frio ou calor e se o hotel tem recreação.

É possível pesquisar tudo isso indo em diversos sites, abrindo o *browser* e digitando site a site para achar todas essas informações, comprar a passagem no Decolar.com, entrar no site do hotel para ver sobre o quarto, entrar no Climatempo para saber a previsão do tempo... Sim, é possível, mas não é mais fácil entrar no Google?

O caso acima, com certeza, faz parte do seu pensamento no momento de viajar. Talvez você não tenha filhos, ou eles sejam mais novo ou mais velho, talvez você vá sozinho, talvez nem casado seja, mas isso pouco importa. O que quis mostrar é que o Google mudou a forma de as pessoas agirem, pensarem e consumirem. E isso é só um pedaço de toda a transformação digital pela qual estamos passando. E ela não vai parar! Acredite! Até 2020 muita coisa mudará. Assim como a internet muda o tempo todo, a transformação digital veio para revolucionar a forma como as marcas se relacionam com as pessoas. Usar o Google como exemplo pode até ser batido, mas é preciso dar um passo atrás para mostrar que a tecnologia está aí, mudando a nossa cabeça diariamente – e não adianta brigar com ela.

Os robôs evoluíram e um bom exemplo disso é a criação de textos sobre o mercado financeiro por meio de IA que vêm sendo publicados na revista *Forbes*, especializada no mundo do dinheiro. De acordo com o CEO da empresa Narrative Science, Kristian Hammond, por volta de 2030, 90% dos textos da imprensa serão escritos por computadores. Se o jornalismo hoje já corre riscos com redações fechando e circulações diminuindo, imagina como será a profissão em alguns anos?

13.4 O que o público espera?

A IA veio para auxiliar as marcas na experiência junto ao público, algo muito importante para o guarda-chuva da transformação digital. Trata-se de um pilar muito significativo de aprendizado sobre o consumidor – afinal, quanto mais usam, mais a máquina aprende e melhor é sua oferta.

Existem cases mais lúdicos que podem ser usados para entender pessoas, como é o caso do Google, que usa IA para que qualquer pessoa comande uma orquestra virtual, identificando os movimentos do maestro e executando tudo em seus instrumentos. Para que o sistema identifique os gestos feitos com os braços, basta ter uma webcam e seguir as instruções, para, em seguida, comandar a sua própria orquestra movida por IA. Em um primeiro momento, isso parece simples, até uma brincadeira, mas e o fato de o Google poder usar isso para oferecer cursos de música baseado nas escolas que anunciam no buscador? E, detalhe, ao aprender sobre cada usuário, pode auxiliar as empresas a oferecer o curso de acordo com o nível de aprendizado de cada um – isso é usar a ferramenta a favor das vendas!

EXEMPLO

Vamos a um exemplo bem corriqueiro. Leonardo saiu de casa às 7h, pegou 1h de trânsito, e, como é verão, está um calor infernal. Chegou às 8h30 na empresa, trabalhou como louco, saiu às 18h, às 19h estava no MBA onde, além de aula, teve apresentação, saiu às 22h30 e chegou em casa às 23h. Amanhã, às 7h, Leonardo estará de pé novamente. Ele mora sozinho, mas ao chegar em casa, ouve uma voz:

– Boa noite, Leonardo, como vai?

Ele nem estranha e responde:

– Tudo bem, cansado, mas bem...

– Ótimo. Hoje é terça-feira. Nesse dia, você costuma pedir um x-burguer com fritas e uma Coca-Cola normal 600ml no Joakin's. Podemos pedir?

– Nossa, seria ótimo. Pode sim!

A luz do banheiro acende sozinha e o chuveiro é ligado.

– OK. Como hoje está 28 graus, regulei o chuveiro para uma temperatura mais fresca.

Leonardo caminha até o banheiro e ouve:

– O São Paulo jogou hoje. Ganhou de 3x0 do Corinthians. Quer ouvir a Rádio Bandeirantes que está falando do jogo?

– Claro! Quero sim.

O rádio do banheiro é ligado.

Passa 20 minutos, Leonardo ouve:

– Seu lanche já saiu do Joakin's. Chegará em oito minutos.

Leonardo se troca, desce e sobe com o lanche.

– Na ESPN Brasil, está passando os melhores momentos do jogo, quer ver?

–Sim, quero.

– OK!

Pensou que essa história foi retirada dos Jetsons? Pois bem, tal qual o exemplo da geladeira, isso que eu contei agora não é nada estranho, ainda mais porque, em 2016, o Google lançou o Google Home, que você pode adquirir por R$ 700,00 no Mercado Livre. E tem outros, como o Alexa da Amazon, Bixby da Samsung e o Cortana da Microsoft. Não vai demorar nada para outras empresas lançarem os seus próprios aparelhos.

O Google Home, por exemplo, parece uma caixa de som elíptica. Dentro dele, roda um sistema para controlar o entretenimento da casa, ajudar na organização das tarefas do dia e também fazer pesquisas. A Siri, nos aparelhos iPhone, é a mais conhecida e trabalha com a mesma ideia. Talvez a vida do Leonardo, para o Brasil, seja algo um pouco distante, mas esse pouco distante pode ser no máximo em cinco anos, uma vez que, como disse, o Google Home, por exemplo, já está à venda, mas os recursos ainda são pequenos perto do que os assistentes virtuais podem gerar.

A Consumer Electronics Show (CES) é uma feira internacional de tecnologia que reúne inovações de todas as áreas científicas. Vamos falar muito dela ao longo deste livro. Em sua edição de 2015, apresentou o Ivee, um assistente virtual para tudo o que é eletrônico dentro das casas. Ao dizer "Oi, Ivee", o sistema configura a casa de acordo com quem chegou, abrindo ou fechando cortinas, acendendo luzes, regulando ar-condicionado, informando as notícias, regulando a temperatura e colocando o som da casa na emissora de rádio desejada, ou mesmo no Spotify. A conexão com todos os eletrônicos da casa é feita via Wi-Fi. Mas como isso ajuda a marca? Nossa, a possibilidade é infinita!

EXEMPLO

No caso do Leonardo, por exemplo, o Joakin's poderia, na terça-feira, às 18h, oferecer um desconto de 10% no pedido, caso tenha ficado duas semanas sem pedir nada. O assistente virtual pagou o lanche com Visa, que poderia ter um programa de pontos automatizado, enviando a Leonardo uma camisa do São Paulo FC autografada pelo time, como um presente da Visa para seu fiel cliente. A Corona, marca do chuveiro do Leonardo, poderia entender que o chuveiro foi comprado há três anos e que está na hora de trocá-lo por um mais moderno, enviando a seguinte oferta: ao levar o antigo, tem 30% de desconto no novo, mais a parceria com a Leroy Merlin, que fica a 2km da casa do Leo, tem instalação grátis. Como o Leonardo usa Visa para tudo, a empresa pode entender que, como coloca gasolina às 7h30 e pede o jantar às 23h, deve trabalhar muito, e fazer uma parceria com uma pousada em Campos do Jordão oferecendo 50% de desconto para passar o fim de semana descansando. E, ainda, sabendo que Leonardo gosta de livros de Direito, pois, com frequência, faz compras na Amazon pelo seu assistente, selecionar aquele livro que ele pesquisou, mas não comprou, e entregá-lo no hotel como cortesia. Para você que olha esses assistentes e diz que isso é só um "brinquedo" de gente grande, a pequena história do Leonardo gerou uma boa quantidade de ideias, não acha?

13.5 Como aplicar em sua empresa hoje?

Falemos novamente do Watson. Imagine que, ao entrar em uma loja de carros multimarcas, o vendedor vá até você falando seu nome e dizendo que o Toyota Corolla 2017 preto que você estava indo ver, que custava R$ 75.000,00, está com uma megapromoção naquele fim de semana, e pode sair por R$ 69.500,00, acompanhando-o até o fundo da loja para lhe mostrar o carro. Até aí, tudo normal. Porém, e se esse diálogo todo tivesse ocorrido sem que você dissesse uma única palavra?

Pois bem, o Watson permite isso. O Watson Visual Recognition analisa imagens e tenta adivinhar o que está na lente da câmera de um smartphone. Primeiro, precisa receber imagens e vídeos de determinado tema para catalogar cada informação e aprender a identificar padrões, mas isso pode ser repassado para uma câmera de segurança na loja. Quando você pesquisou o carro pelo celular e chegou ao aplicativo ou ao site da loja, a sua imagem, pela câmera frontal do celular, foi captada. Com isso, ao chegar na loja, sua imagem foi cruzada com a câmera de segurança, mais a informação que se tinha sobre sua pesquisa, e, em segundos, o vendedor recebeu as informações que precisava. Qual é a chance do Corolla ser seu?

Veja outro exemplo do Watson. A IBM fez uma exposição interativa na Pinacoteca, em São Paulo, para incentivar visitas aos museus. Na ação, batizada de "Voz da Arte", os visitantes podiam "conversar" com as obras de arte usando fones de ouvido e fazer perguntas bem variadas. Esse é um case muito interessante, que, quando ouvi de um parceiro da IBM em um evento, trouxe um *insight* que poderia ser aplicado em uma empresa de vinhos chilena. Eu estava em uma concorrência e cheguei a fazer o escopo da ideia, mas a agência, que deveria propor inovação, foi a primeira a segurá-la, uma vez que só pensa em mídia. Depois disso, abri mão de me manter com essa agência como cliente da FM Consultoria, mas enfim, a ideia era muito simples.

Em uma parceria com meu cliente na época, o Supermercado Chocolândia, a quem tenho muito carinho e respeito, colocaríamos um iPad na prateleira em frente à marca do vinho. A ideia era ter um Sommelier Virtual usando IA, ou seja, estimulando as pessoas a conversarem com o Sommelier para saber mais sobre a história do vinho e as possíveis harmonizações, além de assistirem a um filme de três minutos, contando a mística por trás daquele produto. Espetacular! Por que contei isso? Para lhe mostrar que nem sempre precisamos ser gigantes para fazer algo. A ação não sairia cara, não me recordo os valores, mas, além de um apelo de vendas, seria uma ação de construção de marca. É uma pena ainda não ter esse case na minha carreira, mas, em parceria com a Chocolândia, isso, em breve, vai acontecer!

A AI está mudando a forma como os produtos interagem com os consumidores. Por meio de *machine learning*, podem aprender as preferências do usuário, sua rotina e, então, adaptar-se ao seu perfil. Empresas como a startup Biggerpan conseguem prever os interesses dos usuários antes que utilizem mecanismos de busca por meio de um *smart browser* que usa o histórico de navegação como base para sugerir conteúdos e serviços.

A Amazon aposta nos assistentes virtuais, como a Alexa e em *voicebots*, como a grande mudança tecnológica para o e-commerce. "É muito mais do que uma nova interface ou um canal adicional. É uma curadoria de serviços e experiência que, de forma inteligente, atende às necessidades do consumidor e traz engajamento emocional", afirma Giulio Montemagno, presidente da Amazon Pay na Europa.

SAIU NA MÍDIA

De acordo com a revista Exame, o Boticário criou o primeiro perfume feito com ajuda da IA. "Criado pela IBM, em parceria com a alemã Symrise, o projeto faz parte da estratégia de marketing dos produtos que miram o grupo de consumidores da geração Y (1980 a 1995). Para chegar às novas formulações, o sistema *Phylira* foi previamente alimentado com milhões de dados referentes a fórmulas, ingredientes, história da perfumaria e taxas de aceitação do consumidor. *Phylira* buscou e cruzou os dados que mais se aproximavam ao que O Boticário queria. O resultado foram duas combinações de fragrâncias que levavam um pouco de frutas, flores, doces, especiarias, madeiras e até notas inusitadas, como pepino e leite condensado. Outra surpresa foi a redução do tempo de desenvolvimento dos novos produtos, que ocorreu em apenas seis meses, enquanto um processo convencional pode demorar até três anos, em grande medida devido às centenas de repetições de combinações para testes olfativos. 'Essa economia de tempo permite que as áreas se dediquem muito mais às combinações finais, concluindo a fragrância que chegará para o consumidor. Ao otimizarmos o processo', afirma o gerente de Pesquisa e Desenvolvimento do Grupo Boticário, Tiago Martinello".

Fonte: BARBOSA, V. O Boticário cria 1º perfume feito com ajuda de inteligência artificial. *Exame*, out. 2018. Disponível em: https://exame.abril.com.br/marketing/boticario-cria-1-perfumefeito-com-ajuda-de-inteligencia-artificial. Acesso em: jul. 2019. REVISTA EXAME. Disponível em: https://exame.abril.com.br/marketing/boticario-cria-1-perfumefeito-com-ajuda-de-inteligencia-artificial. Acesso em: jul. 2019.

CAPÍTULO 14

MACHINE LEARNING

Machine learning e IA são dois conceitos que não podem andar sozinhos, mas achei por bem dividi-los para explicar a teoria e definir os termos. A IA e o *machine learning* são algumas das ferramentas que dirigem a transformação digital vivenciada pelo usuário de dispositivos móveis.

O guarda-chuva que chamo aqui de transformação digital está sempre interligado. É possível fazer apenas uma, duas ou três ações? Sim. A verba sempre direciona o desejável *versus* o possível, mas, como nos livros e na sala de aula tudo é permitido, posso dizer que, se tudo for feito, as chances de sucesso se multiplicam.

14.1 Conceito

O aprendizado de máquina (do inglês, *machine learning*) é um método de análise de dados que automatiza a construção de modelos analíticos. É um ramo da IA, baseado na ideia de que sistemas podem aprender com dados, identificar padrões e tomar decisões com o mínimo de intervenção humana.

Enquanto a IA pode ser definida, de modo amplo, como a ciência capaz de mimetizar as habilidades humanas, o *machine learning* é uma vertente específica da IA que treina máquinas para aprender com dados.

14.2 Planejamento

O futuro da comunicação por voz encontra-se além de algoritmos de *machine learning* que entendem palavras. De acordo com Chris Kirby, VP da Voices.com., "vislumbro um momento em que não só os algoritmos entenderão o que foi dito mas como foi dito. Variação de tom e todas as outras características que acrescentem sentido à palavra falada se tornarão parte da compreensão."

Ferramentas como Google, Microsoft Bing e outros mecanismos de busca usam a aprendizagem de máquina para melhorar suas capacidades minuto a minuto. Podem analisar dados sobre quais links os usuários clicam em resposta a consultas para melhorar seus resultados e seu processamento de linguagem natural, fornecendo respostas específicas para algumas questões.

No capítulo anterior apontamos como a IA pode ajudar seu planejamento. Entretanto, não esqueça que o *machine learning* é fundamental para o sucesso do IA. Para um bom planejamento é preciso ter ferramentas, como IBM Watson, por exemplo, que possam não apenas captar e aprender com os dados, mas também entregar *insights* para a tomada de decisão.

14.3 Para o varejo

A Netflix, como já citei aqui, caiu no gosto popular de um jeito único. No Brasil, virou "cool" dizer que, aos sábados, está em casa vendo maratona de séries. Ninguém vai questionar o seu gosto. A Netflix é uma das empresas que melhor usa o *machine learning* para experiência de usuário, uma vez que seu sistema opera nos bastidores para tentar adivinhar o que fará você escolher determinado programa para assistir. Eles estão personalizando a experiência para você, com base no seu histórico de seleção de pedidos. Isso pode parecer simples, mas pense que o catálogo da Netflix possui milhares de filmes e ele precisa recomendar a você exatamente o que você está apto a assistir de acordo com as suas preferências.

Claro que quando três pessoas usam a mesma conta, o sistema fica um pouco estranho. Em casa, por exemplo, por mais que eu tenha um perfil e minha esposa, outro, quando a Fernanda, minha filha, está aqui, assistimos aos filmes dela na minha conta, então, podem vir sugestões de filmes similares a Transformers (meu favorito) ou à Barbie.

14.4 O que o público espera?

E no caso de quem tem um perfil único? Imagine que Amanda sempre assiste a filmes de comédia romântica – em média, quatro filmes "água com açúcar" por semana. No sábado, Amanda chama Geovana para a sua casa, pois está frio e elas não querem sair. Ao abrir a Netflix, surge uma recomendação de filme de terror. Amanda, com certeza, ficará chateada, mas, e se, em vez disso, aparece o novo filme da Anne Hathaway em que ela acha o amor da sua vida depois de uma grande dificuldade? Amanda ficará feliz e Geovana, vendo isso, vai usar ainda mais a Netflix.

14.5 Como aplicar em sua empresa hoje?

As empresas têm se dado conta de que aprendizagem de máquina, ou *machine learning*, pode ajudá-las a descobrir oportunidades ocultas de forma automática, acelerar processos morosos e identificar quais são os *insights* críticos levantados por dados. Uma prova disso é o Adobe Photoshop. A aprendizagem de máquina possibilita que o aplicativo de manipulação de imagens e design encontre rostos em uma imagem, por exemplo. Em seguida, usa pontos de referência como sobrancelhas, bocas e olhos para entender suas posições e alterar expressões faciais sem estragar a imagem.

De acordo com o Portal Cio, "os agricultores estão sempre em dúvida sobre quais sementes plantar, quanto, onde e quando. A Monsanto usa dados para fazer recomendações preditivas para o plantio. Modelos matemáticos e estatísticos definem o melhor momento de plantar plantas machos e fêmeas e onde plantá-las, idealmente, para maximizar o rendimento e reduzir a utilização da terra. Seu algoritmo de aprendizado de máquina produz mais de 90 bilhões de dados por dia, em vez de semanas ou meses.

Em 2016, a Monsanto economizou US$ 6 milhões e reduziu sua pegada na cadeia de suprimentos em 4%".

Fonte: BOULTON, C. 6 histórias bem-sucedidas de análise de dados. *CIO/EUA*, abr. 2018. Disponível em: https://cio.com.br/6-historias-bem-sucedidas-de-analise-de-dados. Acesso em: jul. 2019.

CAPÍTULO 15

OMNICHANNEL

Ao começar a escrever sobre esse tema, me vem na hora à cabeça a imagem do meu grande amigo Euripedes Magalhães. Éramos sócios em um MBA de Marketing Digital, em São Paulo, mas saímos em 2018. Sempre que abríamos uma nova turma, e abrimos 18, ele brincava com o pessoal que eu falava de *omnichannel* e comportamento de consumo em toda a aula. E, de fato, na época, ele tinha razão. Tenho saudades de coordenar esse MBA com aulas inaugurais sempre muito divertidas.

Dentro dessas, aproximadamente, 40 iniciativas digitais que compõem o guarda-chuva da transformação digital, sem dúvida, a minha preferida é *omnichannel*. Cheguei a escrever, em 2015, um e-book de muito sucesso, com mais de quatro mil downloads, sobre o futuro do varejo baseado nesse conceito. O material era baseado em três pilares: estudos de mercado, vídeos da Agência Cadastra direto da NRF 2015 (todos os dias eles faziam vídeos apresentando um resumo do que haviam visto na feira) e materiais de livros. Reuni tudo, dei a minha visão e o que deveria ser um artigo de quatro páginas, que dividiria em três partes para publicar em algum site, como Mundo do Marketing, por exemplo, e se tornou um e-book com 40 páginas. Bem, muita coisa está desatualizada, e até usarei alguns conceitos aqui, mas, claro, para este livro, fui atrás de muitas novidades para compor o pensamento e o raciocínio sobre esse tema tão importante.

A National Retail Federation (NFR) ocorre todos os anos, em janeiro, nos Estados Unidos. Vale ficar sempre de olho no começo do ano em sites como Mundo do Marketing, Meio & Mensagem, Proxxima, O Negócio do Varejo, Portal do Varejo, Consumidor Moderno e GS&MD

para saber o que eles postam sobre o evento, afinal, esse é "apenas" o evento mais importante do mundo do varejo, que reúne mais de 40 mil pessoas de todo o planeta, onde é possível assistir a palestras com CEOs globais de grandes marcas, como, em 2019, Chip Bergh President and CEO da Levi Strauss & Co. e Carissa Ganelli Chief Digital Officer Subway®, apenas como exemplo da importância do evento.

Um estudo da NFR daquele ano mostrou o caminho do consumidor, que, anos mais tarde, vimos ser não apenas uma tendência, mas algo que veio para ficar e só tende a crescer. O estudo aponta que

> os visitantes das lojas precisam se envolver mais nas microssessões e seus hábitos de compra são muitas vezes influenciados pela loja física e pelo showroom. Os consumidores não pensam em canais, eles pensam em compras. O cliente irá comprar quando estiver pronto para isso, quando decidir. A missão de um varejista (on-line, off-line ou *omnichannel*) é fazer com que a experiência de compra seja incrível! Isso trará a lealdade do cliente e melhorará o valor da marca.

Uma das minhas grandes brigas com o mercado – e sempre que posso falo sobre esse assunto por meio de livros e artigos, como também em palestras e nas salas de aula, além, claro, de bater nessa tecla para os meus clientes: devemos pensar bem menos em canal e pensar mais em comunicação e experiência. O *omnichannel* vem para o mercado para isso. Se eu pudesse resumir esse conceito em uma palavra, seria: *experiência*. Não que experiência seja a tradução de *omnichannel* – que está mais para multicanais –, mas seria esse o grande conceito por trás do *omnichannel*, além de, claro, seu grande legado, o big data – de novo, aparecendo aqui para que você entenda sua importância no dia a dia das marcas que querem sobreviver nos próximos anos.

Walter Longo[1] diz que

> os recursos técnicos e os novos comportamentos do consumidor trazidos pela era pós-digital permitem que os gestores de marketing descubram qual o momento de cada consumidor em relação à marca e possam desenvolver ações sincrônicas, oferecendo conteúdo de acordo com o momento em que a pessoa está.

As pessoas não são, elas estão. O *omnichannel* ainda está engatinhando no Brasil e, na minha visão, há duas fortes barreiras para sua entrada: *cultura* e *coragem*. Tudo o que é novo assusta, mas, ao manter esse posicionamento, as marcas se prejudicam e não sobrevivem por muito tempo. Quando o e-commerce começou a crescer no Brasil, por volta de 2004, o medo de tirar as pessoas da loja física foi grande. Hoje, quase em 2020, esse medo parece o mesmo. Os vendedores acreditam que a loja on-line tira as vendas deles e a temem profundamente. Os diretores das empresas, com a cabeça no velho varejo, dificilmente mudam – afinal, em time que está ganhando não se mexe –, mas fica a dúvida: ganhando até quando? A palavra "miopia" será muito usada nesse estudo, e, nesse caso, cabe muito bem!

Outro empecilho para o crescimento é o fato de os shoppings terem uma mentalidade tão atrasada que impede as compras on-line dentro de suas lojas, com medo de serem prejudicados

---

1 LONGO, W. *Marketing e comunicação na era pós-digital*: as regras mudaram. Rio de Janeiro: Alta Books, 2013. p. 229.

em suas comissões – outra enorme miopia, uma vez que os meios de pagamento on-line têm sistemas de acompanhamento de compras, além de permitirem a divisão do valor da compra, ou seja, quando uma pessoa compra o produto na loja on-line, seu dinheiro pode ser distribuído para loja, fornecedor, meio de pagamento e para onde mais quiser.

15.1 Conceito

O prefixo *omni*, do Latim, transmite o sentido de *tudo* e *inteiro*. Já *channel* é uma palavra inglesa que pode ser traduzida para o português como *canal*. *Omnichannel* é, então, a integração de canais. Por meio dessa estratégia, todos os canais da marca precisam estar conectados para trazer uma melhor experiência para o consumidor, ou seja, trata-se da convergência de todos os canais, on-line e off-line, utilizados pela empresa, integrando lojas físicas, virtuais e compradores. É uma evolução do conceito de multicanal, pois é completamente focada na experiência do consumidor nos canais de determinada marca.

A estratégia de transformar o consumo em uma experiência única e cada vez mais prática é um desafio que várias empresas estão tentando alcançar. Isso porque os consumidores estão mais exigentes e querem mais comodidade. Oferecer apenas os canais on-line para compras e relacionamento com o cliente não é mais uma novidade, milhares já o fazem, mas para sobreviver no mercado é preciso se adaptar às tecnologias que estão chegando, pois o consumidor, no geral, é um grande fã de tecnologia.

Segundo Ana Paula Ribeiro Tozzi,[2] sócia da GS&AGR Consultorias, as pessoas têm expectativas e, para gerar a conexão emocional, as marcas precisam supri-las. Quem supera, fica, quem não alcança, sai. O jogo é esse. Para Ana Paula,

> o consumidor tem expectativa de comprar quando, onde e como quiser. Ele também quer ter o controle de como e quando o produto será entregue, com isso, eles já demandam um varejo totalmente focado na integração de canais, na qual as experiências dos mundos on e off-line se unem proporcionando algo único ao consumidor.

15.2 Planejamento

O *omnichannel* parte do princípio de que o consumidor está no centro de tudo. Sim, vamos novamente bater nessa tecla de que o consumidor é importante e é o centro, pois não deixa de ser a grande verdade do marketing. No RD Summit, de 2018, Rafael Rez apresentou um slide muito interessante que dizia "o cliente é o herói da história" – e ele tem muita razão nisso.

Se o conceito *omnichannel* tem o consumidor no centro de tudo, não há como fugir do planejamento sem pensar em como as pessoas compram – afinal, cada momento de compra é baseado na decisão e conveniência ou experiência anterior. As pessoas compram das marcas com as quais estão mais acostumadas. Dificilmente alguém rejeita um sanduíche do McDonald's, mas comer naquela lanchonete nova da esquina de casa já é uma decisão mais complexa.

---

2 SOUZA, M. G. et al. *A transformação dos negócios na Omniera*. São Paulo: GS&MD, 2015..

O *omnichannel* gera uma integração de canais e vendas que mostra às marcas como melhorar a experiência e a satisfação do consumidor, seguindo todos os dados – mais uma vez o big data se faz presente aqui – de acordo com o seu perfil de busca frente ao negócio. Conhecer o perfil dos consumidores, seus hábitos e atitudes, suas preferências por produtos, marcas e conteúdo, sua preferência pelo consumo de mídia e seus movimentos dentro e fora da loja, por meio de ferramentas de análise, é fundamental.

O *omnichannel* traz uma riqueza de dados que, se bem usada, melhora a experiência com a marca, podendo gerar uma campanha mais focada nos desejos e anseios das pessoas com relação à empresa. Existem ferramentas que auxiliam isso. O Google Analytics é um instrumento muito importante para entender comportamentos dentro do site – apesar de que eu indicaria conversar com a empresa Aunica, cujo CEO, Roberto M. Eckersdorff, meu amigo e parceiro de longa data, pois ela consegue extrair mais informações, com maior profundidade, que podem auxiliar ainda mais as marcas nas tomadas de decisões.

Há ferramentas similares indicadas para lojas físicas, como as câmeras estrategicamente posicionadas que monitoram a entrada e a saída dos clientes e o mapa de calor, tal qual existe para os sites, que cria um panorama para saber quais são os locais onde as pessoas mais ficam. Por exemplo, uma loja de esporte pode, no sábado de manhã, ter mais fluxo na parte de piscina, de tarde na de futebol e de noite na seção de basquete.

Segundo uma pesquisa de Enio Garbin, diretor da IBM, apresentada no evento EcommerceWeek 2015, no qual eu estava presente, o consumidor *omnichannel* pode gastar de quatro a cinco vezes mais do que a média de compras apenas no site ou apenas na loja. Segundo o estudo, pontos como experiência do consumidor e pesquisa multicanal, com o consumidor usando site, loja virtual, telefone, chat, redes sociais e smartphones, auxiliam na tomada de decisão e no aumento da credibilidade da marca junto a ele. Não há a menor chance de pensar o contrário: as pessoas compram de marcas em que confiam – para confirmar essa afirmação, nem é preciso fazer uma pesquisa aprofundada, basta olhar ao seu redor e pensar nas marcas que você consomem, as de maior valor são as em que você confia.

Omnichannel é a grande integração de canais, como vimos até aqui. Essa é a sua essência. Segundo Tozzi,[3] esse conceito tem tudo a ver com comportamento de consumo e tecnologia. Para a executiva,

> esse processo de maior integração entre a oferta de canais de vendas, promoções e relacionamento conjugado com o estudo sistemático do comportamento do consumidor e seu uso no desenvolvimento de negócios é que gerou o conceito *omnichannel*. No conceito de experiência do consumidor, os recurso tecnológicos devem ser usados para precipitar interatividade, facilidade, conveniência e, se possível, alguma surpresa e emoção.

Fica a dica: se emoção não vendesse, a Disney não seria o que é.

---

3 SOUZA, 2015.

15.2.1 Quais canais integrar?

A resposta é simples: todos! Mas a pergunta pode ser: Quais são os canais? Bem, nem todas as marcas possuem diversos canais de venda. As B2B, por exemplo, possuem, em muitos casos, apenas a revenda, primeiro com uma loja pequena, depois com um e-commerce, em seguida, crescem as vendas pelo Instagram, enfim, o empresário, para vender, está sempre se reinventando para acompanhar os novos comportamentos. Isso é fato! E todos nós vendemos, sempre e todos os dias, sejam produtos ou serviços.

O mais importante, como nos ensina Gouvêa de Souza,[4] é que, a partir do que ele denomina "omniera" – que nada mais é do que essa avalanche de informação e mudança no varejo que estamos presenciando com o *omnichannel* –, "é preciso ser estratégico e repensar a loja física como ponto de contato, relacionamento e experiência. Ao agregar novos serviços, a empresa fortalece a marca, desenvolve o relacionamento com seus consumidores e transforma o negócio". Gouvêa cita os postos de gasolina, que, além dos serviços para o carro, pensam em serviços para as pessoas como as lojas de conveniência, por exemplo.

Para mim, a Polishop está anos à frente do mercado, uma vez que, embora tenha lojas físicas para expor produtos – e eles vendem, claro, não vão perder negócio –, o foco do dinheiro está muito mais nos canais digitais e no telemarketing. O que, se pararmos para analisar, em 10 anos, provavelmente é o que shoppings vão se tornar, se é que já não se tornaram, com relação às lojas de hoje. Muita gente no shopping, poucas pessoas dentro das lojas – observo isso desse 2013 quando comecei a me envolver mais com shopping centers.

Entre os principais canais de vendas usados pelas marcas, estão:

» lojas físicas;
» franquias;
» venda porta a porta;
» telemarketing;
» lojas de departamentos;
» paredes interativas;
» *lockers* (armários espalhados em pontos estratégicos ou parceiros);
» *vending machines*;
» *trucks*, que ganharam mais fama com o *foodtruck*, mas pode ser usado para vender de tudo;
» quiosques;
» catálogos;
» e-commerce;
» redes sociais, principalmente Instagram e Facebook;
» grupos de WhatsApp;
» afiliados;
» marketplaces, como Submarino, Americanas, Walmart, Magazine Luiza;

---

4   SOUZA, 2015, p. 23, 67.

- » Mercado Livre, OLX, Enjoei;
- » supermercados (que hoje vendem de tudo);
- » farmácias (que até eletrônicos vendem);
- » TV Shopping;

Por estarmos falando de canais de venda, vou deixar de fora neste momento mídias como Google, por exemplo, uma vez que atraem o consumidor, mas não vendem a ele. As redes sociais entram aqui como canal de venda, pois há muitas lojas, até de pequeno porte, que estão usando muito bem esses canais para divulgar seus produtos e até efetuar vendas na própria plataforma.

Perceba que o leque de canais é muito grande. Fatalmente esqueci alguns, ou, em breve, os empresários brasileiros vão criar outros. Isso é fato. Já soube de Uber que tem parceria com vendedoras da Avon, por exemplo, para oferecer os produtos aos passageiros e ganhar uma comissão – já temos aí mais um canal.

15.2.2 E como fazer o cliente comprar mais?

Em 2013, no berço do *omnichannel*, os Estados Unidos, já existiam lojas como a famosa rede Macy's, onde as vendedoras tinham tablets para auxiliar na compra de um produto. Basicamente, a vendedora poderia vender um produto que não tinha na loja física, mas tinha no estoque do centro de distribuição. Chris Anderson, no clássico *Cauda Longa*, ensinou-nos que o varejo físico tem limitações físicas que o varejo on-line não tem. Na época do seu livro, 2006, o conceito *omnichannel* existia apenas como teoria, mas Anderson já alertava sobre o fato de que as pessoas desejariam comprar produtos "não hits", e que a internet seria o grande canal. Pois bem, uma loja pode vender um produto único para economizar espaço, mas, com o marketplace, por exemplo, esse produto pode ser amostra, e a venda pode ocorrer dentro da loja.

EXEMPLO

Essa é uma resposta que o *omnichannel* pode dar de forma mais rápida. Suponhamos que Pedro tenha ido até a Renner pesquisar umas roupas para o verão. Pedro olha bermuda, camiseta, tênis, shorts para a praia, mas não leva nada. Alguns dias depois, Pedro, que acaba de receber o seu salário, entra no site da Renner e compra três camisetas. Ele olha novamente a bermuda, o tênis e o shorts – e até as meias –, mas, naquele momento, devido a uma promoção da Renner, compra apenas o pacote de três camisetas que estava com 20% de desconto, pagando R$ 89,90. Para não pagar o frete, Pedro decide retirar a compra na loja.

No dia seguinte, Pedro está com sua namorada, Rita, na piscina de casa, aproveitando o sol. Ele entra no site, via smartphone, e mostra para a Rita a bermuda e o tênis que havia visto no site da Renner. A Rita acha legal, e então ele lembra que precisa retirar na loja as camisetas compradas no dia anterior. Ambos se trocam e vão até o shopping. Ao chegar na Renner, Pedro vai ao caixa e comunica que fez a compra pela internet e apresenta o código recebido via e-mail. A atendente digita o código e confirma a compra. Até aí, tudo bem, mas, dentro de uma estratégia de *omnichannel*, todas as buscas do Pedro pelo celular e desktop estão registradas no sistema, que faz cruzamentos de "quem comprou isso, comprou também aquilo", presente em diversas lojas on-line, e prepara um pacote a ser oferecido ao Pedro. A atendente diz, então, que tem em estoque a bermuda e o tênis dos quais ele havia gostado e que, caso leve duas bermudas, recebe 20% de desconto e 10% no tênis. Pedro aceita a proposta e gasta mais R$ 129,90 nas bermudas e R$ 149,90 no tênis, ou seja, a compra de R$ 89,90 no site transformou-se, na loja, em R$ 369,70, e ele ainda pode pagar em cinco vezes sem juros no cartão da marca — sistema poderoso de dados para ser trabalhado em outras ações para quando Pedro se relacionar com a marca novamente. A Renner tem tantos dados de Pedro que, no próximo verão, poderá enviar um e-mail com sugestões personalizadas para que ele compre tudo de uma só vez.

No caso da Macy's, por exemplo, a consumidora pode amar uma calça, experimentar e ver que o caimento é perfeito, mas essa calça é azul e ela quer a verde, e aquela loja não tem a verde do seu tamanho. A vendedora, via iPad, localiza a calça on-line, e a cliente compra, a vendedora, pelo seu código, ganha a comissão, e a loja vende o produto. Todos ganham. Estamos em 2020, e não vejo uma única loja fazendo isso, até porque, como foi dito, os shoppings barram, mas as lojas de rua também não têm cultura e coragem para fazer. Bem, vamos ver daqui a alguns anos quem sobrevive e quem não.

R. B. Harrison, chefe de *omnichannel* da loja de departamento Macy's, disse que

> o segredo é acompanhar o seu consumidor e assim traçar novas estratégias de investimento. Nós temos que continuar nos mexendo e continuar nos envolvendo com o consumidor, se ele compra diferente, não podemos tomar as mesmas decisões que tomávamos no passado. Temos que escolher ciclos de investimento de forma diferente. Gastamos centenas de dólares investindo em tecnologia para nos capacitar para isso.

15.3 Para o varejo

Como afirma Ilca Sierra, diretora de Marketing e Multicanal do Magazine Luiza,

> nosso papel é sair do commodity do varejo. Para isso, o Magazine Luiza sempre acreditou em operações integradas, on e off, como princípio. O fato de estarmos cada vez mais *omnichannel*, proporcionando uma jornada sem fricção, é uma demonstração de um serviço e experiência que as pessoas nem sabiam que poderiam ter.

Pessoas experimentam e compartilham as experiências que têm com as marcas independentemente de onde estão. Claudia Bittencourt, diretora do Grupo Bittencourt, observa que

> se o produto não chega ao ponto de venda, o cliente reclama. Ele quer, deseja e compra o produto usando tudo o que a tecnologia proporciona. Em sua visão, ele não depende mais dos canais tradicionais para a compra. As marcas precisam se ater que o consumidor é a própria publicidade que pode mudar o comportamento de outros consumidores, ele tem esse poder.

Em resumo, as pessoas têm um poderoso aparelho nas mãos hoje chamado smartphone e milhares de conexões nas redes sociais. Se elas reclamam que não tem o tênis Nike número 35 na Centauro do Shopping Ibirapuera, a Netshoes pode entrar em contato oferecendo o mesmo produto. Elogio e venda para a Netshoes, crítica para a Centauro. Sua rede de amigos comprará onde?

Consumidores procuram, além de respostas assertivas, sentir identificação no momento da interação com as empresas e, nesse sentido, os conceitos de *omnichannel* são nulos se não estiverem envoltos por uma capa de inteligência relacional e de uma estrutura voltada à transformação digital. Afinal, para a marca, não basta pensar na estratégia de transformação digital sem que todos os pilares, como *omnichannel*, estejam envoltos em uma estratégia maior e mais completa.

A Figura 15.1 representa o problema que temos no Brasil para o *omnichannel* crescer. Ela faz parte de um estudo que o portal No Varejo publicou em um e-book e que coloquei aqui na íntegra para você entender melhor.

Figura 15.1 Barreiras para o *omnichannel* no Brasil

Barreiras para o *omnichannel* no Brasil

Tributação
O aumento de compras interestaduais por causa do e-commerce trouxe ainda mais complexidade tributária. O ICMS, segundo Emenda Constitucional 87 de 2015, passou a ser compartilhado entre estados de origem e destino. Há ainda a possibilidade de cobrança do DIFAL (diferença de alíquota), a variar conforme a tributação do ICMS.

Integração
O Índice Global de *Omnichannel* no Varejo da PwC colocou o Brasil em 26º entre 100 países que se propõem a integrar seus canais, atrás de economias menores como África do Sul, Malásia e Turquia. A pesquisa contemplou aspectos como infraestrutura local, média de compras pela internet, grau de digitalização dos canais e comportamento do consumidor.

Paridade de preços
O IPCA, a inflação oficial do País, fechou 2017 a 2,95% e variou 1,23% entre janeiro e maio de 2018. Apesar da inflação baixa em relação aos outros anos, o índice é muito maior que a variação dos preços na internet que, em maio, registraram deflação de 2,92%. A 17ª queda mensal seguida.

Tecnologia
Pesquisa encomendada pela Dell Technologies "Projetando 2030: uma visão dividida do futuro", publicada em 2018, mostra que a maioria dos empresários basileiros coloca restrições tecnológicas entre os principais desafios para a transformação digital. Para 56% do empresariado, as escolas precisam ensinar Tecnologia da Informação para acelerar o processo de desenvolvimento do País.

Logística
Um estudo da Manhattan Associates de 2017 mostra que o varejo nacional perde R$ 11,8 bilhões em vendas por causa do alto custo dos fretes. A pesquisa diz ainda que três em cada quatro consumidores on-line deixam de comprar por causa da alta taxa de entrega.

Fonte: FREITAS, 2018. LEITE, 2007. IBGE, 2019. VANSON BOURNE; DELL TECHNOLOGIES, 2018. IG, 2017.

Não é apenas a falta de cultura e coragem que impede o *omnichannel* de crescer no Brasil. Há outras variáveis bem mais complexas de se resolver, ainda mais na parte de logística e integração. Um dos pontos principais do *omnichannel* é comprar on-line e retirar na loja. É um pedaço importante, embora pequeno, dentro do universo do *omnichannel*, mas se a integração de estoque e a loja física forem ruins, pode ser que você compre a camiseta na TNG e queira retirá-la na loja do Shopping Ibirapuera, mas a falha no sistema não mostra que aquela camiseta, cor e modelo comprados só se encontram no Shopping Tatuapé. Como uma é bem distante da outra, isso vai prejudicar muito a imagem que a marca deseja passar de modernidade, e claro, a experiência de compra será a pior possível. Em alguns casos, é possível reverter; em outros, perde-se um cliente para a concorrência.

15.4 O que o público espera?

Segundo David L. Rogers[5]

> as tecnologias digitais estão reescrevendo as regras dos negócios. Essas novas regras criam inúmeras oportunidades para que novas empresas surjam. Nenhum setor está imune. Se a Revolução Industrial foi sobre as máquinas, ainda estamos no começo de uma revolução que os computadores transformaram toda a cadeia de valor das marcas.

Sem sombra de dúvida, as pessoas passaram a exigir mais rapidez e agilidade nos serviços que desejam consumir. Eles não estão preocupados se a loja é on-line ou física, se a interação será pelo celular, via aplicativo ou site mobile, se a pergunta feita no Instagram será respondida ou não: as pessoas querem apenas que seu problema seja resolvido. E rápido. Ninguém tem mais tempo a perder. Rafael Rez sempre diz que "hoje o que temos de mais precioso é o tempo" e, mais uma vez, Rez tem razão. Sempre dou esse exemplo em sala de aula, eu dou aula, às vezes, para 40 pessoas, no sábado, das 8h às 18h. Se essas pessoas trabalham de segunda a sexta, saem de casa às 7h e voltam às 21h, e no sábado ainda se dedicam a estudar, qual o tempo que têm para elas mesmas? Agora, faça isso *versus* a quantidade de escolas que têm cursos aos sábados, das pessoas que trabalham aos sábados, de quem se dedica a projetos sociais aos sábados. O tempo é o recurso mais importante que temos hoje, por isso, ninguém quer perdê-lo. A conveniência que a internet trouxe, por exemplo, para comprar via e-commerce, precisa ser extrapolada para as compras no geral, e é para isso que o *omnichannel* nasceu.

O consumidor espera facilidade, como o "pay with cash", usado no Walmart dos Estados Unidos, onde se pode comprar on-line, mas pagar em dinheiro e retirar na loja. Pode parecer uma ideia pouco útil, se você vive na bolha das grandes cidades, mas quando a esmagadora maioria da população brasileira não é bancarizada, ou seja, não tem conta em banco e muito menos possui cartão de crédito, essa solução de integração se torna muito útil. E é o que o consumidor espera: soluções das marcas, usando tecnologias que resolvam seu problema.

---

5   ROGERS, 2016, p. 253.

15.5 Como aplicar em sua empresa hoje?

O Google, por exemplo, tem a pretensão de dominar o mundo. A sua estratégia é simples: quem tem a informação detém o poder, e hoje não existe nenhuma empresa no mundo que tenha mais informação sobre tudo do que o Google. E a culpa é de todos, das empresas que colocam toda a sua informação disponível por meio dos seus canais e das pessoas que fazem o mesmo. Não há nada de errado, é apenas a nova dinâmica da sociedade. No começo das vendas on-line, muitos tinham medo de colocar o cartão de crédito na internet; hoje, o pessoal tira foto do documento e envia para um aplicativo de um banco que acabou de conhecer.

> **SAIU NA MÍDIA**
>
> Não à toa, o Google está entrando pesado na era da transformação digital, como mostra o caso relatado pelo portal No Varejo: "o Google tem uma expertise particular em analisar inventários de informação. Pois bem, os varejistas têm grandes inventários de dados, que podem condicionar uma atividade omnicanal significativa e levar a personalização tão almejada pelo cliente e pelas empresas. O núcleo do pensamento que deve orientar a estratégia do varejo é a assistência. Os clientes procuram por ajuda e quanto melhor ela for, melhor a rede varejista atenderá as expectativas dos clientes. Assistência significa trazer inteligência digital para as lojas, como aplicativos de Realidade Aumentada que permitem aos clientes projetar como ficarão objetos diversos em suas casas. Por isso, o Google lançou uma biblioteca da Realidade Aumentada na Play Store. O Google Pay, por sua vez, foi desenhado para reduzir fricção e atritos no processo de pagamento, facilitando a retenção e a lealdade mesmo em trânsito.
>
> Para Alegre, a personalização envolve não só a escolha, mas a forma de pagamento, a conveniência e o local de entrega ou retirada do produto. Hoje, mais do que nunca, há bilhões de consumidores que podem ser acessados, cada um individualmente. Essa característica faz do Google a fonte de tráfego número um para os varejistas".
>
> Fonte: MEIR, J. Como o Google pode ajudar o varejo na transformação digital? *No varejo*, 2017. Disponível em: https://portalnovarejo.com.br/2018/03/como-o-google-pode-ajudar-o-varejo-na-transformacao-digital/?fbclid=IwAR1XhZPYT1xvla1L1RS8xN6E4ppOomcDQjHDA5RzK5u8uQTIagyRzw0jHaI. Acesso em: jul. 2019.

15.5.1 A era do acesso

Há tempos que saímos da cultura de posse, do "eu tenho", para a cultura do acesso, "eu posso". As marcas já entenderam que as pessoas estão cada vez mais cercadas de informação. As lojas multipropostas, por exemplo, não são nada novas. Os varejistas já perceberam a importância de transformar seus pontos em lugares de experiências com treinamentos, relacionamento, degustação e educação, criando uma nova tendência de loja. Chover no molhado, mas as Apple Stores são assim.

Em seu livro *Vamos às compras*, Paco Underhill mostra como o perfil denominado *shopper sensorial* compra, exemplificando bem como as informações precisam ser muito bem utilizadas e como o *omnichannel* pode trazer a experiência única que as pessoas esperam da marca. Para ele,[6] "os *shoppers* querem gastar tempo investigando e avaliando os produtos com os quais tem alto grau e envolvimento, ou seja, produtos que envolvem comparação". Sabendo disso, as marcas podem se antecipar, ou seja, apresentar as vantagens que o consumidor espera para a tomada de decisão. Mais uma vez vemos o big data em ação, mas também o comportamento de consumo e o uso da tecnologia para o varejo. O *omnichannel* deixa um legado para as marcas, como dados poderosos para serem usados em marketing e comunicação.

15.5.2 Individualizar a comunicação

Vou contar um segredo: a sua empresa pode individualizar o consumidor por grupos de interesses dentro de produtos ou serviços da empresa. Por exemplo, na FM Consultoria, recebo demandas de empresas, agências e consultorias para diversos negócios, como e-commerce, planejamento, inovação, comportamentos, tendências, educação, pesquisa e *fintechs*. O que fazer? Segmento as empresas e preparo materiais para cada uma delas, elevando a percepção de especialista nas áreas que atuo. Não falo, por exemplo, de mídia on-line ou redes sociais. Eu segmento os grupos de empresas e me comunico com elas de forma única. Claro que a FM Consultoria não é a única a fazer isso, e muito menos sou o mais inovador do mercado, mas é algo que a sua empresa pode – e precisa – fazer. E uma coisa eu garanto: esse é um diferencial competitivo enorme.

Segundo Ana Paula Ribeiro Tozzi,[7] "vivemos uma era de softwares analíticos que geram códigos bem estruturados que possibilitam a transformação de dados em informação relevante para o consumidor certo, no lugar certo e hora certa". E concordo com Ana Paula quando digo que, há anos, profissional de planejamento transforma dados em informação relevante – um dos poucos slides que mantenho da minha primeira aula, elaborada em 2008.

---

6 UNDERHILL, P. *Vamos às compras*: a ciência do consumo em mercados globais. São Paulo: Campus, 2009. p. 185.
7 SOUZA, 2015, p. 23, 67.

CAPÍTULO 16

CARROS CONECTADOS

Outubro de 2016. Um caminhão roda 200 km, nos Estados Unidos, com cerca de 45 mil latas de cerveja. Até o momento, nenhuma novidade, quantos caminhões rodam distribuindo esse produto aos pontos de venda do país? A diferença é que esse caminhão se chamava Otto e foi desenvolvido pelo Uber, como sendo o primeiro caminhão autônomo do mundo, ou seja, o primeiro a percorrer estradas – de Fort Collins, no Colorado, até Colorado Springs – sem um motorista a bordo. Otto contava com três sensores de detecção a laser distribuídos pelo veículo, um radar localizado no para-choque e uma câmera de alta precisão acima do para-brisa. Um computador transformava os dados em instruções de direção. O lado ruim é que, em 2018, depois de rodar 3,2 milhões de quilômetros pelos Estados Unidos, Uber decidiu não mais investir em caminhões autônomos para focar nos carros.

A tecnologia não serve apenas para que as pessoas possam mexer nos aplicativos do smartphone; ela vem para mudar a forma como as empresas atuam, para fortalecer marcas e expandir negócios. Conceitos de expansão de marca mostram que o sucesso se dá quando a expansão gira em torno do universo onde a marca nasceu. Coca-Cola é uma bebida, faz todo o sentido ela ampliar seu portfólio de refrigerante para outras bebidas. Entretanto, apostou em moda e tem se saído muito bem, ampliando seu escopo de bebida para pessoas, com o propósito de viver positivamente. Tem ligação. No caso do Uber, que surgiu como uma empresa de transporte, tem tudo a ver a empresa crescer dentro desse universo. Se continuada, a tecnologia poderia ser vendida para Volvo, Scania, Ford entre outras empresas.

Pense na seguinte economia: um dia tem 24h. Um motorista pode dirigir no máximo 12h, parando para descansar. Que esse motorista rode 3h, pare 1h, rode 3h e pare uma, no fim do dia, ele rodou 16h, sobrando 8h para dormir. Com isso, um frete que leva 24h para ser entregue será entregue em dois dias. Entretanto, com o Otto, ele pode rodar 24h quase sem parar – exceto para abastecer. Com isso, a entrega pode ser feita mais rápido. O Otto pode rodar sem parar, agilizando os fretes e economizando no lado financeiro do motorista. A tecnologia pode criar diversos novos empregos, mas deverá matar outros também.

16.1 Conceito

Carro conectado não é o carro que consegue acessar a internet – isso é o mínimo e o básico para um conceito tão amplo. Segundo a financeira Morgan Stanley,[1] os novos carros conectados poderão enxugar US$ 5,6 trilhões da economia mundial em estruturas que passariam a ser desnecessárias, acidentes evitados e melhorias no fluxo do trânsito. O que vai impulsionar os carros conectados é a IoT, tema já abordado aqui.

16.2 Planejamento

O conceito de IoT poderá ajudar na transformação digital de toda uma indústria: a automobilística. Vivemos em tempos difíceis para as montadoras, onde cada vez cresce mais o número de jovens da geração Z que não quer mais comprar carros. Talvez, com produtos de alta tecnologia, eles comecem a repensar essa ideia, uma vez que a economia compartilhada, com Uber e Cabify enquanto "os melhores amigos" dessas novas gerações mais preocupadas com o planeta, servem bem quem não está muito a fim de abrir mão de suas mordomias.

No Fórum de Mobilidade de 2017, o então CEO da Editora Abril, Walter Longo, mostrou alguns cases de cidades inteligentes e carros conectados. Uma fala de Walter, em especial, me chamou atenção:

> A indústria automobilística está avançando rápido na integração com a tecnologia para auxiliar as pessoas na mobilidade. Waze e Uber fizeram mais pela mobilidade urbana do que qualquer outro setor de transporte de qualquer cidade no mundo, pois a visão deles é guarda e multa, dos aplicativos é ajudar a mobilidade do trânsito e melhorando os caminhos. Precisamos entender a mobilidade muito além do transporte. É entender que é possível criar semáforos inteligentes por algoritmo, Internet das Coisas gerando big data de uso social, serviços compartilhados de transporte de pessoas.

---

1 MESQUITA, R. V. Carros conectados. *Revista Planeta*, n. 497, abr. 2014. Disponível em: https://www.revistaplaneta.com.br/carros-conectados. Acesso em: set. 2019.

16.3 Para o varejo

Nos Estados Unidos, até 2018, mais de 40 milhões de carros conectados já rodavam pelo país. No Brasil, a IA já ajuda o motorista a saber o que acontece no carro, uma vez que, desde 2017, é vendido um aparelho chamado Vehicle Artificial Intelligence (VAI), que monitora as informações de funcionamento do carro. Operadoras de seguro e montadoras, com um aparelho desses nos carros, podem coletar diversas informações dos clientes, melhorando sua experiência. Por exemplo, um cliente tem um Chevrolet Cruze e, como sua forma de dirigir não é a ideal, tem consumido mais gasolina do que o normal. A GM pode enviar um e-mail para o cliente dando dicas de direção para economizar gasolina e gerar assim uma economia, ou apresentar uma promoção para a troca de óleo informando que ele tem mais 15 dias de autonomia para o carro não dar nenhum problema.

A marca de pneus Continental também desenvolveu produtos com sistema de sensores embutidos, alertando para os níveis de calibragem e desgaste dos pneus, transmitidos em tempo real para o motorista.

16.4 O que o público espera?

As montadoras estão correndo para agregar as tecnologias *machine-to-machine* (M2M) na linha de produção e coletar dados para oferecer novos serviços aos clientes. Os dados podem ser analisados para identificar avarias, trocas de óleo, agendar revisões e prever a necessidade de *recalls* antes mesmo dos veículos apontarem problemas, mitigando gastos que podem chegar a centenas de milhões de dólares. E com as informações armazenadas em nuvem, os próprios clientes podem acessá-las e acompanhar trajetos, acionar aplicativos e muito mais.

16.5 Como aplicar em sua empresa hoje?

Para o mercado de seguros, um dos mais beneficiados, o potencial analítico da IoT permite que diversas informações do veículo e do motorista possam servir para analisar riscos, oferecer precificações personalizadas e até identificar fraudes. E com o monitoramento em tempo real, as seguradoras podem ficar cada vez mais proativas, alertando para problemas mecânicos no veículo, identificando comportamentos de risco e trajetos suspeitos, além de acionar resgate ao detectar acionamento dos airbags.

CAPÍTULO 17

GROWTH HACKING

Termo relativamente novo no Brasil, mas já usado por diversas empresas ao longo do mundo, *growth hacking* consiste em usar a tecnologia para aumentar o uso de produtos e serviços. Visto com bons olhos, principalmente no setor de startups, onde o dinheiro é sempre mais curto, a metodologia tem como um dos pilares ativar base de clientes, seja nova ou atual, sem o uso de grandes quantidades de mídia, mas com muito uso de dados, baseado em IA, big data e IoT. Não tem como o *growth* ficar fora do guarda-chuva da transformação digital.

O time envolvido em *growth hacking* precisa detectar potencial de crescimento por meio do uso contínuo e testes de produtos, mensagens para as pessoas, meios de aquisição e retenção, além da necessidade de se estar sempre atento a oportunidades de desenvolvimento de novos produtos, mediante o que o mercado pede, tanto pela avaliação como pelo feedback de clientes. Para isso, as equipes devem usar técnicas, já mencionadas aqui, de *machine learning*, IoT, small data e IA, de modo a gerar uma base de dados ativa, em constante evolução e que possa ser usada para criar *insights* estratégicos. Novamente, o big data aparece como um pilar dos mais importantes no guarda-chuva chamado transformação digital.

Confesso que esse é um tema que conheço pouco. No dia a dia com a FM Consultoria, meus clientes ainda buscam mais a mídia, algo mais seguro e rentável para o meu principal cliente, as agências, do que outras técnicas. Pelo o que estudei para não só escrever este capítulo, mas também para entender o momento em que trabalho com meus clientes, *growth hacking* tem um pai, e ele se chama Sean Ellis. No livro *Hacking growth*, Ellis explica como foi criado o termo e como é usado no dia a dia. No Brasil, diversas empresas atuam com essa estratégia a fim de elevar as vendas das marcas com o menor custo possível, trazendo o famoso ROI ainda mais alto.

17.1 Conceito

Segundo Sean Ellis,[1]

> *Growth hacking* é um novo jeito de conquistar, ampliar e reter base de clientes por um marketing incorporado ao próprio produto. A capacidade da empresa em coletar, armazenar e analisar volumes de dados de clientes e poder monitorá-los em tempo real, permite que as empresas possam tentar novos recursos de branding, mensagens e apelos de comunicação, com menor custo e muito mais agilidade e maiores taxas de sucesso. Esse é um método que utiliza experimentos multifuncionais e de alta velocidade.

Bem, ninguém melhor para definir o termo do que quem o inventou.

17.2 Planejamento

Ainda usando Sean Ellis como exemplo, o autor conta que, para promover o crescimento de uma startup, a Uproar, de games on-line, atuou ao lado de engenheiros "para desenvolver caminhos que encontrassem novos clientes, que pudessem interagir com eles, descobrir como ajustar as mensagens e aumentar a base de clientes sem uso do marketing tradicional, uma vez, que os recursos eram muito menores que a concorrência como um todo".[2]

Todo esse esforço de Ellis deu certo, mas ele precisou do uso da tecnologia, mais do que do marketing, para alcançar o sucesso – e esse é o apelo que o *growth hacking* traz para o mercado como um todo. O marketing jamais será banido do dia a dia das marcas, isso é fato, mas também é fato que o *growth hacking* vem como uma forte arma dentro de todo o guarda-chuva da transformação digital, tendo em vista que ele precisa, e muito, da tecnologia para trazer resultados.

Ellis defende que uma boa estratégia de *growth hacking* precisa de uma equipe multidisciplinar, com profissionais capacitados em engenharia, gestão de produtos e marketing – um "tripé" que combina disciplinas como análise de dados, conhecimento de fundamentos e ferramentas de marketing, comportamento de pessoas e, o mais importante, agilidade na tomada de decisão.

Com a concorrência acirrada e múltiplos pontos de contato com o consumidor, o *growth hacking* se tornou um processo cíclico capaz de trazer excelentes resultados a partir das seguintes etapas, construídas em sequência:

1. **Geração de ideias:** brainstorming amplo, sem censuras. E-book sobre determinado assunto? Cobranding com outra empresa? SEO? Organizar um evento? O céu é o limite, mas, lembre-se, a mídia está quase proibida nesse brainstorming;

---

[1] ELLIS, S.; BROWN, M. *Hacking growth*: e estratégia de marketing inovadora das empresas de crescimento mais rápido. São Paulo: HSM, 2017.
[2] ELLIS; BROWN, 2017, p. 4.

2. **Priorização e modelagem:** com as ideias em mãos, analisar o possível impacto e a dificuldade ou custo de implantação da ideia e listar os possíveis problemas: qual será nossa empresa parceira? Como podemos colaborar? Qual será o produto final dessa parceria?;
3. **Testes:** validam as hipóteses e exigem que cada tarefa no projeto tenha seu proprietário definido, as métricas estejam alinhadas e claras e o experimento tenha um tempo determinado;
4. **Análise dos resultados:** caso seu resultado seja negativo, utilize-o como um aprendizado para gerar novos *insights* e ideias para experimentos e siga em frente;
5. **Validação e escala:** fase de execução, automatizando os processos, investindo em mídia e comunicação e ampliando os grupos de audiências com foco em ganhar escala.

17.3 Para o varejo

Para Neil Patel, "*growth hacking* não é uma fórmula pronta para o sucesso, mas sim um modo de pensar e, consequentemente, de agir". No fundo, o famoso guru de marketing digital quer dizer que não existe uma fórmula para que a marca siga o passo a passo para o sucesso. Toda a vez que você ler ou ouvir algo sobre fórmulas milagrosas no marketing digital, deixe de lado, pois fórmula só funciona para quem a cria. Na verdade, marketing digital é muito trabalho, análise, erro e acerto. Fórmula é para remédio!

Growth hacking utiliza todos os recursos do marketing tradicional, como:

- » redes sociais;
- » e-mails;
- » blogs;
- » analytics;
- » arquitetura de informação e usabilidade;
- » SEO e *link building*;
- » SEM;
- » marketing de guerrilha;
- » *member get member*;
- » assessoria de imprensa;
- » vídeos virais;
- » parceria com plataformas existentes, como PayPal;
- » feiras e eventos;
- » palestras;
- » influenciadores;
- » criação de comunidades da marca e/ou plataformas próprias.

Para alavancar vendas e promover retenção, perceba que as ações mencionadas não têm diretamente mídia paga para impulsionar – exceto SEM –, contando sempre com o conteúdo como diferencial. Para Patel, *growth hacker* precisa possuir conhecimentos conceituais e técnicos de marketing, além de conhecer e entender de metodologia de experimentos, processos, tecnologia e psicologia do consumidor. Entender o comportamento das pessoas ao longo de toda a jornada de compra é essencial para que esse profissional tenha sucesso.

Se o profissional de marketing precisa entender de psicologia? Eu diria que mais do que de FaceAds.

17.4 O que o público espera?

Quando se cria uma estratégia de *growth hacking* – e, sinceramente, as pessoas não têm a menor ideia disso –, se é para impactar, que pelo menos seja com algo que faça sentido ao consumidor. Pode até ser "chover no molhado", mas é importante reforçar, pois muito do que escrevo aqui é um reflexo de frustrações que tenho no mercado, ainda mais em agências, onde cada dia mais a preocupação é o canal e não a mensagem.

Não coordeno mais MBA, mas ainda atuo em sala de aula com muito prazer. Quando coordenava MBA de Marketing Digital, me deixavam muito triste as reclamações de alunos que queriam, desesperadamente, aprender como mexer na ferramenta. Eu insistia que isso não era o diferencial, mas sim por que saber, dizia que existia uma diferença "entre apertar o botão e saber por que se aperta o botão". Quem sabe o porquê, normalmente, é quem lidera e manda apertar. Eu indicava escolas como a Goobec, cujo propósito é ensina como usar as ferramentas, ao passo que um MBA ensina a pensar, embora nem todos os profissionais de marketing queiram pensar!

Conto essa pequena passagem, mas carregada de enorme frustração, para provocá-lo a não ficar pensando apenas na ferramenta, mas sim no que o público vai consumir. Uma boa estratégia de *growth hacking* não é apenas ferramenta, mas muito estudo. E, de novo, sim, é mais importante entender psicologia de consumo do que como usar a RD Station, que é uma ferramenta importante no processo, mas, usando um ditado popular, não saber qual a mensagem passar e ter a RD Station é como dar uma Ferrari para um jovem de 18 anos dirigir. Ele vai saber, vai chegar a 300km/h, mas não vai saber usar em nada o potencial do carro.

Não esqueça que, como toda a estratégia de marketing, *growth hacking* precisa ser mensurado o tempo todo, ou o estrategista da marca não saberá o que está dando certo e o que pode ser melhorado.

17.5 Como aplicar em sua empresa hoje?

Neil Patel usa um funil para explicar *growth hacking*, como você pode observar na Figura 17.1.

Perceba que o funil começa, como todos os outros, no topo, baseado em aquisição. Para isso, podemos usar mídia e estratégias de *inbound* e *outbound* – vamos falar mais sobre isso ao longo deste capítulo. O diferencial desse funil em Y, não como pirâmide invertida, é que as ações de topo, *inbound marketing* e *outbound sales*, são usadas juntas, a fim de acelerar a aquisição de clientes para a marca.

Figura 17.1 Funil *growth hacking*

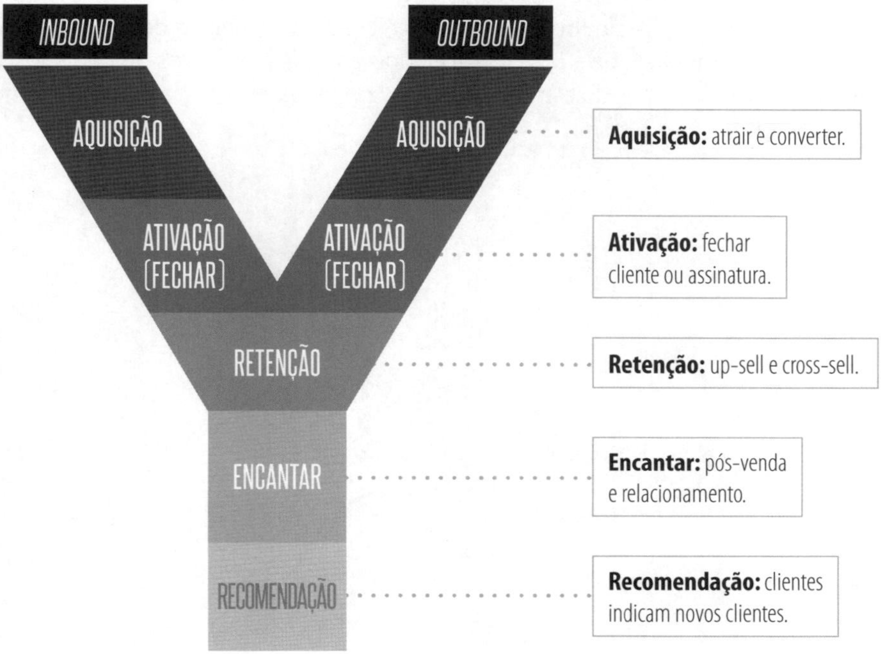
INBOUND
OUTBOUND
AQUISIÇÃO
AQUISIÇÃO
ATIVAÇÃO (FECHAR)
ATIVAÇÃO (FECHAR)
RETENÇÃO
ENCANTAR
RECOMENDAÇÃO
Aquisição: atrair e converter.
Ativação: fechar cliente ou assinatura.
Retenção: up-sell e cross-sell.
Encantar: pós-venda e relacionamento.
Recomendação: clientes indicam novos clientes.

Fonte: PORTAL NEIL PATEL.

Para criar bons cases de *growth hacking*, você pode começar com estratégias básicas, mas que devem ser feitas diariamente, como um blog, por exemplo. Sua empresa pode ser uma multinacional ou uma empresa com três funcionários, não importa: para criar um blog não precisa ser nenhum Bill Gates, basta que você entre no WordPress, siga os passos e comece a escrever! O conteúdo é o mais importante. E, claro, escreva o que tem aderência à sua marca, nada de um escritório de contabilidade colocar em seu blog o resumo da novela das 20h. As táticas "caça-cliques" tão usadas pelos jornalistas esportivos no Brasil (os de pouca credibilidade, claro) são rapidamente percebidas pelo grande público.

É uma pena que anunciantes ainda se preocupem mais com acessos do que com qualidade, pois isso mataria os caça-cliques. Não seja um desses tipos bizarros que temos na web. Se o seu texto for bom, busque parcerias de conteúdo com sites e blogs do segmento: isso ajuda a dar notoriedade para você começar a construir sua reputação no Google – e também quanto marca. Já pensou em um texto seu sobre uma nova lei na home de um grande portal? Seria ótimo!

Lista de e-mails são sempre válidas. Há muitas estratégias de *inbound* que apelam para "baixe um e-book de graça em troca de e-mail". Isso é válido, desde que as empresas façam bom uso. Para escrever este livro, eu baixei, de uma mesma editora, mais de 15 e-books, e o máximo que recebo deles é a newsletter diária com conteúdo valioso. Mas para que trabalhar um e-book se ao captar o e-mail nada é feito? E outra, eles já tinham meu e-mail pela newsletter, claro, desde o primeiro e-book que baixei.

Quando, aqui neste livro, dou umas "porradas" no mercado, posso parecer chato, mas aí vêm iniciativas como essa, e penso que essa editora fala tanto de transformação digital, mas mal sabe usar seu mailing. Assim que o conteúdo é criado, seu mailing deve ser o primeiro a receber a notificação. Rafael Rez e Marcos Hiller, dois amigos e parceiros de negócios, fazem isso muito bem em suas listas de e-mails captadas com iscas, mas trabalhadas de forma isolada e direcionada.

CAPÍTULO 18

RECONHECIMENTO FACIAL E BIOMETRIA

A tecnologia de reconhecimento facial está sendo cada vez mais usada nas indústrias de segurança, varejo, gastronomia e hospitalidade. Ela tem tudo para ajudar, e muito, nas novas comunicações, como outdoors inteligentes, placas de rua que coletam informações sofisticadas, como gênero e demografia, e possibilidades *opt-in* para experiências detalhadas de consumidores – tudo viabilizado pela tecnologia facial on-line. Se isso soa um tanto futurista, lembre-se: em 2003, postar uma foto em uma rede social para seus amigos verem, curtirem e compartilharem também era inimaginável.

Segundo Ryan Steelberg, presidente e cofundador da Veritone,

> grandes marcas como Disney e serviços do governo introduziram a tecnologia para detectar o humor dos clientes. O objetivo final disso não é assustar os consumidores com monitoramento excessivo ou invasão de privacidade, mas de oferecer uma experiência que é benéfica, agradável e eficiente.

18.1 Conceito

Desbloquear o celular por reconhecimento facial não é nenhuma novidade, mas é uma forma de você entender como funciona. Quantos desenhos e filmes não vimos usando essa tecnologia como algo do futuro? A tecnologia tem avançado tanto que dizemos que o futuro é hoje.

Basicamente, funciona com uma câmera atrelada a um software, que, a partir de pontos e medidas do rosto, como o comprimento da linha da mandíbula, tamanho do crânio, distância entre os olhos, largura do nariz, entre outros, consegue identificar o indivíduo e saber que você é você. A biometria possui diversas maneiras para entender quem somos, mas para este livro, vamos focar apenas no reconhecimento de impressões digitais, que, de novo, já está no seu celular. Não é nenhuma novidade, mas é uma forma de compreender seu funcionamento.

18.2 Planejamento

O uso dessas tecnologias no celular serve apenas para mostrar sua popularização. Com isso, fica um pouco mais fácil implementar as ideias com a sua marca, pois o consumidor já está consciente do que são e como funcionam. Entretanto, é importante entender a aderência junto à marca, para não correr o risco de a ideia parecer sem sentido, principalmente dentro de um universo em que a marca precisa se mostrar tecnológica. Entenda que, sim, a aparência é importante, e todas as marcas precisam aparecer com alto grau de tecnologia, mas quando o uso é excessivo, fica estranho – ou, utilizando a linguagem da internet, vira *fake*.

A tecnologia sensorial da biometria, em uso em *smartwatches* e *smartbands,* tem potencial de oferecer dados sobre batimentos cardíacos, índice glicêmico, ECG, temperatura corporal e muito mais. As implicações para a indústria da saúde em termos de monitoramento remoto de pacientes são claras, mas, em outras indústrias, as marcas podem e vão surfar essa onda também.

18.3 Para o varejo

A Dafiti é uma das pioneiras na utilização desse recurso para compras on-line. Se o celular, tablet e notebook tem câmera, porque não usá-la para essa tecnologia? Segundo matéria do Portal No Varejo, "uma parceria entre Mastercard e o banco Santander, criou o Identity Check, a solução autêntica para pagamentos on-line com o uso da biometria – com impressão digital ou reconhecimento facial – sem a necessidade de digitar senhas".

Fonte: NO VAREJO. Dafiti inicia testes para pagamentos com reconhecimento facial. 2017. Disponível em: https://portalnovarejo.com.br/2017/12/dafiti-inicia-testes-para-pagamentos-com-reconhecimento-facial. Acesso em: jul. 2019.

18.4 O que o público espera?

Usando o exemplo da Dafiti, Phillipp Povel, seu CEO e cofundador, apresenta o mesmo pensamento que tenho apresentado neste livro: as pessoas querem facilidade e comodidade. Segundo Povel, "cada vez mais queremos que nossos clientes tenham acesso à recursos que facilitem sua experiência de compra no e-commerce, trazendo ainda mais comodidade e primando sempre pela segurança do processo".

O que as pessoas querem é experiências ricas e fáceis. Vale lembrar que a Apple cresceu com foco na simplicidade, e, como já dito aqui, reproduzindo as palavras de Washington Olivetto, as pessoas querem simplicidade.

18.5 Como aplicar em sua empresa hoje?

Cheguei a conversar com uma empresa que, infelizmente, não está mais operando no Brasil, por meio do meu amigo Anderson Saturno. A tecnologia da empresa reconhecia, por meio de uma câmera especial – do tamanho de uma câmera de segurança – o rosto da pessoa. Com um software próprio, se o consumidor, ao entrar na loja, seguisse a marca nas redes sociais, suas informações eram capturadas. Em milésimos de segundos, a Maria, vendedora da Zara, poderia saber se a Márcia, consumidora que estava entrando na loja do Shopping Ibirapuera, era casada ou solteira, se tem filhos, o time que torce, as músicas que mais gosta e se viajou para a praia nos últimos dias. Caso seu e-mail estivesse no perfil, o sistema o cruzaria com a navegação da Márcia para saber o que ela pesquisou no site ou no aplicativo mobile e o que já comprou.

O sistema poderia fazer diversos cruzamentos – relembrando, tudo isso em milésimos de segundos – e a Maria teria, então, uma lista aderente ao desejo de Márcia para oferecer. Logo, quando Maria fosse abordar Márcia, ela teria uma riqueza de informações para iniciar a venda.

Esse conceito tem tudo a ver com *omnichannel*, afinal, estamos olhando para dados – big data, novamente – para melhorar experiências. Há um case muito interessante da loja Rebecca Minkoff, de Nova Iorque, que mostra uma vitrine virtual, onde as consumidoras podem simular a luz do sol para saber como ficará a roupa. Com um software especial, todas essas informações são armazenadas e podem ser usadas a favor da experiência.

A câmera de reconhecimento não pode ficar dentro do provador, claro, mas e se a Rebecca Minkoff vendesse roupas em uma loja multimarcas do shopping e a câmera a reconhecesse?

CAPÍTULO 19

DRONES

Caso você pense que estamos aqui apenas para falar de um brinquedo, saiba que está bem errado! Os drones deixaram de ser brinquedo para se tornarem armas poderosas para o varejo como um todo. Nos finais de semana, você até pode ir ao parque brincar com ele, mas, nos dias úteis, faça bom uso para o seu negócio. É para isso que o marketing existe: para fazer sentido no seu negócio e fazê-lo lucrar.

Marketing não é só venda, mas chamar a atenção do cliente para a sua marca. Você, ao andar pela Avenida Paulista, vê um drone com um banner de 10% de desconto na loja ao seu lado. Isso chama sua atenção ou não?

Drones estão sendo usados para diversos segmentos, como segurança, cinema, novelas, shows, monitoramento ambiental e agronegócio, por exemplo, mas aqui vamos focar em seu uso para o marketing. Como os drones entram no guarda-chuva da transformação digital?

19.1 Conceito

Drones são aparelhos controlados por radiofrequência que podem ser manobrados por qualquer pessoa, desde que com habilidade para tal. Eu mesmo tentei só uma vez! Eles têm sido adotados para várias atividades como fotos e vídeos, pois a precisão de localização é ótima, e a qualidade de câmeras Full HD e até 4K em alguns aparelhos permite imagens sensacionais. No meu querido São Paulo Futebol Clube, por exemplo, tem uma enorme foto na área interna feita por um drone, tal qual vi em um vídeo de uma ação de marketing do time.

19.2 Planejamento

Drones são produtos que chamam a atenção e as pessoas gostam. Entender o que esperar é o ponto essencial para uma ação de drone. Não fique apenas no campo da ideia da marca em mostrar produtos de uma forma diferente, mas entenda como as pessoas podem comprar o produto a partir dessa ação. Vídeos chamam muito a atenção das pessoas, isso é fato, mas não criam relacionamentos. Um banner na home do UOL chama atenção de milhões de pessoas ao dia, mas isso não gera o relacionamento necessário. Chamar a atenção é ótimo, mas a interação do consumidor com a marca é melhor ainda.

Não fique apenas na iniciativa do drone. Use outros recursos dentro do guarda-chuva da transformação digital para que a ação gere uma experiência melhor para consumidores e marcas.

19.3 Para o varejo

A Tecnisa foi uma das pioneiras na utilização do drone para vender apartamentos. Diferente do exemplo que dei acima, que também chama a atenção, a Tecnisa simula, com o drone, a visão do futuro morador do apartamento, com ele ainda no chão. O movimento era relativamente simples. Colocando as coordenadas no sistema do drone, foi possível fazer vídeos na altura do apartamento e em cada cômodo. Por exemplo, você comprou um apartamento no oitavo andar. No site e no aplicativo da marca, você pode ver qual será a visão do seu quarto, de manhã, da sala, de tarde e da cozinha, de noite. Tudo por fotos reais e não montagens em modelagem 3D – que deixa tudo lindo, mas falso.

Você pode usar isso também para outros mercados. Como seria, por exemplo, um vídeo de um pátio de uma concessionária mostrando a frota de carros? Se usar bem a tecnologia, o consumidor pode ver o vídeo, parar o vídeo e clicar em cima de um dos carros que mais o interessou, podendo ver as características do automóvel como cor, preço, condições de pagamento e, claro, já, dessa forma, gerar um lead para a concessionária. Junte isso ao big data e veja a possibilidade de os drones entrarem no guarda-chuva da transformação digital.

Perceba que, em muitos casos, as iniciativas podem nem ter sido tão desenvolvidas neste livro, porém, em cada um dos temas apresentados, as ferramentas reaparecem como apoio, reforçando que a transformação digital passa por todos esses passos para ser construída. Não é apenas com uma ação de drone que você ficará satisfeito com a transformação digital da sua marca.

19.4 O que o público espera?

Interação. Imagens e vídeos gerados por drones chamam muito a atenção, mas as pessoas não querem apenas ver, querem interagir. Na seção sobre planejamento, citei a importância disso e aqui apenas a reforço. Para gerar o relacionamento, as pessoas precisam interagir com a marca.

19.5 Como aplicar em sua empresa hoje?

Criar uma ação com drones não requer apenas o aparelho, mas toda uma estrutura para que seja bem usado. Drones podem ir a qualquer lugar. Você pode, por exemplo, transmitir um show no Rock in Rio em sua página do Facebook, ao vivo. Isso seria interessante, e sua marca teria grande visualização dentro da rede social, mas é apenas isso que se pode fazer dentro de tudo o que estamos abordando nesse conceito de transformação digital?

Digamos que a sua marca está patrocinando o Rock in Rio e que você consiga transmitir o show do Queen, ao vivo, pela sua Fan Page. Você fará uma enorme campanha para que as pessoas saibam disso, principalmente, seus fãs da página. Até aí, nada de novo. Mas como usar essa audiência dentro da fan page? Com o uso de big data, você poderá captar todos os dados das pessoas que lá estão. Depois, é possível cruzar dados para saber o que eles preferem. Vamos supor que seja uma marca de eletrônicos, em que o portfólio de produtos é vasto, com smartphones, geladeiras, TVs, notebooks, fogão e micro-ondas. Tendo uma loja on-line ou sendo vendido por parceiros, como Submarino ou Ponto Frio, por exemplo, é possível divulgar o produto no momento do show. O consumidor pouco está ligando para isso naquele momento, mas a marca e o produto ficam fixados, e quem interagir poderá, na sequência, ser impactado.

A marca pode fazer alguma ação com a câmera do notebook e o smartphone do consumidor. Ao habilitá-la para fazer algum tipo de brincadeira, o reconhecimento facial captou tudo o que precisava, para, futuramente, dirigir a comunicação. Por que essa pessoa não pode ganhar 10% de desconto se for até a FastShop do Shopping Morumbi? Mas por que essa loja e esse shopping? Porque os dados dessa pessoa mostram que ela vai com frequência a esse shopping e já comprou na FastShop.

CAPÍTULO 20

SOCIAL CRM

Social CRM não é, nem de longe, atender aos consumidores via redes sociais. Essa pode ser sua essência, mas não é o diferencial que a estratégia pode trazer para o seu negócio. Empresas usam o CRM para centralizar informações do cliente, histórico de atividades e acompanhamento de interações, gerenciar leads de vendas e oportunidades, além de, obviamente, verificar ganho de tempo e produtividade. O social CRM pode potencializar isso.

20.1 Conceito

O social CRM oferece às marcas dados para entender seus seguidores nas redes sociais. *Social* refere-se o uso das mídias. CRM vem do inglês *customer relationship management*, que, em português, é traduzido como *gestão de relacionamento com o cliente*.

Trata-se de sistemas de informações ou ferramentas que automatizam as funções de contato com o cliente. Compreendem sistemas informatizados para uma mudança de atitude corporativa, em busca de manter um bom relacionamento com seus clientes ao armazenar, de forma inteligente, informações sobre suas atividades e interações com a empresa.

Os softwares usados coletam todos os dados por meio das interações com os clientes e potenciais clientes em plataformas de redes sociais, como Facebook, Instagram, Linkedin, Twitter, nas comunidades criadas nessas plataformas e em fóruns on-line. Sempre que alguém fala sobre a marca, um dado é gerado, possibilitando mineração e extração de informações valiosas, que o *business intelligence* (BI) usa estrategicamente para a tomada de decisões, ou seja, Social CRM é uma ferramenta importante para que conhecer ainda mais o perfil do consumidor e direcionar a comunicação aos seus desejos.

20.2 Planejamento

Social CRM permite que as empresas conheçam melhor seus clientes, mantendo a lealdade, possibilitando a conquista de novos clientes e melhorando a qualidade no pós-venda. Todo esse processo pode ser realizado por meio do acompanhamento do consumidor, criando promoções e ações personalizadas. A estratégia para o social CRM vai muito além do software – por isso, não vou aqui listar softwares, uma vez que sempre defendo que o estrategista da marca não precisa saber **qual**, mas sim **o que** o software gera de dados para a sua tomada de decisão.

Segundo o Blog da Dinamize, "vivemos em um mundo onde a comunicação entre empresa e consumidor deixou de ser unilateral e passou a ser multilateral, possibilitando estabelecer diálogos mais construtivos entre estes dois pontos".

Fonte: BRUM, E.; TRENHAGO, E. Social CRM – O que é? Como posso utilizá-lo? Disponível em: https://www.dinamize.com.br/blog/social-crm-o-que-e-como-posso-utiliza-lo. Acesso em: jul. 2019.

Uma mesma empresa pode ter um público-alvo com diferentes tipos de comportamento no momento de consumir, pois possuem diversos tipos de produto. Pense na Chevrolet, com carros de 30 a 180 mil reais; a Samsung, com celulares de 800 a 10 mil reais; a Zara com camisetas de 39 a blazers de 600 reais.

As empresas precisam estar atentas às transformações do mercado digital e também ao comportamento dos clientes que optam por ser atendidos de forma presencial. Nesse momento, o social CRM faz toda a diferença – ainda mais se acompanhado do uso de outras ferramentas do guarda-chuva da transformação digital, como big data, *omnichannel* e IoT, por exemplo, que podem potencializar as ações e experiências baseados em dados coletados.

Com tantas melhorias sendo oferecidas pelo mercado, o cliente está cada dia procurando mais ambientes de compra onde se sinta exclusivo e compreendido. Oferecer produtos de acordo com o que o consumidor realmente busca, com menor trabalho no momento de identificá-lo, faz toda a diferença. As marcas precisam ter acesso a tais informações de busca do cliente, por meio do site ou das redes sociais, para conseguir abordá-lo de forma mais assertiva e, então, estabelecer um relacionamento e concretizar a venda.

20.3 Para o varejo

Social CRM precisa ser uma estratégia de negócios. Quanto mais conhecimento tiver sobre consumidor, melhor será a abordagem. Repito isso sempre que possível, pois é algo importante para fixar em sua mente: transformação digital significa melhorar a experiência do cliente com a sua marca. Quanto melhor, maior será o engajamento.

Pense no futebol. Não precisa ser nenhum gênio para considerar levar um grupo de torcedores para o centro de treinamento do time para conversar com seus ídolos. O social CRM pode ajudá-los, via redes sociais, a localizar os torcedores mais fanáticos e convidá-los para um dia com os jogadores. É uma experiência única que será registrada e jamais esquecida! Agora pense: como as marcas podem fazer isso? Haverá sempre fãs de marcas, não apenas da Apple, mas de todas. Há pessoas que, por exemplo, só compram Honda, outros que só tomam Coca-Cola e outros que só comem pizza se for Pizza Hut. Sempre haverá fãs!

20.4 Onde o social CRM pode ajudar o branding?

Certa vez, estava com meu amigo Marcos Hiller em uma reunião com um dos maiores varejistas do Brasil. A ideia era refazer seu branding. A FM Consultoria foi chamada para a missão, mas, por ser um assunto que não dominamos, convidamos um dos maiores especialistas do país para nos ajudar. Durante a reunião, Hiller questionou os dois sócios da marca, o que me fez aprender mais uma com meu amigo. Ele perguntou:

— Quem é a Dona Maria da loja?

— Como assim?

— Aquela cliente fiel, que vai todos os dias na loja, mesmo que para conversar com os vendedores, de quem todos gostam, conhecida...

— Putz! Pior que tem a Dona Maria da loja do Ipiranga.

— Então, é com ela que preciso conversar.

— Mas por quê?

— Porque preciso entender qual foi o "vírus" que a infectou para ser tão apaixonada pela sua loja. Assim, eu o isolo e jogo na comunicação da marca.

Achei isso sensacional. O vírus que Hiller diz é o ponto de comunicação que fez com que a Dona Maria se apaixonasse pela marca a ponto de decidir por ela em todo momento de compra, e isso seria um item valioso para a comunicação. O social CRM – e por isso trouxe esse exemplo – pode ser o catalizador desse vírus, localizando os apaixonados pela marca, trazendo-os para perto e fazendo com que trabalhem, de graça, para a marca que amam.

Pagamos fortunas para influenciadores com milhões de fãs falarem das nossas marcas, mas é possível não pagar e ter um grande leque de fãs trabalhando de graça e sendo muito mais honesto no depoimento do que os influenciadores que usam iPhone, mas, em troca de "alguns reais", falam que Samsung, Motorola, Huawei ou LG são infinitamente melhores.

20.5 O que o público espera?

Quando uma pessoa baixa um e-book, ela se torna um lead para a marca. Empresas como HubSpot, SharpSpring e RDStation fazem isso de forma muito eficiente, mas os softwares de social CRM podem potencializar isso.

A gestão de leads e clientes armazena seus dados, registra informações referentes à cotação ou à compra de determinado produto ou serviço, ou amplia o conhecimento sobre algum assunto. Tudo isso gera dados para as marcas. O social CRM permite ampliar e melhorar o ciclo de vida do cliente, sabendo o que ele pensa e fala sobre o produto adquirido e sobre a empresa.

Lembre-se que qualquer ação de marketing via mídias sociais gera prospects, leads e até mesmo demandas de atendimento. Por meio de reclamações ou depoimentos, as empresas solicitam envio de e-mails ou telefonemas para solucionar problemas. O público, por sua vez, espera que as marcas os ouçam nas redes sociais e resolvam seus problemas – urgente, se possível! O social CRM ajuda a "pescar" esse problema, entender a influência desse consumidor dentro do seu universo de seguidores e saber como agir.

20.6 Como aplicar em sua empresa hoje?

O social CRM precisa ser aplicado hoje! Existem alguns passos importantes para que a sua marca possa se beneficiar dele e oferecer uma experiência melhor usando as redes sociais. Já falamos aqui que as redes sociais são redes de relacionamento e não apenas de divulgação de produtos, como a maioria das marcas fazem. A forma mais impactante de se usar as ferramentas sociais nos negócios é criar oportunidades para melhorar e aprimorar a experiência do cliente e de prospects ao interagirem com sua empresa.

O foco do social CRM é a construção de um ciclo de atendimento em que o feedback do cliente facilite as operações da empresa, bem como gere novos padrões de atendimento e relacionamento. Segundo estudos de social CRM, "não são os clientes que precisam estar nos canais que escolhemos, mas sim, nossos serviços que precisam se adaptar e marcar presença nos canais favoritos dos clientes". De fato, esse estudo sobre o bom uso do social CRM faz todo o sentido, pois, como diz a música de Milton Nascimento, "todo o artista tem que ir aonde o povo está", e o papel do social CRM é localizar oportunidades para a sua marca em relação a varejo e negócios.

CAPÍTULO 21

DESIGN THINKING

No design thinking, a visão dos designers é incorporada ao mundo corporativo a fim de encontrar soluções genuinamente relevantes e inovadoras, de forma humanizada e com olhar direcionado à experiência e às necessidades do cliente. O processo é similar a uma aula de jardim de infância, com cartolinas coloridas, post-it, recortes de jornais e revistas, muita cola e tesoura. Dos que participei, no começo, achava que era aula para a minha filha, Fernanda, com oito anos, mas esse preconceito acaba alguns minutos depois, quando compreendemos sua essência.

O design thinking está atrelado ao conceito de *user experience* (UX), cujo foco está na experiência do usuário dentro do que está sendo proposto, desde campanha, site e serviço até produtos.

O design thinking, sozinho, não faz diferença. Profissionais da área precisam estudar planejamento, comportamento, tecnologia e tendências. Há muita pesquisa envolvida, relacionando diversos conceitos como netnografia, neuromarketing, focus group, pesquisa de rua e pesquisas acadêmicas, como livros, cursos e palestras.

21.1 Conceito

"Pense como um designer". O termo surgiu em 1969, no livro *The science of the artificial*, e se popularizou quando David M. Kelley, fundador da IDEO (empresa americana de consultoria de design de produtos), definiu design thinking como "uma forma de ação criativa". Tim Brown, por sua vez, definiu design thinking no livro *Change by design* como uma "abordagem antropocêntrica que tem como finalidade propor soluções inovadoras sob a ótica do consumidor final; tudo isso de maneira colaborativa, multidisciplinar, empática e criativa".

21.2 Planejamento

Segundo meu amigo Euripedes Magalhães, um dos maiores nomes de design thinking do Brasil, "essa metodologia está sendo usada para negócios. Presidentes de empresas estão trazendo os conceitos do design thinking para desenvolver produtos, repensar o modelo que a empresa atua, de branding e planejamento de marketing".

O conceito está sendo muito usado nas empresas para pensar em novos modelos e novas formas de impactar o consumidor como um todo. Ao iniciar o planejamento da marca usando design thinking, Euripedes nos ensina a pensar em **tecnologia**, **negócios** e **pessoas** – afinal, as pessoas compram produtos que têm tecnologia para ser desenvolvida. Basicamente, esse é o processo de compra, e, nós, profissionais de marketing, devemos, cada vez mais, entender como trazer essas pessoas para perto das marcas.

Em seu livro *Marketing existencial*,[1] o filósofo Luiz Felipe Pondé diz acreditar no marketing de sentidos e significados para falar diretamente com o consumidor. Segundo ele, "o consumidor não compra apenas produtos, compra valores e comportamentos" – e é isso que o design thinking pode auxiliá-lo a descobrir para que o tenha nas iniciativas da transformação digital.

Como defendem Euripedes e Pondé, o consumidor precisa estar sempre no centro de tudo, e a transformação digital não pode, nem por um segundo, ser pensada sem que o consumidor esteja efetivamente no centro. Lembre-se que o processo de design thinking é uma abordagem que nos ajuda a mudar o nosso estado mental e nos estimula a resolver problemas com novas perspectivas.

SAIU NA MÍDIA

Segundo o Blog da empresa Mandae, "as etapas para criar o planejamento da ação de design thinking na sua empresa passam por:

» **Estudos de campo:** observe como alguém utiliza um produto já existente (que também pode ser o seu) no seu ambiente natural. Assim, você estará apto a entender o contexto no qual os seus usuários interagem com o produto;
» **Personas:** descobertas por meio de pesquisas com o usuário (como estudos de campo), as personas representam diferentes perfis de usuário com base em seu estilo de vida e aspectos comportamentais. Usar *buyer personas* ajuda a desenhar soluções com base nas necessidades, ambições e medos dos usuários.

---

1 PONDÉ, L. F. *Marketing existencial*. São Paulo: Três Estrelas, 2017. p. 36.

> » **Mapas de experiência do usuário:** construção da jornada do usuário pelo seu produto, com destaque para cada etapa completada com sucesso. Mapas de experiência ajudam a entender melhor como o usuário se sente antes, durante e depois de usar seu produto.
>
> » **Entrevistas:** não há nada como sair do escritório e sentar-se para conversar com o seu usuário. Faça diversas perguntas e deixe-os interagir com o seu protótipo. Grave tudo. Entrevistas com o usuário são baratas, simples e podem servir como fonte de informação para outras pesquisas".
>
> Fonte: VENTURA, G. Design thinking pode ser a estratégia para inovação na sua empresa. Disponível em: https://www.mandae.com.br/blog/design-thinking-pode-ser-a-estrategia-para-inovacao-na-sua-empresa. Acesso em: jul. 2019.

21.3 Para o varejo

Para Eurípedes, o processo de design thinking passa por "entender do problema, para quem está sendo direcionado à solução desse problema, quais as hipóteses e ideias para resolver aquele problema, e testar as soluções desse problema". A melhoria é constante, ou seja, o processo não funciona se desenvolvido em um dia para depois ser deixado de lado. O design thinking requer esforço contínuo, porque, como o mundo, está em constante evolução – assim como as pesquisas da área que trazem sempre novos resultados.

Realize uma sessão de design thinking para:

» gerar um número alto de ideias sobre determinado problema, ainda bastante aberto dentro de um contexto, para encontrar o "por que" e o "para quem";
» abrir ao máximo as possibilidades de solução sem ter ainda em vista um processo de implementação;
» movimentar o seu time de forma criativa, proporcionando a eles o "pensar fora da caixa".

21.4 O que o público espera?

Uma vez que o processo parte de seu conhecimento, o consumidor espera que produtos, serviços e até comunicação sejam os mais relevantes possíveis. Por exemplo, temos uma das marcas que mais inovam em comunicação e entendimento do consumidor – seu grande segredo, por sinal –, a Netflix, cujo grande desafio é a personalização. O comportamento evolui, e a marca precisa evoluir junto, usando recursos de design thinking, para trabalhar padrões de comportamento de usuários existentes e dar norte a sua estratégia de conteúdos e lançamentos. Nada melhor do que chegar em casa, abrir a Netflix e ver como sugestão o novo filme do seu ator preferido, não?

Como disse Steve Jobs, "muitas pessoas cometem o erro de pensar que o design é apenas aquilo que veem. As pessoas pensam que os designers olham para um objeto e dizem 'Torne-o atrativo'. Design não é apenas sobre a aparência e a sensação. Design é como todas as coisas funcionam".

21.5 Como aplicar em sua empresa hoje?

Pesquisas nas áreas de netnografia, antropologia, BI e pessoas de planejamento são importantes no processo de compreensão sobre tudo o que envolve a marca e o design thinking pode ser potencializado com essas informações. Não tem como criar um processo sem que haja informação à disposição dos profissionais de design thinking, tal qual sem uma cultura de colaboração não há êxito. A cultura da empresa é importante para o processo. Já citamos aqui a fala de Walter Longo sobre a *alma digital*: para que a transformação digital tenha resultado, a marca precisa de cultura. Em muitos casos, o design thinking pode ser muito disruptivo e causar um choque na gestão da marca.

Em 2018, participei de um processo muito interessante. A FM Consultoria foi contratada pela Tatic para desenvolver um processo de design thinking junto a um importante banco. A ideia era descobrir e solucionar problemas para elevar as vendas de um produto com foco em pequenos estabelecimentos, totalmente B2B. Participaram do processo dez pessoas, entre funcionários do banco, FM Consultoria e Tatic. Por contrato, não posso abrir nomes. Nos reunimos por dois dias, algo em torno de 16h de trabalho, para analisar como o banco poderia elevar as vendas dos produtos.

Diante de uma lousa, muita caneta colorida e post-it de diversas cores, o time do banco relatou todos os problemas enfrentados durante as vendas. Em seguida, Tatic e FM Consultoria passaram alguns pontos de pesquisas feitas naquela semana com potenciais clientes do produto. Por fim, o pessoal de BI nos forneceu dados de pesquisas importantes para o processo de design thinking.

Com os problemas mapeados, a segunda fase do processo foi pensar no perfil dos consumidores. Por mais que o foco fossem pequenos estabelecimentos, a multiplicidade do termo é maior do que se imagina; logo, a diversidade das pessoas segue o mesmo caminho. Não é possível falar com o dono de um estabelecimento de São Paulo e achar que a dona de um estabelecimento de Recife vai ser impactada pela mesma mensagem, sendo, que, às vezes, o problema de São Paulo nada tem a ver com o de Recife.

O terceiro passo foi entender, então, os problemas comuns do produto, algo que precisava ser melhorado como um todo. A Tatic conseguira impactar perfis via *machine learning*, mas era necessário entender o tipo de mensagem a ser passada, o que levou ao 4º passo: definir mensagens e apelos de comunicação. Até o fechamento deste livro, o projeto, por burocracia, ainda não havia evoluído, mas pelo menos a diretoria do banco aprovou tudo!

CAPÍTULO 22

MARKETING DE MICROMOMENTOS

No Capítulo 7, abordamos sobre big data, o conceito da jornada de consumo. Por isso, não serei aqui repetitivo, mas é importante saber que, no contexto de micromomentos, com o celular sendo quase uma extensão do corpo das pessoas, entender a jornada é muito importante para saber **quando** a marca fala com o consumidor e qual é a mensagem.

22.1 Conceito

A criação do conceito de micromomentos é creditada ao Google, que definiu pequenos momentos da jornada de compra de um consumidor relacionados ao uso do celular, que, por ser um dispositivo móvel, facilita a exposição do usuário a algo que deseja. Segundo o Google, podemos classificar os micromomentos em: *I want to know* (eu quero saber/conhecer), *I want to go* (eu quero ir), *I want to buy* (eu quero comprar) e *I want to do* (eu quero fazer).

No Capítulo 11, sobre mobilidade, falamos sobre como as pessoas usam o celular, mas, aqui, vamos abordar o conceito de *showroomer*, pois tem total aderência ao micromomento.

22.2 Planejamento

Como o centro do planejamento é o consumidor, vamos nos dedicar aqui a entender o *showroomer* e como conversar com esse novo, e importante, perfil de consumo. Vou dividir com você um exemplo que sempre dou em sala de aula. Um dia, eu estava em uma livraria e encontrei um livro do Queen, lindo, daqueles que chamamos de "livro de centro de mesa" para decorar a casa. O livro custava R$ 160,00. Eu peguei o celular, abri o aplicativo do Buscapé e passei sob o código de barra. Para a minha surpresa, o mesmo livro, na loja on-line da mesma livraria, saía por R$ 85,00, com frete grátis. Comprei o livro na loja virtual dentro da loja física. Eu fui, por esse micromomento, um *showroomer*. Entendeu a lógica? Com certeza você já fez isso um dia.

Dentro do universo do *showroomer*, é fundamental conhecer não apenas a sua jornada, mas também o conteúdo que espalha pela internet, nas redes sociais, site e vídeos, além, claro, de ter uma presença mobile muito forte, pois, ao entrar naquele micromomento e fazer uma compra, é preciso que a marca tenha significativa presença para influenciar sua tomada de decisão.

O guarda-chuva da transformação digital, com seus diversos recursos, surge nesses micromomentos para impactar o consumidor. Porém, se o consumidor está dentro da loja, ferramentas como IoT, big data, *omnichannel* e mobilidade precisam estar bem amarradas para fazer a diferença e, consequentemente, reverter a situação em vendas.

22.3 Para o varejo

Segundo Lisa Gevelber, vice-presidente de marketing do Google,

> vivemos em um mundo de muitas escolhas: temos incontáveis marcas à nossa disposição e existem mil e uma de maneiras de fazer as coisas. Quando estamos prestes a fazer uma compra de alto valor ou tomar uma decisão importante – como que carro comprar, qual carreira seguir ou com que banco financiar o apartamento – é natural que consultemos não apenas os amigos e a família, mas também o mundo de informações que estão disponíveis on-line.

O que tenho a acrescentar é que, no universo do micromomento, isso tem ocorrido – e com frequência – em pequenas decisões, como enviar uma foto de um vestido para a melhor amiga via WhatsApp, pedindo sua opinião antes de efetuar a compra, para saber se é aquele o modelo que realmente deseja.

22.4 O que o público espera?

As decisões passaram a ser tomadas em instantes de impulso, gerados a partir de uma necessidade que não tem mais hora marcada para se manifestar. Tudo está acontecendo ao mesmo tempo. Vivemos na era do imediatismo. Estamos checando a hora, mandando mensagens, assistindo a vídeos, conversando com amigos e compartilhando nas redes sociais, a qualquer momento; em casa, no trabalho, no ônibus, na rua, no shopping center, em qualquer lugar.

22.5 Como aplicar em sua empresa hoje?

Segundo Michael Solomon, um dos maiores estudiosos do comportamento do consumidor,

> a questão é como o digital NÃO mudou o comportamento do consumidor. Vemos as mudanças em termos de: 1. A velocidade com a qual podemos enviar e receber informações sobre o mercado; 2. A gama de opções de compra que estão disponíveis (por exemplo, uma pequena empresa em outro país ainda pode vender para pessoas no Brasil); 3. A capacidade de consultar outras pessoas antes de comprarmos algo. O terceiro item é provavelmente o mais importante porque (como eu discuto no meu livro) os consumidores podem usar uma "mente ativa" que lhes dá feedback sobre o que comprar a qualquer momento antes de interagir com varejistas e marcas.

Jamais deixe de lado pontos importantes, como entender que, se o consumidor está dentro da loja, ao liberar o Wi-Fi para ele, você tem acesso às suas pesquisas e pode oferecer, com o cruzamento de informações, algo que ele realmente queira comprar. Supondo que o consumidor queira uma camisa branca e você é a Siberian, facilmente você terá esse produto, algo básico para uma loja, então, por que não oferecer um blazer azul ou uma calça jeans preta que combine com o que busca? Dispositivos como iBeacon podem "conversar" com o celular do consumidor e oferecer algo relevante. Afinal, a transformação digital traz a melhor experiência para as pessoas, certo?

CAPÍTULO 23

NEUROMARKETING

Um dia, mandei uma mensagem para o meu amigo Fernando Kimura dizendo que ele me devia 90 reais. Sem entender nada, ele me questionou o porquê e a resposta foi *"graças a você estou viciado em neuromarketing e acabei de comprar três livros sobre o tema, na Amazon"*. Ele deu risada. Conto isso, pois o Kimura é, sem dúvida, o maior nome do neuromarketing no Brasil e será muito citado neste capítulo! Assim como o maior nome sobre o tema, o consultor Martin Lindstrom também será bem apresentado aqui.

Eu defendo o neuromarketing como a mais eficiente das pesquisas por um simples fato: a boca mente, o cérebro não. Para mim, isso é um fato. Não penso que o neuromarketing vá acabar com as pesquisas tradicionais, tanto no campo off-line, com focus groups ou pesquisa de rua, como nas pesquisas digitais, com Google Trends ou social CRM, por exemplo. Entretanto, prevejo que será o método mais usado pelas marcas em alguns anos.

É cada vez mais complexo saber como chamar a atenção das pessoas no universo digital: ou se entrega o que as consumidoras querem ou elas passam por cima das campanhas. Como saber o que querem? Esse é papel do neuromarketing, que pode oferecer *insights* estratégicos para você, gestor de marca.

23.1 Conceito

O neuromarketing é considerado a nova ciência do comportamento do consumidor e o futuro da inteligência de mercado. Trata-se de uma metodologia que identifica e entende o comportamento, cujo objetivo é apresentar uma mensagem direcionada que possa chegar ao coração das pessoas, uma vez que a criação dessa mensagem parte do que o cérebro do consumidor entregou como resposta. O neuromarketing pretende entender os detalhes que fazem a diferença na cabeça das pessoas, chamando mais a atenção e despertando seu desejo de consumo.

Segundo Lilian Gonçalves,

> a principal lição de todos os estudos neurológicos é a descoberta de que a mente humana processa a maior parte dos estímulos no nível subconsciente, ou seja, dia e noite, noite e dia, as funções desempenhadas pelo supercomputador de nossa cabeça estão abaixo do limiar da nossa percepção consciente. Vivemos, quase literalmente, no piloto automático.[1]

23.2 Planejamento

Uma das mais importantes descobertas do neuromarketing é que 95% das nossas decisões não são tomadas de forma consciente e sim subconsciente. Com isso, o marketing hoje precisa impactar o subconsciente do ser humano, uma vez que o consciente não é o decisor de compras. As marcas estão dentro da cabeça do consumidor por causa do inconsciente em nosso cérebro.

O planejamento de comunicação deve direcionar a criação para que crie peças publicitárias que impactem não o consciente, mas o subconsciente dos consumidores. Ainda segundo Lilian Gonçalves,

> não basta mais tentar convencer o público a experimentar seu produto em lançamento ou testar os benefícios incríveis de seu serviço. A grande sacada agora é conseguir chamar a atenção, conversar, agir e se manter no subconsciente do público, transformando-o assim em um cliente fidelizado.[2]

O nosso cérebro está constantemente em busca de recompensas, queremos o novo, o exclusivo, o parcelamento que cabe no bolso e até o algo que somente uma pessoa terá. O programa "Trato Feito", do History Channel, um sucesso mundial, mostra muito bem isso, a forma como são negociados os itens antigos e únicos *versus* aqueles que tem mais exemplares. Por exemplo, o que vale mais: uma bola de basquete autografada por Michael Jordan, que pode ter feito isso milhares de vezes, ou a capa usada por Michael Keaton, no filme *Batman*, de 1989? A capa é única, mas a bola, não. Para o cérebro, quanto mais exclusivo, único e só seu, melhor. O luxo também trabalha nessa linha, uma peça única é sempre mais cara. Sempre!

---

1 GUIA-SE. Neuromarketing: o caminho para conquistar o consumidor. *Guia-se*, fev. 2018. Disponível em: https://www.guiase.com.br/neuromarketing-o-caminho-para-conquistar-o-consumidor. Acesso em: out. 2019.
2 GUIA-SE, fev. 2018.

23.3 Neurônio-espelho

O neurônio-espelho é para a psicologia o que o DNA representa para a biologia. Um dos motivos pelos quais muitas marcas usam celebridades para endossar seus produtos pode ser explicado pelos neurônios-espelho: as pessoas imitam involuntariamente o comportamento das outras. São responsáveis pela empatia humana e desempenham motivação para comprar.

Os marcadores somáticos servem para conectar uma experiência ou emoção a uma reação específica necessária. Vamos ajudar instantaneamente a reduzir as possibilidades disponíveis em uma situação, os marcadores somáticos nos dias em direção a uma decisão que sabemos e irá gerar o melhor resultado, ou o resultado menos doloroso.

A propaganda da Coca-Cola, *Abra a felicidade*, propõe ao público recordar as cenas felizes que viveram. Um marcador somático, neste caso, é o barulhinho da lata de Coca-Cola que, ao abrir, faz o consumidor lembrar de seu sabor peculiar e da refrescância proporcionada pelo refrigerante. Pense em algo como Mentos, que enfatiza os benefícios proporcionados pelos produtos, ampliando a dose de dopamina liberada na mente de seu cliente.

23.4 Por que escolhemos?

O professor de neurociência e negócios na Kellogg School of Management, Moran Cerf, disse que "o marketing é essencialmente uma forma de predizer seu cérebro, implantar ideias lá e mudar seu comportamento". Cerf ressalta que as pessoas fazem escolhas sem saber exatamente o porquê. Quando a escolha não é de fato importante para sua vida, não é um trabalho, uma casa, é apenas uma escolha entre outras similares, você não pensa realmente na decisão, apenas escolhe e, se for perguntado por que, cria uma explicação. "De alguma forma há um mecanismo em nosso cérebro que decide se não temos acesso a ele. Explicamos o passado sem saber por que tomamos aquela decisão".

O nosso cérebro toma decisões sempre de forma automática, baseada em emoções. Segundo Antonio Lavareda e João Paulo Castrom,[3] "aquela decisão que pareceu tão racional teve um enorme componente emocional". Eu costumo brincar, em sala de aula, que até para comprar uma caneta Bic, de R$2,00, há um apelo emocional, pois a Bic, com certeza, era usada na sua casa e não estranhe se tiver sido sua primeira caneta na escola. Esse componente emocional, em nosso repertório, é o que move os estudos de neuromarketing.

Segundo Martin Lindstrom,[4] "a neurociência revelou algo em que sempre acreditei: marcas são muito mais do que produtos reconhecíveis embrulhados em design vistoso". Marcas são experiências e é isso que a transformação digital precisa trazer para o cotidiano da ligação emocional, e onde o neuromarketing tem papel fundamental: entender e criar a conexão emocional entre pessoas e marcas.

---

3 LAVAREDA, A.; CASTRO, J. P. *Neuromarketing de A a Z*. Rio de Janeiro: Record, 2016. p. 27.
4 LINDSTROM, M. *Small data*: como poucas pistas indicam grandes tendências. Rio de Janeiro: Harper Collins, 2016. p. 37.

Para Fernando Kimura, abrimos o cérebro de forma inconsciente às palavras. Assim, é importante usar na comunicação frases como "você ganhou esse presente" ou "isso é exclusivo para você" – pode até não ser, mas o cérebro será ligado para receber aquela mensagem. As marcas têm cinco segundos para chamar a atenção do consumidor, segundo Kimura, e por isso ele defende a necessidade de sair o padrão: "as mesmas mensagens não impactam mais, não alteram os padrões neurais, com isso impactam pouco. As marcas precisam sair do comum, como a pizza quadrada na caixa vermelha, por exemplo. Ou saem do óbvio ou perdem vendas. Essa é a nova dinâmica".

23.5 Para o varejo

O neuromarketing consegue entender, por meio de pesquisas, que determinados produtos exigem maior grau de convencimento para que a pessoa que comprou saiba justificar sua ação e conseguir a aprovação que necessita em seu íntimo. Ela pode tanto comprar uma caneta de dez mil reais, porque gosta, como comprá-la para pertencer a um novo ciclo de amigos.

Dentro do guarda-chuva da transformação digital, o neuromarketing se faz muito presente no sentido de que, se a essência é a experiência do consumidor, quanto mais o entendermos, melhor será a reposta positiva ao seu poder de compra. O neuromarketing deve ser usado em todos os campos, desde o momento em que se cria um site até o momento em que se melhora a experiência dentro de uma loja por meio de *omnichannel*.

Reforço que, a todo o momento, você verá iniciativas se cruzando. Por exemplo, um banner na loja com rostos sorridentes pode nos fazer subconscientemente comprar mais coisas – pensando aqui em lojas físicas e on-line.

23.6 Marcas criam conexões emocionais

Segundo o especialista Fernando Kimura, "as marcas constroem conexões emocionais. Não se questiona produtos da Nestlé, se compra, pois a conexão emocional alinhada à qualidade percebida transformam a marca em algo forte".

Segundo Martin Lindstrom,[5]

> a verdadeira base lógica por trás das suas escolhas está alicerçada sobre as associações de toda uma vida. Algumas positivas e outras negativas, das quais você não tinha a percepção consciente. Porque, ao tomarmos decisões a respeito do que compramos, nosso cérebro evoca e rastreia uma quantidade incrível de lembranças, fatos e emoções, e as compacta em uma reação rápida, uma espécie de atalho que permite que você viaje de A a Z em alguns segundos, e determina o que você acabou de colocar dentro do seu carrinho de compras. Mais de 50% de todas as decisões de compra dos consumidores são tomadas espontaneamente, e, portanto, inconscientemente, no ponto de venda.

---

5 LINDSTROM, 2016, p. 115.

"Decisões tomadas de forma espontânea" – interessante esse trecho da fala de Lindstrom, ainda mais quando ligamos isso, por exemplo, a um consumidor que demonstrou interesse em um sapatênis azul, 43, visitando uma loja on-line, curtiu o post de uma camisa vinho e comentou em um relógio de R$ 500,00. O consumidor deu as dicas e compra de forma espontânea. Que tal big data, reconhecimento facial, IA e o social CRM, agindo juntos nesse micromomento do consumidor dentro da loja, olhando as roupas, implorando para nenhum vendedor vir lhe incomodar, mas com o smartphone na mão torcendo para ser impactado?

Perceba como as iniciativas do guarda-chuva da transformação digital se unem e se multiplicam com o propósito único de trazer uma experiência de compra. As pessoas gostam de ser impactadas com propaganda – desde que lhes enviem o que é realmente relevante.

23.7 Seres humanos recebem ordens

Uma coisa é fato: nós, seres humanos, estamos acostumados a receber ordens. 99% da população mundial nasceu para receber ordens e uma prova disso é que aproximadamente 1% são grandes líderes, como presidentes de países, governadores e fundadores das grandes empresas. Isso acontece porque, desde os primórdios, sempre existiram líderes a serem seguidos. Por isso, as campanhas devem ter *call-to-action*, como vou abordar mais à frente.

O neuromarketing mostra que muitas de nossas ações de consumo são construídas no minuto em que saímos da barriga das nossas mães. Provavelmente, você deve dirigir igual ao seu pai ou comprar produtos como a sua mãe. Isso não significa que você esteja imitando-os, mas aqui, novamente, os neurônios-espelhos entram em ação, e vamos recolhendo em nosso cérebro referencias minuto a minuto que ficam armazenados. Assim, quando uma compra for decidida, nosso cérebro ajuda a tomar a melhor decisão, baseado em todo o repertório que temos. Por isso, é fato dizer que João não compra igual José, que compra diferente de Paulo, tal qual Joana não compra igual Geovana, que, por sua vez, não compra como Patrícia!

23.8 *Call-to-action*

Call-to-action é o momento em que as campanhas dão ordens ao cérebro para fazer aquilo que a marca quer: comprar! Quando criar anúncios, banner ou post de Facebook, deixe claro, com voz ativa, qual é a atitude que o consumidor deve tomar, usando:

» linguagem fácil;
» discurso direto;
» palavras de ação, como comprar, doar, inscrever, participar, concorrer.

O segredo é ser criativo para escrever de forma ousada e, ao mesmo tempo, clara, para atingir seu objetivo: vender!

23.9 O que o público espera?

Já falamos aqui que o consumidor precisa sentir a segurança de que seus amigos e família, ou seja, todos ao seu redor, vão aprovar a compra. O neuromarketing nada mais é do que uma pesquisa que consegue identificar o nível de segurança que o consumidor precisa dentro de sua microssociedade para comprar e ficar tranquilo com isso.

Bens materiais mais caros exigem maior aprovação. Uma coisa é comprar uma caneta de dois reais e o colega de trabalho falar que comprou a caneta errada ou que deveria ter comprado em uma loja mais barata; outra, é comprar uma caneta de dez mil reais e sua família dizer que é loucura ou que você não poderia gastar esse dinheiro, repreendendo sua escolha.

O neuromarketing mostra que, ao criar uma mensagem ou uma comunicação para seu público-alvo, é preciso trabalhar a emoção. Isso significa apresentar ao consumidor o quão importante esse produto é para a sua vida e quais problemas pode sanar com sua aquisição.

De acordo com Lilian Gonçalves,[6] "os cérebros femininos e masculinos ouvem, veem, intuem e avaliam situações, informações e emoções de maneira pontual. Podem até chegar aos mesmos objetivos, com o mesmo raciocínio, mas usam circuitos cerebrais diferentes". O hemisfério direito está ligado às emoções, enquanto o hemisfério esquerdo é mais analítico, ligado à razão. Ou seja, nada de mandar a mesma mensagem para ambos os sexos e, por favor, nada de estereótipos do tipo "faz o banner rosa para a mulher".

Segundo Kimura, o público espera experiências exclusivas. Nesse quesito, conseguimos fazer o casamento perfeito do neuromarketing dentro do guarda-chuva da transformação digital, uma vez que, sem a menor sombra de dúvida – e sendo exaustivo de propósito para você fixar a mensagem –, a experiência de consumo, no fim do dia, é o que conta para todos os esforços e iniciativas da transformação digital.

23.10 Como aplicar em sua empresa hoje?

Segundo Martin Lindstrom, considerado um dos maiores nomes do mundo no segmento de neuromarketing, as pesquisas são feitas em uma sala fechada, com um aparelho chamado Imagem por Ressonância Magnética Funcional (IRMF). Para Lindstrom,[7]

> é considerada a máquina mais avançada na técnica de rastreamento cerebral disponível atualmente e mede as propriedades magnéticas da hemoglobina, componente nos glóbulos vermelhos do sangue que transportam o oxigênio pelo corpo, ou seja, o aparelho mede a quantidade de sangue oxigenado no cérebro e pode identificar com precisão uma área de apenas um milímetro em nosso cérebro.

No livro *Como influenciar a mente do consumidor*, Roger Dooley[8] ensina que "os anúncios digitais têm o potencial de estimular múltiplos sentidos para interagir e envolver a mente das

---

6 GONÇALVES, L. *Neuromarketing aplicado à redação publicitária*. São Paulo: Novatec, 2016. p. 47.
7 LINDSTROM, 2016.
8 DOOLEY, R. *Como influenciar a mente do consumidor*. São Paulo: Campus, 2012. p. 76.

pessoas. Os anúncios simples são pouco envolventes, é preciso expandir a criatividade e recursos com sons, animações, interações e imagens". Ou seja, criar uma versão digital do anúncio impresso para postar na timeline do Facebook cada vez menos trará resultado para as marcas – uma pena para muitos que ainda consideram esse o diferencial da comunicação. Acredito que, para você que está lendo este livro, ficou claro que a transformação digital veio para transformar tudo, até a cabeça de quem acha que o digital é apenas post em redes sociais.

Gosto muito de dar um exercício em sala de aula, em que desafio os alunos a pensar nos cinco sentidos do ser humano para vender um carro pela internet – e confesso que a maioria das ideias é fantástica. No livro *Neuromarketing aplicado à redação publicitária*, Lilian Gonçalves[9] aponta que "a propaganda que estimula mais de um sentido ao mesmo tempo gera lembrança mais viva da marca".

A fidelização do consumidor ocorre quando ele verdadeiramente usa o produto ou serviço, aproveitando seus benefícios e vantagens, sem deixar de perceber a importância que aquilo tem para a sua vida. Logo, é preciso enaltecer a recompensa prazerosa:

> A visão é um sentido primordial para a segurança e a sobrevivência da espécie. 80% das atividades cerebrais são ativadas por estímulos visuais. Conseguimos processar esses estímulos 40 vezes mais rápido que os estímulos auditivos. O tato é quando você toca algum produto e o cérebro desperta para possibilidade de tê-lo, a mente cria uma sensação de posse. Na argumentação textual é preciso que o consumidor crie suas próprias sensações nos estímulos cerebrais para a sensação do olfato. Os aromas armazenados na memória de seu consumidor são responsáveis por reavivar todas as lembranças associadas a experiências vividas. O paladar tem o poder do prazer de se alimentar bem e é praticamente obrigatório em uma argumentação publicitária de sucesso, enquanto o estímulo visual pode vir mostrando algum alimento sendo degustado por alguém. A audição, em virtude dos marcadores somáticos, sempre que você escuta um som conhecido sua mente rapidamente processa informação em busca da confirmação, sendo essa uma sensação positiva. Entra em cena uma nova injeção de dopamina pedindo para que você repita a experiência.

Para Kimura, no marketing do futuro – contexto no qual aborda o neuromarketing –, "as empresas precisarão misturar sensações, sentimentos e emoções dentro das suas comunicações, como alegria, amor, raiva e inveja", mas sempre com muita cautela, pois o que é muito extravagante, na internet, vira "fake" rapidamente. Por isso, somo a essa tese de Kimura, uma importante frase do Dr. A. K. Pradeep,[10] em seu livro *O cérebro consumista*, afirmando que "a novidade é um valioso ingrediente a uma resposta comercial ou mensagem publicitária, ela aumenta o interesse e atrai a atenção, quase que como um elemento surpresa e pode influenciar a decisão de compra".

Veja quantas novidades já abordamos aqui a partir de iniciativas inovadoras – e não estamos nem na metade! Foco pouco em cases e mais em como usá-los, trazendo uma visão mais estratégica e pensando em você, gestor de marca ou fornecedor. Traga a novidade para o universo da transformação digital da sua marca – mas faça hoje!

---

9 GONÇALVES, 2016. p. 47.
10 PRAADEP, A. K. *O cérebro consumista*. São Paulo: Cultrix, 2012. p. 137.

CAPÍTULO 24

VÍDEO E MÍDIA PROGRAMÁTICA

Desde 2016, a mídia programática entrou na pauta de muitas agências. Há um lado bom, mas é preciso entender que nem só de mídia vive uma marca. A programática é uma evolução da mídia que conhecíamos por compra CPM (custo por mil) em grandes portais. A exposição para o consumidor é a mesma, mas o sistema por trás faz muita diferença na performance. O banner, como ação de branding, será sempre importante, mas a forma com a qual a programática vem tomando conta do dia a dia das marcas fará com que, em breve, essa seja a principal ferramenta de mídia on-line.

24.1 Conceito

Mídia programática consiste em produzir anúncios para perfis definidos e enviá-los apenas nos momentos em que esse público esteja mais propenso a receber aquela mensagem. Diferente da mídia on-line tradicional, na CPM, na maioria das vezes, a compra de mídia é feita por meio de plataformas on-line, onde a intervenção humana é quase zero, ao passo que a compra de mídia display, a tradicional on-line do CPM, tem total interação das pessoas, no sentido de comprar o banner no canal que se deseja, por exemplo, decidir comprar um banner na página de esporte do UOL ou no canal de design do Hypeness.

Diferente da mídia display, onde as agências e anunciantes negociam a mídia diretamente com o veículo, na programática a negociação é feita entre anunciante e *publisher*, embora o anunciante – e, consequentemente, a agência – tenha um painel onde tudo é controlado.

Outra vantagem da programática é a possibilidade de comprar o perfil do público desejado diretamente, e não uma audiência presumida, ou seja, quando, na mídia display, compra-se um banner no canal de design do Hypness, porque se presume que quem lá está gosta desse tema, com a programática se compra comportamento, ou seja, pode-se impactar o público que gosta de design no canal de esporte do UOL, pois se compra o comportamento do usuário e não seu potencial interesse em um assunto.

O vídeo programático tem o mesmo conceito: em vez de entregar peça gráfica – mais conhecida como banner –, como a mídia programática faz, as plataformas entregam vídeos. O consumidor, no final, será impactado e pouco saberá se é por display, Google Display Network ou programática. Entretanto, de nada adianta impactar o público certo com a mensagem errada.

Por isso, no caso de campanhas programáticas, é necessário entender o perfil do consumidor, seu micromomento e sua jornada de consumo – esse é o primeiro passo para saber quem é esse consumidor. O big data entra com força para que a marca entenda o momento do consumidor e o impacte com uma campanha muito persuasiva!

Não tenha a menor dúvida de que, dentro do guarda-chuva da transformação digital, os conceitos de programática são muito importantes para impactar aquele consumidor. Iniciativas como *omnichannel*, IoT, *storytelling* e IA conseguem captar dados que a programática transforma em impactos muito mais assertivos para venda.

24.2 Planejamento

Deixamos um ponto bem claro aqui: a mídia é muito importante para as marcas se comunicarem com o consumidor, mas não é a única forma. Neste capítulo, porém, abordamos a mídia como tema principal.

Para o planejamento de mídia, quando se fala de programática, é muito mais importante saber o perfil do público e qual a mensagem mais assertiva do que o canal de divulgação. Isso acontece porque os canais a serem usados estão ali e não precisam de intervenção humana para serem selecionados, enquanto a estratégia é criada puramente pelo cérebro humano. No modo programático, é o algoritmo dos anúncios que toma as decisões sobre onde é o melhor canal para colocar a campanha. Isso proporciona otimização máxima do tempo e dos resultados. Para planejar sua ação, gaste menos tempo pensando em canal e mais tempo pensando em comunicação.

Recomendo também que as marcas optem por mais de uma DSP, até para que o resultado possa ter um parâmetro. Se a sua campanha tem 1,4% de taxa de clique, ela é boa ou ruim? Em muitos projetos da FM Consultoria, quando desenhamos planos de mídia, alguns clientes nos pedem que busquemos referências de mercado para saber se os resultados esperados estão acima ou abaixo da média de mercado. Para uma maioria, o digital ainda é algo muito novo, e isso lhes dá segurança.

Imagine que Rosana entre na Planet Girls e pegue uma saia. Uma câmera faz seu reconhecimento facial, conecta-se a suas redes sociais e descobre que Rosana é solteira, enviando esses dados para uma central de big data. Via iBeacon, quando Rosana passa pela sessão de sapatos, o cruzamento de dados mostra o sapato mais comprado para usar com a saia que ela pesquisou e que agora tem nas mãos. Essa informação chega para Rosana via *push* pelo aplicativo de seu celular. A estratégia de *omnichannel* mostra que Rosana sai da loja sem comprar nada, mas mostra também seu interesse pela saia. Então, a Planet Girls cria um vídeo da nova coleção onde a saia é apresentada. Via DSP, Rosana é impactada por essa ação, enquanto olha uma receita no TudoGostoso.com. O big data entende, então, que seu interesse pela saia permanece. Em seu Facebook, aparece uma campanha de 10% de desconto para comprá-la on-line na Dafiti, em parceria com a Planet Girls. Venda feita!

24.3 Para o varejo

Quando pensar em uma campanha de mídia, saiba que existem diversas formas pelas quais as marcas podem comprar um espaço, mas que fique claro: pense menos no espaço e mais no que vai ser abordado ali. O algoritmo sabe o que é melhor – não queira brigar com as máquinas, você pode perder. Os modelos de compra dos espaços são custo por aquisição (CPA), custo por lead (CPL), custo por clique (CPC), custo por mil impressões (CPM), custo por *view* (CPV) e custo por download (CPD).

Tal qual funciona com o Google, o programático, tanto vídeo como mídia, é negociado por leilão, aquele que der o maior lance, ganha o espaço. Por meio de um único painel de controle, é possível controlar essa compra e, assim como fazem os especialistas em Google Ads, investir mais ou menos nos canais. Para se ter uma ideia da importância desse canal, em 2016, 85 dos 100 principais anunciantes da Ad Age compraram vídeo programático no DoubleClick Bid Manager (DBM). Se aqui no Brasil, próximo a 2020, ainda estamos "ouvindo falar", nos Estados Unidos isso já é uma realidade desde 2016.

24.4 O que o público espera?

Segundo Bruno Mello, editor-chefe do portal Mundo do Marketing,

> o vídeo programático está unindo as coisas que as marcas adoram no universo digital com o que elas adoram na televisão, ou seja, o acesso a um inventário de alta qualidade e os mercados privados são opções atraentes para as marcas que investem em anúncios em vídeo programático.[1]

A união dos mundos faz parte do guarda-chuva da transformação digital. No final de 2018, a Netflix, por exemplo, faturava 1,4 bilhão de reais, com oito milhões de assinantes no Brasil – o que representava apenas 6% da base total da marca pelo mundo. Alguns saudosistas podem dizer que oito milhões de telespectadores a Globo possui em praticamente 95% da sua programação. Não discuto, mas mostro que, em 2018, a Netflix faturava 50% a mais que a segunda maior emissora do país, o SBT – fica aqui a dúvida sobre se os telespectadores da Globo são tão fiéis a ela e passam de oito a dez horas seguidas vendo séries. Porque, na Netflix, isso é uma constante!

---

1 MELLO, B. 7 insights sobre mídia programáticas em vídeo. *Mundo do Marketing*, jul. 2016. Disponível em: https://qrgo.page.link/qN1Xy. Acesso em: out. 2019.

Uso o exemplo da Netflix como também poderia usar o do Globo Play, que, em um único ano, transmitiu mais de 6,3 bilhões de minutos de conteúdo, o equivalente a 12 mil anos, com novelas, minisséries, telejornais, programas de humor, esporte e variedades. Aí fica a pergunta para você, gestor de marca: Você vai mesmo deixar de lado os vídeos na internet? Eu pensaria muito bem antes de cometer essa loucura com a minha estratégia de marca.

24.5 Como aplicar em sua empresa hoje?

Segundo Sérgio Lima, sócio da S8, Sampa,

> na mídia programática é preciso definir quais são os objetivos e quais formatos utilizar: os inventários estão disponíveis em formatos de display, vídeo, social e mobile. Existem duas forma para você comprar esse inventário: por meio de uma mídia de reserva, onde o anunciante reserva um inventário em um ou mais veículos e estabelece sua rede privada de anúncios ou com o uso de qualquer ferramenta de DSP (demand side platform), onde compra inventários de todos os sites plugados nesta ferramenta que sejam relevantes para sua estratégia.

Para aplicar a programática em sua empresa hoje, não é preciso uma equipe enorme, mas estratégia e bom investimento. A maioria das DSPs não gosta de pegar investimentos baixos, não porque o retorno financeiro é ruim – parte do investimento da mídia é revertido para remunerar as DSPs –, mas porque, em muitos casos, as primeiras campanhas não dão o resultado esperado – o algoritmo nem está 100% calibrado – e precisam de mais tempo e investimento – duas palavras que nem sempre o varejo gosta de ouvir, principalmente quando vem depois de "precisamos de mais...".

Programe campanhas diferentes com alvos e objetivos distintos. O mais importante é não apostar tudo em um único provedor inicialmente. Meça os dois parceiros via ROI (return over investment) e ROAS (return over ad spend), responsável por medir o retorno vindo especificamente de publicidade, ou seja, é um ROI apenas de campanhas pagas. Fique de olho na transparência. Veja quem entrega o relatório mais completo e, principalmente, mais claro sobre para onde seu investimento o levou ao final da ação.

CAPÍTULO 25

RADIO FREQUENCY IDENTIFICATION (RFID)

Você pode ter e-commerce ou loja física, não importa: com certeza você tem um estoque. De qualquer forma, as suas mercadorias, sejam elas da loja física ou do e-commerce, usam etiqueta. Em um primeiro momento, são simples e impressas em qualquer impressora. Entretanto, quando se usa o *Radio Frequency Identification* (RFID), ou identificação por radiofrequência, o que você tem nas mãos é uma quantidade enorme de dados sobre produto e consumidor, que, se bem usados, trarão muitas vantagens e economia de dinheiro para a sua operação.

25.1 Conceito

Etiquetas RFID são dispositivos de identificação e rastreamento que funcionam por meio da emissão de um pequeno sinal de radiofrequência, usando para isso uma antena que capta informações e um microchip que armazena dados – tudo dentro de uma *tag*.

As etiquetas com RFID são usadas para tornar mais dinâmica e simples a identificação e o controle de produtos que entram e saem de estoque, já que a tecnologia identifica diversos itens de uma só vez e permite fazer leituras a uma distância maior. Trata-se, então, de uma tecnologia que vai fazer total diferença no seu negócio, deixando-o mais automatizado; logo, mais ágil e com menores custos.

25.2 Planejamento

O primeiro passo é não ficar preso ao RFID como um controle de estoque. Cidades estão usando a radiofrequência para economizar energia. Cerca de 12 dos centros de dados da Califórnia possuem um sistema de controle de temperatura baseado em RFID para reduzir o consumo de energia. O Aria Resort & Casino de luxo, de 4.000 quartos, em Las Vegas, instalou um sistema de automação e de gestão de energia para ajudar a conter os custos de energia do hotel, controlando as luzes, televisores e temperaturas em quartos desocupados – isso para citar alguns dos exemplos em que uma marca pode aplicar o RFID. O RFID pode, por exemplo, reduzir a luz da loja e aumentá-la apenas quando houver potenciais consumidores ou tocar uma música próximo a uma prateleira quando alguém estiver por perto.

Apenas como efeito de curiosidade, pesquisas de neuromarketing mostraram que tocar músicas francesas elevaram as vendas de vinho francês em adegas pelo mundo. A música é um importante componente para venda, tanto que crescem empresas especializadas em desenvolver sons para marcas com o intuito de despertar o sentimento das pessoas. O RFID pode auxiliar nesse trabalho elevando o som – ou ajudando na seleção da música – a partir do momento em que o consumidor se aproxima do ponto de venda.

25.3 Para o varejo

O varejo on-line tem muito a ganhar com essa tecnologia. Lembro-me da loja Memove, do grupo da Valdac. Meu amigo Wagner Silva foi quem estruturou a loja, uma das primeiras a usar caixa inteligente – hoje já usado em algumas unidades do Supermercado Mambo. Com o conceito "self-service", as pessoas podiam pegar as roupas, experimentar e, se quisessem comprar, caixas inteligentes faziam a leitura dos códigos de barra, contabilizavam a compra, o consumidor passava o cartão na máquina, pagava, o alarme era desligado da etiqueta e a compra era feita.

O RFID entra aqui para facilitar a compra, mas, se bem usado, pode mostrar a vida útil da roupa e a periodicidade de uso, por exemplo, e, com essa informação na central do big data, via e-mail ou programática, oferecer um produto similar para compra on-line. Como venho batendo na tecla, as iniciativas de transformação digital dão certo quando bem planejadas e executadas, mas quanto mais unidas estiverem dentro do guarda-chuva, melhor.

25.4 O que o público espera?

RFID não deve ser usado apenas para controle de estoque. Imagine usá-lo em uma feira de negócios, por exemplo. Para entender melhor, apresento o exemplo do VtexDay, um dos mais importantes eventos de e-commerce no Brasil, onde mais de 12 mil pessoas passam, durante dois dias, entre palestrantes, expositores e, claro, na maioria, público do varejo on-line que deseja saber das novidades para o mercado para impulsionar suas vendas. As inscrições e pagamentos do evento são feitos todos de forma on-line. Ao chegar no evento, você se cadastra e recebe uma pulseira, o que lhe permite entrar mediante a checagem dos seguranças na porta com um aparelho específico. Até aí, novidade zero. Mas como o RFID entra no jogo?

Em primeiro lugar, as pulseiras com a tecnologia RFID embarcada permitem maior agilidade no credenciamento dos participantes, como também geram um registro inteligente dos principais dados de cada um, como idade, sexo, cargo, empresa que trabalha, por exemplo. Até aqui, também não há nenhuma novidade, mas é necessário colocar em prática o que o guarda-chuva da transformação digital traz, certo?

Novamente, você pode usar o iBeacon para ler essas pulseiras e ver onde as pessoas ficaram por mais tempo. Com isso, após o evento, pode passar um relatório para cada expositor, mostrando um gráfico de quem ficou mais tempo no stand A ou B, mostrando, em muitos casos, maior predisposição para fechar ou não negócio com o expositor. E isso é simples; uma vez que a pulseira tem todos os dados, fica fácil mostrar que no stand da TrustVox, Maya e Felipe ficaram 15 minutos, ao passo que no stand da PagSeguro, ficaram dois minutos e, no do Mercado Livre, cinco minutos. Agora, faça isso para todos os expositores sobre os mais de 12 mil frequentadores. E, claro, a TrustVox sabe quem é o Felipe e a Maya. Usando a mídia programática, o Felipe será impactado pela TrustVox quando estiver no site do São Paulo FC e a Maya com um vídeo quando estiver no YouTube assistindo uma palestra de Clóvis de Barros Filho.

25.5 Como aplicar em sua empresa hoje?

Tenha em mente que o RFID não é uma tecnologia de "outro mundo" ou inacessível. O impossível só é impossível até que alguém o torne possível, portanto, vá em frente, pois, quando a Memove trouxe essa tecnologia para o Brasil, poucas empresas tinham, faziam e sabiam o que era. Mas alguém foi lá e fez!

Coca-Cola Village, um festival que apresenta atividades e entretenimento, usa RFID para promover o evento e dar aos visitantes adolescentes uma maneira de compartilhar automaticamente detalhes de sua diversão. Adolescentes usando pulseiras RFID podem se conectar às suas páginas do Facebook via leitores localizados nas várias atrações.

CAPÍTULO 26

BUSINESS INTELIGENCE (BI)

Até aqui, em praticamente todos os capítulos da Parte II, citei o big data. Nesse não será diferente, uma vez que o big data e, claro, o small data, estão muito ligados à inteligência de negócios ou *business inteligence* (BI). Como profissional de planejamento de comunicação, posso dizer que esse é um dos mais importantes parceiros que tenho para desenvolver um bom plano. Quem estuda dados está em alta no mercado, e reforço: não basta gerar, é preciso estudar, analisar e tirar algo palpável dos dados; é preciso transformar dados em inteligência. Esse é o mantra que uso na minha vida de planejador de comunicação.

26.1 Conceito

BI consiste em usar a coleta de dados, organização, análise, ação e monitoramento para tomar melhores decisões e saber se os investimentos publicitários feitos estão trazendo bons resultados. O BI, como chamaremos a partir de agora, pode ser usado para diversas áreas, mas, aqui, vamos focar na área do marketing e, consequentemente, do varejo.

26.2 Planejamento

Planejamento e BI são os "melhores amigos" dentro do processo de construção de uma campanha, afinal, o papel do BI junto ao planejamento é evitar que as marcas gastem dinheiro com processos falhos, falta de proximidade com os clientes e produtos que não entregam o valor que deveriam, além de mostrar como as campanhas têm melhor performance. Nada disso é feito a "olho nu": todos os passos contam com diversas ferramentas para poder medir resultados. O Google Analytics, por exemplo, é um bom começo, mas, como já recomendei aqui, usaria ferramentas mais "parrudas", como Aunica, que, por serem pagas, oferecem serviços maiores e, consequentemente, maior poder de decisão nos investimentos.

A tomada de decisão é pautada, então, no subsídio que a informação fornece aos gestores, que, muitas vezes, baseiam suas decisões em diálogos e intuições. Isso também favorece a minimização dos riscos, pois já que a decisão tem respaldo nos acontecimentos, seu risco é imensamente menor.

26.3 Para o varejo

O mundo digital trouxe novas profissões, mas também novos segmentos. No Capítulo 27, por exemplo, vamos falar sobre *fintech*, as financeiras de tecnologia. Porém, agora veremos outro conceito que tem crescido muito no mercado internacional, e não vai demorar muito para sermos impactados aqui no Brasil: *martech*.

O termo é destinado especialmente a grandes iniciativas, projetos ou startups que tenham a tecnologia aliada diretamente ao marketing digital, para juntos obterem um resultado satisfatório para a empresa.

Outro tema que você precisa ficar atento, pois já faz parte do dicionário das marcas no Brasil, é o *data-driven marketing* (marketing orientado a dados), em que profissionais de marketing obtêm informações e tendências ao analisar dados gerados pela empresa ou pelo mercado, transformando essas ideias em decisões acionáveis.

De novo, estamos analisando o fato de BI e planejamento trabalharem lado a lado para um bem maior, a transformação de dados em informação relevante. Isso significa pegar todos os dados captados por diversas ferramentas, como mídia, site, redes sociais, campanhas de e-mail, marketing, aplicativos, entre outros, e trabalhar para que isso gere *insights* estratégicos que otimizem as vendas. "No fim do dia" – jargão muito usado no mundo do marketing –, o que as marcas querem? Vender!

Meu grande amigo e parceiro, Elcio Santos, na Always On Digital (AOD), empresa em que é um dos sócios, usa todo o seu conhecimento de BI para promover, via análise de dados, maior venda para seus clientes. Elcio não trabalha apenas uma base de diversos dados para disparar campanhas: a AOD trabalha o estudo e a mineração de dados para que a mensagem certa seja enviada para a pessoa certa no momento certo. Pegar uma base de quatro, cinco ou seis mil nomes, sinceramente, é fácil, e muitas empresas o fazem, mas sem o BI, você vai disparar a mesma campanha para todos os públicos.

Sem o BI, marcas imaginam que Vanessa, de 40 anos, moradora de Alphaville, que ganha 20 mil reais por mês como gerente comercial de uma multinacional, é impactada pela mesma mensagem que Pedro, de 18 anos, morador da Granja Julieta, que ganha 1,5 mil reais como estagiário de um escritório de contabilidade no centro de São Paulo. Isso porque a sua loja, que possui 40 mil produtos cadastrados, já vendeu produtos para os dois; logo, eles estão no mailing, mas Pedro comprou um jogo de PlayStation 4 de R$ 199,00 e Vanessa comprou uma TV de

50 polegadas da Samsung. Entende a diferença? Pois essa é a missão do BI! Entender quem é a Vanessa e o Pedro e fornecer insumos para que o planejamento saiba como se comunicar com cada Pedro e cada Vanessa da base.

26.4 O que o público espera?

Assim como falado no big data, o consumidor não se importa que as marcas recolham seus dados. Em muitos casos, como redes sociais, newsletter e compras on-line, o consumidor cede seus dados para as marcas sem o menor problema. O que o incomoda é quando a Porto Seguro e o Banco Panamericano ligam oferecendo empréstimo, partindo do princípio de que todo mundo precisa de dinheiro – o que não deixa de ser uma verdade –, mas em que momento uma pessoa que faz seguro informou que precisa de dinheiro? O BI pode evitar casos como esse em que as marcas acabam ficando manchadas, perdendo reputação e talvez até o cliente.

A Followize, dos irmãos Anderson e André Gil, meus amigos, trabalha com gestão de leads. Essa palavra se tornou um mantra no mercado. Todos só querem leads. Gerar é fácil, mas sem um bom BI não há como obter sucesso. Falaremos de marketing de conteúdo e *inbound* mais à frente, mas é importante entender agora que o BI é muito importante na gestão de leads, pois só assim as marcas podem criar a experiência necessária para a conversão. Do contrário, você tem um monte de e-mails de pessoas que baixaram seu e-book de dez dicas para alguma coisa.

26.5 Como aplicar em sua empresa hoje?

Não espero que você leia este livro pensando que tudo isso é caro, inacessível e nunca será a sua realidade, pois, se você pensa assim, meu conselho é: largue tudo e parta para outro mercado que não o de *martech*. Cada vez mais, a tecnologia precisa estar alinhada ao marketing, que, por sua vez, não pode mais viver sem ela. O consumidor quase que implora para as marcas entregarem mais do que as mesmas campanhas que vemos todos os dias. Mais do mesmo não vende mais!

Com os dados certos, as marcas podem saber exatamente quem está envolvido com seus esforços de marketing em cada canal e em que horas do dia eles estão ativos. Isso pode ajudar a concentrar os esforços de marketing nos meios corretos e nos momentos mais efetivos; em outras palavras, suas campanhas de marketing ficam muito mais efetivas. As DSPs, sobre as quais falamos anteriormente, usam BI como uma das ferramentas para seu sucesso, uma vez que os algoritmos buscam os melhores cruzamentos.

Aqui, como dito, a intervenção humana é quase zero, mas, para chegar à campanha certa, o BI ajuda o planejamento, que, por sua vez, ajuda a criação a ter uma ideia melhor de mensagem, baseada na jornada de consumo. Quem pesquisa o produto quer ver uma mensagem, quem está prestes a comprar, outra, e quem comprou, outra ainda mais diferente. O BI ajuda a chegar lá.

> **SAIU NA MÍDIA**
>
> O desejo da FIAT era deixá-lo com a "cara do consumidor". Usando recursos de BI, a marca conseguiu coletar e garimpar uma enorme quantidade de dados. Com esse estudo realizado, foi possível tomar decisões importantes sobre como adequar o carro de acordo com as exigências dos consumidores. Além disso, a ferramenta de análise de dados ajudou a empresa a ter uma visão mais global do mercado em que atua, planejando, assim, muitas estratégias para campanhas futuras. As vendas do Uno dispararam, e houve uma enorme quantidade de críticas positivas. Devido a isso, a FIAT recebeu prêmios importantes como o "carro do ano", concedido pela revista Auto Esporte.
>
> Fonte: FRIAS, A. As ferramentas de BI. *UNISAL Americana*, nov. 2017. Disponível em: https://gestaounisalblog.wordpress.com/2017/11/27/page/4. Acesso em: jul. 2019.

Quando o assunto é BI, torna-se muito importante que as organizações não subestimem o potencial de uma solução eficiente. Sem dúvida, são benefícios que, no dia a dia, fazem a diferença no que tange ao alcance de metas, aumento dos lucros e satisfação dos clientes. Bons estrategistas estão atentos ao que os números dizem, mas ficam mais atentos ainda ao que os números não dizem. Isso faz parte dos dados gerados e das decisões tomadas dentro do universo do BI.

Por exemplo, uma marca de sucos orgânicos tem 32% de suas vendas em Fortaleza e 10%, no Rio Grande do Sul. Isso é o que os dados dizem, mas por que a participação no Nordeste é quase três vezes maior do que no Sul? Essa marca deve aumentar as campanhas de marketing no Nordeste para elevar as vendas ou deve investir mais no Sul, a fim de elevar para 15% do faturamento da empresa as vendas que de lá vêm. Quando digo que BI precisa transformar dados em informação relevante, é esse ponto a que quero chegar.

Os dados estão na mesa. O que você, estrategista, fará com eles?

CAPÍTULO 27

FINTECH

Chegamos a um dos meus temas favoritos. Estou feliz em poder escrever sobre isso, porque 2019 é o ano em que a FM Consultoria deve lançar seu primeiro projeto dentro dessa área, em parceria com um portal de notícias.

Os bancos digitais caíram no gosto das gerações mais jovens. Acredito que o Nubank é quem melhor representa esse conceito e a adoração das pessoas, mas há outros, como Original, Neon, C6Bank e até o Banco Inter, com iniciativas digitais. Ainda temos muito a evoluir nesse conceito, mas estamos indo bem, na minha visão. Tive conta em praticamente todos, até porque, quando não há taxa, vale a pena testar modelos, o que permite, além de analisar a concorrência, achar gargalos para o seu projeto enquanto consumidor. E fiz isso!

José Renato Borges, presidente da Credz, afirma que as *fintechs* "crescem ocupando o espaço deixado pelos bancos. O executivo afirma que 50% das transações no Brasil ainda não são feitas por cartão, o que representa um enorme potencial a ser explorado pelos novos players. *Fintechs* promovem a "bancarização" da população – isso é algo a ficar de olho em seu projeto.

27.1 Conceito

Chishti e Janos[1] definem *fintech* como "tecnologia financeira" e afirmam que vai mudar a indústria bancária "com o surgimento de startups, a crescente popularidade da tecnologia *blockchain*

---

1 CHISHTI, S.; JANOS, B. *A revolução fintech*: o manual das startups financeiras. São Paulo: Alta Books, 2017. p. 5.

e o domínio do cenário pelos millennials (geração Y)". Eu ainda acrescentaria a chegada da geração Z, que, em 2018, completou 18 anos, como um forte ingrediente para o sucesso das *fintechs*. Entretanto, por mais que os bancos digitais sejam o carro-chefe do conceito, não são os únicos a entrar no universo da *fintech*.

Já a tecnologia *blockchain* é uma forma de validar uma transação ou registro. Trata-se da inovação por trás da moeda digital. Apesar de estar ligada às criptomoedas (*bitcoin*, *litecoin* ou Ethereum), seu uso pode ter outros fins, como a validação de documentos. No Capítulo 32, sobre *bitcoin*, falaremos mais desse conceito.

27.2 Planejamento

Planejar uma *fintech* não é das missões mais fáceis. As regulamentações do Banco Central são bem explícitas e exigentes, afinal, é muito fácil que pilantras criem bancos digitais apenas para dar golpes. Por evitar isso, o Banco Central precisa ter leis e regulamentações bem sérias. A LogBank, onde meu amigo Rodrigo Lacsko atua, pode ser um grande parceiro para você criar seu banco digital. A proliferação desse sistema vai permitir que muitas empresas do varejo tenham seu próprio banco e que fiquem menos reféns do time que domina o Brasil, com Itaú, Santander, Bradesco, Banco do Brasil e Caixa Econômica Federal.

O Next, do Bradesco, é uma iniciativa para não apenas ser uma versão digital do Bradesco, mas para trazer inovação ao segmento – algo mais complexo devido à sua política e ao seu tamanho –, e atrair as novas gerações. Outras iniciativas do Santander e Itaú foram testadas, mas sem o mesmo êxito, o que não impede de, em breve, reverem o negócio e trazerem novidades para seus clientes e futuros clientes.

27.3 Tenha o seu banco

Na teoria, parece simples. Na prática, nem tanto. Porém não é nenhum "bicho de sete cabeças". Tecnologia é algo cada dia mais commodity. Quando as *fintechs* começaram a crescer no Brasil, a LogBank surgiu para ser uma plataforma que permite a qualquer loja ter um banco, tal qual Vtex, Rakuten, JetCommerce, Magento, por exemplo, possibilitam que qualquer marca tenha um e-commerce.

Eu vejo com bons olhos esse mercado de e-commerce sendo um *benchmark* para o mercado de *fintechs*, com concorrentes do LogBank surgindo para "popularizar" o banco digital, tal qual foi feito com o e-commerce. No começo, apenas grandes marcas tinham lojas on-line; hoje, as marcas menores também têm. O Mercado Livre é o grande responsável por isso, mas falaremos mais sobre esse segmento no Capítulo 31, sobre Varejo Online.

As *fintechs* permitem que qualquer indivíduo faça a gestão do seu dinheiro. Ainda é cedo para prever se a padaria ao lado da sua casa terá seu próprio banco, como pode, por exemplo, ter o seu próprio e-commerce, mas não é cedo prever que lojas, principalmente as grandes cadeias, como Renner, C&A, Le Postiche ou Zara tenham seu próprio banco digital, agregando confiança, transparência e principalmente tecnologia em seus processos. Toda vez que uma empresa entra com algo inovador, automaticamente a percepção do consumidor muda, passando a vê-la como inovadora e "à frente do seu tempo" – o que gera uma repercussão positiva para a marca.

27.4 A onda do celular

Segundo o livro *A revolução fintech*,[2] uma tendência nos países onde esse conceito está mais desenvolvido é abordar o amplo mercado de "quem possui celular".

Aqui no Brasil, segundo o site Teleco, até outubro de 2018, o Brasil possuía, arredondando os números, 234 milhões de celulares ativos, para uma população, segundo o IBGE, de 209 milhões. O número de celulares pré-pago, que já representou 85% da base, hoje, está em 59%, o que mostra o crescimento dos celulares pós-pago e, sem dúvida, um grande avanço do uso da internet móvel.

No Capítulo 11, sobre Mobilidade, falamos que a internet móvel já representa acesso à Internet maior do que via Desktop (PCs e notebooks). Em resumo, se *fintechs* têm como alvo as gerações nascida a partir de 1980, millenialls ou geração Y, não é nenhuma grande descoberta focar no uso do celular, ou seja, todos os projetos precisam entrar no conceito *mobile first*, que nada mais é do que desenhar a plataforma no mobile e depois pensá-la para desktop.

A ferramenta SemRush lançou um estudo, o qual recebi de um parceiro, chamado "Pesquisa Fintech 2018", cujo objetivo era, "via conjunto de ferramentas analíticas da empresa, selecionar os dados de sites da *fintech* para mostrar várias métricas, desde as fontes e a importância do tráfego do site até os principais problemas técnicos que os sites enfrentam". Foram analisados diversos sites de diferentes *fintechs* em países como Espanha, Reino Unido, Alemanha e Brasil, o qual será o nosso foco.

Segundo o estudo, quase 50% dos acessos aos sites das *fintechs* são diretos. Isso, avalio eu, pode ser pela avalanche de matérias que a imprensa publica sobre o tema, todos os dias. A pesquisa representa 42% dos acessos, ou seja, quase 92% dos acessos vieram de formas não pagas – o que reforça minha tese, embora não tenha nenhum embasamento para isso, a não ser esses dois dados.

Acesso social representa 0,3%, e pago, 1,04%. Desktops, no Brasil, ainda geram mais tráfego, 53% *versus* 47% do mobile – mais um fator que reforça minha tese sobre o estímulo ser dado por notícias do mercado, lidas durante o expediente nos desktops das empresas. Outro fator que pode ajudar nos dados, como 92% de acesso direto e orgânico, é o fato de o acesso ser feito por clientes que desejam operar nas plataformas, ou seja, pessoas entrando para pagar uma conta, fazer uma transferência ou ver saldo, por exemplo. Facebook (50%) e YouTube (30%) são as mídias sociais que mais geram acessos aos sites das *fintechs*. Cerca de 73% das páginas das *fintechs* no Brasil são compatíveis com dispositivos móveis, mesmo sendo esse um mercado muito novo que já nasceu sabendo sobre o conceito *mobile first*.

---

2 CHISHTI; JANOS, 2017.

27.4.1 Por que falar sobre esses dados?

Você deve ter percebido que apresento poucos dados neste livro, simplesmente porque no momento em que escrevo até sua publicação passam-se alguns meses, e os números podem ficar desatualizados. Entretanto, mostrei os dados da pesquisa da SemRush do último trimestre de 2018 como um ponto para você analisar o planejamento de *fintech*. Não basta ter a ideia: o processo é árduo – sei disso pois estou em projetos de *fintech* desde junho de 2017. Não é fácil, mas os investidores estão olhando esse mercado com bons olhos.

27.5 Para o varejo

Os bancos têm sistemas muito engessados e até arcaicos. Não se muda a rota de um transatlântico do dia para a noite, mas de uma startup, enxuta e ágil, sim. Os bancos, em um futuro bem próximo – eu diria, inclusive, que isso já está ocorrendo –, vão precisar se adaptar a esse novo universo digital e aos novos comportamentos que surgem por aí. Bancos como Itaú, Bradesco ou Santander ainda dependem muito de agências e acabam centralizando os processos, ao passo que *fintechs* podem surgir, ser parceiras e criar um ecossistema interessante para oferecer uma melhor experiência ao consumidor.

Essa história de que "as pessoas não querem mais ir em agência" pode colar para as gerações Y e Z, mas, para as mais antigas, como X e *baby boomers*, não é bem assim. Eu tenho um exemplo em casa. Meu pai tem quase 70 anos. Foi advogado no extinto Banespa por 30 anos, ou seja, viveu em banco. Especialista em direito bancário. Conhece bem seu funcionamento interno. Outro dia, conversando com ele, contei que tinha aberto conta no Banco Inter, patrocinador do nosso São Paulo FC, e que era um banco digital, explicando, em seguida, como funcionava.

Em menos de cinco minutos, ele me disse que tudo aquilo era muito legal, mas o Banco Inter não ia servir o cafezinho que ele tomava ao ir ao Banco do Brasil conversar com o seu gerente, que, depois de anos, se tornou seu amigo. O mesmo aconteceu comigo ao conversar com um dos grandes bancos de investimento do país, presidido por um jovem de 40 anos – não posso abrir nome por NDA assinado –, que me disse que o banco dele queria investir no digital, mas ele não poderia realizar essa transformação em sua operação, uma vez que seus clientes querem passar a mão no telefone e ligar para saber se o operador realmente está lá. Liga, conversa alguns minutos e se sente mais tranquilo.

27.6 O que o público espera?

Fintech revolucionou o modo como as pessoas de todos os cantos do mundo conduzem negócios, fazem transações e gerenciam seu dinheiro. O foco dos bancos digitais deve ser, pensando no público, a bancarização. O case do Banco Maré, contado por seu CEO, Alexander Albuquerque, mostra isso muito bem. Segundo Alexander,

> nosso banco trabalha no desenvolvimento de um aplicativo, tanto de identificação digital como de reconhecimento facial, para ajudar os beneficiários do Bolsa Família, que precisam ir até uma agência da Caixa para receber o auxílio. Nem todos tem conta em

banco, mas é também necessário algo que valide que aquela pessoa realmente existe, e, assim, possa receber o benefício em um local mais perto de sua casa, ou até mesmo por meio do aplicativo.

O QUE AS MARCAS ESTÃO FAZENDO?

Um pouco do Nubank

O marketing dessa marca deve ser sempre elogiado. Desde o começo, fizeram um trabalho sensacional para lançar o "cartão roxinho" – com o qual tive uma experiência pessoal relatada nos parágrafos a seguir.

Quando lançado, havia um número de vagas limitadíssimo – com, às vezes, meses de espera – para entrar nessa comunidade tão exclusiva e usar um cartão de crédito sem anuidade. As poucas vagas permitiam às pessoas pertencer a um grupo seleto e com muitas vantagens – apelo que fez com que buscassem indicações para ter o cartão. Essa não é uma técnica nova, o famoso programa de *member get member* usado por muitas empresas é muito similar, mas não estamos discutindo aqui a estratégia em si, mas sua excelente execução, com atuação massiva do neuromarketing.

Em 2016, eu dava aula de marketing digital na graduação do Centro Universitário das Faculdades Metropolitanas Unidas (FMU), na época em que o Nubank começou a ganhar força no mercado. Durante uma aula sobre inovação, não tinha como não falar sobre o banco. Como dava aula em três turmas, com, em média, 140 alunos, tinha grandes chances de realizar pesquisas variadas.

Quando começamos a falar de Nubank, lembro-me de que uma minoria tinha o cartão, mas era um número muito menor do que aqueles que ainda não tinham ou não queriam ter. O fator principal para não querer era "mais um cartão de crédito, não!" – o medo de gastar sem ter e depois não ter como pagar, um péssimo hábito presente no Brasil. A maioria das pessoas que não tinham pretendiam ter o cartão em breve. Os que tinham – e aí vem o fator mais curioso – apresentaram razões até estranhas quando o tema é cartão de crédito: uma maioria, porque o cartão era roxo; em segundo plano, porque o amigo tinha indicado; e, em terceiro plano, porque o aplicativo ajudava a controlar as contas.

Primeiro ponto: por ser roxo. Foi a resposta que mais ouvi! Engraçado, mas real. No segundo momento, porque meu amigo me indicou. Poxa, os bancos mandavam o cartão pronto e personalizado para a casa das pessoas sem elas pedirem e o pessoal reclamava, mas houve um fator neuromarketing ativado aqui: a indicação foi de uma pessoa da minha inteira confiança. E, por fim, o controle, que todos os bancos faziam, mas pouco divulgavam. Os bancos faziam no site, o Nubank, no aplicativo, no celular, no melhor amigo do jovem.

O mais engraçado dessa pequena pesquisa feita por mim é que o Nubank, na época, tinha uma taxa de juros de 7% ao mês versus 15% do Master e Visa. Hoje, a taxa permanece a mesma. O diferencial, no fim das contas, não foi o fato de não cobrar mensalidade, como os cartões Visa e Master fazem. O apelo foi totalmente emocional e nada racional – de novo o neuromarketing aqui. Claro que alguns, na pesquisa, falaram das taxas, mas um percentual pequeno *versus* aqueles que gostariam de ter o cartão roxo.

> Até hoje, com a conta jovem, apenas o Banco Real conseguiu esse patamar de marca amada no setor financeiro. Pode perguntar para todos que tiveram a Conta Universitária Real, como eu, se não têm saudades do banco. Eu tenho, e muita, era um modelo diferente, que ajudava o jovem e, com isso, o fidelizava. O Nubank, com serviços e atendimento, está indo para a mesma onda de fidelização do cliente.
>
> Segundo Conrado Adolpho Vaz, em um estudo a que tive acesso, denominado *A estratégia que transformou a Nubank em uma empresa de US$4 bilhões*, um fator muito bem usado pelo marketing do banco foi o que ele chama de gatilho da ganância. Segundo Conrado,
>
>> nós geralmente queremos cada vez mais por cada vez menos. Queremos pagar mais barato pelo melhor produto. Receber o melhor conteúdo pagando o menor valor possível. E isso é normal. A ganância de ter à disposição um suporte ao cliente totalmente eficiente e personalizado. Uma comunicação leve, divertida e certeira. Pouca, ou melhor, quase nenhuma burocracia. Um limite à disposição sem perguntas.

27.7 Como aplicar em sua empresa hoje?

Os bancos também voltam suas atenções para *fintechs* de empréstimos. Inspiradas pelo exemplo de fora, as startups brasileiras começaram a operar mesmo sem regulamentação específica. A forma mais comum foi operar em parceria com instituições já reguladas pelo Banco Central e fazer uma ‹barriga de aluguel› para comprovar o mínimo de capital exigido. Hoje, muitas financeiras como Just, Geru e Creditas vendem créditos com o dinheiro da Sorocred, por exemplo. Assim como a Renner pode ter um banco digital, ela também poderá ofertar crédito para o consumidor e, com isso, elevar, consideravelmente, suas vendas. Imagine que a Maria está na Renner, e a conta dá 400 reais. Priscila, no caixa, diz que Maria tem um crédito de 400 reais na loja, que ela pode pegar e pagar em cinco parcelas de R$ 84,00.

A Maria pode pagar a sua conta ou aproveitar o crédito para comprar mais. A Renner vai ganhar no aumento do ticket médio e, claro, em um pequeno percentual dos juros, gerando nova receita. Mas, para isso, Maria tem de abrir uma conta no Banco Renner, sem taxa alguma. Ela abre, ganha o crédito e ainda ganha um limite de R$ 500,00 na conta especial, além de ter um cartão de crédito, que, mesmo sem ter a bandeira Renner, oferece 10% de desconto em todas as compras da rede. O banco digital não mata o cartão da Renner, mas agrega valor a ele.

27.7.1 Tipos de *fintechs* atuando no Brasil

- **Pagamentos e transferências:** ferramentas que auxiliam nas transações de dinheiro on-line, como meios de pagamento presentes em lojas virtuais ou ferramentas de cashback, em que o cliente faz uma compra e parte do dinheiro pago volta para a sua conta-corrente. Exemplos: Beblue, Pagar.me, Braspag e PayU.
- **Gestão financeira:** ferramentas que auxiliam na contabilidade da empresa, seja grande, média ou pequena. Há serviços de contabilidade on-line, mas também aluguel de softwares

de controle e gestão financeira, com planilhas e auxílio para que as empresas tenham uma boa gestão do fluxo de caixa. Exemplos: Contabilizei, MoveCash, Conta Azul e Bling.

» **Crédito:** empréstimo on-line para pessoa física e jurídica. Com taxas menores, essas empresas têm como meta emprestar dinheiro para quem precisa e tirar esse serviço dos bancos, auxiliando também as pessoas a pagar dívidas dos bancos com juros e, consequentemente, prestações menores. Exemplos: EasyCredito, Trigg, Lendico e Bom Pra Crédito.

» **Crowdfunding:** plataformas de financiamento coletivo que ajudam as pessoas a realizar projetos, como um autor que quer escrever a biografia de um ídolo. Exemplos: Catarse, PartYou, Kickante e Vakinha.

» **Criptomoedas:** plataformas de negociação de criptomoedas, sendo *bitcoin* a mais famosa. Falaremos mais sobre o tema no Capítulo 32, sobre *bitcoin*, mas, basicamente, disponibilizam a plataforma para que qualquer pessoa possa investir em criptomoedas. Exemplos: MercadoBitcoin, FoxBit, Rippex e Bitwage.

» **Seguros:** venda de apólices on-line. Muitos seguros ainda precisam da figura do corretor, mas essas *fintechs* estão chegando para mudar o mercado. É preciso ficar de olho na tecnologia sempre. O Nubank veio para mudar o mercado de bancos, o Uber para mudar o mercado de transporte pago, a Netflix derrubou a Blockbuster... Qual será a próxima empresa a desafiar o *status quo*? Exemplos: BemMaisSeguro, Bidu, YouSe e MinutoSeguros.

» **Investimentos:** gerenciadores automáticos de investimentos. Com atendimento personalizado de assessores de investimentos, qualquer pessoa pode realizar aplicações on-line. O mais importante é que não tenha custo para abertura, manutenção de conta e envio de TED, como nos bancos tradicionais. As *fintechs* vieram para transformar os gargalos dos bancos tradicionais e as taxas estão entre as principais reclamações de quem tem conta em banco e cartão de crédito. Exemplos: BTGPactual Digital, Verios, Orama e SmartBrain.

» **Planejamento financeiro:** plataforma de controle de despesas. Sincronizada com a conta bancária do cliente, a ferramenta organiza as despesas e os lançamentos dos extratos de conta-corrente e cartão de crédito de forma automática. Suas funcionalidades permitem ainda que o cliente controle seus gastos e consiga fazer o planejamento de maneira simplificada. Exemplos: GuiaBolso, Kitado, PoupaCerto e Simplifica, do Bradesco.

CAPÍTULO 28

MARKETING EM TEMPO REAL

Um dos grandes desafios do marketing é falar com as pessoas no momento em que estão predispostas a receber a mensagem. Mesmo com toda a tecnologia, as empresas de call center ativo ainda ligam às 8h para oferecer um novo pacote de celular – às 8h, tem gente, como eu, que só está de olho aberto! Acordado é outra história.

Esse desafio fica menos difícil quando o guarda-chuva da transformação digital entra em ação. O *marketing em tempo real* vai nos mostrar como as marcas estão usando essa estratégia para tentar conversar com o cliente no momento em que ele está propenso a debater com a marca sobre um produto ou serviço. Não se trata apenas de responder rapidamente a uma solicitação nas redes sociais – isso não é marketing em tempo real, é obrigação das marcas, que precisam repensar suas áreas de redes sociais com menos post patrocinado e mais relacionamento.

28.1 Conceito

O marketing em tempo real é uma estratégia de divulgação que visa criar um vínculo entre uma marca e as pessoas que fazem parte de seu público-alvo, seja durante algum evento, como Copa do Mundo e Black Friday, ou com uma nova campanha na TV, por exemplo.

28.2 Planejamento

Em seu livro *Você, eu e os robôs*,[1] minha querida amiga Martha Gabriel apresenta alguns pontos interessantes para criar sua estratégia de marketing em tempo real. Martha diz que, "em virtude da possibilidade e simplicidade que obtemos informação no universo digital, é muito fácil que se torne um vício sem que possamos perceber".

Além de uma estudiosa de inovações, Martha estuda muito o comportamento de pessoas – o que é, na minha modesta opinião, o grande diferencial de uma estratégia de marketing, e reforço isso, pois ainda vejo muita empresa falar em "consumer center" porque é bonito falar termos em inglês e ser "mídia center".

Para o marketing em tempo real, além de analisar as interações nas redes sociais, é fundamental agir rapidamente. O big data se faz novamente fundamental, não apenas durante a interação, mas antes, para sabermos o que fazer. O marketing em tempo real não ocorre apenas nas redes sociais. O ambiente é propício para isso e pode até ser o principal canal, mas dificilmente será o único. Os exemplos dados aqui no livro, como *omnichannel*, mostram que o consumidor pode ser impactado com um produto complementar ao que está nas mãos. Isso é marketing em tempo real e o melhor: em um momento muito propício para o consumidor se interessar pela mensagem da marca.

A velocidade da atuação e a necessidade de monitoramento das mídias são fundamentais para as marcas que querem investir no marketing em tempo real. Segundo Felipe Attílio, ex--gerente de Social Listening na W3haus, há cinco drivers comportamentais responsáveis por esse novo cenário de marketing em tempo real: *movimento de mass engagement*, onde temos uma população extremamente conectada e interessada nas mídias sociais (web, social, móvel); *fenômeno multi-screen*, onde utilizamos ao mesmo tempo celular, tablet, PC e ainda assistimos TV; *fast mood swings*, outro fenômeno social fruto da volatilidade das redes sociais digitais (e como as empresas têm reagido a isso); *movimento power to the crowd*, novas formas coletivas de agir em prol de alguma causa (social ou comercial), e, enfim, *movimento de people's brand*, em que os consumidores possuem cada vez mais poder de representação da marca do que a própria empresa. Tudo isso garante um cenário que não mais está ligado à comunicação de massa, mas a um gerenciamento de conversa de massa em tempo real.

28.3 Para o varejo

Uma das marcas que melhor trabalha o marketing em tempo real é a Coca-Cola, mas também não podemos deixar de citar o case #jogapramim da Sadia, em 2014, do qual fizeram parte da campanha meu amigo Marcelo Trevisani e minha irmã Bia Morais. A Coca-Cola tem unidades focadas em marketing em tempo real, ao passo que o case da Sadia é emblemático e vale a pena ser citado, afinal, na época em que foi lançado, Copa de 2014 no Brasil, chegou a números surpreendentes de engajamento e exposição da marca. Lembrando que a Sadia era uma das patrocinadoras da Seleção Brasileira na Copa do Mundo.

---

1 GABRIEL, M. *Você, eu e os robôs*. São Paulo: Atlas, 2017. p. 88.

> **SAIU NA MÍDIA**
>
> Logo depois da ação da Sadia #jogapramim, Trevisani deu uma entrevista ao portal Mundo do Marketing sobre o tema.
>
> "Joga Pra Mim" mostrava crianças que nunca haviam visto o Brasil ganhar um mundial fazendo um pedido aos atletas. Com pouco tempo de trabalho, a ação foi parar nos perfis de usuários que compartilharam o conceito. "Conseguimos responder rapidamente a um dado novo quando Neymar se lesionou e não pode mais entrar em campo. O #jogapramim foi transformado em #jogapraele, também rapidamente abraçado pela torcida. Criamos uma campanha, uma ação que se tornou viral. Conseguimos uma mídia espontânea muito agressiva, que capitalizou as nossas hashtags", comemora.
>
> Walter Longo fala muito sobre a alma digital que a marca precisa ter, como vimos em alguns momentos. Por conhecer Trevisani desde 2008, posso afirmar que ele tem essa alma, mas, por outro lado, é preciso entender que ele não tinha o "poder da caneta" consigo. Para uma estratégia de marketing em *real time* dar certo, é preciso dar a famosa "carta branca" para o time e estar preparado para as críticas, pois, às vezes, no âmbito de uma resposta, o duplo sentido não é analisado – e sabemos que, no Brasil, a interpretação de texto é uma das piores do mundo, o que foi comprovado por pesquisas mundiais sobre o tema.
>
> "Fomos muito rápidos para fazer isso, apesar de ser muito difícil trabalhar nessa velocidade, já que precisamos de 'N' aprovações, criar um planejamento ágil, ter um cerne, uma essência do que as pessoas estão falando e monitorar as redes sociais e entender as percepções das pessoas", conclui Marcelo Trevisani.
>
> Fonte: MORAES, R. O desafio da construção e consolidação da marca no ambiente digital. Disponível em: https://www.mundodomarketing.com.br/reportagens/mercado/32143/o-desafio-da-construcao-e-consolidacao-da-marca-no-ambiente-digital.html. Acesso em: jul. 2019.

Durante a Copa do Mundo de 2014, tivemos um fenômeno interessante. As marcas precisaram lidar com um novo comportamento do consumidor brasileiro, que passou a assistir à TV com a segunda tela na mão, comentando em tempo real nas mídias digitais – algo que, na Copa de 2018, estava mais do que consolidado. Esse desafio é visto ainda hoje como algo em que as marcas pouco sabem trabalhar. A segunda tela, desde 2015, segundo o estudo Google Mobile Day, daquele ano, é a TV, sendo a internet a primeira – embora os gestores tradicionais não enxerguem isso.

28.4 O que o público espera?

Como explica Adriana Knackfuss, diretora sênior de transformação digital para América Latina, "na verdade, a transformação digital só existe porque a gente quer atender melhor o consumidor. Ele é o centro dessa intenção, dessa nova agenda. Queremos nos preparar como organização para atender cada vez melhor".

Já Lisa Gevelber, vice-presidente de marketing do Google, fala que "o real-time marketing é a chave que garante que sua marca proporcione experiências aos usuários, mas sem interromper o momento".

As duas citações acima, na minha visão, representam bem o que o público espera. Veja bem, Seth Godin fala muito sobre o marketing de permissão, onde um dos mais famosos gurus de marketing digital do mundo defende

> que os métodos tradicionais de publicidade normalmente referidos por marketing de interrupção, como os anúncios de publicidade que interrompem programas de TV ou os pop-ups que interferem na leitura dos websites, se tornaram menos eficazes numa época dominada pelo mass-marketing, onde os consumidores são sobrecarregados de informação.

Sem querer parecer petulante, mas "traduzindo" o que Godin prega, o consumidor está de "saco cheio" de tanta interrupção. Para escrever este livro, por exemplo, desisti de ler alguns conceitos para entender melhor o que passar, com as minhas próprias palavras, pois, ao abrir o site, aparece um pop-up enorme; você fecha, aí o site fica escuro, aparece outra mídia, você está lendo e, de repente, carrega um banner do Google Display Network no meio do texto, aparecem mais campos de mídia... Isso irrita tanto que as pessoas optam por fechar o site. Aí é aquele "pega-trouxa" em que os anunciantes caem, a audiência do site sobe, logo, tem mais gente entrando, mas o tempo de permanência cai, o que significa que as pessoas entram, dando lugar à frase "mas banner digital não dá resultado". Bem, caindo nesses golpes e nos jornalistas caça-cliques, não dá mesmo, mas com o *real time* as chances de dar resultado crescem muito.

28.5 Como aplicar em sua empresa hoje?

Sem dúvida, o evento que abriu os olhos das marcas para essa estratégia veio da Coca-Cola, que fez uma ação inovadora no mundo, aqui no Brasil. Durante a Copa, foram veiculados filmes e *mashups* para TV e redes sociais, alguns com temática específica para os jogos do Brasil e outros com imagens feitas durante as partidas, no calor da torcida. Sem roteiros pré-definidos, a ideia era capturar a atmosfera dos jogos enquanto aconteciam e gerar conteúdo relevante e diferenciado para os seguidores da marca nas redes sociais.

Lembre-se: marketing em tempo real não é responder a pedidos nas redes sociais. É criar conteúdo diferenciado de acordo com os eventos que ocorrem. Pense nisso!

CAPÍTULO 29

REALIDADE AUMENTADA

Esse não é um conceito novo no mercado. A realidade aumentada ganhou força no Brasil por volta de 2005, com *cards* que, ao colocar na frente da câmera do computador, ganhavam vida – na época, celular com câmera era para poucos, e seus recursos eram limitados.

Hoje, como o cenário é outro, o conceito voltou com força para auxiliar o marketing a elevar as vendas. Agora, a realidade aumentada pode ajudar, por exemplo, na venda de um produto. A geladeira da FastShop pode ter um QR Code que, quando escaneado, abre no celular do consumidor um conteúdo relevante para ajudá-lo a decidir por aquela compra.

29.1 Conceito

A realidade aumentada é um ambiente de imersão criado por meio de ferramentas computacionais no qual o usuário realiza determinadas tarefas, que funciona por meio de um software, um marcador no mundo físico ou GPS.

29.2 Planejamento

Por volta de 2015/2016, quando o Pokémon Go foi lançado, a realidade aumentada ganhou outra dimensão dentro do marketing das empresas. Uma brincadeira que virou uma enorme febre tomou conta das pessoas no mundo todo. Como toda novidade desse tipo, ficou obsoleta e morreu, uma vez que não tinha mais caminhos para inovação, mas quem a criou ganhou um bom dinheiro.

As marcas podem usar esse case para pensar em ideias dentro das lojas. Por exemplo, uma loja de brinquedo pode usar esse recurso para uma grande caça ao tesouro com as crianças, oferecendo descontos como prêmios em épocas festivas, como Dia das Crianças e Natal. Por outro lado, um hospital pode usar a realidade aumentada para entreter as crianças enquanto esperam os pais fazer exames. Essa ideia é uma inspiração de um vídeo da Disney que vi uma vez. O aplicativo era simples: as crianças pintavam determinado personagem da Disney e, depois, via aplicativo no celular e usando realidade aumentada, ele ganhava vida. Uma forma lúdica de entreter as crianças e até amenizar o sofrimento daquelas que estão prestes a fazer um simples exame de sangue.

29.3 Para o varejo

O WebSummit 2018 trouxe alguns aprendizados para as marcas. Segundo estudos apresentados por diversos palestrantes, é cada dia mais irreversível o avanço na utilização, produção e disseminação de uso da realidade aumentada e da realidade virtual nos mais diversos segmentos do varejo.

Quando se fala de varejo on-line, por exemplo, é possível pensar em uma vasta linha de tendências para elevar as vendas, tais como assistentes de voz, frentes de loja desenhadas para oferecer experiências e não produtos, além de tecnologias como realidade aumentada que permite experimentar o que você quer comprar antes mesmo de qualquer transação.

Com a realidade aumentada, as pessoas poderão fazer, mesmo que de forma lúdica, testes de produtos, como no caso da Sephora de Nova Iorque, onde é possível testar maquiagem de forma virtual usando esse recurso. Um scanner faz a leitura da pele da potencial consumidora. O sistema já entende quais os melhores produtos para aquele tipo de pele e os oferece à cliente, que, de forma virtual, testa os produtos em sua pele.

Há opções de realidade virtual para a venda de óculos, onde o consumidor habilita a câmera do seu computador, tablet ou smartphone, o sistema faz a leitura do seu rosto e oferece as opções de óculos, com textura similar aos óculos reais. O consumidor testa os óculos de forma virtual e, se gostar, faz a compra.

29.4 O que o público espera?

Com o objetivo de otimizar a experiência do cliente e aumentar seu engajamento e imersão na marca, a realidade aumentada vem dando passos largos em alguns setores, como o varejo. Marcas como a japonesa Uniqlo utilizam a tecnologia para atrair consumidores para as lojas físicas, onde terão acesso a experiências otimizadas de provas de roupa em um espelho LCD que muda as opções de cor de uma peça sem que o usuário precise tirá-la. A Telefônica anunciou que está fazendo parcerias com empresas como Dufry para criar experiências de compra únicas, unindo as capacidades digitais do e-commerce com a imersão customizada permitida pelas lojas físicas.

29.5 Como aplicar em sua empresa hoje?

A realidade aumentada terá muito mais adeptos entre aqueles que têm internet com maior qualidade de velocidade. Não há dúvida de que, quanto mais rápida a internet for, melhor será a experiência com a realidade aumentada, ainda mais quando falamos de smartphones, presentes na vida das pessoas quase que como uma extensão do seu próprio corpo.

Em alguns anos, a tecnologia 5G de velocidade de internet móvel estará disponível no Brasil a um preço acessível para todos. A tecnologia é assim, chega a um preço possível para poucos, torna-se commodity e acaba ganhando força na grande massa, uma vez que commodities geram lucros quando a massa passa a usá-la. Iniciativas do guarda-chuva da transformação digital, como realidade virtual e aumentada, IoT e IA serão potencializadas e deverão melhorar a experiência e a comunicação com o cliente. O elemento humano é o protagonista nas estratégias de marketing e é preciso integrá-lo na experiência da marca.

Na publicidade, a realidade aumentada abre oportunidades de patrocínio em jogos esportivos, por exemplo. A startup GumGum usa visão computacional para projetar logos e campanhas de patrocinadores nos uniformes de jogadores em momentos em que a posição da marca pode ser otimizada. "A publicidade aumentada permite também que os times entendam o valor do seu conteúdo e negociem melhor seus patrocínios", afirma Ken Weiner, CTO da GumGum. Em Londres, a Pepsico cria campanhas baseadas em realidade virtual para mídia exterior, mostrando o potencial da tecnologia para muito além da tela do smartphone.

O guarda-chuva da transformação digital permite que as marcas usem todas as suas iniciativas para melhorar experiências. Alguns cases aqui devem ter aberto a sua mente para a criatividade – aliás, o objetivo deste livro é fazer seu cérebro "fritar" de ideias. A realidade aumentada deve estar presente nos ambientes físico e digital, sendo um braço importante na iniciativa *omnichannel* e IoT, por exemplo.

CAPÍTULO 30

WEARABLES

Muitas marcas já estão apostando nas tecnologias vestíveis ou *wearables*. O carro-chefe desse segmento é, sem dúvida, o Applewatch, mas ainda vem muito mais por aí. Camisetas que avisam o médico se você teve um infarto ou pílulas que informam seus familiares sobre se você as tem tomado parecem coisa do futuro? Bem, essa camiseta existe na Espanha desde 2010, por exemplo. Gosto de alertar que, se você está lendo este livro pensando que tudo isso é coisa do futuro, inacessível ou uma grande viagem, bem, aconselho parar e ir ler livros de fórmulas prontas, porque aqui é o marketing digital da raiz!

30.1 Conceito

Wearable é a palavra que resume o conceito das chamadas "tecnologias vestíveis", ou seja, são dispositivos tecnológicos que podem ser utilizados pelos usuários como peças do vestuário. Os dispositivos *wearables* estão muito ligados à iniciativa IoT, dentro do guarda-chuva da transformação digital, por manter constantemente a conectividade entre diferentes tipos de objetos comuns no cotidiano dos indivíduos.

30.2 Planejamento

Criar aplicativos para que as pessoas possam usar nos dispositivos vestíveis é uma ideia a ser pensada, mas esses aplicativos já estão no seu projeto de mobilidade, não? Por isso, antes de pensar **no que** criar, pense em **para quem** criar. Comportamento humano, esse é o norte do seu planejamento que pode gerar uma excelente ideia, mas tem aderência? Se pesquisar bem, você achará nichos para suas criações.

30.3 Para o varejo

A camiseta sobre a qual falei anteriormente já funciona na Espanha e conta com um sistema de microchip que detecta sinais do coração durante o esforço físico. O sinal é transmitido em tempo real e pode ser captado por um celular ou ir diretamente para um computador. Os dados transmitidos proporcionam um eletrocardiograma completo e ainda medem com precisão o esforço realizado pelo atleta, especificando os quilômetros percorridos por ele e a velocidade.

30.3.1 Agora, imagine isso no varejo físico...

Mauro vai até a Brooksfield, e antes mesmo de experimentar qualquer camisa ou terno, o vendedor lhe oferece uma camiseta simples. Ele a coloca e, depois de alguns segundos, tira. Essa camiseta, por meio de um chip, pegou todas as medidas do Mauro e passou para o smartphone do Carlos, o vendedor que começou a atendê-lo. Mauro começa a olhar os ternos e uma câmera reconhece sua face, uma vez que Mauro é um amante da marca e já comprou ali outras vezes. O sistema de big data pega os dados de Mauro e cruza com o sistema da loja. Pronto: no smartphone do Carlos estão os últimos dez anos de compras do Mauro em todas as lojas da Brooksfield.

O sistema também mostra que Mauro pesquisou, porque estava logado, alguns produtos no site da marca – que não tem e-commerce, mas tem "lookbook". Como não tem Facebook, não curtiu a foto, mas o sistema captou sua navegação. Olhe a quantidade de informações que Carlos tem de Mauro. Agora, já pensou se Mauro estivesse usando um Applewatch, como os iBeacons poderiam falar com ele? Como Carlos sabe tudo o que Mauro deseja e conhece suas medidas, leva os produtos certos. Mauro compra mais do que esperava, mas, ainda assim, ficou faltando uma camisa da qual gostou muito, que não tinha do seu tamanho.

Chris Anderson, em seu best-seller A cauda longa,[1] nos ensina que a loja física tem restrições de tamanho que a on-line não tem. Carlos, então, dá um comando em seu aplicativo, informando que Mauro deseja uma camisa, mas não encontra em seu tamanho. Mauro recebe um e-mail com o produto para receber 10% de desconto em qualquer loja. Ao abri-lo, um banner da peça aparece na sua área de login do UOL.

30.4 O que o público espera?

Não há dúvida de que as pessoas esperem que a tecnologia os ajude no seu dia a dia. Cada vez mais, vejo marcas de tecnologia querendo apresentar ao público como sua tecnologia está ou pretende fazer um mundo melhor para eles. Em 2018, trabalhei para a Panasonic e,

---

1 ANDERSON, C. A cauda longa. São Paulo: Elsevier, 2006.

na sequência, para a Samsung. O "mote" da campanha de ambas as marcas era: "Como a nossa tecnologia muda a vida das pessoas?". A Panasonic, por exemplo, tem tecnologia Econavi que, por meio de sensores, monitora automaticamente o uso e o ambiente onde está o produto Panasonic, otimizando o uso desses aparelhos por meio de um microprocessador, sempre a favor da economia de energia e sustentabilidade. Isso é ótimo e realmente faz diferença na vida das pessoas. Mas como usar esse *benchmark* para as tecnologias vestíveis, por exemplo? Aí está o desafio do gestor de marca dentro do guarda-chuva da transformação digital.

30.5 Como aplicar em sua empresa hoje?

Na minha visão, foi uma grande perda para o mercado o Google Glass não ter dado certo. Meu amigo Ricardo Longo, da consultoria de mobile Onoffre, já tinha desenvolvido alguns projetos bacanas com ele. O Ponto Frio disponibilizava um desses óculos para que os consumidores pudessem andar na loja e, via QR Code, saber mais sobre cada um dos produtos. Um professor de medicina fez uma operação no coração de um paciente usando os óculos e transmitindo ao vivo para seus alunos do curso de medicina que desejavam ser cardiologistas.

Pulseiras fitness, *smartwatches*, *headsets* de realidade virtual, pedômetros... todos esses dispositivos fazem parte do cenário emergente da tecnologia vestível que promete mudar a forma como monitoramos nossa saúde, fazemos exercícios físicos e nos comunicamos. Entretanto, nem só do varejo vive a tecnologia vestível. Tal qual a camiseta da Espanha, a saúde representa um mercado muito grande de uso.

A pílula Abilify MyCite é uma criação da farmacêutica japonesa Otsuka, receitada para quem sofre de distúrbios como esquizofrenia, transtorno bipolar e depressão. A "pílula digital" conta com um microsensor do tamanho de um grão de areia que armazena informações sobre o medicamento e as reúne em aplicativos que podem ser acessados por pessoas autorizadas pelo paciente. Um impulso elétrico é enviado no instante em que o comprimido entra em contato com o ácido do estômago. Quem recebe primeiro o sinal é uma pulseira, presa no braço do paciente.

CAPÍTULO 31

VAREJO ON-LINE

Sempre que abordo esse tema em sala de aula, os alunos ficam com uma dúvida. A ideia de falar sobre varejo on-line e não única e exclusivamente de e-commerce tem, entre outras, a intenção de criar essa dúvida na cabeça dos alunos. Assim, eles vão atrás das respostas eles mesmos. Nunca se deve dar o peixe, mas sempre ensinar a pescar.

Nesse livro, minha missão é como nas aulas, abrir os caminhos para que meus leitores saibam qual estrada percorrer. Alguns capítulos estão menores que outros de propósito, pois sou totalmente contra ficar enchendo linguiça. Já li tanto livro de 300 páginas que em 70 dele o autor poderia ter explicado com perfeição a sua tese e, por isso, sou o mais direto possível.

Assim, como não sou o dono da verdade, deixo aqui aberto para que você entenda que este livro é um – e não o único – material sobre transformação digital que você vai ler, mesmo porque eu não sou o "Kotler", ou seja, não sou a referência mundial no tema, mas aprendi muito ao escrever este livro.

Varejo on-line é algo muito mais amplo do que o e-commerce. Na minha visão, há dois conceitos sobre os quais me permito discordar um pouco do que o mercado fala. O primeiro é que e-commerce, para mim, é a loja virtual, a plataforma da Rakuten com o layout da Planet Girls. Isso é e-commerce. O segundo ponto é que, para mim, e-consumidor não é apenas quem compra, mas quem pesquisa produtos on-line. Vou contra o que o mercado defende nesses dois pontos e digo isso para explicar o porquê você vai encontrar esses conceitos aqui com explicações um pouco diferentes do que se vê por aí.

31.1 Conceito

Pequenas marcas, sem altos investimentos para uma loja virtual ou para ter presença no Google, estão vendendo pelo Instagram. Sem plataforma, apenas postando a foto, combinando o pagamento via transferência bancária e enviando o produto pelos correios. Outro dia recebi a ligação e um amigo meu, dizendo que tinha comprado pares de meias pelo Mercado Livre e a compra tinha sido um sucesso. A loja nem tinha um e-commerce, mas vendia por ali.

Em 2017, a FM Consultoria pegou o projeto da Franke, uma multinacional Suíça presente em mais de 70 países, cujo foco era ter uma loja on-line, mas a estratégia era entrar nos marketplaces como Submarino, Americanas e Shoptime. A loja foi criada e dado seu sucesso, tornou-se uma unidade de negócios comandada pela querida Leila Giraldelli. Uso esses exemplos para você entender o porquê eu não chamo de e-commerce, mas de varejo on-line, como é o caso dessas pequenas marcas que, por exemplo, não tem plataforma da Rakuten, Vtex ou JetCommerce envolvida, mas têm transações on-line.

31.2 Planejamento

A FM Consultoria tem uma metodologia própria para planejamento de projetos dentro do conceito de varejo on-line. Por termos em nosso quadro Maya Mattiazzo, especialista em e-commerce, com mais de oito anos de experiência na área, MBA de gestão estratégica de e-commerce, cursos de marketing digital na Itália e moda na França, temos uma grande demanda de projetos dentro dessa área. Nossa metodologia é amplamente divulgada, sendo até pauta de aulas ministradas por mim ou por ela.

Desde 2016, depois que se formou em seu MBA, sempre que me convidam para uma aula de e-commerce, eu repasso para ela. Nessa subseção de planejamento, vou passar essa metodologia para que você entenda como entrar nesse universo. Uma coisa é certa, uma vez que entrou, não sai mais!

A metodologia de planejamento se baseia em 13 passos para colocar o projeto de varejo on-line em pé, que devem ser seguidos na sequência, sem pular nenhum ou fazer outro na frente. Siga esses passos. E o mais importante: funcionam tanto para um e-commerce gigante, como para a loja de roupas da sua tia que tem uma unidade na cidade do interior do Pará. A metodologia serve para todos!

31.2.1 Plano de negócios

Antes de ir, é preciso saber para onde e como ir. O plano de negócios é um dos mais importantes pontos. Se você começa uma loja pelo valor a ser investido em Google, você está começando errado! Esse valor precisa estar contemplado, sim, mas no plano de negócios. Antes de montar a loja a pergunta é: vai ser rentável? E como chegar na resposta? No plano de negócios! Para onde a marca pretende ir? Qual investimento para isso? Em quanto tempo haverá retorno? Quais recursos e parceiros estratégicos? Qual a oferta de valor da marca (não estamos falando aqui de valor de produto)? Como será o relacionamento com o cliente? Quais canais de venda digitais?

Em cada um dos passos, o plano de negócios precisa ser revisto. Colocar metas do ano em vendas é item essencial, pois é o que a loja deverá percorrer ao longo de 12 meses. Mesmo que a sua loja entre no ar em junho, faça um plano de negócios de 12 meses, no mínimo. Coloque aqui cada detalhe, cada custo, cada ação e preveja verbas para alguns pontos extras, pois sempre vai aparecer alguém vendendo uma solução para o seu e-commerce e muitas podem ser bem interessantes.

31.2.2 Mix de produto

O produto tem aceitação para seu público? Ele tem a ver com a filosofia da marca? Extensão de marca é sempre um risco, mas uma loja de roupas que entra no e-commerce vendendo eletrônico é um pouco estranho, não? O que vender? Lembre-se da teoria da Cauda Longa: há sempre alguém querendo algo. Seu preço é competitivo e justo? Seu mix, variado? Seu estoque, infinito? Trabalhe muito bem as fotos, pois a imagem vende mais do que o texto. Tenha em mente uma coisa: 99% das lojas vendem produtos commodities. Na moda, por exemplo, pode ter um corte e um tecido diferente, mas, se uma pessoa deseja comprar uma calça jeans branca, o produto se tornou commodity.

Tenha diferenciais na comunicação, no apelo e no preço. No Brasil, criou-se a cultura de que o preço é mais barato no on-line – e não é você quem vai mudar isso.

31.2.3 Equipe

Empresas são feitas de pessoas. Quanto mais competentes, melhor. Há um ditado no mercado que diz "às vezes, o barato sai caro" e posso afirmar, com quase 20 anos de experiência, que esse ditado no universo digital é lei! Por isso, se é para entrar no varejo digital pagando três mil reais para um gerente de e-commerce, meu conselho é: não entre. Essa economia vai ser a famosa "economia burra", na qual um gerente competente, que ganha pelo menos oito mil reais, poderá dar mais resultados. Nada contra quem está começando, mas experiência no universo on-line conta muito mais do que quem sabe operar plataforma e apertar botão.

Pensamento físico não funciona on-line, a vitrine da loja on-line não é espelho da vitrine da loja física. Não é um curso de um mês que vai dar o conhecimento total do que é o varejo on-line. E-commerce é aprendizado diário. Ser apaixonado por vendas é um diferencial, tal qual ser "tarado por métricas". Saber mexer no Facebook não faz ninguém expert em e-commerce!

31.2.4 Plano de marketing

Como e com *quem* a marca vai falar? Não estamos falando de mídia, mas, sim de estratégia. O plano de mídia está entre os últimos pontos que vamos abordar. Mídia só vem em primeiro para colocar no plano de negócios quanto se pretende gastar para atingir as metas da empresa. Aqui, vamos focar em perfil do público, branding/posicionamento/propósito, análise de mercado e concorrência, pensamento estratégico e análise de tendências. Sem essa base construída, você pode estar indo para o caminho errado.

31.2.5 Plataforma de e-commerce

Estamos falando do "coração do e-commerce", então não pode falhar. Se falhar, seu varejo on-line acaba. Se a empresa na qual você alugou a plataforma sai do ar, a sua loja também sai. É como se o shopping passasse por uma pane elétrica e tivesse que fechar as portas. Ninguém entra para comprar.

Para escolher a melhor plataforma para o seu negócio, em primeiro lugar, é preciso saber o tamanho. A Vtex, por exemplo, é a maior plataforma do Brasil. A Rakuten, do mundo. Porém, em termos de clientes, a Vtex, no Brasil, é superior.

Essas duas brigam pelas grandes marcas, mas a Vtex fez um importante movimento no mercado ao adquirir a Loja Integrada, plataforma para pequenas lojas com faturamento de até 40 mil reais por mês. Há planos gratuitos e outros em que se paga uma mensalidade baixa. A Vtex atendia o pequeno e o grande, mas, desde 2017, com a compra da Xtech, passou a atender também o médio varejo.

É preciso prestar atenção na tecnologia da plataformas. Sempre opte por aquelas que fazem estudos constantes de usabilidade e novas tecnologias que foquem em melhorar as vendas. Como a grande maioria das plataformas ganha percentual de vendas, o que acho mais justo, uma vez que é de seu total interesse que as lojas vendam mais, é que invistam em tecnologia.

Um ponto a analisar é a rapidez e agilidade das compras, pois um segundo faz muita diferença. Cerca de 5% da audiência sai a cada segundo que há demora para carregar o site. Plataformas que entregam menos de 1% de conversão são ruins e prejudicam seu negócio.

Vou colocar aqui um exemplo que é um sucesso na sala de aula. Por que escolher a plataforma mais barata nem sempre é a melhor opção no médio e longo prazo? Vamos ao exemplo.

EXEMPLO

A mais barata é prejuízo na certa!

Em sua mesa estão duas opções de plataformas. A plataforma A custa R$ 50.000,00 para que sua loja comece a funcionar, com layout, cadastro de produtos, integração com meio de pagamento e logística, enquanto a plataforma B entrega tudo isso por R$ 20.000,00. Em um primeiro momento, você opta pela B, claro, a mais barata, porém...

Você entrou em contato com cinco clientes de cada uma delas e descobriu que a plataforma A tem uma taxa de conversão de 1,5%, em média, ao passo que a B tem uma taxa de 0,8%. Pronto, a plataforma A é mais vantajosa. Não está convencido ainda? Vamos aos números redondos para que seu cérebro compreenda a mensagem, segundo afirmam os estudos de neuromarketing. Em seu plano de negócios, você estimou que, para chegar ao resultado esperado, há quatro números macros que vão guiar seu plano. Seu ticket médio no site precisa ser de R$ 300,00, seu acesso precisa ser de 40 mil pessoas ao mês, você vai investir

R$ 15.000,00 em mídia on-line e seu faturamento precisa ser 10% maior que as suas despesas. Esse é seu lucro líquido. Vamos às contas.

A plataforma A vai receber os 40 mil acessos. Como sua taxa de conversão é de 1,5%, dos 40 mil acessos, 600 pessoas vão comprar. Com o ticket médio de R$ 300,00, o faturamento será de R$ 180.000,00 mensal. Sua despesa com produto, time e administrativo pode ser, no máximo, R$ 162.000,00.

A plataforma B vai receber os 40 mil acessos. Como sua taxa de conversão é de 0,8%, dos 40 mil acessos, 320 pessoas vão comprar. Com o ticket médio de R$ 300,00, o faturamento será de R$ 96.000,00 mensal. Sua despesa com produto, time, administrativo pode ser, no máximo, R$ 86.400,00.

Esses faturamentos são mensais. Se projetarmos para o ano, entendendo esses valores como média, sendo que, em setembro, as vendas podem cair, mas em novembro, com o Black Friday, e dezembro, com Natal, é possível recuperar. A plataforma A vai gerar 2,1 milhões de reais, enquanto a plataforma B deve gerar 1,16 milhão. Optar pela plataforma B não vai lhe dar um prejuízo de R$ 940.000,00, mas fará com que a marca deixe de faturar.

Em resumo, para economizar R$ 30.000,00 – que era a diferença das propostas da plataforma A para a B –, a marca deixou de ganhar R$ 940.000,00. Entendeu porque o barato sai caro no digital?

31.2.6 Tecnologia

Sem dúvida, é a melhor amiga do(a) gestor(a) de e-commerce. Ao montar seu time de e-commerce, comece por três posições: tecnologia, criação e BI. A tecnologia se faz importante, uma vez que é responsável por integrar a plataforma. Alguns pontos, como meio de pagamento e marketplace, são chamados de nativos, ou seja, já vem integrados. Ainda falando de plataformas, quando se escolhe as grandes, como a plataforma A do exemplo anterior, muitas ferramentas buscam essas plataformas para se conectar e conseguir, assim, uma gama maior de clientes.

Startups de e-commerce, por exemplo, tem uma enorme vantagem ao se integrarem com Rakuten e Vtex, que possuem juntas quase seis mil lojas e podem oferecer seus serviços a eles. Começar uma parceria com seis mil potenciais clientes é uma boa, não? Tenha consciência de que integração é a palavra mais estressante do varejo on-line, que novas tecnologias tendem a trazer maiores conversões e que todos os dias novas ferramentas surgem.

Enquanto escrevia esse capítulo, entrei no portal E-commerce Brasil, a maior referência da área, e lá mostrava quase mil parceiros de e-commerce, em diversos segmentos, como meios de pagamento, logística, antifraude, agência de marketing, consultoria, e-mail marketing, métrica, mobile, entre outros.

31.2.7 Meio de pagamento

Gestão ou prejuízo, simples assim. Quando eu estava na TopDeals, trabalhando com meus amigos Rogério Conti e Gabriel Tosi, havíamos ganhado o projeto de determinada empresa. O e-commerce já existia, mas as vendas estavam abaixo do esperado.

Começamos a fazer uma análise e vimos que a taxa de pagamento estava estranha, na casa dos 60%. Meu amigo Daniel Bento, um dos maiores especialistas em meios de pagamento, ensinou-nos que 2% de não pagamento é um problema e essa loja tinha 40%. A conta é simples: 10 pessoas entraram na loja, pesquisaram, gostaram, compraram, mas o cartão foi liberado para apenas seis. Como diz Bento, "é muito dinheiro na mesa".

Bem, 15 dias depois do contrato assinado, cai essa "bomba" e o cliente decide fechar a loja. Ele estava para receber de um famoso meio de pagamentos um valor em torno de dois milhões de reais, que não estava sendo liberado. Com isso, a marca faliu, e ele foi se dedicar a outra empresa na qual era sócio. E a TopDeals perdeu um cliente que tinha tudo para ser o maior da agência.

Outro ponto para ficar esperto são as taxas de cobrança para receber à vista e a prazo. Cerca de 52% das pessoas, segundo o 38º relatório WebShoppers, compraram à vista no varejo on-line no 1º semestre de 2018. Os dados do 2º semestre de 2018 não haviam saído até o encerramento deste livro. Veja com seu departamento de contabilidade ou financeiro o que é melhor para a sua empresa e entenda que há muita variação de taxa. Há meios de pagamento que cobram um percentual e um valor por transação, como 3% e R$ 0,50 por transação, mas o antifraude vem embutido, ou seja, uma venda de R$ 100,00, na qual o varejista receberá R$ 96,50, será retido R$ 3,00 do percentual e R$ 0,50 da transação. Há uns só com o percentual, outros que cobram apenas com transação efetuada. Coloque isso no plano de negócios!

31.2.8 Antifraude

Melhor ter do que perder dinheiro. Os hackers estão sempre inventando novas formas de burlar o sistema e conseguir vantagens, por isso, os sistemas de antifraude estão sempre atentos e aprimorando suas defesas. No Brasil, temos a ClearSale, a maior, e Konduto e FControl como as principais e mais usadas pelas lojas virtuais em todo o Brasil.

Os sistemas de antifraude fazem a análise das compras em sua loja. Como o nome mesmo diz, eles têm a missão de impedir fraudes, mas, se aprovarem, o prejuízo é deles, e, caso a fraude seja comprovada, reembolsam a loja. Praticamente todos os meios de pagamento possuem parceria com esses sistemas e oferecem o pacote ao mercado, o que facilita as lojas no momento de integração e pagamento pelos serviços.

31.2.9 *Enterprise resource planning* (ERP)

Enterprise resource planning (ERP) ou planejamento dos recursos da empresa é o sistema que faz o controle e a gestão do seu negócio, por meio de inventários diários, otimizando as vendas e agilizando os processos da loja virtual.

O sistema precisa estar integrado com a plataforma e o meio de pagamento, para que, quando um produto for vendido, a plataforma "entenda" a ordem e dê baixa. Caso exista cinco unidades de um produto em estoque e o gerente do e-commerce faça uma promoção que venda tudo em 1h, o ERP é o responsável por tirá-lo, automaticamente, do site, para não frustrar o consumidor. Quanto mais automatizado for o ERP, melhor será a performance da loja.

31.2.10 SAC

O atendimento é todo feito no varejo. Por mais que as compras sejam feitas on-line, sem intervenção humana, estamos em um país latino, que gosta muito do contato entre pessoas. O SAC de um e-commerce normalmente é receptivo, mas pode ser ativo a partir do momento que sistemas inteligentes, como big data, por exemplo, mune o atendente de potenciais interessados em determinados produtos.

Para um SAC eficiente, é preciso treinamento constante, principalmente no quesito educação e vendas, mas sem esquecer de treinar o atendente nas múltiplas telas para contato com cliente. Os melhores SACs resolvem problemas e não "terceirizam".

31.2.11 Conteúdo

No e-commerce, a frase "uma imagem vale mais do que mil palavras" não é ditado popular, é lei! Lembro-me dos poucos problemas que tinha na época em que gerenciava a Giuliana Flores, e um deles era tamanho de produto. Por mais que você deixasse claro a altura, a largura e a profundidade de cada um deles, o brasileiro não lê, ele apenas vê. Uso esse exemplo sempre em sala de aula, e o reproduzo aqui, pois ilustra bem o que quero dizer. Ter uma excelente descrição de produtos, é ótimo, ajuda no SEO e na tomada de decisão, mas a foto precisa ser a melhor possível. Criar ações de *inbound marketing* é válido, mas foque mais em vendas do que na geração de leads. E-commerce é venda direta e rápida. Se deixar o consumidor pensar muito, ele desiste.

Se você acredita que o e-mail marketing não funciona, desafio-o a ir nos dez maiores e-commerces do Brasil e sugerir que parem com essa ação. Por outro lado, posso sugerir que a base seja segmentada em *clusters* por comportamento, sem disparar o mesmo e-mail para toda a base. Trabalhe semanalmente a newsletter de uso do produto, com dicas e notícias que envolvam o universo da marca. As newsletter são canais de conteúdo que vendem, e o e-mail marketing é venda pura! Não esqueça de trabalhar as redes sociais como canal institucional, apresentando em textos missão, valores e visão da marca. Não é só vender!

31.2.12 Mídia digital

As pessoas precisam saber que você existe! Mas, como dito, esse é o último passo. Você convida as pessoas para ir a sua casa se estiver uma bagunça? Se não tem sofá? Se não tem uma cadeira para sentar? Uma geladeira para servir uma água? Sem pratos para comer uma pizza? Pois, então, por que você vai atrair milhares de pessoas para a sua loja se não estiver pronta? Não é uma regra, mas bom senso.

Dizem para usar em mídia de 10% a 12% do que pretende vender, ou seja, se a sua meta é vender, como no exemplo das plataformas, R$ 180.000,00, sua verba de mídia é de R$ 18.000,00 a R$ 21.600,00, mas, claro, esse cálculo precisa passar pelos custos que estão no plano de negócios para que você não pague paras pessoas comprarem na sua loja, ou seja, para que não tenha prejuízo no projeto. Alguns planos de mídia são divididos em 80% da verba em performance (Google, e-mail marketing, programática e Facebook), 10% da verba em relacionamento (newsletter e parcerias) e 10% da verba em branding (mídia display) – mas você também pode pensar em outros canais.

Em meus quase dez anos de e-commerce, percebi que os canais Google, Buscapé, e-mail e acesso direto representam quase 85% das vendas. Portanto, foque para que esses quatro canais estejam bem alinhados, uma vez que serão responsáveis pelo sucesso ou fracasso da loja – lembrando que, no Google, por exemplo, é preciso que o SEO seja diário, e não apenas nos canais pagos como SEM, Display Network, Remarketing e Shopping.

31.3 Para o varejo

Eu sinto informar, mas ter uma loja virtual não é nada fácil. É muito, mas muito trabalhoso e requer muito estudo, muitos números e muitos problemas para resolver, além de muitos custos e uma margem de lucro, às vezes, muito baixa. Há quem se pergunte se é válido ter tanto esforço para pouco retorno – e não culpo quem assim pensa, pois já vi e-commerce faturar R$ 350.000,00 e dar prejuízo –, mas a minha defesa é que ter uma loja virtual significa entrar de vez em um mercado que só cresce. Segundo o relatório WebShoppers, é um mercado que cresce dois dígitos ao ano – e, pelas previsões, não deve parar de crescer tão cedo.

As novas gerações comprarão nos shoppings, farmácias ou supermercados? O que o Rappi trouxe de novidade para esse mercado? Minha esposa pega o aplicativo e pede um bife com arroz e fritas para comermos no sábado. Em 30 minutos, chega quentinho e pago. Isso é varejo on-line, mas não tem plataforma Vtex ou Rakuten envolvidos. Entendeu a diferença? Essas reflexões precisam ser feitas constantemente.

Eu trabalho muito perto do Shopping Vila Olímpia e vejo, quase todos os dias, um fenômeno para o qual tenho alertado desde 2014: o shopping tende a virar a maior praça de alimentação do mundo. Primeiro porque, na hora do almoço, vive lotado, dada a enorme quantidade de prédios e empresas presentes na região. Segundo que, mesmo lotado, as lojas estão sempre vazias. E, terceiro, já vi lojas fecharem para darem lugar à praça de alimentação.

Por fim, em uma conversa com o CEO de uma importante marca de roupas sociais masculinas, ele estava profundamente decepcionado com os resultados da loja naquele shopping, pois, na sua mente, a quantidade de pessoas que trabalha de camisa, calça e sapato é enorme – e realmente é –, mas isso não reverteu em vendas ali – talvez, cogitei, porque as pessoas olham ali, mas compram no fim de semana. Muitas pessoas têm vergonha de fazer uma compra no almoço e chegar com a sacola na empresa. Questionei o porquê de não fazer um sistema de compra na loja e receber em casa. Ele me olhou e disse que era uma boa ideia, mas nunca tive a resposta sobre isso.

31.4 O que o público espera?

Há um conceito que fez o e-commerce crescer no Brasil a partir de 2004 e, desde então, precisa ser levado em conta: *comodidade*. Foi ele que fez a Rappi ser o fenômeno que é hoje. Em poucos meses, as cidades começaram a perceber uma "avalanche" de coletes laranjas entrando em shoppings e restaurantes para fazer entregas. Não à toa, tornou-se em um "unicórnio" em 2018, ou seja, a startup chegou ao patamar de valer mais de um bilhão de dólares, aproximadamente quatro bilhões de reais. Apenas para você entender como o universo do varejo on-line é amplo e com potencial enorme de crescimento. Ainda!

É a comodidade que faz as pessoas comprarem cada vez mais on-line. Meu amigo Rafael Rez sempre fala que o tempo é o nosso maior ativo. E ele tem razão. Quando eu dizia ao meu falecido avô, Severino, que às 19h30 eu tinha reunião, ele achava que eu não queria ligar para ele – o que não era verdade –, mas esse é o nosso ritmo hoje. Para ele que saía do trabalho às 17h30, trabalhar às 19h30 é um absurdo. Vejo muitas pessoas em sala de aula, aos sábados, das 9h às 18h, tendo apenas o domingo para descansar, ver a família, sair para comer, andar no parque, ir ao shopping. Entende que os dias estão "mais curtos"? Por isso, a comodidade. O que o consumidor espera é apenas ter um bom atendimento dentro da cadeia do varejo.

31.5 Como aplicar em sua empresa hoje?

Vender on-line não é algo a se pensar, mas a se fazer. Dentro do guarda-chuva da transformação digital, tornou-se fundamental para atingir o sucesso. Ao longo deste capítulo, você viu, e verá, que eu sempre cito as vendas on-line como um dos recursos para as iniciativas da transformação digital. Por isso, foquei, nesta seção, mais no planejamento, uma vez que as ideias e as ações que podem servir de referência estão distribuídas ao longo do livro – até porque não tem segredo, mas, sim, trabalho!

Seguindo os passos anteriores definidos, você terá um canal de vendas on-line, mesmo que, por falta de recursos, opte por vender apenas pelas redes sociais ou em parceria com Rappi, Uber Eats ou Glovo.

31.5.1 Posicione a sua marca

O mais importante para a estratégia de varejo on-line é o posicionamento que você dá a ela. Isso faz com que as pessoas fixem mais a marca em sua mente. Um exemplo de posicionamento de marcas no e-commerce é a Giuliana Flores, com entrega em até 3h em todo o Brasil. Ela vende commodities e seu diferencial é a entrega rápida. Sabendo que o brasileiro ama deixar as coisas para os "44 minutos do 2º tempo", promete uma entrega rápida para, por exemplo, o marido que se lembrou às 12h30 que, naquele dia, é seu aniversário de casamento.

A Netshoes, por sua vez, posiciona-se como a maior loja de esportes do mundo. Em seu caso, além de commodities, por regulamentação do segmento, ela não pode nem brigar por preço, pois Nike, Puma, Adidas e Reebok são marcas tabeladas, ou seja, a camisa do seu time é o mesmo preço na Netshoes, Dafiti, Bayard ou Centauro, mas, na mente das pessoas, ao pensar em comprar um produto de esportes, automaticamente pensam na Netshoes.

31.5.2 Transformação digital e varejo on-line

O mercado está bem preparado para consumir on-line, isso é fato. Em 2019, segundo projeções, o Brasil deve chegar perto dos 70 milhões de pessoas consumindo, ultrapassando 150 milhões de compras on-line – dado que não pode ser deixado de lado. Entretanto, o varejo on-line que acredita que ter a plataforma, o produto, um preço competitivo e jogar dinheiro em Google e Facebook é o suficiente, está bem enganado.

Business inteligence (BI), por exemplo, é fundamental para entender mais o público e oferecer a ele a melhor experiência na loja on-line. A geolocalização também ajuda ao oferecer produtos via aplicativo e, claro, *omnichannel* não vive sem loja on-line, uma vez que integra os mundos físico e digital!

CAPÍTULO 32

BITCOIN

Chegamos ao mais polêmico dos assuntos deste livro: *bitcoin*. Em outros capítulos, falamos um pouco sobre essa moeda, principalmente no capítulo sobre *Fintech*, em que o *bitcoin* é importante, mas, como prometido, vamos falar mais sobre *bitcoin* e *blockchain*, conceitos que andam lado a lado, e que você precisa ficar de olhos bem abertos, pois, como toda novidade, esse é um termo que gera muito debate – às vezes, acalorado –, sobre o seu futuro. Muitas pessoas ganharam muito dinheiro quando compraram um *bitcoin* por R$ 800,00 e o venderam por R$ 14.900,00. Imagina quem comprou cinco ou seis?

Independente dos debates e discussões, uma coisa é certa: o *bitcoin* está ai, muitas empresas estão usando, há muitos adeptos da moeda e dentro do guarda-chuva da transformação digital, é muito importante – não apenas por ser uma inovação, mas por ser algo que pode, em alguns anos, mudar a economia do mundo, tomando, inclusive, o papel de um dos mais importantes setores do mundo: os bancos. Nesse momento, estou sendo um pouco "teórico do caos", mas toda revolução começou assim – não duvido que, com o advento da revolução industrial, muitos fazendeiros riram e disseram "essas máquinas jamais mudarão a economia da minha fazenda!".

E, olha que curioso, enquanto escrevo este texto, meu iTunes começa a tocar *Let it Be*, de uma das minhas bandas favoritas, The Beatles, o que me lembrou a célebre história de Brian Epstein, empresário dos Beatles no início dos anos 1960, e Decca Records. Dick Rowe, executivo da gravadora, negou um contrato com o quarteto de Liverpool, pois, na sua visão, "bandas com guitarras estavam em decadência". Não precisa dizer o quanto Rowe se arrependeu anos mais tarde e como Queen, Metallica, Kiss, Led Zepellin, AC/DC, Iron Maiden, Deep Purple, Pink Floyd e Gun's n'Roses mostraram o quanto ele estava errado!

32.1 Conceito

Bitcoin é uma moeda digital que pode ser usada como meio de pagamento. Controlado por uma rede *peer-to-peer* (P2P), é totalmente independente dos bancos centrais e já é um mercado de bilhões de dólares.

Segundo o site Mercado Bitcoin, há três formas de obter *bitcoins*:
- **Comprar:** para comprar *bitcoins* no Brasil, basta se cadastrar no site, enviar reais, via transferência bancária ou depósito no caixa, e comprá-los.
- **Receber:** milhares de pessoas e lojas por todo o mundo já aceitam *bitcoins* como uma forma de pagamento barata, rápida e segura.
- **Minerar:** consiste em disponibilizar computadores para manter a rede que controla a moeda ativa e ser remunerado com *bitcoins*. O principal propósito da mineração é manter o funcionamento da estrutura descentralizada da moeda, o *blockchain*.

Fonte: MERCADO BITCOIN. Comece a negociar a maior criptomoeda do mundo com o Mercado Bitcoin. Disponível em: https://www.mercadobitcoin.com.br/o-que-e-bitcoin. Acesso em: jul. 2019.

"*Bitcoin* não é *blockchain*, mas um ativo que surge a partir dessa tecnologia", resume Carl Amorim, country executive da Blockchain Research Institute Brasil.

Para criar um planejamento de como usar o *bitcoin* em seu negócio, é preciso entender como funciona a tecnologia de transferência de dados por trás das transações da criptomoeda. Efetivamente, você não tem na carteira alguns *bitcoins* como se tem notas de reais – algo que cada dia cai mais em desuso. O que você compra e vende com a criptomoeda são dados.

O *blockchain* é uma rede que funciona com blocos encadeados muito seguros que sempre carregam um conteúdo junto a uma impressão digital. Cada bloco de dado contém uma espécie de assinatura digital, chamada *hash*, que, basicamente, funciona como uma impressão biométrica. Em suma, o *hash* é a garantia criptográfica de que as informações desse bloco de dados não serão violadas.

Blockchain é considerada uma camada de segurança encriptada da rede, por onde documentos e transações são validadas de forma a evitar fraudes, hacking e ilicitudes de várias naturezas. É a malha global de uma nova verdade digital certificada.

No caso do *bitcoin*, esse conteúdo é uma transação financeira. O bloco posterior vai conter a impressão digital do anterior mais seu próprio conteúdo e, com essas duas informações, gerar sua própria impressão digital. Segundo quem trabalha com segurança de dados, *blockchain* é um sistema anti-hacker quase impossível de quebrar, tanto é que o *blockchain* está sendo usado por outros segmentos do varejo para a transferência de dados sigilosos, como dados de compra do usuário, para deixar o processo mais seguro. O papel do *blockchain* é mais prático: assegurar a confiança entre as empresas.

32.2 Planejamento

Esse conceito está crescendo cada dia mais no Brasil. Em 2017, foi lançado um aplicativo para Android e iOs chamado TagCity que mostra locais em todo o mundo que aceitam *bitcoin* como forma de pagamento. Ou seja, está se formando um mercado dentro do universo do *bitcoin* que não se deve desprezar.

No Google, por exemplo, só de pesquisar "mercado de *bitcoin*", o buscador oferece mais de 22 milhões de resultados, assim como já existem corretoras focadas na criptomoeda. Sinceramente, eu não ficaria de fora de uma estratégia de *bitcoin* para algum cliente da FM Consultoria. Já apareceram algumas iniciativas, mas nada que tenha ido para frente, e, na maioria dos casos, por medo dos envolvidos.

32.3 Para o varejo

A valorização de mais de 1.500% da criptomoeda, em 2017, transformou sua modalidade. *Bitcoin* não é mais apenas um meio de pagamento, mas um ativo financeiro. Entretanto, o mundo caminha para que esse ativo seja usado para pagamentos no varejo tradicional. Uma moeda que valoriza praticamente todos os dias se torna muito vantajosa para o varejo. Imagine que eu compro um carro em uma loja e pague R$ 30.000,00, que, no dia, daria 2 *bitcoins*, cada um valendo R$ 15.000,00. Porém, no dia seguinte, o *bitcoin* está valendo R$ 15.350,00. Com isso, em apenas um dia, o dono da loja onde eu comprei o carro ganhou R$ 700,00 a mais pela venda.

Usando a metodologia Marcus Lemonis, do programa "O Sócio", do History Channel, imagine se o dono da loja vende, nesse modelo, apenas dois carros por dia, em média. Ele ganharia R$ 1.400,00 a mais por dia, sendo R$ 42.000,00 a mais no mês e, consequentemente, R$ 504.000,00 no ano. Qual empresa não quer ter um aumento no faturamento líquido na casa do meio milhão? Mas, claro, do mesmo jeito que pode valer R$ 350,00 a mais no dia seguinte, também pode valer R$ 350,00 a menos – e aí vem o prejuízo.

Empresas de carteiras virtuais, meios de pagamentos universais e mecanismos de cyber identificação insistiram na confiabilidade de seus sistemas, algumas reforçando suas técnicas de *blockchain*. A holandesa DocData Payments criou uma rede internacional de pagamentos que elimina a necessidade de cartões de crédito ou contas como Paypal, em que o usuário pode transferir de conta a conta seu pedido de e-commerce.

32.4 O que o público espera?

Não há ainda muitas empresas que aceitam *bitcoin* como pagamento. A Tecnisa, por exemplo, aceita. Está no site da empresa o seguinte comunicado "agora você pode usar *bitcoins* como parte do pagamento do seu Tecnisa. Você tem a moeda digital? Nós a aceitamos e ainda damos 5% a mais para você pagar a entrada do seu imóvel". Não é de se estranhar, para uma empresa que tem no comando do setor de marketing o genial Romeo Busarello ter essa inovação, que, aliás, já aceita desde 2014 e é uma das únicas, mesmo estando perto de 2020. O mercado tem muito a aprender com Romeo.

Podemos até perguntar se o modelo deu certo ou não. Difícil avaliar estando fora da empresa, mas, de qualquer forma, se a Tecnisa tem como meta inovar sempre, e Romeo faz isso como poucos, então, ao menos oferecer essa opção para o consumidor já é válido. Isso faz parte da Tecnisa, uma vez que sempre apostou em relacionamento para venda.

32.5 Como aplicar em sua empresa hoje?

Para você que acha que *bitcoin* é coisa para grandes empresas, segue um case muito interessante para ver que, para inovar, basta querer. Romeo, e eu já ouvi isso, na Tecnisa, tem "facilidades por ser uma empresa grande". Concordo em parte, pois tem muita empresa maior e mais rica que a Tecnisa, no próprio mercado de construção civil, que fica na velha mídia de panfleto, jornal e Google. Para inovar, é preciso ter a "alma digital" que Walter Longo prega e tanto reforço aqui.

Segundo portal Febranor, "na Boston Private, uma empresa de gestão de patrimônio para clientes de alta renda, o *blockchain* é usado para contratos inteligentes que tornam as transações financeiras mais eficientes e confiáveis". A ideia é alterar o modelo atual de trocas de moeda em papel, com rápidas aprovações de linhas de crédito, acelerando o processamento de contratos.

Fonte: FEBRANOR. Por que grandes empresas devem apostar no Blockchain? Disponível em: http://febranor.org.br/febranor/?p=7934. Acesso em: ago. 2019.

O blackchain é um novo elemento transformador da cadeia, não só porque empodera os players com maior assertividade e preservação da idoneidade das pessoas e empresas, mas também porque ele é, em si, uma nova rede de distribuição altamente eficiente, com alto potencial de desintermediação da cadeia, por meio de elementos que facilitam a transferência de valores entre anunciante e vendedor de tráfego, além de garantir transparência na verificação da performance de campanhas.

De acordo com o portal UOL, "o estúdio de tatuagem da capital paulista começou a aceitar *bitcoin* em 2013. 'Meus irmãos e eu estávamos mexendo com criptomoedas na época', diz Sandro Wayne, tatuador e proprietário do estúdio. A estratégia de Wayne para divulgar a iniciativa foi anunciar na página do estúdio nas redes sociais. Os anúncios chegaram a ser suspensos devido à queda do preço da moeda digital, em 2014, mas foram retomados no fim de 2016. A estratégia deu certo: a procura aumentou, tanto para pagamentos em reais como em *bitcoin*".

A Wayne Tattoo fatura bilhões ao ano? Tem uma rede com 250 estabelecimentos? Possui verbas astronômicas para investir? Não. Eles são um pequeno estúdio de tatuagem que fica no bairro do Tatuapé, na cidade de São Paulo.

Fonte: MANZONI, L. 8 estabelecimentos brasileiros que aceitam bitcoin. *Forbes*, jan. 2018. Disponível em: https://forbes.uol.com.br/negocios/2018/01/8-estabelecimentos-brasileirosque-aceitam-bitcoin. Acesso em: ago. 2019.

32.5.1 Sem intermediários

Tanto o *blockchain* como o *bitcoin* eliminam intermediários. Isso significa que produtores de todo tipo poderão chegar aos seus consumidores finais sem se valer dos canais habituais de distribuição, aquilo que está no meio, ou seja, a mídia. Isso é válido, por exemplo, para produtores de todo tipo de conteúdo, mas o é também para todo tipo de prestadores de serviço, o que poderá significar a perda de valor de setores como a indústria de comunicação tradicional – a Netflix faz exatamente isso, mesmo antes do *Blockchain* –, bem como o varejo.

De acordo com matéria do Portal No Varejo, nem só de criptomoedas vive o *blockchain*, afinal, essa é uma inovação e, como padrão, inovar é mudar algo. Segundo o portal, o blockhain "é capaz de prover acesso à inovação, modelos de financiamento baseados em crowdfunding, para estimular o empreendedorismo e criar alternativas financeiras e monetárias que possam fomentar negócios e o crescimento dos cidadãos do continente. Há muita energia criativa na África, por exemplo, que pode ser direcionada para criar um ecossistema que mobilize pessoas, pequenos negócios, pequeno comércio, com um sistema monetário baseado em criptomoeda, o Akoin".

Fonte: MEIR. J. Blockchain, celebridade e impacto social: uma empresa que estabeleceu um novo padrão de estabilidade monetária. Disponível em: https://portalnovarejo.com.br/2018/10/blockchain-celebridade-e-impacto-social-uma-empresa-que-que-estabeleceu-um-novo-padrao-de-estabilidade-monetaria. Acesso em: jul. 2019.

CAPÍTULO 33

PROJEÇÃO MAPEADA

O ano era 2009. Eu tinha acabado de mudar para o tradicional bairro do Ipiranga, na cidade de São Paulo. Meu apartamento ficava tão perto do Museu do Ipiranga, que meu pai brincava que era meu quintal. De fato, por alguns anos foi, até que eu mudei de bairro. Uma noite, estava em casa e comecei a ouvir música, fui na janela da sala e presenciei uma movimentação e luzes no Museu. Era fim do ano, ou seja, aquele calor. Peguei uma lata de Coca-Cola, calcei o tênis e fui até o lugar que cresci ver o que estava acontecendo – obviamente eu não era o único. Lá estavam famílias, pessoas sozinhas, casais, crianças. De repente, uma música começa a tocar e do museu, imagens parecem sair da janela, da porta, descer do teto. Chamava muita atenção de tão realista e bem feito. Confesso, fiquei encantado. Para a minha sorte, ao meu lado estava uma pessoa com uma camiseta escrito "Equipe" e comecei a conversar com ele sobre o que era aquilo.

Foi quando descobri o que era o conceito de **projeção mapeada** e a partir desse momento, queria coloca-la em diversos projetos. Mariana Freitas, na época gerente de marketing digital da Mercedes-Benz Brasil, meu cliente na Agência Tesla, não aguentava mais ver, em meus planejamentos, a "tal da projeção mapeada", mas repasso essa história, quase dez anos depois, para dizer que a ação chama tanto a atenção que é válida – e poucos o fazem.

33.1 Conceito

Trata-se de uma técnica utilizada para projetar imagens em uma estrutura tridimensional, a qual é previamente mapeada por um software específico. Esse tipo de projeção permite manipular e direcionar a luz para a região que receberá o conteúdo visual, fazendo que o vídeo criado se encaixe na estrutura. As tecnologias aplicadas nesses projetos são muito interessantes e beiram a perfeição. Citei o caso do Museu do Ipiranga, mas poderia citar também a Avenida Paulista no lançamento de um dos filmes das Tartarugas Ninjas.

33.2 Planejamento

O primeiro passo é entender o real motivo da ação. No caso da Mercedes-Benz, eu enchia a paciência da Mariana por que queria usá-lo no lançamento da C180 – um dos mais importantes carros da marca no Brasil. E a minha ideia não era nada modesta: usar o antigo esqueleto da Eletropaulo, hoje habitado pelo Banco Santander, próximo ao Shopping JK, no bairro da Vila Olímpia, em São Paulo. Além de ser um bairro com muitas empresas e com grande potencial de clientes, o prédio tem uma excelente vista da Marginal Pinheiros, ou seja, conseguiria chamar a atenção de uma das avenidas mais movimentadas do país, em horários de pico. Projeção mapeada chama atenção e fixa a mensagem na mente do consumidor, mas não é algo a ser pensado para venda imediata.

Não acreditava que uma pessoa veria aquela mensagem e mudaria sua rota para uma concessionária da Mercedes-Benz para comprar o carro naquele exato momento, mas sabia que, a partir daquele material, o carro ficaria na sua lista de preferências, sem a menor dúvida!

33.3 Para o varejo

Como encaixar a projeção mapeada no guarda-chuva da transformação digital, uma vez que só serve para chamar a atenção, para ser branding? A resposta é mais simples do que você imagina. Mauricio está na Marginal Pinheiros, voltando para a casa no bairro do Panamby. São 19h e o trânsito da Marginal está como de costume. Parado! Ele está no carro e começa a pensar em uma série de coisas, até para ver se o tempo passa, já que na rádio só ouve propaganda. Bem, ao seu lado, passam alguns carros e Maurício começa a pensar em trocar seu Corolla por outro carro, mas ele quer sedan, apesar da sua esposa desejar uma SUV. Maurício, então, olha para o lado e vê algo luminoso no prédio do Banco Santander. Um enorme buraco é aberto no meio do prédio, um farol é aceso e começa a se aproximar. Janelas do prédio se abrem com letras formando uma frase chamativa como "surpreenda-se com isso". Maurício desliga o rádio, guarda o celular e nem percebe que o trânsito andou alguns metros. Os carros atrás dele também não, já que pararam de buzinar. O farol começa a aumentar, um forte barulho de motor toma conta do ambiente e um carro sai de dentro do prédio. O vídeo de alguns segundos acaba com o "The Best or Nothing", posicionamento mundial da marca. Qual será a reação de Maurício?

33.4 O que o público espera?

O que o público espera é que essa ação tenha continuidade. Por exemplo, é óbvio que Maurício vai pegar seu celular e pesquisar mais sobre o carro; logo, é preciso ter um site voltado para o mobile. Como é possível saber o horário exato da projeção e a localização do celular, seria possível cruzar os dados e, para quem estivesse perto da projeção, ter uma página no mobile site diferente, com total aderência à imagem que Mauricio tinha acabado de ver ou, porque não, a continuação do filme? Bem, Mauricio, nesse momento, quer saber detalhes básicos do carro, como preço, cores, consumo de gasolina, preço do seguro, manutenção. A página inicial, depois do vídeo, traria todas essas informações. Na sequência, na seção "Onde comprar?", Mauricio coloca seu CEP e localiza a loja mais perto. Há também um campo onde pode informar qual é seu carro atual para uma avaliação on-line prévia de quanto seria pago por ele e qual seria o valor das parcelas do financiamento – um grande estímulo para preencher os dados e agendar um test-drive.

Uma ação básica, mas que gera grande quantidade de dados a serem trabalhados em iniciativas como *omnichannel* e IoT. Quando Mauricio entra na loja, seu celular ou o reconhecimento facial, acusa sua presença. A partir daí, é com o poder de persuasão do vendedor, que sabe, nesse momento, já sabe sobre as pesquisas efetuadas por Maurício, qual é o seu carro e as condições. A venda sai mais fácil, não?

33.5 Como aplicar em sua empresa hoje?

A projeção mapeada não é um projeto tão barato. Nesse caso, então, é preciso ter recursos um pouco superiores para investir, mas se faz presente no guarda-chuva da transformação digital, uma vez que se trata de uma iniciativa inovadora e que visa à venda – claro, não a venda direta, mas uma venda nunca é feita de forma direta, sempre tem um alto poder de convencimento, potencializado, nos últimos anos, pela internet.

A transformação digital, como venho insistentemente reforçando aqui, é um conjunto de iniciativas que melhora a experiência do usuário e que pode, por exemplo, ser usada dentro da loja para provocar o encantamento do consumidor. Ideias...

CAPÍTULO **34**

ÓCULOS DO FUTURO

Vamos usar o conceito de óculos do futuro para falar de quatro temas muito importantes para a transformação digital: realidade virtual, *hololens*, *oculus rift* e *magicleap*. Esses conceitos devem ser usados no encantamento do cliente – aliás, esse termo é usado quando se fala de experiência. Você só engaja uma pessoa quando a encanta – e engajamento é a palavra da moda no universo digital, certo?

Não vou negar que gostaria sim de abordar o Google Glass aqui – já falei sobre ele aqui no livro, mas, reforço, eu era fã desse projeto e me deixou muito triste o Google ter tirado ele de circulação. Cheguei a ler que o Google tinha feito isso para redesenhá-lo e vir com uma versão ainda melhor, mas, infelizmente, até o momento, não houve nada de concreto sobre isso.

De acordo com Walter Longo, "as ferramentas podem ficar obsoletas e velhas, mas a única coisa que não envelhece, é a vontade das pessoas de se conectar umas com as outras".

34.1 Conceito

» **Realidade virtual:** tecnologia de interface entre usuário e sistema operacional por meio de recursos gráficos 3D ou imagens 360º, cujo objetivo é criar a sensação de presença em um ambiente virtual diferente do real. Falamos muito sobre esse conceito ao longo do livro, por isso, não vou me estender muito para não ser repetitivo.

- » **Microsoft hololens:** óculos holográficos que projetam conteúdo sobre o ambiente. Um projeto que a Microsoft lançou em 2015 e pode ser adquirido por R$ 32.000,00 no Mercado Livre no Brasil.
- » **Oculus rift:** óculos de realidade virtual aumentada, voltado para quem curte games, desenvolvido pela Oculus VR, empresa comprada pelo Facebook por R$ 2 milhões. Também é possível encontrar o produto no Mercado Livre, no Brasil, por cerca de R$ 3.500,00.
- » **Magicleap:** plataforma de realidade mista. O usuário veste um par de óculos equipado com câmeras e sensores, que conta com um pequeno computador acoplado. As lentes do dispositivo permitem que ele veja o mundo real e as projeções interagindo com o que estiver no espaço, como mesas e paredes, por exemplo. O produto é, na verdade, composto por três partes. Além dos óculos, chamados de Lightwear, há um joystick e um pequeno computador vestível, o Lightpack, que fica com o usuário.

34.2 Planejamento

Espero que, nesse exato momento, seu cérebro tenha dado um "bug" diante das possibilidades com o que chamei de óculos do futuro, que nada mais são do que tecnologias que poderiam entrar no conceito de *wearables*, abordado no Capítulo 30.

Se não deu o "bug", volte algumas páginas – até a primeira, mais precisamente –, e comece a ler o livro novamente para entender o universo fantástico que estamos diante. Fiz questão de colocar os preços acima, não para estimular você a comprá-los, mas para deixar bem claro que isso é realidade!

Vamos analisar o planejamento a partir de uma frase de Marcelo Tripoli[1] que remete muito ao cenário desses óculos, pois, por mais que a transformação digital tente abranger o todo, em muitos casos, teremos ações altamente individualizadas. Para Tripoli, "a liberdade do indivíduo é a busca de satisfação dos seus interesses pessoais não mais depende de guias predeterminados. A individualização traz para um número sempre crescente de pessoas uma liberdade sem precedentes de experimentar".

34.3 Para o varejo

Ser assertivo na mensagem não é um diferencial, mas uma obrigação. A transformação digital chega nas empresas para que essa mensagem de marca para o consumidor consiga gerar uma conexão emocional muito forte, pois, como o neuromarketing mostrou, marcas com conexão têm maior poder de persuasão e vendas. Olhe a Apple!

A individualização sobre a qual Tripoli fala é de grande importância. Quando o cliente estiver com os seus óculos, seja qual for, ele terá uma experiência única. Bons conteúdos chamarão a atenção do público para gerar interação – e é nesse momento que os dados mostrarão o que

---

[1] TRIPOLI, M. *Meaningful marketing*: como sua marca pode ter significado na vida das pessoas. São Paulo: Clube dos Autores, 2015. p. 63.

ele quer, sejam dados gerados depois da interação ou dados novos e ricos para a tomada de decisão estratégica.

34.4 O que o público espera?

Entretenimento de qualidade. Poderia deixar apenas esse conceito como resposta para a pergunta do título. Esses óculos, tal qual a projeção mapeada, não podem ser usados para uma venda direta. Ou podem? Vamos pensar que Pedro está jogando um game com o *oculus rift* e lhe é ofertado uma camisa do Brasil, uma vez que, minutos antes de entrar no jogo, estava no site da Centauro vendo essa camisa.

As possibilidades são enormes, basta ter muito dado e criatividade para fazer algo realmente diferente para conquistar o consumidor. Lembre-se que essa conexão emocional é importante e a inovação tecnológica é um aliado importante nesse quesito. Se não, como explicar o amor das pessoas por Apple, Netflix, Amazon, Google, Uber...

34.5 Como aplicar em sua empresa hoje?

O Grupo Globo é um dos investidores da *magic leap* e fez uma experiência piloto no programa "Central da Copa", que foi ao ar no Brasil durante a Copa do Mundo. Por meio de uma versão de testes do equipamento, o apresentador Tiago Leifert interagiu com ursos dançarinos no estúdio e com jogadores virtuais, facilitando a explicação das jogadas.

Está mais do que claro que as possibilidades são infinitas nesse segmento. A transformação digital precisa transformar primeiro a mente de quem faz a gestão de marcas, para depois se tornar uma realidade no mercado. Se você ainda acha que tudo isso é futuro, te provoco novamente: seu concorrente não acha!

CAPÍTULO 35

VÍDEO 360º

Não tenha a menor dúvida de que os vídeos são o futuro da comunicação do mundo. Veja como influenciadores e microinfluenciadores se comunicam com seu público: a maioria o faz por meio de vídeos. Em um mundo cada vez mais dominado pelas *fake news*, o vídeo traz a verdade sobre o que as pessoas querem passar, pois você está vendo e ouvindo ela falar.

As marcas precisam utilizar esse recurso cada vez mais. Desde 1950, estamos acostumados a sentar no sofá e assistir a um aparelho chamado televisão ou vídeo! E antes disso já íamos – e vamos até hoje – ao cinema. Outro vídeo!

35.1 Conceito

Um vídeo 360º é um tipo de vídeo que mostra todos os pontos de vista de uma cena, utilizando uma câmera especial ou várias câmeras conectadas. Por possibilitar que o espectador veja vários ângulos daquilo que está sendo filmado de uma só vez cria-se a sensação de imersão, como se estivesse realmente presente no momento da filmagem e dentro daquilo que está acontecendo.

35.2 Planejamento

Uma das empresas com maior conhecimento de produção de vídeos no Brasil é a SambaTech. Em seu site, há um rico material sobre vídeo 360º, mas selecionei os pontos mais importantes sobre planejamento. Segundo a Sambatech:

"Antes de começar a filmar, pense nos objetivos que você pretende atingir com seus vídeos 360º e como, com sua gravação, você pode contribuir para que sejam efetivamente alcançados. Se necessário, faça um roteiro simples, apenas para fortalecer na memória aquilo que você precisa filmar, por quanto tempo isso será feito, ou para organizar as coisas que vão aparecer no vídeo. Lembre-se que nos vídeos 360º não existe "por trás da câmera". Todo o cenário aparecerá na filmagem e é importante que você cuide para que nenhum imprevisto atrapalhe a gravação. Além do mais, se precisar segurar a câmera, pense que você também vai aparecer no vídeo e calcule suas ações. Pense como o espectador. Tente entender o que será mais atrativo para o público no vídeo que você está criando e faça com que a câmera destaque esses lugares para reforçar a noção de imersão e aumentar a efetividade de seu material".

Fonte: TAMEIRÃO, N. Como fazer vídeos 360º e distribuir esses conteúdos. Disponível em: https://sambatech.com/blog/insights/videos-360. Acesso em: jul. 2019.

35.3 Para o varejo

Algumas lojas virtuais trabalham com fotos 360º para melhorar a experiência da exposição de roupas aos seus clientes, o que é uma excelente ideia, mas e os vídeos? Lembre-se que há formas em que o cliente pode interagir com o vídeo, movendo o produto para onde bem quiser. Para mercados como automobilístico, construção civil e moda, isso é mais do que indicado, é quase que uma obrigação.

35.4 O que o público espera?

Interatividade, emoção, conhecimento e, principalmente, algo que agregue valor. Um vídeo 360º que não responde ao consumidor é uma ideia bacana, mas que, segundos depois, perde a graça e o impacto, transformando-se em um gasto que não traz resultado para a marca.

35.5 Como aplicar em sua empresa hoje?

Em seu livro *Marketing de conteúdo*,[1] meu amigo Rafael Rez mostra como criar o post perfeito. Segundo Rez, é preciso seguir esse checklist para o post ter mais resultados:

» Comece o post com uma pergunta ou com uma afirmação interessante. Pode também apostar em controvérsias e polêmicas para incentivar a leitura. Introduções enfadonhas são determinantes para o abandono de um post.
» *Hack* para aumentar a permanência do leitor no post.
» Vídeos, gráficos, imagens animadas, gifs.
» *Hack* para otimizar melhor seus posts.
» Linkagem interna com outros posts do seu blog.
» Quem fornece links para a fonte original de informação sai na frente no buscador e dá referências respeitáveis.

Perceba que Rez comenta sobre vídeo. Em um primeiro momento, ele indica os vídeos mais simples. Entretanto, se cada ponto de contato com o consumidor deve ser uma grande experiência, sugiro que, para o "post perfeito", você traga a experiência do vídeo 360º, que é, sem dúvida, mais caro, mas, com certeza, traz maiores resultados.

O vídeo 360º pode entrar no conceito de vídeo programático. Não há limites para seu uso, mas é importante usar, inovar e trazer algo que surpreenda positivamente o consumidor. Dentro do guarda-chuva da transformação digital, é importante que uma marca trabalhe experiência e conteúdo relevante. Isso você já sabe, mas como gerar esses dois pontos? Big data e small data podem dar os *insights* ao lado do BI sobre o que as pessoas desejam via seus comportamentos no mundo on-line – o que curtem, como navegam no site e o que pesquisam no Google são alguns dos pontos que, dentro da metodologias de dados, geram *insights*.

O consumidor pode estar dentro da Jaguar e ser impactado por um iPad com um vídeo 360º sobre tudo o que o XF oferece para o consumidor, fazendo uma visita virtual pelo carro ou por todo o portfólio que a marca oferece.

O Google Maps Business View é uma plataforma que permite aos proprietários criarem passeios 360º dentro de seus estabelecimentos comerciais por meio da tecnologia do Street View. Clientes podem dar uma olhada nos estabelecimentos e se familiarizar com eles antes mesmo de sair de casa. Um restaurante, um bar, uma padaria, pequenos e médios estabelecimentos podem usar essa tecnologia em seus sites para atrair uma gama maior de cliente. Não basta dinheiro, é preciso iniciativa! Vamos nessa?

---

[1] REZ, R. *Marketing de conteúdo*: a moeda do século XXI. São Paulo: DVS, 2016. p. 277.

CAPÍTULO 36

STARTUP

Esse é o novo sonho das gerações Y e Z. Se as gerações *baby boomers* e X tinham como sonho a casa própria e o carro na garagem, trabalhando em um estável emprego, as novas pensam em morar em um AirBnb, andar de Uber e ter seu próprio negócio. A febre de startups surgiu em 2016 no Brasil e não parou mais. Não que o conceito seja desse ano, muito pelo contrário, afinal, muitas empresas que surgiram há décadas atrás, mesmo as que valem um bilhão hoje, um dia foram startups, mas, de 2016 para cá, nunca se falou tanto sobre isso.

Programas como o "Shark Tank", no Canal Sony Brasil, já existem para ajudar as novas empresas, assim como sites focados no segmento como o StateSe e Endeavor. Não há como falar de startup sem envolver empreendedorismo no meio – um assunto está intimamente ligado ao outro.

Projetos como Cubo (Itaú), InovaBra (Bradesco), Distrito.me (Coworking), Oxigenio (Porto Seguro) e Google Campus, entre outras, estão focados nesse mercado altamente lucrativo. Agências de publicidade estão trazendo essa "molecada" (no bom sentido da palavra) para dentro de suas operações, enquanto empresas que nem imaginamos, como Coca-Cola, investem pesado em iniciativas para melhorar o mundo. Faculdades como a FIAP, por meio do meu amigo Guilherme Estevam, criam projetos como Hackathon para atrair investidores para projetos criados dentro da universidade – participei de algumas rodadas de investidores e posso dizer que tem muita coisa boa vindo por aí!

Vamos falar sobre empreendedorismo também. Entenda que, para montar sua startup, é preciso conhecer a fundo o que é empreender – tarefa nada fácil. Desde 2015, estou empreendendo com a FM Consultoria e digo que é preciso muita persistência para chegar lá, mas recomendo, muito, que você busque livros e cursos de empreendedorismo antes de iniciar sua vida em uma startup – e, se possível, trabalhe pelo menos seis meses em uma antes de se lançar nessa missão.

Segundo Geraldo Rufino,[1] da JR Diesel, um empreendedor nato que conta a sua história no livro *O catador de sonhos*, a vida de um empreendedor não é nada fácil. Segundo Rufino, "ousar, ganhar, perder, cair, levantar e seguir. Empreender exige correr riscos, e risco não é algo abstrato, é muito concreto". Sábias palavras vindas de quem quebrou seis vezes até atingir o sucesso com a JRDiesel. Uma coisa que você entenderá logo de cara sobre a vida de empreendedor é que nem sempre você vai ter sucesso na primeira, segunda ou, às vezes, na terceira empresa.

36.1 Conceito

Startup é uma empresa jovem com um modelo de negócios repetível e escalável, em um cenário de incertezas e soluções a serem desenvolvidas. Embora não se limite apenas a negócios digitais, uma startup necessita de inovação para não ser considerada uma empresa de modelo tradicional. Um erro comum que permeia a definição de startups é considerá-las tão somente empresas de internet. Elas apenas são mais frequentes na internet porque é uma forma barata e facilmente propagável, mas é possível criar startups de todos os modelos para todos os segmentos.

Uma startup é um empreendimento realizado por determinado grupo de pessoas à procura de um modelo com grande possibilidade de lucro, que seja renovável e traga inovação.

Segundo Felipe Matos,[2] em seu livro *10 mil startups*, startup é uma empresa com alto potencial de crescimento, que, normalmente, precisa de investidores de risco para acelerar o crescimento. De acordo com Matos, trata-se de "uma nova empresa que cria uma solução inovadora e altamente escalável. A criação de valor está mudando de lugar, e as startups são parte desse processo" – e Felipe tem toda a razão, afinal, o ecossistema que a transformação digital constrói, chamado neste livro de *guarda-chuva da transformação digital*, empresta agilidade à tomada de decisão. As startups estão criando diferencias e propósitos muito interessantes para essa nova economia que está crescendo – veja bem, não escrevi "surgindo" e sim "crescendo", o que tem uma grande diferença.

Para Renato Mendes,[3] a velocidade é fundamental para o sucesso, uma vez que "as empresas vencedoras na nova economia não são as que tem as melhores ideias, mas, sim, as que aprendem mais rápido". Ou seja, se é para agir, não pense muito, faça!

---

1 RUFINO, G. *O catador de sonhos*: o empresário visionário que começou como catador de latinhas ensina tudo o que você precisa saber sobre otimismo, superação e determinação. São Paulo: Gente, 2015. p. 24.

2 MATOS, F. *10 mil startups*: guia prático para começar e crescer um novo negócio baseado em tecnologia no Brasil. São Paulo: Mariposa, 2017. p. 35.

3 MENDES; BUENO, 2015, p. 31.

36.2 Planejamento

Para planejar sua startup, é preciso executar duas ações, antes mesmo de pensar em qualquer outra coisa. Claro, o primeiro passo é a ideia, que não precisa ser especificamente na área de tecnologia, apesar de ser a área em que há mais startups, por ser um campo com muitas possibilidades.

As startups são *drivers* de transformação em inúmeros setores da economia no mundo contemporâneo, desempenhando um papel importante nesse ambiente de transformação radical. Detentoras de um poder único, descobrem e fazem acontecer formas inovadoras de negócios, ativadas, cada vez mais, por tecnologias e descobertas que apenas empresas de pequeno porte, ágeis e altamente eficazes conseguem prover.

Segundo Renato Mendes, para planejar uma startup, devemos seguir o modelo de sucesso de marcas como AirBnb, Uber, Netshoes, PayPal, entre outras. Para o autor,[4] "essas marcas são vencedoras porque entenderam antes das demais como funciona a nova economia, onde a regra básica desse jogo é sempre colocar o cliente no centro de suas estratégias e negócios". Não é a primeira vez que você se depara, neste livro, com consumidor no centro. Trata-se não apenas de um mantra, mas do segredo de sucesso da sua marca no mundo dos negócios: conectar-se com o cliente, sempre, não do jeito que a marca enxerga, mas da forma que o cliente deseja!

36.2.1 Startup é mais do que ideia

"Algo só tem valor quando impacta a sociedade, quando as pessoas usam o que você oferece. Uma boa ideia no papel não é suficiente", diz Maurício Benvenuti,[5] no livro *Incansáveis*. Ideias sem execução não são nada a não ser apresentações bonitas em Power Point ou Keynote – infelizmente, meu HD está cheio delas. MontBlanc, Coca-Cola, Toyota, Google, Uber, Apple, Amazon ou mesmo a padaria da esquina da sua casa jamais seriam o que são se fossem apenas uma ideia.

Por isso, se é para criar algo realmente grande, arregace as mangas e comece a fazer, embora saiba que, para ter um negócio, é preciso, antes de mais nada, ter uma boa ideia. E não desanime se a sua ideia parecer no começo estranha ou sem tração, a história pode ser boa ou ruim, depende como você a conta. O Google, por exemplo, foi o 13º buscador a ser lançado, havia outros maiores, e eles esmoreceram com a forma dele de fazer. Uma boa execução é a diferença entre o sucesso e o fracasso de uma ideia.

Certa vez, por meio do meu ex-chefe Ricardo Yuh, pude conhecer o Jae Ho Lee, fundador do grupo Ornatus, que, entre outras marcas, tem Baloné e Morana. Um dia, conversando, Jae disse que daria uma palestra sobre seu negócio e que contaria como chegou ao sucesso do grupo. Ricardo estranhou e disse que era uma loucura Jae contar seu segredo, foi quando Jae respondeu com uma das grandes lições que aprendi na vida: "o segredo não é o que eu faço. É como eu faço!".

---

4   MENDES; BUENO, 2015, p. 18.
5   BENVENUTI, M. *Incansáveis*: como empreendedores de garagem engolem tradicionais corporações e criam oportunidades transformadoras. São Paulo: Gente, 2016. p. 88.

A credibilidade é importante para que você chegue ao sucesso. Em seu livro, Geraldo Rufino[6] diz que, em uma das vezes que quebrou, só conseguiu se reerguer porque o dinheiro que o banco emprestou foi o suficiente, e o banco só emprestou porque ele tinha credibilidade. Muitos empresários de sucesso quebraram, e isso, por mais estranho que possa parecer, dá mais credibilidade aos bancos, afinal, a curva de aprendizado, na primeira quebra, já ocorreu e as chances de errar são menores.

36.3 Para o varejo

O caminho para criar startups não é fácil, mas há um ponto em comum entre todas: até aquelas que hoje são "unicórnios" (valendo mais de um bilhão de dólares) começaram da mesma forma. É preciso identificar um problema e entender se há espaço para uma solução que agregue a vida do consumidor ou de um segmento de mercado. Além disso, é preciso ser economicamente viável, ou seja, não adianta a solução custar dois milhões de reais para ser desenvolvida, ela precisa ser desejável no sentido de fazer com que as pessoas a desejem. Veja o Uber, por exemplo.

E, por fim, a solução precisa ter ferramentas para ser construída, não adianta ter uma grande ideia se não possui a tecnologia necessária para executá-la. A boa notícia é que dificilmente a tecnologia não estará disponível para desenvolver ideias, o máximo que pode ocorrer é você ter dificuldade de achar quem realmente consiga fazer.

36.3.1 Os anunciantes querem a sua startup

Calma! Antes de qualquer coisa, ela precisa ser muito relevante para eles. Mas pode ter certeza que o mercado anunciante está de olho em ideias que possam gerar negócios, principalmente aqueles que envolvem economia de tempo, dinheiro ou uma melhor experiência para os consumidores. No final do dia, o que eles querem é que as novas tecnologias possam ser rentáveis, ou seja, pagar um valor X pela ideia e ter 10X de retorno.

Na Consumer Eletronics Show, de 2019, a P&G Ventures, braço de investimento da marca, anunciou que fez cerca de 130 apostas em startups com a esperança de que uma, ou algumas, possam criar o mesmo tipo de disrupção que empresas menores que dialogam diretamente com o consumidor têm atingido. A Moen estava expondo seus produtos com a Flo Technology, um alerta aos usuários quando há um vazamento em suas casas e previne danos. A startup recebeu US$ 28 milhões da Fortune Brands Home and Security, empresa dona da Moen. Esses são apenas dois dos vários exemplos que a CES 2019 trouxe. No Brasil, esse movimento também existe, embora não seja tão divulgado.

---

6 RUFINO, 2015.

36.4 O que o público espera?

As pessoas querem o novo Uber, a nova Netflix, a nova Amazon. As pessoas querem facilidade. Querem o novo Rappi, o novo Nubank. As pessoas querem apertar um botão e resolver tudo, se possível sentado no sofá de casa.

Quem não gosta de estar na sala de casa, desejar uma pizza, pegar o celular, que está sempre ao lado, e, com dois ou três cliques, fazer o pedido? Uns podem falar "mas se ligar, dá no mesmo". Será? Liga, dá ocupado, a moça do outro lado não atende, tem que pagar quando a pizza chegar... E aquele seu amigo que abusou um pouco mais no Happy Hour da empresa? Ele pega o celular e com dois cliques tem um carro que o leva para casa com segurança. E aquele que está assistindo uma palestra da Martha Gabriel, fica encantado e resolve comprar o livro dela pelo aplicativo? É isso que as pessoas querem! Comodidade, facilidade e tranquilidade para uma compra. Quanto mais estressante for a compra, menor a chance de ocorrer!

36.5 Como aplicar em sua empresa hoje?

O ecossistema de uma startup é composto de vários pontos que ajudam não apenas na sua ideia, mas na sua execução. Uma startup no papel é apenas uma ideia e não vai resolver absolutamente nenhum problema identificado. Universidades (local onde muitas startups nascem), governo (com programas de aceleração), investidores-anjo e de risco (aporte para o início do projeto), aceleradoras e incubadoras (para dar a tração necessária para a startup), prestadores de serviços especializados (advogado, marketing, contador), tecnologia e ferramentas (para colocar a startup de pé) e mentores (pessoas que já conhecem o processo e ajudam com consultorias para o sucesso).

Bruno Pinheiro é um empreendedor nato. Eu o conheci quando era gerente de marketing de uma rede de escolas quando foi meu aluno em um curso de um dia e nos tornamos amigos. Eu o vejo viajando pelo mundo e fico feliz com seu amplo sucesso. Em seu livro *Empreenda sem fronteiras*,[7] Bruno mostra a importância da execução:

> vá ao seu projeto e veja qual a próxima tarefa, ao executar, isso dá um grande alívio para você, empreendedores de sucesso não enxergam barreiras, eles enxergam etapas para serem superadas para o seu sucesso. A cada passo executado, mais perto do sonho o empreendedor estará.

Este livro, por exemplo, é um empreendimento meu. Pequeno, mas é! Por falta de foco, eu o atrasei por um ano. Por um lado, foi interessante pois o conceito de transformação digital foi amplamente debatido na NRF de 2019, e isso ajudou a potencializar o tema, mas, por outro, não cumpri com os prazos, o que, para uma startup, pode ser um perigo. Entretanto, quando assumi que acabaria o livro em um mês, faltando 70% para ser concluído – e consegui entregar antes da meta –, comemorava a cada capítulo finalizado. Não com um sentimento de

---

7 PINHEIRO, B. *Empreenda sem fronteiras*: empreenda on-line em qualquer lugar do mundo e viva uma vida com horários flexíveis ganhando mais dinheiro do que jamais imaginou. São Paulo: Gente, 2016. p. 156.

"ufa, me livrei", mas com "ótimo, falta pouco para entregar o livro para a Editora Saraiva e ver mais esse sonho realizado". Fernando Alves, meu editor, foi compreensível, mas é importante aprender com esse exemplo que projetos de sucesso não contam com a sorte e os prazos devem ser cumpridos!

Dentro do guarda-chuva da transformação digital, quanto mais conexão houver entre as iniciativas, maiores as chances de sucesso – tenho batido muito nessa tecla aqui, porque, como diz minha mãe, "o Luis Felipe vence pelo cansaço". E minha esposa concorda! Brincadeiras à parte, há uma startup que pode ajudar lojas on-line a entrar no mundo físico – bem, eu vou além –, eu diria que essa startup ajuda as marcas a entrar no *omnichannel* e todo o seu universo. Conforme vimos no Capítulo 15, o *omnichannel* ajuda, e muito, a elevar o ticket médio e a trazer conversões, ou seja, melhora vendas e rentabilidade.

SAIU NA MÍDIA

De acordo com a revista Live Marketing, a startup PopSpaces conecta marcas e pessoas a espaços comerciais por meio de aluguéis de curta temporada. "Além de realizar a conexão, a startup ofereceu, por meio dos serviços de concierge, uma consultoria personalizada para encontrar o melhor espaço e lançar a loja temporária. 'Desta forma, pudemos testar o formato, localização, público e receber um feedback pessoal dos clientes', explica Camila Lorelo".

Por mais que seja temporária, a startup consegue dar uma ideia do *omnichannel* para as marcas, que, se bem trabalhado, é possível coletar dados em diversos pontos onde a loja física, via PopSpaces, estará. A tendência é que, cada vez mais, as lojas diminuam de tamanho para serem mais ágeis e se adequarem mais ao conceito.

Para Yuri Saiovici, CEO da PopSpaces, "a startup nasceu justamente com o objetivo de fomentar a economia compartilhada e tornar o varejo mais acessível para todos os tipos de marcas e empresas, independente do tamanho. O futuro do varejo é o marketing de experiência. Em um mercado tão competitivo, o que realmente cativa e fideliza o consumidor atual são as emoções que a interação com a marca proporciona".

Fonte: REVISTA LIVE MARKETING. Startup ajuda lojas on-line a testar varejo físico. *LiveMKT*, jan. 2019. Disponível em: https://www.revistalivemarketing.com.br/startup-ajuda-lojas-online-a-testar-varejo-fisico. Acesso em: jul. 2019.

Economia compartilhada será o tema do próximo capítulo, pois é algo que está cada dia mais inserido em nosso dia a dia. Perceba que Yuri tem um pensamento muito parecido com o que estamos falando com certa insistência aqui no livro: "o futuro do varejo é o marketing de experiência", e não duvide disso. O mundo do marketing está caminhando para experiências cada vez melhores de consumo, e as iniciativas da transformação digital permitem isso!

36.5.1 Mude pensamentos e novos resultados virão

Bruno Pinheiro[8] divide com o leitor um pensamento que aplica em seus negócios, retirado do livro *Os segredos da mente milionária*, de T. Harv Eker. Para Eker, "pensamentos mudam comportamentos, que geram ações e consequentemente resultados". Não existe uma só empresa sem problemas e obstáculos. Se você quer sair da sua, porque há muitos problemas, saiba que na próxima terão outros, às vezes diferentes, mas outros. A gana de um empreendedor é mudar o futuro da empresa, sendo assim, sua startup depende muito mais de você trabalhando e executando do que achando desculpas. Reserve energia para reclamar menos e fazer mais! *#ficadica*

---

8   PINHEIRO, 2016, p.157.

CAPÍTULO 37

ECONOMIA COMPARTILHADA

Você pode até não saber ao certo qual é o conceito de **economia compartilhada**, mas, com certeza, está se beneficiando com ele. Uber e AirBnb estão entre as empresas que melhor representam esse conceito, mas não as únicas. É preciso lembrar que as pessoas estão aderindo muito a essa nova economia. Pesquisas do mercado mostram isso, e não as coloco aqui, pois, como já disse, números mudam o tempo todo e é bem capaz de você ao ler este livro ter dados desatualizados nas mãos, mas o Portal No Varejo tem bons estudos sobre esse conceito.

Não tenha dúvida de que os impactos da economia circular estão redesenhando a realidade, os negócios e a relação entre pessoas, organizações e governos. A guerra que o Uber travou com o Taxi nunca acabou, apenas diminuiu. Outros capítulos virão e não há como impedir isso. Eu achei muito legal uma frase que li no Facebook que dizia "Taxi proibir o Uber é como Correios proibir os e-mails", e, de fato, muito dinheiro saiu das mãos do Correios uma vez que as pessoas não mandam mais cartas para seus parentes, mas mandam e-mail, inbox do Facebook, WhatsApp, DM do Twitter e por aí vai.

37.1 Conceito

Economia compartilhada é um novo sistema econômico baseado na troca, reutilização, compartilhamento e acesso a produtos, serviços e conhecimento. Tudo isso por meio de plataformas digitais e sociais.

Há uma tendência nos hábitos dos consumidores em dividir o uso (ou a compra) de serviços e produtos, em uma espécie de consumo colaborativo. A economia compartilhada é um modelo social e econômico fundamentado no compartilhamento de recursos humanos, físicos ou intelectuais, cujo objetivo é facilitar a integração e a aproximação de pessoas com interesses mútuos em um ambiente on-line – como uma plataforma.

37.2   Planejamento

O compartilhamento de bens como carros, casas e roupas é o principal motor da economia compartilhada, uma vez que torna a vida mais fácil e funcional, levando 68% das pessoas a dizerem que se imaginam participando do consumo colaborativo. A economia compartilhada reside na ideia de que muitos itens ficam ociosos durante a maior parte do tempo.

Dentro do conceito da economia colaborativa, o conceito de plataforma é muito importante. Dentro de seu planejamento, é preciso que a marca faça a ponte entre os produtos e os consumidores certos. Use o big data e small data para localizar esse público, atraia-os com mídia e vídeo programático. Dentro da plataforma, use o *machine learning* para aprender mais sobre o consumidor e que produtos oferecer, mas lembre-se: o conceito aqui é oferecer produtos que as pessoas querem compartilhar, não apenas comprar ou vender.

Em 2018, um grupo de mulheres procurou a FM Consultoria para desenvolver um projeto muito bacana. A startup era para compartilhamento de roupas femininas, com foco em vestidos. A visão delas era clara: mulheres compram vestidos por um valor muito alto, mas só os usam uma vez, com medo de, em outra festa, ser fotografada com o mesmo vestido – isso, para muitas mulheres, é algo importante. Por isso, a ideia é que ela pudesse ganhar dinheiro com esse vestido. As bolsas também entrariam no projeto – muito mais pela quantidade de bolsas que uma mulher poder ter, sem conseguir usá-las todas ao mesmo tempo. O projeto era muito interessante, começamos a desenvolver o planejamento, mas as sócias optaram por encerrar a parceria por que cada uma delas pensava em um caminho diferente – algo comum em startups. Perdi o contato com elas, mas, ao escrever este livro, joguei no Google o nome do projeto e nada encontrei. Uma pena, pois a ideia era muito boa!

37.3   Para o varejo

O sistema coletivo de bicicletas que existe em inúmeras cidades é potencializado, essencialmente, por aplicativos para smartphone que possibilitam maior interação entre as pessoas e aqueles que inovam, provocando uma profunda alteração de tecnologias. A "Bike do Itaú" é um caso emblemático – inclusive já me salvou algumas vezes para chegar mais rápido em reunião –, assim como a Only G, loja que minha esposa colocou no Enjoei, um marketplace que oferece, via plataforma, uma chance de você vender produtos usados – como aquela blusa que não cabe mais, aquele brinco que comprou na empolgação, o sapato da promoção etc. Um dos pontos que faz o conceito crescer é baseado na compra que fazemos na empolgação e depois não mais usamos, como acontece com as camisas de futebol.

37.4 O que o público espera?

O público espera que a economia compartilhada traduza, essencialmente, um jeito novo de encarar as coisas, embora nem sempre as pessoas estejam abertas a mudanças tão significativas em seus hábitos de consumo. Há pessoas que compartilham de tudo, desde seus carros e casas, como Uber e AirBnb, como roupas, livros, equipamentos de ginástica, itens de jardinagem e música.

Tudo pode ser compartilhado, e o melhor disso é a economia de dinheiro que isso gera, além de evitar o consumo excessivo e ajudar pessoas. Entretanto, a desconfiança ainda é a maior barreira para o crescimento desse modelo de negócios.

O mundo do e-commerce também era assim e aos poucos foi quebrando esse paradigma, mas como Uber e AirBnb, hoje, são marcas bilionárias, as chances desse conceito cair no gosto do brasileiro é muito grande. Esses dois aplicativos, no Brasil, fazem um sucesso enorme.

Isso sem contar o quanto todos nós usamos o Waze (mesmo eu preferindo o Google Maps), um dos grandes exemplos da economia compartilhada atrelada ao big data. Os caminhos que o Waze oferece para nós são baseados no comportamento que os motoristas que usam o aplicativo têm, além de oferecer as melhores rotas.

37.5 Como aplicar em sua empresa hoje?

Você tem um restaurante? Uma pizzaria? Uma padaria? Porque não colocar seu restaurante em aplicativos como iFood, um marketplace que conecta pessoas e restaurantes. Falamos sobre plataforma no Capítulo 4, e aqui, novamente, mostramos sua importância. Na essência, plataformas unem produtores e consumidores, ou seja, o iFood une quem produz comida – até mesmo aquela vizinha que faz um bolo de chocolate delicioso – com quem quer pedir comida, de uma maneira fácil e rápida.

No modelo da nova economia, no qual compartilhar é fundamental, as empresas precisam, antes de pensar em vender algo, ter um propósito diferente para o sucesso. A palavra propósito, que tanto falamos por aqui, tem ganhado importância nos planos de marketing no mundo inteiro, principalmente para empresas que atuam com as novas tecnologias e nas iniciativas do guarda-chuva da transformação digital.

Empresas que tem como foco as gerações Y, nascidos de 1980 a 2000, e a geração Z, nascidos a partir de 2000, precisam ter a palavra propósito em seu discurso, e claro, aplicá-la, uma vez que as novas gerações estão muito agregadas ao propósito de marca, o que já foi explicado aqui. Entretanto, para reforçar o conceito, Joey Reiman,[1] em seu livro *Propósito*, afirma que "a nova narrativa dos negócios começa com o propósito, conta história dos lucros e encerra com as pessoas". Marcas que estão surgindo na economia compartilhada precisam de um propósito forte para ter sucesso e, para isso, é preciso sair da parede da sala de reunião e ir para o dia a dia das marcas, em atitudes e comunicação.

---

1 REIMAN, J. *Propósito*: por que ele engaja colaboradores, constrói marcas fortes e empresas poderosas. São Paulo: HSM, 2013. p. 45.

O QUE AS MARCAS ESTÃO FAZENDO?

Whole Foods Market é uma rede de supermercados multinacional dos Estados Unidos que comercializa produtos naturais, orgânicos ou sem conservantes, sabores, cores e gorduras artificias. A marca tem propósitos bem definidos que não estão apenas na parede do escritório, mas estão em suas ações. Na economia compartilhada, é fundamental para o sucesso de uma marca não apenas ter o discurso, mas praticá-lo.

Joey Reiman[2] conta que "um cliente havia comprado um peru para o dia de Ação de Graças, mas, ao preparar a ave, acabou passando do ponto e queimou a tradicional refeição da data. Desesperada, a cliente ligou para uma das lojas para saber se ainda havia algum peru para que pudesse comprar. Em poucas horas, o Whole Foods Market não só enviou um novo peru, como mandou um chef que preparou toda a refeição para a família da cliente".

Você pode até pensar que o Whole Foods Market teve prejuízo com essa ação, mas esse é o pensamento da velha economia. A nova economia entende que o propósito aplicado é a conquista e fidelização do cliente. A pergunta que fica é: qual a chance dessa cliente começar a fazer suas compras mensais – ou semanais – apenas no Whole Foods Market, depois dessa iniciativa? Qual a mensagem que esse case mostra aos consumidores que não "sempre que você precisar, estarei ao seu lado". A cliente não era nenhuma celebridade, webcelebridade, ex-BBB ou influenciador. Ela era apenas a pessoa mais importante da marca: a cliente que compra!

---

2 REIMAN, 2013, p. 122.

CAPÍTULO 38

BRANDED CONTENT

Neste capítulo, faremos um *teaser* do tema que virá a seguir, o marketing de conteúdo. *Branded content* não é propaganda – vamos deixar isso bem claro –, mas ações que engajam. Quando se entende bem o perfil do consumidor, sabemos o que passar para ele. Conteúdos de marca, na tradução literal do termo, não é um e-book para captar lead, é, na verdade, uma estratégia maior que tem como missão contar uma história proprietária da marca, algo que só a marca pode contar, relacionada com sua essência e propósito.

38.1 Conceito

Trata-se de conteúdo relevante para a vida das pessoas, produzido e oferecido por uma marca com propósito e contexto, refletindo profunda e inevitável transformação no modo de gerir o marketing: mais descentralizado, colaborativo, horizontal e, principalmente, orientado para as necessidades e os interesses dos interlocutores, e não somente das marcas. *Branded content* não é uma venda direta – aliás, muitas das iniciativas que você viu aqui não tem essa pretensão –, mas é o que deve engajar o consumidor com a marca. E a regra básica para isso é: *verdade*!

As marcas precisam ser cada vez mais verdadeiras, e no conceito de *branded content* não há como ser diferente. Não estamos falando de um comercial de 30 segundos na TV em que o Neymar diz tomar um medicamento que ele conheceu dez minutos antes de gravar, estamos falando, novamente, de colocar o propósito da marca em evidência.

38.2 Planejamento

Uma peça de *branded content* não pode ser só interessante, tem também de estimular uma resposta positiva e evoluir para interagir com o consumidor. Segundo Walter Longo,[1] "o processo tradicional de planejar mídia criação exige uma revisão porque a interrupção não faz sentido para as pessoas. É preciso pensar *branded content* com foco nas necessidades de quem recebe e interage com o conteúdo. Só assim ele será efetivo". O conteúdo só existe porque a marca o produz. Não é patrocínio. É relacionamento com consumidor, com conteúdo associado à marca.

> **SAIU NA MÍDIA**
>
> O *branded content* possui diversas formas de entrega, sendo uma delas o *brand entertainment*, onde marcas trabalham conceitos por meio do entretenimento. Os canais são sempre os mesmos, mas o que importa é a mensagem e não apenas o meio. De acordo com o excelente site GoadMedia, "o case para a Apple, produzido pela TBWA\Media Arts Lab, chamado "Welcome Home", é um filme de quatro minutos que mostra como a experiência com o HomePod, da Apple, pode ser tão imersiva que transforma o ambiente. Com música de Anderson Paak, FKA Twigs dança e interage com um novo mundo colorido depois que pede para o HomePod tocar algo que ela gosta. Tudo feito com maestria, levando a campanha a ser o trabalho de Branded Entertainment mais visto do YouTube no mês de seu lançamento, em março de 2018".
>
> Fonte: CASTELLÓN, L. Brand entertainment e as novas narrativas de comunicação, mídia e marketing. Disponível em: https://goadmedia.com.br/criatividade/brand-entertainment-cria-nova-fronteira-para-o-marketing. Acesso em: jul. 2019.

38.2.1 Inovação para conquistar o consumidor

Você tem visto que inovar é preciso. *Branded content* é inovação – talvez não tão nova –, mas é algo a ser pensado, dentro do guarda-chuva da transformação digital, como um pilar muito importante para o desenho de uma narrativa que envolva e engaje as pessoas. Não se esqueça que a narrativa é o mais importante e vem logo a seguir ao entendimento sobre o que o consumidor espera de uma marca e o que se pode oferecer a ele – se possível, de forma que se sinta exclusivo!

Na visão da Luxottica, empresa italiana fabricante, distribuidora e varejista de óculos, marketing não é apenas sobre vender armações, mas trazer experiências recompensadoras e memoráveis se possível. Na indústria, percebe-se que os clientes querem se sentir únicos, buscando, assim, a personalização, o que fez a marca rever a estratégia de negócio focado em produto para um negócio focado em conexões. Esse novo propósito de marca se encaixa nas

---

[1] LONGO, W. *Marketing e comunicação na era pós-digital*: as regras mudaram. Rio de Janeiro: Alta Books, 2013.

ações de *branded content,* no qual a marca deve, por meio de vídeos, posts em redes sociais, site, assessoria de imprensa e todos os canais cada vez mais reforçar a relação entre pessoas!

38.3 Para o varejo

O desafio da comunicação moderna é, cada vez mais, buscar caminhos para engajar o consumidor, que tem à sua disposição muitas plataformas e meios para consumir o conteúdo onde e quando quiser. O *branded content* é uma estratégia para as marcas se conectarem com seus públicos. Patricia Weiss, uma das grandes especialistas do mercado, afirma que "é fundamental conhecer a diversidade de narrativas e criar um ambiente propício para que as grandes histórias aconteçam", ou seja, há muito o que aprender com contadores de história nessa iniciativa que está dentro do guarda-chuva da transformação digital.

38.4 O que o público espera?

O consumidor brasileiro redefiniu a relação emoção e valor no seu comportamento como resultado de suas experiências e vivências recentes. Existe uma tendência ao aumento da predominância da razão sobre a emoção na maioria dos segmentos de consumo que tem como resultado maior pressão sobre a rentabilidade dos negócios, já que mais razão envolve maior comparação e negociação e menos impulso na hora de comprar.

Uma estratégia de *branded content* bem produzida pode fazer com que o público queira compartilhar e comentar sobre o conteúdo divulgado, ajudando a solidificar sua proposta de identidade, contribuindo para o aumento das vendas, fidelização e conquista de defensores da marca.

SAIU NA MÍDIA

Segundo o portal Adnews, em ação produzida pela Agência Fischer, a Melitta apostou no *branded content* para vender seu produto: o café. Em uma ação que contou com "filmes de 45 sec" de duração, estrelados pelos chefs Carlos Bertolazzi e Dalton Rangel que atuam no programa Homens Gourmet, exibido na própria FOX, onde a ação foi veiculada, a dupla apresenta receitas diferentes usando como ingrediente os sabores da linha Café Melitta Regiões Brasileiras.

Para Ricardo Andrade, gerente de marketing da Melitta, a ação é muito mais do que um comercial de 30 sec na emissora. Para ele, "o objetivo da Melitta é proporcionar aos nossos consumidores uma experiência única em café: nossa linha tem uma variedade de aromas e sabores para agradar diferentes paladares. A linha Regiões Brasileiras oferece três opções de cafés superiores com características únicas e marcantes que podem até ser utilizadas em receitas criativas, possibilitando uma nova experiência com café".

Fonte: ADNEWS. Melitta aposta no branded content em ação criada pela Fischer. Disponível em: https://adnews.com.br/publicidade/melitta-aposta-no-branded-content-em-acao-criada-pela-fischer. Acesso em: jul. 2019.

38.5 Como aplicar em sua empresa hoje?

No *branded content*, o briefing é vivo e criado em parceria com empresas envolvidas em cada projeto. "Na indústria de automóveis, os briefings com 60 páginas estão dando lugar a reuniões colaborativas de levantamento de *storytelling*", conta João Ciaco, diretor de marketing, comunicação e sustentabilidade da FCA Latam/Fiat.

Segundo Rafael Rez,[2]

> *branded content* é uma estratégia de construção e consolidação de imagem com base na produção de conteúdo para resolver problemas dos potenciais clientes e se tornar uma autoridade no tema. Intensifica a experiência do consumidor com a marca, aumentado a sua presença em sua mente. Não é uma ação pontual que causa um aumento brusco nas vendas, que cai imediatamente quando a ação acaba, mas uma estratégia de longo prazo para o crescimento da marca.

SAIU NA MÍDIA

O Banco Itaú lançou o documentário "Ciclos", curta que trata da mobilidade urbana, em parceria com a Vice, o maior grupo de mídia global do mundo focada em jovens, que opera uma plataforma de conteúdo digital (o vice.com), uma *branded content house*, uma produtora de filmes, uma gravadora, uma revista e uma produtora de *branded experience*.

De acordo com o portal Meio & Mensagem, "Ciclos" se dedica, sobretudo, a mostrar quem são algumas das pessoas que incorporam a bicicleta na sua rotina não só como meio de transporte, mas também de trabalho, lazer, exercício e, acima de tudo, estilo de vida. Para quem foi pioneiro no Brasil com as bicicletas compartilhadas, o Itaú precisava se apropriar desse território, até para mostrar que o banco está preocupado com o ser humano e não com dados e números. Humanizar a marca é fundamental para o *branded content*.

Eduardo Tracanella, superintendente de marketing do Itaú, acredita que não existe uma fórmula perfeita, desde que a marca esteja inserida de forma contextualizada. Para ele, "é preciso trazer algum valor para a conversa, mas a marca deve aparecer, afinal está pagando a conta. Porém, quando a marca se sobrepõe à mensagem, é dinheiro jogado fora e estabelece uma barreira, voltando a ser um formato que não traz atenção". Quando a marca sobrepõe a mensagem, deixa de ser *branded content* e vira pura e simples propaganda!

Fonte: JULIO, K. B. Itaú e vice: a visão do mercado sobre branded content. *Meio&Mensagem*, jan. 2017. Disponível em: https://www.meioemensagem.com.br/home/comunicacao/2017/01/27/itau-e-vice-a-visao-de-anunciantes-e-veiculos-sobre-branded-content.html. Acesso em: jul. 2019.

---

2   REZ, R. Marketing de conteúdo. Disponível em: https://novaescolademarketing.com.br/marketing-de-conteudo/branded-content. Acesso em: ago. 2019.

CAPÍTULO 39

MARKETING DE CONTEÚDO

Chegamos, finalmente, em uma das mais importantes partes do universo do marketing digital: o conteúdo! Você já leu quase todo o livro e espero que esteja despertando aquele sentimento de "poxa, que pena, queria mais..." – ficarei feliz em saber disso. Ao longo deste livro, você me viu citar, muitas vezes, big data como sendo uma das mais importantes ferramentas do guarda-chuva da transformação digital, pois efetivamente é. Você percebeu que todas as iniciativas serão potencializadas com o uso de dados para saber mais do consumidor e lhe entregar algo que seja relevante. Essa é a essência do livro. Agora, vamos ver como e onde entregar essa relevância, afinal, como sempre digo, as pessoas não compram smartphones para fazer ligações, mas, sim, para consumir conteúdo, seja ele qual for – inclusive a versão digital deste livro.

Ao longo deste capítulo, você verá muitas referências vindas do meu amigo Rafael Rez. Não tem como escrever sobre marketing de conteúdo sem citar a maior referência do Brasil e o cara com quem mais aprendo sobre esse conceito. Fica a dica: para aprofundar seu conhecimento sobre o tema, compre hoje mesmo o livro *Marketing de conteúdo: a moeda do século XXI*, é um dos que mais recomendo, ao lado do livro de Walter Longo, *Marketing e comunicação na era pós-digital: as regras mudaram* – até mais do que o meu próprio livro de planejamento estratégico digital!

39.1 Conceito

O conceito de marketing de conteúdo é entregar algo de valor para as pessoas que te acompanham ou para aqueles que virão a conhecer seu trabalho. Produzir um conteúdo de qualidade pode ser a porta de entrada para que muitas pessoas sintam confiança em adquirir algum produto ou serviço que você oferece.

Como afirma Nancy Assad, especialista em comunicação corporativa, sócia da NA Comunicação, "quando você faz propaganda você está empurrando algo para o consumidor. Quando você faz marketing de conteúdo é como se fosse um namoro, você se aproxima, você envolve, você engaja".

39.2 Planejamento

"Quando você ouve seus clientes, coisas incríveis acontecem", afirma Jonathan Mildenhall, da Coca-Cola. Comece pelo começo. Você quer planejar um blog, ótimo, mas para quem? Qual o conteúdo? O que vai abordar? Qual a periodicidade dos posts? Quem vai escrever? Seria mais fácil se fosse tudo pronto, né? Mas não. No marketing, há muito trabalho a ser feito. Criar um blog, qualquer um cria; agora, criar um blog excelente é o que diferencia a sua marca das outras.

O marketing de conteúdo entrega relevância por meio do valor que as marcas agregam à vida das pessoas. Jay Baer tem uma frase muito interessante: "se você vende algo a alguém, você pode conquistar o cliente; mas, se você ajuda alguém, você ganhará muito mais do que uma venda" – e ele tem razão. As marcas estão apostando cada vez mais em tutoriais, que ganharam força com a onda das "blogueiras de moda", e isso foi um grande aprendizado. Segundo Rafael Rez, "não perca tempo fazendo conteúdo irrelevante e sob hipóteses. Foque a energia da equipe em pesquisar e desenvolver algo que agregue valor de excelente qualidade".

No marketing de conteúdo, não se trata de quantidade, mas de qualidade! A história de três posts por dia no Facebook, duas fotos por dia no Instagram e um post por dia no blog é uma regra que surgiu no mercado, e todos compraram, mas eu vou mais na regra do Rez: tenha qualidade, não quantidade. Às vezes, dez posts por dia podem dar menos resultado que um por semana. Pense nisso!

Falamos muito aqui sobre comportamento de consumo. No marketing de conteúdo, é fundamental que se crie uma persona, ou seja, defina quem é o público que vai receber o conteúdo, por qual mídia (e-book, vídeo, artigo, podcast), quais são suas preferências, de quais assuntos gosta mais, sua idade, sexo e comportamento. Lembre-se que não se pensa mais em perfis de pessoas por idade e sexo, mas, sim, por comportamento! Devemos entender, principalmente, qual é o problema desse consumidor e como o material pode lhe ajudar. Não crie um conteúdo por criar, crie para resolver o problema do cliente!

> **SAIU NA MÍDIA**
>
> Neil Patel apresenta um modelo interessante de mapa de conteúdo, passando por seis fases, respondendo às seguintes questões, antes de iniciar qualquer material: qual deveria ser o principal ponto-chave para o leitor depois de ler esse conteúdo? Como eu faço com que seja apelativo para meu público-alvo? Qual é o tipo de mídia e onde preciso incorporá-la? Quais recursos eu preciso para criar conteúdo apelativo? Eu crio conteúdo por mim mesmo ou vou precisar de ajuda? Eu deveria terceirizar e, se sim, quanto? Como eu posso reaproveitar esse conteúdo? Segundo Patel, "se houver uma desconexão em seu conteúdo, seus leitores irão perceber", e isso pode manchar a marca.
>
> Fonte: PATEL, N. 17 estratégias de marketing de conteúdo para melhorar engajamento. Disponível em: https://neilpatel.com/br/blog/checklist-com-17-pontos-comprovados-do-marketing-de-conteudo-para-impulsionar-seu-engajamento. Acesso em: jul. 2019.

39.3 Para o varejo

Existe uma diferença entre o *inbound marketing* e o marketing de conteúdo. Costumo sempre fazer o seguinte comparativo. O *inbound* é a ferramenta, a estratégia, o conteúdo, ou seja, é o entregável, a tática. E por quê? Porque o conteúdo é o que a marca entrega para o consumidor, enquanto o *inbound* é a gestão. O importante é saber que o conteúdo vive sem o *inbound*, mas o contrário não acontece. O conteúdo é como a gasolina, e o *inbound*, o carro. A gasolina pode ser usada para outros fins, mas o carro, sem a gasolina, mesmo que seja uma Ferrari, não sairá do lugar. Uso esse paralelo pois muitas marcas têm ferramentas ótimas de *inbound*, verdadeiras "Ferraris", mas colocam gasolina de baixa qualidade ou nem a colocam. Assim, a performance do carro é bem menor – se é que existirá.

Experiência do usuário. A estratégia de conteúdo é a prática de planejar, criar, entregar e gerenciar conteúdo útil interessante a um público-alvo específico. Porém, isso tudo, mesmo que bem combinado, não é o suficiente para tornar uma estratégia. A estratégia é a visão que deve amarrar todos os canais e ferramentas aos objetivos do negócio. Para Kristina Halvorson, "estratégia de conteúdo e um plano de ação bem construído, articulado e possível de ser executado. Um mapa que nos tira de onde estamos e nos leva para onde desejamos estar".

Ofertas de conteúdo podem ser e-books, vídeos, webinar, planilhas, apresentações em slides, podcast, videocast, aplicativos, testes on-line, entrevistas, artigos exclusivos, revistas on-line, white papers, entre outros.

39.4 O que o público espera?

De nada adianta uma excelente ferramenta de *inbound* se seu conteúdo for fraco, sem sentido, copiado de outros sites e sem a menor relevância para o público. Desse jeito, ele será apenas um monte de palavras jogadas. Isso é muito comum, principalmente com os conteúdos feitos para agradar o chefe! Fica a dica: nem sempre o chefe é quem consome a marca e, às vezes, ele nem conhece o consumidor a fundo.

A única forma de alcançar um grande conteúdo é dar poder às pessoas. Seth Godin diz que "todo profissional de marketing conta uma história. E se ele faz direito, nós acreditamos". Se queremos ver a marca crescer organicamente na internet, aparecendo no Google, Twitter, Facebook, entre outras redes, precisamos gerar conteúdo.

39.5   Como aplicar em sua empresa hoje?

O marketing de conteúdo, inevitavelmente, vem atrelado ao *inbound marketing*, que, por certo período, foi a febre das agências, assim como influenciadores um dia também foram. O problema é que, mesmo com ferramentas excelentes de gestão do lead, como RDStation HubSpot e SharpSpring, a estratégia nesse campo ainda é muito fraca. A ferramenta é só o meio para ajudar na estratégia. Sem um pensamento completo, serão apenas ferramentas caras que, em breve o cliente, ou mesmo a agência, vão descartar alegando falta de resultado. Entretanto, isso é algo dito quando a palavra *planejamento* é deixada de lado em prol da ação bacana para gerar lead – um enorme erro do mercado, na minha humilde opinião.

Eu, por exemplo, sou um cara que baixa muito e-book, até porque eles me são sempre úteis na construção de um novo livro, artigo, aula ou para defender algum pensamento de um planejamento estratégico. E, raramente, sou reimpactado pelas empresas que criaram o e-book, ou seja, tornei-me um lead, mas o relacionamento é inexistente; logo, na minha visão, o tempo e o dinheiro investidos no e-book foram à toa!

39.5.1   Funil do *inbound*

As marcas ouvem muito esse termo, que, para mim, nada mais é do que a versão mais atualizada do A.I.D.A (atenção, interesse, desejo, ação). Segundo estudos, o funil ideal para uma ação de *inbound marketing* é:

- » **Estranhos, atração:** mobile, SEO, redes sociais, mídia, blog.
- » **Visitas, leads, conversão:** call-to-action, formulários, downloads, *landing pages*.
- » **Clientes, fechar:** automação, leads, alertas, webinars.
- » **Promotores, engajar:** feedback, vídeo e redes sociais.

Tudo começa com uma *landing page*. Esse é o primeiro passo. As marcas criam um conteúdo, muitas vezes via e-book, e a usam como página de captação. Por isso, não deve haver fuga. Nada de colocar acesso para redes sociais, campo de "quem somos?" ou qualquer outra página de saída. A *landing page* precisa ser curta e direta. O usuário entra e dá seus dados em troca de uma recompensa. Simples assim!

O "topo do funil" é onde entram os primeiros potenciais clientes, que, segundo a metodologia de Rafael Rez, são chamados de "estranhos", pois, de fato, são, provavelmente, poucos que conhecem a marca, e você não conhece nenhum deles. É aquele primeiro "oi, tudo bem?", que se diz quando conhecemos alguém. Nesse momento, usamos todos os canais de mídia para atrair o consumidor. Usando programática, BI, performance e até mesmo mídia display é possível atrair um maior número de pessoas. Quanto mais conhecimento tiver sobre o perfil do consumidor com planejamento, mais certeza terá sobre quais são os veículos para atingir e atrair sua atenção. Esse é o primeiro estágio na teoria do A.I.D.A: o estágio da atenção.

No segundo estágio, o consumidor já entrou na *landing page*. Ele conheceu mais sobre o produto e a marca e baixou seu e-book, porém esse funil funciona também para acessos ao site institucional e/ou loja virtual. O primeiro estágio é comum para todos, atrair a atenção, mas, no segundo estágio, já estamos falando de conversão. Na *landing page*, o usuário poderá baixar o "brinde", sendo o e-book o mais comum, mas pode ser também um cupom de desconto, um artigo, um código para acesso exclusivo de um vídeo ou uma aula on-line. No site institucional, é possível conhecer mais sobre um produto, indo até sua página para ver um vídeo ou agendar uma visita à loja física – o mercado de automóveis faz muito isso. Por fim, no e-commerce, o objetivo é aumentar o interesse no produto. No A.I.D.A, trata-se do processo de interesse. O e-commerce pode ser um pouco diferente da *landing page* e do site institucional no momento em que o consumidor interessado está conhecendo mais sobre o produto, como qualidade de imagem da TV, quantos gigas tem o smartphone ou as opções de cores daquele tênis.

No terceiro estágio, com o e-book baixado e os dados entregues, ele se tornou um lead. Agora é trabalhar! Sabe quando você está muito interessado em uma pessoa e depois de algumas semanas ela finalmente lhe dá seu telefone? O que você faz? Anota e deixa de lado? Ou liga para ampliar a relação e ter mais chances de namorar com ela? Aqui é a mesma coisa. Marketing é romantismo puro, nós flertamos a todo o momento. Agora é hora de oferecer a quem baixou o e-book outro material exclusivo. Webinar funciona muito bem nesse estágio, mas pode ser uma revista on-line, um artigo ou um curso de 1h com um especialista. Sites institucionais podem trabalhar o mesmo conteúdo. Por fim, nas lojas virtuais, esse é o momento em que o cliente está na página de pagamento, vendo parcelas, vantagens de pagar no cartão ou no boleto. No A.I.D.A, esse é o estágio do desejo.

No quarto e último estágio, o cliente já baixou o e-book, já viu o webinar e já viu o curso de 1h com o especialista – está bem engajado. Nesse momento, muitos oferecem o produto final, no qual realmente ganharão dinheiro. Pode ser um curso de 16h com o especialista por R$ 499,00. O mundo dos infoprodutos é muito amplo e bilionário no mundo todo, mas não é feito apenas com fórmulas. No site institucional, podemos estimular a volta do cliente por meio de estratégias como remarketing e programática, além de comunicação por e-mail, mas, dependendo do ponto, se o cliente cumpriu a meta estabelecida, como agendar um test-drive, a comunicação é uma e o canal também; se ele não o fez, tudo muda. Preste bem atenção nisso! No e-commerce, após a compra do consumidor, é hora de pedir seu feedback. Para isso, a TrustVox é a melhor ferramenta que o mercado tem. No A.I.D.A, esse é o estágio da ação.

SAIU NA MÍDIA

Muita gente me pergunta se é possível fazer ações de marketing digital para o B2B, e eu sempre tenho a mesma resposta: quando uma empresa compra de outra empresa, na verdade, temos uma pessoa comprando de outra pessoa, embora ambas representem suas empresas. Se o marketing é feito para pessoas, a resposta está dada – e é, para mim, uma verdade. Quando conheci a frase de Simon Sinek, tive ainda mais certeza disso: "100% dos clientes são pessoas. 100% dos empregados são pessoas. Se você não entende de pessoas, você não entende de negócios". Poderíamos avisar Sinek que hoje os empregados são 100% pessoas, mas com IA e *machine learning* cada vez mais ativos no mundo digital.

Pesquisando para um projeto, deparei-me com esse case da Rock Content, sobre uma empresa excelente na área de marketing de conteúdo e B2B. Depois de apresentá-lo a um cliente, achei por bem colocá-lo aqui para lhe inspirar!

"O Grupo Casa Magalhães atua na indústria de TI e opera em todos os estados do Brasil. É especialista no desenvolvimento de software de frente de loja, gestão empresarial e aplicativos para dispositivos móveis focados no varejo e food service. O principal desafio do Grupo Casa Magalhães era não ter uma estratégia bem definida sobre a produção de conteúdo. A estratégia foi: definir uma persona, ter um planejamento para os conteúdos produzidos e alinhar volume e qualidade em relação a essa produção. Tendo em vista os objetivos da empresa, foi elaborada uma estratégia de marketing de conteúdo para ajudar o Grupo Casa Magalhães. Dentro desse plano estavam a criação de quatro artigos com conteúdos relevantes e de qualidade por mês e a criação de um e-book bimestral. Os resultados foram o aumento em 865% do número de leitores do blog, 625% do número de sessões e 70% de aumento para os resultados do blog vindos de origem orgânica".

Fonte: ROCK CONTENT. Como o Grupo Casa Magalhães aumentou 865% o número de leitores do blog. Disponível em: https://rockcontent.com/case/grupo-casa-magalhaes. Acesso em: jul. 2019.

Segundo Rafael Rez,

> qualquer conteúdo de qualidade publicado gera atividade, renda e autoridade para as pessoas por tempo indeterminado. Conteúdo serve para qualquer tamanho de negócio. Não dá mais para apenas fazer uma campanha de publicidade e falar "Compre de mim porque eu sou legal". É importante mostrar como funciona, educar e dizer como outros clientes usam o produto, para construir o processo na cabeça do consumidor, e não há forma melhor de fazer isso do que usando conteúdo como instrumento para esse relacionamento.

Ou seja, não venha com desculpas sobre o tamanho da empresa ou o tempo. Quando o assunto é marketing de conteúdo, temos duas opções: ou fazemos ou não estabelecemos relacionamento com nosso consumidor! O que você escolhe?

CAPÍTULO 40

MAKERS

Você precisa conhecer o movimento *makers* – e bem de perto por sinal! Eles estão criando uma nova mentalidade na cabeça das pessoas que tem tudo a ver com a transformação digital que estamos presenciando.

40.1 Conceito

Movimento *makers* é, em tradução livre, movimento de "fazedores", ou seja, pessoas que estão mesmo afim de colocar a mão na massa, compartilhando ideias e conhecimentos sobre os mais diversos ramos do varejo ou que impactem a sociedade de forma positiva.

Makers é uma extensão mais tecnológica e técnica da cultura Faça-Você-Mesmo, com base na ideia de que pessoas comuns podem construir, consertar, modificar e fabricar os mais diversos tipos de objetos e projetos com suas próprias mãos. Um movimento, que sem dúvida, ganha muita escala quando pensamos nas startups, afinal, ou se coloca a mão na massa ou nada sai. O movimento *makers* engloba pontos que vão além da tecnologia.

40.2 Planejamento

Em 2016, por exemplo, levei a pequena Fernanda, minha filha, para um projeto da Lego Robotic dentro do coworking Distrito.me, em Alphavile. Lá, Fernanda pôde construir robôs e, com a ajuda de um computador, fazer com que se movam. Pode parecer algo comum, mas, para uma criança de seis anos, idade da maioria das crianças do evento, isso é mágica. E essa mágica é que vai alimentando a vontade de aprender mais.

Makers, por exemplo, pode ajudar escolas a ensinar as crianças de maneira mais lúdica. Há entusiastas do movimento que acreditam que é preciso ensiná-las sobre tecnologia desde a escola. Há uma escola, na cidade de Campinas, chamada Happy Code School, que tem cursos de programação para crianças a partir dos seis anos.

40.3 Para o varejo

O movimento *maker* está diretamente ligado ao mundo da impressão 3D, que permite uma produção sem limites. Certa vez, em uma palestra do Thiago Ritter, CEO da W3Haus, ele deu um exemplo interessante: vestindo um blazer, disse que, numa manhã, ao abrir seu armário, viu, no seu espelho inteligente, o Instagram do seu blogueiro de moda favorito. O look do dia deste era um blazer do qual havia gostado. Por meio do espelho, Thiago entrou na loja, comprou a peça e, então, um arquivo foi enviado para a impressora 3D de sua casa. Ele imprimiu o blazer e foi trabalhar. Parte do público riu, enquanto outros viram isso como algo futurista. Bem, alguns exemplares deste livro estarão pelo Brasil em 2030... Será que quem estiver lendo este livro naquele ano vai achar esse exemplo muito futurista ou algo comum do seu dia a dia?

De acordo com o portal Meio & Mensagem, "Heloisa Neves, fundadora do WeFab, espaço de conexão entre *makers* e empresas, aborda outro aspecto da cultura *maker*, utilizado nos processos de cocriação. Ela explica que a integração entre prototipagem, agilidade e colaboração estão se integrando a outras metodologias, como *lean startup* e design thinking, e proporcionando novas maneiras de se desenvolver produtos e processos a empresas. Fiat, Itaú, Natura, Decathlon, Red Bull e algumas outras já desenvolvem projetos *makers*. Para Heloisa, 'o que vemos durante nossas maratonas de produtos e que envolve também a presença de consumidores é que as empresas passam a entender melhor o consumidor e codesenhar com eles as soluções. Do lado do consumidor, há um impacto positivo no sentido de participar do processo, colaborar, decidir juntamente com a empresa o que faz sentido'".

Fonte: PACETE, L. G. O impacto dos makers nas relações de consumo. *Meio&Mensagem*, jun. 2017. Disponível em: https://www.meioemensagem.com.br/home/marketing/2017/06/27/o-impacto-dos-makers-nas-relacoes-de-consumo.html. Acesso em: jul. 2019.

40.4 O que o público espera?

Qualidade. Esse é o recado para você que pensa na cultura *maker* dentro da sua empresa, seja você a Nestlé, seja você a Julio Okubo, seja você a Padaria Santa Marcelina. Não importa o tamanho, importa ser *maker*, ou seja, fazer!

É importante que você utilize diversas iniciativas da transformação digital. O movimento de startup e impressoras 3D estão muito ligadas ao *maker*, porém é preciso entender o que as pessoas realmente desejam; caso contrário, serão criadas iniciativas de acordo com o seu ego, não com o que o mercado precisa. Você pode, por exemplo, trazer o consumidor para dentro do processo criativo de produtos e serviços via movimentos *makers* e estudar a fundo o que ele realmente precisa e o que realmente sente a necessidade de mudar. Com isso, é possível entender o problema do cliente e encontrar uma solução. A partir daí, resta apenas desenvolver e realizar a venda.

40.5 Como aplicar em sua empresa hoje?

SAIU NA MÍDIA

Um dos grandes entusiastas do movimento *maker* no Brasil é Ricardo Cavallini, profissional de marketing, com passagem por grandes agências como F/Nazca, W/Brasil e WMcCann. Ele é o fundador do Makers, um dos principais projetos na área. Vale apresentar aqui seu manifesto, publicado no site do projeto, para abrir sua mente diante do que pode fazer com a sua marca: "Qualquer pessoa pode criar, prototipar, produzir, distribuir e vender qualquer produto. Aceitar esta frase não é tão simples. Até então, acreditávamos que este era o tipo de tarefa viável apenas para grandes indústrias e corporações. Mas o mundo mudou... e continua mudando. Pense em todas as dificuldades existentes para isso. É preciso ter conhecimento, acesso à tecnologia, financiamento, ferramentas, um ecossistema de serviços etc. Essas dificuldades estão sendo reduzidas ou extintas pelo avanço da tecnologia e da conectividade. A informação é abundante. O conhecimento (formal e informal) está cada vez mais acessível na internet. Não dependemos mais das fontes tradicionais de investimento, e a tecnologia está cada vez mais barata e acessível, inclusive nos trazendo soluções como Arduino e Impressão 3D que tornam ainda mais acessíveis (mais fácil, mais barato e mais rápido) criar produtos e serviços".

Fonte: MAKERS. Qualquer pessoa pode criar, prototipar, produzir, vender e distribuir qualquer produto. Disponível em: http://makers.net.br/sobre. Acesso em: jul. 2019.

Você deve entender uma coisa: não há tamanho certo para revolucionar na transformação digital. É preciso ter coragem, não tamanho! Marcas mais consolidadas têm mais dinheiro, mas também têm muito mais processos burocráticos. Já pensou nisso? Como vimos no Capítulo 36 sobre Startup, o movimento das grandes empresas é mais lento. O que é mais fácil manobrar: um JetSki ou um Navio para três mil pessoas da Royal Caribbean?

CAPÍTULO 41

E-SPORTS

Sabe aquele seu sobrinho que não sai do *videogame*? Vocês podem estar na praia, 40ºC, e ele fica no *videogame*, dentro do apartamento, jogando on-line com seus amigos o novo Fifa e disputando campeonato? Pois é, ele pode em breve ser o novo "Pelé" do *E-Sports* e ganhar em um mês mais do que você ganha em um ano! Não vamos desprezar o *videogame*, pois ele é uma ferramenta muito importante dentro do guarda-chuva da transformação digital. Mais do que entretenimento, o *videogame* traz um nível de experiência entre marcas e consumidor muito significativo.

41.1 Conceito

E-Sports são esportes eletrônicos, mas não necessariamente jogos de esportes em si. No mundo, há a febre do Fifa, mas há também outros jogos como League of Legends (LoL) e Counter-Strike, por exemplo, mais voltados ao pensamento estratégico e, claro, à interação on-line para formar times. Desde 2000, na Coreia do Sul, berço desse conceito, o *E-Sports* é uma competição reconhecida oficialmente.

41.2 Planejamento

Apenas para você ter uma ideia de sua importância, o Portal da ESPN Brasil, um dos maiores canais de esportes do mundo, tem uma área dedicada apenas a notícias sobre o universo do

E-Sports. Tecmundo, um dos principais canais do universo de tecnologia no Brasil, também tem uma área dedicada a esse assunto. A empresa Webedia tem uma arena, em seu prédio na Vila Olímpia, com foco no *E-Sports*, e seus eventos sem muita mídia lotam! Ou seja, não é algo para você deixar de lado, acreditando ser algo do seu "sobrinho", pois tem muita marca que enxerga diferente!

Em 2010, eu trabalhava na Agência Tesla. Meu amigo Daniel Barros era o diretor de criação. Tínhamos um grande amigo, Bruno Venâncio – que, infelizmente, nos deixou em 2014 – fascinado por games. Íamos muito a uma loja no Shopping Vila Olímpia, dada sua proximidade da Tesla. Eu e o Dani sempre reparávamos que a maioria das pessoas dentro da loja tinha entre 30 e 40 anos e estavam comprando games, não para filhos ou sobrinhos, mas para eles mesmos! Era possível perceber isso, uma vez que muitos ali iniciavam amizades em torno do game. Pensar que game é coisa de "molecada" é um erro enorme, e, mesmo que seja, cada vez mais as novas gerações são decisoras de compra!

Gabriela Platinetty, diretora de marketing da Netshoes, explica que são necessárias aproximação e parcerias de longo prazo. "O mercado está buscando parcerias, mas as marcas precisam entender esse ecossistema, não apenas replicar ações tradicionais". É preciso ter calma para entrar no *E-Sports* ou a marca sairá queimada – e nenhuma estratégia de marketing busca isso.

41.3 Para o varejo

Coca-Cola, Netshoes, McDonald's, RedBull, Vivo e Intel. Sabe o que essas gigantes têm em comum? Apostam no *E-Sports*. E não entraram ali apenas para colocar a sua marca, mas, sim, para criar experiências e aproximar-se dos fãs do produto. Desde a década de 1980, empresas patrocinam camisas de times de futebol. O meu querido São Paulo FC, por exemplo, já teve Coca-Cola, TAM, LG e Banco Inter, por exemplo. E para quê? Para usar a paixão do torcedor para engajar na venda de produtos.

Não é de hoje que propagandas são inseridas nos games. Coca-Cola e McDonald's patrocinam diversos campeonatos, Netshoes criou um campeonato próprio e patrocina a E-SportFlix, equipe de jogadores de Fifa. A maior loja on-line de esportes do mundo tem total aderência a esse projeto.

41.4 O que o público espera?

Propagandas invasivas serão rejeitadas pelo público – isso é fato. Não adianta colocar um banner no momento em que o jogador estiver jogando, isso vai ajudar a denegrir a imagem da marca. E não pense que é algo óbvio. Você já percebeu como está chato ler matérias em sites? Você começa a ler um texto e de repente aparecem banners de marcas no meio do texto, na lateral, na parte de cima, embaixo, isso quando a tela não fica escurecida e aparece uma publicidade. Você perde o raciocínio, começa a ler novamente e se irrita com o site. E isso ainda ocorre hoje. Assim, não estranhe gestores que nada conhecem de digital, eles estão acostumados a ter a novela interrompida por uma sequência de comerciais. O digital não funciona dessa forma. Viajando? Perceba como é assistir a um vídeo no YouTube.

41.5 Como aplicar em sua empresa hoje?

Marcas de esportes, como Nike, Adidas, Puma. Marcas de tecnologia que vendem TV e computadores, como Samsung, Sony e LG. Marcas com foco no jovem, como Coca-Cola, Nescau e McDonald's. Canais esportivos, como Sportv, ESPN e FoxSports. Fornecedoras de internet rápida, como Vivo, Claro e TIM. Na teoria do marketing tradicional, o mercado para o *E-Sports* está muito concentrado nesses segmentos, mas fica a pergunta: quem joga *E-Sports* não compra carro? Canetas? Não viaja? Por anos, e até hoje, a Tecnisa tem um selo no Portal Mundo do Marketing. A justificativa é bem simples: quem trabalha com marketing também quer morar bem – e estão mais do que certos!

A Mercedes-Benz anunciou, em 2018, seu apoio aos campeonatos promovidos pela ESL, uma das principais promotoras de campeonatos de *E-Sports* do mundo. A primeira participação ocorreu no ESL One Hamburg 2017 de Dota 2, competição que distribui o maior valor em prêmios no planeta.

Entrar no *E-Sports* não é algo tão fácil, mas dada a relação de amor que os jogadores têm pelos games se faz mais do que necessário. O jogo Fortnite, por exemplo, passa dos 125 milhões de jogadores e já chegou a ter 8,3 milhões de gamers conectados simultaneamente no mundo. Quer falar com esse público? Não será com banner no meio do jogo, mas participando do jogo! Até 2020, o mercado de *E-sports* deverá movimentar "apenas" 1,5 bilhão de dólares, superando 400 milhões de adeptos. No Brasil, passa dos 12 milhões – ainda baixo, mas com um potencial enorme de crescimento com internet mais rápida e consoles mais baratos.

Mas como isso entra no guarda-chuva da transformação digital? Basta ver as iniciativas aqui citadas. Será que *storytelling* não entra no *E-Sports*? IoTs? *Machine learning* não ajuda a entender comportamentos? E oferecer marcas no Facebook via programática? Há muito o que pensar.

CAPÍTULO 42

AMBIENTE INSTAGRAMÁVEL

Ambientes instagramáveis são tendência para os próximos meses e vão dar ainda mais força para o Instagram das marcas, usando a melhor forma de marketing que existe: o boca a boca. Não é segredo para ninguém o quanto as fotos ganharam importância na vida das pessoas. O fato de o Instagram ser o sucesso que é, a quantidade de fotos que as pessoas postam no Facebook e a "tendência" dos celulares apostarem em câmeras como apelo de vendas só reforça o que já sabemos. Entretanto, uma coisa é saber disso, a outra é saber usar.

O que eu mais vejo são marcas postando no Instagram o mesmo que postam no Facebook, sendo essa a "grande sacada"! É como se os estrategistas digitais dissessem aos seus clientes que estão no Instagram porque "tem de estar", quando, na verdade, cada rede social tem um DNA e, portanto, precisa de uma estratégia única. Dentro do guarda-chuva da transformação digital, a mídia, como já dito, é um item importante, porém não é único. O que veremos a seguir é como usar esses lugares inusitados dentro de um universo de ideias e iniciativas que possam gerar relacionamento e vendas.

42.1 Conceito

Trata-se de ambientes muito bem decorados e muito interessantes que despertam nas pessoas o desejo de fotografar e compartilhar nas suas redes sociais, sendo o Instagram o principal. O conceito é simples, e tudo que é simples tem uma chance maior de dar certo.

"A palavra ou termo instagramável não existe no dicionário da língua portuguesa, mas nos últimos meses tem se tornado cada dia mais comum o seu uso. Com o crescimento enorme do Instagram e sua utilização como rede social favorita dos heavy users, o termo instagramável utiliza-se para tudo aquilo que é compartilhável na rede", define Kelly Martins, analista de marketing na Informa Exhibitions. De fato, a internet tem criado novas palavras, profissões e termos. Não me surpreenderá se em breve ver perfis no Linkedin como "Especialista em Instagramável", afinal, hoje há especialistas para tudo.

42.2 Planejamento

Seu uso depende da cabeça do estrategista. Uns vão olhar e achar legal, mas nada farão, enquanto outros vão pensar "ai, mais uma modinha...". Há ainda um pequeno grupo que entende que o universo digital é para fazer negócio e pode olhar isso com olhos de "como vou ganhar dinheiro com isso?" – algo que o grande Romeo Busarello, por exemplo, pensaria.

Ser instagramável significa que o objeto, seja ele qual for, não precisa ser tocado, apenas apreciado e deve despertar o desejo nas pessoas em fotografar. Pode ser uma comida, que, claro, depois será consumida, mas antes precisa ser postada no Instagram e, consequentemente, no Facebook. Pense que tudo que é bonito é para ser mostrado e, portanto, fotografado!

Olhar esse conceito com a cabeça de um estrategista que foca em resultados, entendendo que é preciso novamente gerar o desejo para gerar a venda, faz total diferença para saber como trabalhá-lo em sua essência.

42.3 Para o varejo

Em Miami, há um lugar que com certeza um dia vou levar a pequena Fernanda, minha filha, que, como 99,99% das crianças, ama a personagem principal da história que esse museu conta: o Museu do Sorvete. Esse museu é um dos ícones do movimento instagramável, uma vez que é um ambiente bem colorido que conta a história de um dos alimentos mais divertidos e deliciosos do mundo. Entretanto, não é apenas em Miami que existem ambientes que, embora não tenham nascido no conceito, estão "surfando" nessa onda e ganhando fãs.

No mundo da moda, esse termo é tão falado, a ponto da Revista Vogue, ícone da moda, criar um roteiro em Milão de ambientes que podem servir de conteúdo para o Instagram de turistas. Claro que, desde que a máquina fotográfica foi inventada, tirar fotos em viagens é algo corriqueiro. As máquinas digitais só deixaram isso mais rápido, enquanto as redes sociais deixaram as viagens mais "invejáveis" – afinal, antes se ia na casa de amigos ver as fotos das viagens; hoje, vemos em tempo real.

42.4 O que o público espera?

Transforme seu ambiente em um lugar agradável, diferenciado e que desperte o desejo das pessoas em conhecê-lo. Esses ambientes em que as pessoas vão e tiram fotos para postar estão ganhando ainda mais força com os mais jovens, que desejam ambientes diferentes, em que possam postar nas redes sociais. Esse é o boca a boca potencializado com as redes sociais, algo que muitas marcas tentam, mas poucas conseguem.

Segundo a revista Catarina, "estamos vivendo em um mundo onde tudo é registrado, qualquer momento se torna especial e merece ser compartilhado. Likes têm enchido egos. Um estudo de comportamento feito recentemente pela UseFashion mostrou que a sociedade atual tem a tendência de transformar sua vida em um espetáculo, principalmente nas redes sociais. Lugares cotidianos vêm sendo reinventados, já que agora o consumidor está muito mais preocupado com a experiência que terá e, principalmente, poderá compartilhar. E isso não deixa de ser uma grande verdade, basta olhar os Instagrams das pessoas, um simples almoço em família se torna um banquete!".

Fonte: MORAIS, F. Ambientes instragramáveis. *Mundo do Marketing*, ago. 2018. Disponível em: https://www.mundodomarketing.com.br/artigos/felipe-morais/37971/ambientes-instagramaveis.html. Acesso em: out. 2019.

42.5 Como aplicar em sua empresa hoje?

Ao analisar o ambiente com calma, fatalmente, conseguirá descobrir pontos possíveis de usar como conteúdo para o Instagram, fazendo algo diferente na rede e que, verdadeiramente, engaje. Depois, é curtir os resultados e a repercussão, a paixão por sua marca e, claro, as vendas! A moda, por exemplo, é quem dita as tendências em muitos casos, isso é um fato, e aqui não é diferente.

O Instagramável trabalha efetivamente com imagem, fotos e moda. O que vende uma camisa, uma saia, uma calça não é o preço, mas a imagem, o desejo do consumidor ou consumidora em comprar aquele produto para uma ocasião especial. O preço é levado em conta, mas, quando se tem um desejo, ele fica em segundo plano.

Entretanto, não é apenas a moda que trabalha com esse conceito. Todos os ambientes e produtos podem ser instagramáveis. Basta – reforçando o que já foi falado – a visão do estrategista e muita criatividade. O Brasil não deixa a desejar para nenhum país do mundo quando o assunto é criatividade, o problema é que, fora do Brasil, a coragem de inovar é muito maior – por isso, saem na frente, principalmente os Estados Unidos.

Seja qual for o tipo de produto ou serviço que você desenvolva, faça uma embalagem que surpreenda, anexe um cartão com uma frase inspiradora, faça uma reunião em um lugar interessante para marcação da localização geográfica etc. Ou seja, demonstre algum tipo de carinho que faça com que a utilização do produto torne-se uma experiência digna de ser compartilhada com os amigos do seu cliente.

Para usar o ambiente instagramável na sua empresa, iniciativas como big data, small data e BI são, sem dúvidas, primordiais. Atrair as pessoas para a loja com um ambiente desses, não apenas potencializa sua ação de mobile, com a simples foto do lugar e a hashtag da marca, mas também pode se tornar um caso de muita assessoria de imprensa, levando famosos e influenciadores para esses ambientes. Assim, produtos são apresentados e, logicamente, vendidos pela loja virtual, potencializando todo o ecossistema do seu varejo virtual.

Um ambiente que chama a atenção, sem dúvida alguma, deve fazer parte de uma estratégia de vídeos e *storytelling*. Nada mais agradável aos olhos humanos do que imagens bonitas. Por que, então, não fazer um vídeo durante a criação do ambiente e já ir impactando os melhores clientes, gerando conteúdo exclusivo para quem é mais engajado com a marca via redes sociais e para aqueles que mais abrem os e-mails e newsletter? Por que não aproveitar o local e criar uma história proprietária da marca, emocionando e engajando o público? A plataforma para passar esse vídeo pode ser o site – não nos esqueçamos dele, afinal, além de ser o *hub* de tudo, é principalmente ali que as marcas podem captar mais dados e conhecer mais as pessoas, melhorando as experiências de compra e relacionamento!

CAPÍTULO 43

NANOTECNOLOGIA

Chegamos a penúltima iniciativa do guarda-chuva da transformação digital. Está sendo muito legal escrever este livro, pois, com certeza, aprendi muito durante minhas pesquisas e leituras. Assim como espero que ocorra com você, quero aplicar tudo, se possível, com meus clientes. O mercado está um pouco receoso com relação à transformação digital, mas em breve o que vai acontecer é muito similar ao livro de meu amigo Renato Mendes: *Mude ou morra!* Marcas que não entrarem de cabeça nesse conceito dificilmente sobreviverão nos próximos anos. Se acha que sou o teórico do caos, espere e verá, ou simplesmente re-estude Blockbuster, MTV, Kodak, Barnes&Noble, Walkman, Yahoo!, Xerox, Blackberry, Orkut, Atari, MySpace. Está bom ou quer mais?

43.1 Conceito

Nanotecnologia é o controle da matéria em escala atômica e molecular, para o desenvolvimento de materiais e componentes nas áreas de pesquisa, como medicina, eletrônica, ciências, ciência da computação e engenharia dos materiais. Um dos princípios básicos da nanotecnologia é a construção de estruturas e novos materiais a partir dos átomos. O objetivo é elaborar estruturas estáveis e melhores do que se estivessem em sua forma "natural", porque os elementos se comportam de maneira diferente em nanoescala.

No caso da nanotecnologia, tamanho faz toda a diferença. A proporção diminuta de certos materiais faz com que propriedades como cor, transparência e pontos de derretimento sejam diferentes de porções maiores da mesma substância.

Qualquer estrutura construída pelo homem que tenha entre 1 e 100 nanômetros é considerada um produto nanotecnológico, uma escala tão pequena que só é visível com os atuais microscópios eletrônicos. Para que você tenha uma ideia, a cabeça de um alfinete tem um milhão de nanômetros de diâmetro, um glóbulo vermelho possui 2.500 nanômetros de largura, já o nanotubo de carbono tem dois nanômetros de circunferência.

43.2 Planejamento

Quem, como eu, é fã de filmes de ação, já deve ter assistido aos filmes *GIJoe* e ao quarto filme da franquia *Transformers*. Neles, é possível ver como, no futuro, a nanotecnologia poderá nos ajudar. Em *Transformers*, por exemplo, é possível ver, via "tecnologia alienígena", que uma bola de metal se transformava no que o cientista desejava. Um dia, espero que cheguemos nessa tecnologia, mas, por hora, ela está presente apenas nos avançados softwares dos estúdios de Hollywood.

43.3 Para o varejo

Pesquisadores da Universidade de San Diego criaram nanopartículas fluorescentes que brilham dentro do seu corpo, facilitando a visualização de tumores ou danos a órgãos vitais. Já os pesquisadores de Yale criaram nanosferas plásticas que envolvem os antígenos e podem ajudar a melhorar a eficiência de vacinas contra tumores cancerígenos. O invólucro ajuda a proteger a proteína citocina, que, por sua vez, ajuda o corpo a produzir mais dos grandes e belos anticorpos necessários para combater doenças e infecções.

Dá para ter uma ideia do quão benéfica a nanotecnologia pode ser para a área da saúde? Até mesmo para o combate de vírus, bactérias e prevenção de doenças. Mas, como já vimos, a nanotecnologia não está atrelada apenas à medicina. No guarda-chuva da transformação digital, ela entra como um elemento importante no quesito inovação. Em breve, vendas via produtos com essa tecnologia estarão em mais mercados.

O que esses "pequenos seres tecnológicos" poderão contar para sistemas de big data? O que a nanotecnologia da sua roupa poderá dizer? O que a nanotecnologia do seu carro vai apontar? O que o arroz que você comeu poderá dizer? Não ache que tudo isso é algo do futuro, pois há estudos que mostram avanços consideráveis em universidades com relação a isso.

43.4 O que o público espera?

Pesquisadores da Universidade do Sul da Califórnia usam os nanotubos para criar neurônios sintéticos transformando-os em redes funcionais, que facilitariam os implantes cerebrais, sendo esse mais um caso de como a nanotecnologia facilitará a nossa vida. Ainda não chegamos no exemplo que dei do filme dos *Transformers*, mas também não há como afirmar se estamos perto ou longe disso!

Eu passo um filme sobre a Lacoste em minhas aulas de planejamento estratégico digital para mostrar como a marca enxerga o futuro. No vídeo, aparecem várias situações, como a de um jovem que anda tranquilamente pela rua com uma polo branca de manga curta. Ele para em frente a um restaurante e vê, pelo reflexo do vidro, que o tempo escureceu e começou a ventar. O jovem passa a mão na manga e começa a puxá-la como se estivesse dobrada e fosse, na verdade, de manga longa, mas não, a polo se adaptou ao que ele precisava. Outra rápida passagem mostra alguns jovens andando de bicicleta e, ao tocarem no jacaré (ícone da marca), a blusa muda de cor. Será que um dia isso será possível? Bem, de acordo com os estudos de nanotecnologia, em breve, sim.

43.5 Como aplicar em sua empresa hoje?

A nanotecnologia permite sintetizar a matéria da forma mais adequada à utilização que se espera. Modifica-se o arranjo de átomos e moléculas visando a um produto final mais resistente, mais barato, mais leve, mais preciso e mais adequado.

Sabe aquela TV da Samsung ou Panasonic que você sonha para a sua casa? Então, as telas finas deixam a imagem melhor do que aquelas equipadas com LED ou Plasma. Elas não são microscópicas, mas as nanopartículas que melhoram o produto já estão sendo usadas hoje. A Nissan, por exemplo, apresentou isso recentemente. Ela cria uma fina camada de ar na superfície que impede a fixação da sujeira. O telefone LG G Flex é também exemplo disso. A parte traseira do aparelho tem a capacidade de se recuperar sozinha de riscos e arranhões.

CAPÍTULO 44

COMPUTAÇÃO QUÂNTICA

Com certeza, ao ler o título deste capítulo, você quase pulou para trás imaginado que isso seria algo de outro mundo, ou, se desse mundo fosse, seria algum conceito de um filme de Hollywood sobre 2040, 2050, certo? Pois bem, saiba que se trata, sim, de um novo conceito, mas que já está sendo usado por muitas empresas ao redor do mundo. Entretanto, esse é um projeto que vai demorar um pouco mais para chegar na casa das pessoas – até aí, tudo bem, uma vez que seus benefícios poderão ser sentidos em breve pelas marcas que aderirem a essa tecnologia.

44.1 Conceito

Segundo o portal Olhar Digital, "imagine, por exemplo, que você esteja planejando um mochilão e queira saber a melhor maneira de viajar: como pagar mais barato em todas as passagens, como pegar o melhor tempo em cada lugar, como estar presente no maior número possível de festas, como evitar o máximo de dias chuvosos etc. São, obviamente, inúmeras as possibilidades e as variáveis que precisam ser ponderadas, e um computador tradicional precisaria calcular cada uma delas individualmente. Um computador quântico, por sua vez, poderia calculá-las todas ao mesmo tempo. Isso permitiria não apenas responder

> de forma muito mais rápida a perguntas complexas como essas, mas permitiria também que perguntas que levariam muito tempo para serem calculadas, mesmo pelos supercomputadores atuais, se tornassem facilmente resolvíveis".
>
> Fonte: SUMARES, G.; SANTINO, R. Computação quântica: entenda o que é e veja os processadores. *Olhar digital*, set. 2015. Disponível em: https://olhardigital.com.br/noticia/computacao-quantica-entendao-que-e-e-veja-os-processadores/51722. Acesso em: jul. 2019.

44.2 Planejamento

Cientistas já se antecipam e começam a pensar em uma internet quântica baseada em sinais de luz. As ultrarrápidas comunicações quânticas são um campo atrativo, porque a tecnologia permitirá o envio de mensagens muito mais seguras. O *blockchain*, como vimos, já está permitindo às empresas transmitirem dados de forma mais segura, ou seja, a computação quântica quer trazer ainda mais segurança e velocidade. Se hoje as pessoas não querem mais perder tempo, o que dirá em alguns anos, quando o tempo será um recurso cada vez mais escasso em nossas vidas? Pense como era a vida na década de 1980, 1990 e hoje e veja a diferença.

Já a internet quântica é uma tecnologia que se baseia nos avanços da ciência em relação às partículas subatômicas e promete mais segurança na web em um futuro próximo.

44.3 Para o varejo

Computador quântico é uma máquina capaz de solucionar problemas computacionais muito difíceis de forma incrivelmente ágil. Em computadores convencionais, a unidade de informação de "bit" pode ter um valor 1 ou 0. Seu equivalente no sistema quântico – o qubit (bit quântico) – pode ser 1 e 0 ao mesmo tempo. O fenômeno permite que múltiplos cálculos sejam realizados simultaneamente. A ideia é que, em breve, esses computadores comuniquem-se entre si, deixando a transferência de dados e arquivos ainda mais rápida. É o avanço da IA e da IoT no momento em que os processadores quânticos tornaram tudo mais seguro e rápido. Esse é um dos conceitos da transformação digital que não deve ser considerado para "amanhã", como outras iniciativas do guarda-chuva da transformação digital, mas deve ficar no seu radar de estudos.

44.4 O que o público espera?

Segundo estudos prévios, a computação quântica não deixará o computador, como um todo, mais rápido, mas, para cálculos, será muito superior. Quando o consumidor deixar rastros em máquinas via *machine learning*, IA ou big data, a computação quântica poderá deixar o processo ainda mais rápido para o varejo. Se hoje sistemas oferecem informações em segundos para os vendedores, via reconhecimento facial, por exemplo, amanhã com a tecnologia quântica, isso será ainda mais rápido. Com isso, há grandes chances de melhorar a experiência das pessoas com as marcas, e como citado aqui diversas vezes: melhores experiências trazem melhores vendas.

44.5 Como aplicar em sua empresa hoje?

As tecnologias ainda não são baratas, mas, como temos visto nos últimos anos, em pouco tempo, podem se tornar mais acessíveis a todos. A IBM, desde 2018, já disponibiliza no Brasil, para empresas, sua primeira plataforma de computação quântica na nuvem, a IBM Q.

> **SAIU NA MÍDIA**
>
> Segundo o Portal IDGNow, "os sistemas quânticos podem desencadear a complexidade das interações moleculares e químicas que levam à descoberta de novos medicamentos e materiais. Eles podem permitir cadeias de logística e de abastecimento ultraeficientes, como aprimorar as operações de uma frota para entregas durante uma temporada de grande demanda. Além disso, podem nos ajudar a encontrar novas maneiras de modelar os dados financeiros e isolar os principais fatores de risco para fazer melhores investimentos. E eles podem criar máquinas muito mais poderosas. A ideia é que seja uma chave potente para abrir portas que nunca havíamos aberto antes".
>
> Fonte: MELLO, U. Como a computação quântica promete revolucionar nosso conhecimento. *Itmídia.com*, maio 2018. Disponível em: http://idgnow.com.br/ti-corporativa/2018/05/06/como-acomputacao-quantica-promete-revolucionar-nosso-conhecimento. Acesso em: jul. 2019.

Imagine a revolução que poderá acontecer quando a computação quântica estiver disponível para todas as marcas? O exemplo anterior, citado no portal IDGNow, remete ao exemplo do Boticário Phyliria, apresentado no Capítulo 2 deste livro. Nele, a marca criou um perfume destinado a geração Y baseado em IA como sendo o principal, mas não a única, iniciativa dentro do guarda-chuva da transformação digital. O perfume foi criado com base em cálculos feitos com diversas ferramentas para chegar na melhor fragrância dentro de um denominador comum. Agora, com a computação quântica, talvez o resultado fosse o mesmo, mas, com certeza, pelos estudos que estão sendo apresentados, seria mais rápido, economizando tempo, recursos e investimentos da marca no projeto, abrindo espaço para criar outros projetos em paralelo. O tempo é o que rege o mundo nos dias atuais.

> **SAIU NA MÍDIA**
>
> Segundo o futurólogo Gerd Leonhard, "a computação quântica abastece megadados, a Internet abastece a IA e aprendizagem profunda abastece a robótica. No entanto, qualquer coisa que possa ser digitalizada ou automatizada se tornará extremamente valiosa!". Este é um trecho do vídeo *Transformação digital: você está pronto para uma mudança exponencial?*
>
> Fonte: LEONHARD, G. *Transformação digital*: você está pronto para uma mudança exponencial? 2016 (Tradução Nestor Albuquerque, Marcelo Ramalho). Disponível em: https://www.youtube.com/watch?v=ystdF6jN7hc. Acesso em: out. 2019.

PARTE III

O QUE MAIS VEM POR AÍ?

CAPÍTULO 45

OUTRAS TENDÊNCIAS DA TRANSFORMAÇÃO DIGITAL

Pensou que a transformação digital terminava aqui?

45.1 Escolhas

Ao longo das pesquisas para este livro, apareceram muitas informações legais, mas nem tudo pôde entrar aqui. Entretanto, eram coisas tão bacanas que não queria deixar passar e resolvi, então, abrir este novo capítulo – inclusive, deu tempo de colocar alguns dos lançamentos que ocorreram na Consumer Electronics Show (CES) de 2019, uma das mais importantes feiras de tecnologia do mundo, onde muitos produtos são lançados. Como muito dos assuntos que serão tratados aqui ainda são conceitos, havia pouco material para pesquisa. Optei, assim, por compartilhar com você cases e informações que recebi de diversas fontes – que não mais cabiam nos capítulos –, como se fossem os "extras" dos DVDs, lembra?

45.2 Recepção personalizada

Falamos de algo parecido no Capítulo 5, nas seções sobre reconhecimento facial e *omnichannel*. Essa é uma possibilidade de estender ainda mais a estratégia. O *face recognition*, software da empresa Cognizant, é capaz de identificar quando um cliente fiel entra em uma loja física, detectando até o humor das pessoas e suas emoções, o que pode ajudar o varejista a oferecer o atendimento correto de acordo com o estado de espírito da pessoa. Além disso, a tecnologia estima a idade e verifica características como tom da pele, do cabelo e dos olhos. O sistema cruza a face reconhecida com todas as redes sociais para localizar dados do consumidor e oferecer uma venda personalizada.

O vendedor recebe tudo em suas mãos, mas o consumidor também pode ter uma experiência ainda mais tecnológica. Imagine que isso tudo possa ser feito por um *chatbot* ou por um *omnibots* – extensão do *chatbot* para outras plataformas que não apenas o chat da rede social, por exemplo. A aposta dos *omnibots* está em sua maior capacidade de cognição, ampliando sua compreensão e sua resposta durante o diálogo com um ser humano e suavizando a percepção do usuário de estar falando com um robô.

> **SAIU NA MÍDIA**
>
> Segundo o Portal No Varejo, a recepção personalizada poderá funcionar da seguinte forma: "o cliente chega na loja e é chamado pelo nome pelo vendedor. O colaborador já sabe quais produtos o cliente levou da última vez em que foi a uma das lojas da rede. O vendedor sabe disso porque teve acesso ao banco de informações do cliente assim que ele cruzou a porta de entrada. As redes Wi-Fi das lojas registram códigos dos smartphones que se conectam a elas. Tendo a permissão do cliente, a loja pode conectar os dados que o cliente fornece no programa de fidelidade a seu hábito de consumo e identificar quando aquele cliente passou pela porta e o que ele provavelmente está procurando".
>
> Fonte: NO VAREJO. 6 tecnologias para transformar o varejo em 2018. Disponível em: https://portalnovarejo.com.br/2018/01/6-tecnologias-transformar-varejo/?fbclid=IwAR3W53H3FZ3uEoVsb0PCWm7syInS_Or84KA42bkIBwntMx_0R5FnHJVbfA. Acesso em: jul. 2019.

Nunca é demais reforçar que estamos passando por um momento único na história do varejo, no qual os novos hábitos de compra estão transformando os tradicionais canais e estimulando o surgimento de novos formatos de lojas. A tecnologia, que está em todo lugar, facilitou tanto a vida do consumidor e tornou tão fácil a comparação de preço, a agilidade na "compra com um clique", e as entregas quase que imediatas, acostumando tão bem o *shopper*, que, hoje, ele busca a facilidade do mundo digital no mundo físico, por meio de uma palavra: *conveniência*.

45.3 Lojas cada vez mais inteligentes

Atenta a toda essa tecnologia e às mudanças, a principal loja da Zara, em Londres, iniciou um projeto de loja inteligente, cujo objetivo é transformar-se em um ponto de coleta de pedidos on-line. Esse sistema foi projetado em torno de um leitor ótico de código de barras que verifica o código QR ou códigos PIN recebidos pelos clientes quando fazem pedidos on-line.

Os PDVs da Zara foram modificados para modelos que possuem um sistema de terminal de cartão operado via bluetooth, no qual, em apenas alguns segundos, o consumidor entrega os dados para o terminal automático na loja e pode coletar o produto. A identificação do pacote é feita no estoque por um robô capaz de operar 2.400 pedidos simultaneamente.

A loja tem espelhos que dão palpites sobre quais looks o cliente pode escolher. Possuem um sistema de recomendação de produtos e suas superfícies são espécies de telas repletas de informações que auxiliam os clientes na escolha dos itens. O espelho inteligente digitaliza em sua interface um item escolhido pelo consumidor via tecnologia de identificação por radiofrequência (RFID). O sistema exibe várias opções de roupas e acessórios para combinar com aquele item. Do lado de fora, a fachada de vidro será equipada com uma série de sensores que projetam imagens das coleções atuais para quando os consumidores se aproximarem.

Espero que na sua mente não passe a ideia de que "ah, mais é a Zara...", porque, um dia, a Zara foi pequena e só está do tamanho que é hoje porque seu fundador é um cara extremamente inovador e ousado. Essa tecnologia está disponível no Brasil para que você aplique em sua rede de lojas ou na do seu cliente que tem apenas uma loja no bairro do Brás, em São Paulo. Não tem desculpa, a transformação digital está aí, disponível para quem tem peito para encarar.

O QUE AS MARCAS ESTÃO FAZENDO?

Prateleiras inteligentes – O Boticário

No Brasil, estamos acompanhando o surgimento de um novo posicionamento do Boticário, uma das marcas mais amadas do país, sempre atenta a tudo, e não por menos, buscando a inovação em todos os pontos. Uma dessas inovações é a prateleira inteligente que entende a relação do consumidor com o produto no primeiro contato. A vantagem é minimizar os erros na exposição e, com isso, aumentar os lucros!

As iniciativas das prateleiras inteligentes usam big data e *machine learning* para otimizar a relação do cliente com o produto, além da organização dos displays. A nova prateleira recebe sensores conectados a microcâmeras, capazes de identificar quando os produtos são retirados ou manipulados. Em milissegundos, os espaços vazios são preenchidos, elevando a percepção do consumidor que as lojas têm sempre produtos à sua disposição.

Por meio de sistema de dados, é possível analisar a performance de cada produto por loja e tomar decisões rápidas sobre o que fazer para elevar as vendas, assim como entender por que o consumidor pega um perfume, olha, mas não leva – o que poderá embasar a retirada ou a ampliação de determinadas linhas de produtos.

A mesma marca tem o espaço Beauty Factory, com o conceito instagramável. Por mais que tenha sido apenas uma ação realizada no Natal de 2018, o espaço trouxe *insights* relevantes. Por entre cenários, o público tinha experiências sensoriais e podia fazer fotos da visita, trazendo uma nova experiência de marca – algo pelo qual o novo marketing tanto trabalha. O Boticário tem se mostrado – e aqui no livro a marca foi várias vezes citada –, uma marca muito inovadora, criando, inclusive, perfumes com Inteligência Artificial (IA). E se esse perfume tivesse um modelo de assinatura?

Fonte: CORACCINI, R. O Boticário lança prateleira inteligente e quer erro zero na exposição de produtos. Disponível em: https://portalnovarejo.com.br/2018/03/o-boticario-prateleira-inteligente. Acesso em: jul. 2019.

45.4 Assinatura de produtos em alta?

> **SAIU NA MÍDIA**
>
> Segundo o portal Mercado e Consumo, as marcas devem trabalhar uma terceira via de vendas, entre o on-line e o físico, um modelo nada novo, mas potencializado pela internet: as assinaturas. Wine, por exemplo, tem um dos maiores clubes de assinaturas de vinho, com valores bem acessíveis e com amplo conhecimento do público.
>
> Além das curadorias de produto, que os donos de clubes de assinatura devem fazer, como, por exemplo, uma ideia nada nova, mas sempre útil, o Sommelier dizendo, com um vídeo, qual melhor harmonização com o Baron Philippe de Rothschild Anderra Carménère 2017, algo que já foi feito via texto na página do vinho no Wine, mas pode ser algo exclusivo para o assinante do clube. Ou o Boticário, por exemplo, pode mostrar via vídeo 360° como foi produzido determinado perfume, mostrando que ele foi baseado nos gostos do consumidor.
>
> Fonte: CAMARGO, C. Entre o físico e digital existe uma terceira via de vendas para sua marca. Disponível em: https://www.mercadoeconsumo.com.br/2018/12/19/entre-o-fisico-e-digital-existe-uma-terceira-via-de-vendas-para-sua-marca/?utm_campaign=M%26C+News+-+19%2F12%2F2018&utm_content=Entre+o+f%C3%ADsico+e+digital+existe+uma+terceira+via+de+vendas+para+sua+marca+%7C+Mercado%26Consumo+%281%29&utm_medium=email&utm_source=EmailMarketing&utm_term=M%26C+News+-+19%2F12%2F2018. Acesso em: jun. 2019.

45.5 Fique de olho nas tendências!

Ao longo deste livro, falei bastante sobre tendências – mesmo porque, não deixa de ser um livro sobre esse tema, uma vez que, infelizmente, no Brasil, para muitos, mobile e e-commerce ainda são tendências.

> **SAIU NA MÍDIA**
>
> O portal Consumidor Moderno apresentou um estudo da competente WSGN, pioneira na criação de uma biblioteca on-line de tendências, encomendado pela P&G, que mapeia as principais tendências de comportamento dos brasileiros até 2021. Obviamente, não colocarei todo o estudo aqui, pois isso é um livro e não um trabalho de escola de aluno preguiçoso que copia tudo do Google no Word, formata e depois entrega na maior cara de pau. O estudo se baseou em três pilares:
>
> 1. **Pilar da sustentabilidade:** pensar na redução, reutilização, recuperação e reciclagem de materiais e de energia; buscar soluções que evitem a utilização do plástico e entendam que os produtos reutilizados devem ser mais acessíveis.

2. **Pilar da diversidade:** a "maioria deve ser formada pela minoria", ou seja, exclusão de minorias por etnia, crença e sexo não mais será aceita! Beleza não é mais um padrão como antes. O belo é ser você mesmo e se aceitar como você é, com falhas, defeitos e problemas – como sete bilhões de pessoas no mundo.

3. **Pilar da família:** ter menos casais e mais duplas. A geração Y está modificando o conceito de paternidade. Menos filhos por famílias. Família tradicional resignificada. Pais conectados aprendendo entre si.

Fonte: SANDOVAL, G. WGSN revela 9 tendências de consumo. Disponível em: https://www.consumidor moderno.com.br/2018/12/07/wgsn-9-tendencias-de-consumo-ate-2020/?utm_campaign=NEWS+-+Consumidor+Moderno+2018&utm_content=WGSN+revela+9+tend%C3%AAncias+de+consumo+-+Comportamento+-+Consumidor+Moderno+%281%29&utm_medium=email&utm_source=Email Marketing&utm_term=NEWS-Consumidor-Moderno-101218. Acesso em: jul. 2019.

45.6 O futuro dos carros

Muito se discute no mercado de hoje sobre o futuro dos carros. Lembro-me, em 1997, quando fiz 18 anos e contava os dias para tirar carta de motorista. Meu pai, que havia me dado de presente anos antes a assinatura da 4Rodas, devia se arrepender diariamente do presente, pois todos os dias eu apresentava a ele preços de um novo modelo de carro que eu queria. Hoje, eu mal dirijo, peguei certa raiva de trânsito e tive, em 2018, problemas com um carro que me deram um prejuízo enorme.

Outro dia, em papo com Romeo Busarello, ele me disse que seus filhos não pensavam em ter carro, era tudo Uber. Fiquei com aquilo na cabeça para ir afundo em pesquisas e constatei que os filhos de Romeo não eram os únicos. Em minhas aulas na graduação com alunos de 17 a 21 anos, na maioria dos casos, havia muitos que não tinham carta nem queriam ter. A resposta era sempre a mesma "professor, com Uber? Se colocar na ponta do lápis, é mais barato, e eu ainda posso beber na balada sem preocupação" – e eles estão certos. Pode ser que, aos 25 anos, quando a fase "beber na balada" acabe e venha a fase do namoro, seguido de "a coisa ficou mais séria", esse pensamento mude – ou não. Eu mesmo antes era apaixonado por carro; hoje, mal uso o meu e prefiro andar de metrô por São Paulo.

Em Las Vegas, uma das cidades mais sensacionais que já conheci, ocorreu o CES2019, uma das mais importantes feiras de tecnologia do mundo. O tema "carros" foi um dos principais, afinal, estamos iniciando uma nova era dos carros autônomos, e isso vai mudar muita coisa. Para o meu aluno que deseja sair e beber, com o carro autônomo, ele poderá fazer isso com o próprio carro. Não vejo a hora de poder ir para Birigui, cidade da família da minha esposa, que fica a mais de 500km de São Paulo, em um carro autônomo em que eu possa ir lendo, dormindo, trabalhando ou vendo um seriado na Netflix a caminho da cidade em vez de ficar cinco, seis horas dirigindo.

Para João Ciaco, da FIAT, "hoje, o automóvel precisa estar junto com o celular, assistentes virtuais, tecnologia de transmissão de dados, os quais fazem parte do novo universo do automóvel, que está sendo desenhando para as próximas gerações".

Gigantes como Mercedes-Benz, Audi, Chrysler, Volvo, Toyota e até mesmo Baidu, que está expandindo seus negócios, têm investido na produção de veículos autônomos.

45.7 Dados

A CES 2019 não trouxe apenas ideias de produtos, mas, sim, de novos negócios e estratégias de marketing. Quantas vezes você leu aqui neste livro a palavra big data? Em uma rápida busca aqui no Word, enquanto escrevo o livro, posso afirmar que perto de 100. Isso mesmo, escrevi esse termo quase 100 vezes, a ponto de ter a certeza que passou pela cabeça de alguns que eu escrevi mais um livro sobre big data do que sobre transformação digital – digo isso porque passou pela minha cabeça, mas não sou o único a falar tanto sobre esse tema.

> **SAIU NA MÍDIA**
>
> Ao ler sobre a CES, no portal Meio e Mensagem, deparo-me com o seguinte trecho de Steve Koenig, vice-presidente de Market Research da Consumer Technology Association (CTA), organizadora da CES 2019 Trends To Watch:
>
> "Estamos vendo tendências que discutimos há anos se tornarem realidade, como 5G em veículos autônomos nos Estados Unidos, a venda de TV 8K e o aumento dos assistentes de voz e da inteligência artificial nas casas envolvendo os consumidores. As inovações, tecnologias e tendências mostram que estamos nos aproximando de uma nova era da tecnologia de consumo. Esse novo momento do mercado é a Era dos Dados que surge após a Era Digital (2000) e a Era da Conectividade (2010). Em menos de 20 anos deste novo século, a internet já se tornou algo trivial – parece que sempre esteve ali à disposição – e passamos grande parte das nossas rotinas on-line, seja no trabalho, seja no lazer, e se não conseguimos uma conexão, ficamos chateados. (...) A inteligência artificial é outra área de destaque com processadores e chips em TVs e smartphones e *machine learning* e assistentes digitais melhorando a experiência dos consumidores. A parte mais visível desse movimento são os assistentes de voz. O comando de voz está se tornando cada vez mais uma interface comum para o público, usado em caixas de som e em telas. A Alexa, da Amazon, por exemplo, já tem mais ou menos 60 mil habilidades e cerca de 20 mil aparelhos compatíveis. Você pode pedir pizza ou ter ajuda espiritual com a Alexa".
>
> Fonte: MURAD, F. Estamos em uma nova era da tecnologia do consumo. *Meio&Mensagem*, jan. 2018. Disponível em: http://ces.meioemensagem.com.br/2019/01/08/estamos-nos-aproximando-de-uma-nova-era-da-tecnologia-do-consumo/?utm_term=Consumer+Eletronics+Show+%28CES%29+2019+-+Cobertura&utm_campaign=Meio+%26+Mensagem+News&utm_source=e-goi&utm_medium=email. Acesso em: jul. 2019.

Em 1995, você precisava de celular? Em 2007, você lia revista sem precisar do tablet? Em 2010, você não alugava filme na Blockbuster? Em 2014, você não usava táxi? Então, quando chegou o smartphone, iPad, Netflix e Uber, tudo mudou, não?

Fico feliz em saber que o livro que comecei a escrever em 2017 tem o mesmo posicionamento que a CES 2019. Dados são importantes, a era da conectividade chegou e o mundo on-line muda constantemente. Por isso, pare de pensar no Facebook como única forma de marketing digital. O novo ano nem começou e já recebi dois briefings de clientes precisando melhorar sua presença no Facebook. Se eu fosse geração Z, diria "ai, que preguiça", mas sendo a X, quase Y, prefiro dizer: "Vamos mudar o mundo?".

45.8 Google no varejo

Como diz Daniel Alegre, presidente da divisão de varejo e shopping do Google, no Shoptalk 2018, os dados são a espinha dorsal do varejo de hoje. E, ainda assim, não são tratados com a importância devida: mais de 90% da informação gerada nos últimos anos não passou por análise alguma. E só pouco mais de 1% passou por uma análise razoavelmente qualificada, número ainda menor no varejo. E o Google, por si só, está aprimorando suas formas de permitir que dados sejam analisados para melhorar a experiência do cliente.

O QUE AS MARCAS ESTÃO FAZENDO?

A C&A e os dados

A C&A "usou e abusou" do conceito de *customer centered*. Ao todo, 80 lojas foram reformadas para embarcar a transformação digital, desde a omnicanalidade e a disponibilização de consultores de provador até o lançamento de um programa de relacionamento inédito – o C&A&VC –, além de parcerias com marcas internacionais, como Água de Coco, Blue Man, Cia. Marítima e Lenny Niemeyer – que, juntas, fizeram uma coleção exclusiva para a C&A.

O lançamento reforça a plataforma de Collections da C&A, que já apresentou mais de 60 coleções exclusivas em parceria com grifes nacionais e internacionais, como Alexandre Herchcovitch, Stella McCartney, Iódice e, a mais recente delas, Missoni. Outra novidade é o projeto Mindset, que lançará coleções-cápsulas semanalmente inspiradas nas ruas e nas redes sociais. As iniciativas fazem parte de um movimento de digitalização do varejo para acompanhar os desejos de um novo consumidor.

É interessante ver como a C&A conseguiu unir diversas iniciativas da transformação digital em uma estratégia macro.

Com certeza, com o auxílio de ferramentas de dados, comandadas por times de Business Inteligence (BI), a marca poderá construir uma relação ainda maior com projetos como Mindset e o programa de relacionamento. A C&A poderá, ainda, customizar mensagens e oferecê-las aos seus consumidores, seja no canal que for – físico, assinatura, on-line, programa de fidelidade, redes sociais, mídia, ou um e-book com dicas de moda para um público mais velho, um tutorial com uma blogueira para um público mais jovem, um modelo de como ir na primeira entrevista para um recém-formado na

> faculdade etc. As possibilidades são infinitas, basta ter dados, inteligência, planejamento e, acima de tudo, coragem!
>
> Fonte: NUNES, A. CM entrevista: Paulo Correa, CEO da C&A, fala sobre sobre os novos desafios da marca. Disponível em: https://www.consumidormoderno.com.br/2019/01/11/cm-entrevista-paulo-correa-ceo-da-ca-fala-sobre-sobre-os-novos-desafios-da-marca. Acesso em: jul. 2019.

Para Daniel Alegre, do Google,

> o pensamento que deve orientar a estratégia do varejo é a assistência. Os clientes procuram por ajuda, e quanto melhor ela for, melhor as marcas atenderão às expectativas. Assistência significa trazer inteligência digital para as lojas, como aplicativos de Realidade Aumentada, que permitem aos clientes projetar como ficarão objetos diversos em suas casas. O consumidor quer imediatismo, e o Google pode responder a esse imediatismo em parceria com os varejistas, direcionando tráfego que manifeste predisposição para aproveitar uma oferta ou experiência disponível.

Perceba que, neste capítulo, trouxe bastante conteúdo relevante de eventos e matérias que traduzem o pensamento dos grandes varejistas sobre o futuro que estamos iniciando hoje – um futuro que não mais tem volta – e que, como dito neste livro, apresenta duas opções: muda ou morre! Quem se acha pequeno demais para a mudança, será pequeno demais eternamente!

45.9 Boas notícias?

Para Nelson Duarte Soares, Head of Digital Retail and Logistics da Stefanini, as marcas, no Brasil, devem investir mais em tecnologia nos próximos anos. Para Soares,

> a mudança foi impulsionada por um novo comportamento por parte do consumidor, mais consciente e menos paciente com os atritos em sua comunicação com as marcas e empresas que consome. O que vemos como vantagem da transformação digital é que aconteceu um empoderamento efetivo do consumidor final. A tecnologia está mais barata, acessível e evoluída.

Marcas que, efetivamente, pensam no consumidor no centro de sua comunicação já estão mais do que atentas a esse cenário, como é o caso de O Boticário e C&A.

45.10 O pagamento é um momento crítico

A Federação das Câmaras de Dirigentes Lojistas do Estado de São Paulo (FCDL/SP) revelou que 90% dos varejistas acreditam que as filas para atender o consumidor atrapalham as vendas do negócio. Para 78% dos lojistas, as filas também são fator de desistência de compra, principalmente na hora do pagamento.

O Carrefour Brasil possui o serviço Scan & Go, que permite ao consumidor escanear diretamente suas compras por meio de um aplicativo no celular, por onde também é realizado o pagamento. A expectativa é reduzir em mais da metade o tempo médio gasto nas lojas de proximidade da bandeira, isto é, mais uma vez pensar no consumidor no centro, trazer uma nova experiência e ajudar a todos. E se o Boticário usasse isso em suas novas lojas para impulsionar a experiência?

Esses cases são interessantes para que possamos fazer conexões, ou seja, você analisa os cases, olha o que cada marca faz, e como faz, e depois entrega uma estratégia, bem planejada, para execução. O planejamento cria conexões o tempo todo!

O QUE AS MARCAS ESTÃO FAZENDO?

Case mundial: Niketown muda para acompanhar a nova realidade

Lançada em Nova Iorque, em 1996, a loja Niketown era, para a época, uma loja bem futurista. Cada seção trazia um tema diferente, com expositores diferenciados, painéis fotográficos e sacos de boxe para ser usado pelos clientes. A cada ano ganhava novidades, como a área de customização de tênis, os espaços dedicados a novos produtos, como o Nike+, e muitas experiências.

Porém, essa loja, que era um ponto turístico da cidade norte-americana, não existe mais. Ela deu espaço para o que a Nike chama de Nike House of Innovation, no bairro do Soho, o berço do *omnichannel* no mundo! Paredes modulares que podem modificar a planta da loja em questão de horas; speedshop, uma espécie de loja dentro da loja, para compras rápidas de itens populares; marcação de hora para realizar compras; conversa com especialistas; e até customização de seus produtos.

Via aplicativo da Nike, de dentro da sua loja física, é possível pagar com o celular e obter informações sobre os produtos por meio de escaneamento de QR Code. Esse código também permite que o cliente peça que determinada peça seja enviada ao provador, onde um vendedor poderá atendê-lo.

Experiência. Lembre-se disso: experiência!

Fonte: MARINHO, L. A. Adeus, Niketown. Olá, house of innovation. Disponível em: https://www.mercadoeconsumo.com.br/2019/01/02/adeus-niketown-ola-house-of-innovation. Acesso em: jul. 2019.

CAPÍTULO 46

O FUTURO DAS AGÊNCIAS DE COMUNICAÇÃO

Está na hora de acordar para o novo!

A nossa sociedade está passando por inúmeras transformações. Enfrentamos problemas ambientais, crises econômicas, exageros no consumo e, ao mesmo tempo, assistimos às redes sociais e à internet se popularizando cada vez mais. Seríamos ingênuos se acreditássemos que todas essas mudanças não influenciariam nossos hábitos de consumo. Você tem alguma dúvida sobre o resumo do que vem por aí?

As agências que pensam apenas na remuneração da mídia tendem a ser eliminadas do mercado. Não é uma opinião apenas minha, mas de muitas pessoas com quem converso. O simples fato de que, em 2018, cogitou-se a venda dos grupos WPP e Publicis para a Accenture, mostra o quanto isso não é apenas uma "viagem da mente" deste autor, mas é algo sério. WPP e Publicis são os maiores grupos de comunicação do mundo. O WPP, por exemplo, é dono de agências como Grey, JWThompson, Ogilvy, Wunderman, Kantar. Já o Grupo Publicis, além da Publicis Brasil, é dono das agências Leo Burnett, AG2, Razorfish, One Digital, entre outras.

Na minha visão, o movimento é baseado no que o anunciante deseja, menos Cannes e mais resultado! E isso vem com muito estudo, pesquisa, imersão, debates, dados, análises, tendências, novos comportamentos, ou seja, isso tudo vem com planejamento, e é isso que faz uma consultoria como a Accenture uma das maiores do mundo.

Eu, sinceramente, estou um pouco cansado de conversar com agências e ver sempre o mesmo discurso. Vejo-me, às vezes, na década de 1980, quando se falava do filme de 30 segundos na Globo. A única diferença é que agora é o post de Facebook, mas o discurso é o mesmo. No fundo, tudo se resume a mídia, uma miopia do mercado nos moldes do Sr. Magoo. Precisamos mudar isso! O agente da mudança precisa ser você, ou outro o fará em seu lugar!

Em 2016, fui desafiado pelo meu amigo Paulo Carneiro, da PS Carneiro, a mostrar a realidade do universo digital dentro das agências em um de seus excelentes eventos, Top de Planejamento. Ele me desafiou a palestrar ao lado de feras como Daniel de Tomazo (Ogilvy), Fabiano Coura (RG/A) e Luiz Buono (Fábrica), pessoas que eu admiro muito e fiquei muito feliz em poder estar ao lado. Como eu dava aula na graduação, nessa época, eu tinha fácil acesso a quase 150 pessoas, semanalmente, profissionais de marketing, na sua maioria de agências de pequeno e médio porte.

Peguei a missão e fui de sala em sala fazer uma única pergunta: "O que é estratégia de marketing digital para você?". Depois, peguei a mesma pergunta e fiz uma enquete, via SurveyMoneky, no meu Facebook e Twitter. A resposta, para a minha total tristeza, foi a que eu esperava – e a apresentei no evento: para 95% das pessoas, fazer Facebook era a principal estratégia. Triste? Mas é a realidade!

O recado que quero passar neste livro é que essa mentalidade deve mudar ou morrer, tomando como base o livro do meu amigo Renato Mendes, sobre o qual ele tem toda a razão. Profissionais que pensam que digital é mídia tem vida muito curta no mundo digital, pois os clientes já entenderam que passada as modas de e-book, geração de lead e influenciador, no fim do dia, o que precisa é vender – e isso só se faz com muito planejamento. Você pode até ler esse texto e acreditar que digo isso porque sou, na essência, um profissional de planejamento estratégico digital e estou defendendo a minha causa – e, às vezes, até o meu emprego –, mas posso afirmar que defendo a causa porque sei da importância que tem para as marcas.

Costumo, no início de minhas aulas, por exemplo, perguntar quem viaja sem planejar. Quem acorda às 7h no sábado, pega o marido/esposa, namorado/namorada, arruma a mala, entra no carro e cai na estrada sem rumo no modelo "quando achar algo legal, paramos"? A resposta "eu" nunca vem – e olha que eu faço essa brincadeira desde 2013, quando reformulei minha aula depois de um feedback negativo de uma turma de pós-graduação, a quem serei eternamente grato, pois, graças a eles, minha aula ficou muito melhor! E sabe por que não vem? Porque até para uma simples viagem é preciso de um planejamento. Para onde vai: praia ou campo? Se é praia, pega qual estrada? Vai estar sol ou frio? Ficarão em hotel, casa de parente, casa alugada ou vão acampar? Precisa levar roupa de cama?

E vou parar por aqui, ou escreverei outro livro só de "planejamento para passar o fim de semana na praia", e não é esse o objetivo. Planejar é algo que está o DNA das pessoas. Para você chegar ao trabalho às 8h30, há um planejamento. A hora que você acorda, o tempo que leva no banho, a duração do café da manhã, quão mais cedo tem que sair por causa do trânsito, o caminho a ser feito ou o ônibus a pegar etc. Então, fica a pergunta: por que criar histórias de marca sem planejar se a sua história pessoal está sendo criada diariamente com planejamento?

Passado o "sermão" sobre o diferencial da comunicação nunca ser a mídia – parte importante do processo, mas não único – mas, sim, o planejamento. Afinal, planejamento errado gera mídia errada e criação ainda pior. Logo, sem resultados, a ideia é que você entenda que, se é de agência ou tem uma agência que trabalha para você, o modelo hoje aplicado, o mesmo de anos e anos, está fadado a morrer. O mundo muda, as pessoas mudam, os comportamentos mudam, não é a sua agência que se manterá na vanguarda da mídia como única forma de ganhar dinheiro. As consultorias ganham dinheiro, e muito, pensando estrategicamente em marcas e negócios, mas não compram mídia, e, como vimos no início do capítulo, há rumores – e esse assunto não está encerrado – de que uma das maiores consultorias do mundo comprará os maiores grupos de agências do mundo. Pense nisso!

Walter Longo defende que se o nosso corte de cabelo, nosso carro, nosso computador, nosso celular não são os mesmo de 20 anos atrás – eu diria de cinco anos atrás –, por que a comunicação das marcas precisa ser a mesma? Ainda hoje, quase em 2020, há cliente que não tem site, não pensa em varejo on-line e acredita que pegar foto de banco de imagem gratuita e postar no Instagram vai fazer a diferença. O mercado está muito imaturo e parte dessa culpa é das agências que deveriam levar a inovação para o cliente, mas preferem se fechar na sua zona de conforto: a mídia.

Se eu fosse da geração Z, diria "ai, que preguiça", mas como sou da X, quase da Y, uma vez que nasci em setembro de 1979 e a geração Y começa em 1980, vou manter o discurso do cansaço com relação ao que ouço das agências. Elas dizem "Vamos inovar?" e acabam migrando tudo para Google e Facebook para gerar leads. A transformação digital vai muito além disso.

Ficava frustrado quando, em palestras ou quando comentava que estava escrevendo este livro, as pessoas perguntavam qual era meu case de transformação digital. Eu tinha que usar frases de ex-BBB, como "olha, são projetos secretos que ainda não posso revelar, mas que estão sendo discutidos", quando, na verdade, eu queria dizer "olha, no meu notebook tem pelos menos cinco projetos com esse foco, mas o dono da agência acha que não tem capacidade de entregar e o cliente disse que não tem verba, pois gastou boa parte colocando o selo da marca no futebol da Globo, o que ninguém mais percebe, mas ele pelo menos pode dizer ao chefe que está na Globo".

Encare este livro como um grande manifesto! Um manifesto de liberdade, um movimento para mudar o mundo. Dizem que as pessoas mais insanas que pensavam em mudar o mundo realmente o fizeram. Steve Jobs ousou brigar com IBM e Microsoft, mas, no final, venceu.

O exemplo aqui serve para que você se mostre excelente no que faz, sem deixar de ser ousado! Sempre! Você vai acertar e errar – espero que acerte muito mais –, mas é preciso ousar. Romeo Busarello diz que "até um chute na bunda o empurra para frente" e ele tem razão. No comando do marketing da Tecnisa, ele já errou muito, mas acertou ainda mais, não à toa é um dos grandes nomes do marketing digital – para mim, o grande nome ao lado do Walter Longo – e que não fica pensando apenas em post em redes sociais!

No excelente Projeto Draft, portal que recomendo muito, pude fazer uma aula, em 2017, com o Romeo, sobre a "Reinvenção do Marketing". Segundo Romeo comentou no curso, "60% dos problemas enfrentado pelos profissionais são algo que eles nunca viram na vida. Ou seja, esteja sempre preparado para o novo. Vá atrás do novo". E fica a pergunta: é a mídia que vai resolver esse seu problema? É o post bacana que o diretor de arte da agência fez e que você vai patrocinar com uma pequena verba para que as pessoas vejam o quanto o diretor é engraçado? Fica aqui a provocação para você.

Segundo Romeu, "as empresas não ficam para trás, são os profissionais que ficam para trás. Se não gostar de ler, não trabalhe com marketing. Quem não lê não pensa. Sem pensar, de onde virão as ideias?".

Para trabalhar com inovação, você não pode ter o mesmo pensamento de antes e muito menos ser igual a todos. As agências são todas iguais, mas você pode ser o agente de mudança, então a promova! Não fique esperando as coisas caírem do céu, porque do céu só cai chuva! Seja a transformação digital que a marca, ou marcas, com as quais você trabalha precisa, pois, acredite, elas precisam, ou, como vimos aqui, elas estão a um passo de entrar na UTI e o quadro será irreversível! Se você é cliente, provoque a agência, se é agência; provoque o cliente, só não adie para amanhã o que era para ter sido feito ontem!

PARTE IV

CONCLUSÃO

CAPÍTULO 47

REFLEXÕES FINAIS

47.1 Para que serve tudo isso?

Estava aqui pensando em como faria a conclusão final deste livro. Foi um enorme prazer escrevê-lo, e espero que você tenha tido o mesmo prazer em ler o que preparei para você.

NOS BASTIDORES

> Bem, estava eu, em janeiro de 2019, na Máquina Cohn & Wolf, desenhando um projeto para a Samsung, quando Monica Lourenci surge com um vídeo para nos inspirar. Gostei da ideia. Então a Monica pediu para a Amanda Guerra, diretora da conta, abrir o link que havia passado momentos antes da reunião. O título do vídeo era *Transformação digital: você está pronto para uma mudança exponencial?*. Já me ajeitei na cadeira, arrumei meus óculos e comecei a ver o vídeo, pensando muito mais no livro do que propriamente em me inspirar para o projeto, devo confessar. Claro que depois, em casa, vi o vídeo com calma para pegar *insights* e apresentar o projeto – que, graças a Deus, foi um sucesso.
>
> Fonte: LEONHARD, 2016.

Agora, vamos ao assunto do vídeo!

Gerd Leonhard é um futurólogo dos mais renomados no mundo. Nesse vídeo de 2016, Gerd passa sua visão de como o mundo será de acordo com a transformação digital. Ao reler diversos pontos deste livro, fui vendo como seus pensamentos se encaixam perfeitamente com o que desejei passar. Por isso, tomei a iniciativa de transcrever o vídeo aqui, dando os devidos créditos a quem o criou, claro! O vídeo é em inglês, mas tem uma versão legendada com aproximadamente quatro minutos de duração.

"Mudança
Transformação Digital: Você está pronto para uma mudança exponencial?
Era uma vez
Um tempo em que os negócios feitos de forma usual
Eram considerados bons o suficiente
Não mais!
Para onde estamos indo
O 'suficientemente bom' está morto
Em um mundo onde tudo está conectado
Onde tudo é igualmente excelente
Onde o desempenho está atingindo a perfeição
Há apenas um espaço restante para inovar
Você
Agora
Você é o ponto central
Na fúria do tornado da mudança
Alimentados pela digitalização, mobilização, crescimento, desintermediação, automação
Ficção científica
Está se tornando fato científico
Pense sobre carros que dirigirem sozinhos ou computadores que podem aprender e pensar
A forma como trabalhamos nunca será a mesma
As habilidades que precisamos serão dramaticamente diferentes
Ganhar ou perder está acontecendo mais rápido que antes
Então, qual a sua resposta?
Como você vai descobrir novas oportunidades em um dos períodos mais transformacionais da história da humanidade?
Você está impulsionando a mudança? Ou você está sendo seduzido por ela?
A perturbação se tornou o novo normal
Com a mudança, é sempre mais gradual, e, então, as coisas param de acontecer

Esta mudança é exponencial
Tudo o que costumava ser estúpido e desconectado
Agora está conectado e inteligente
Carros, cidades, portos, fazendas
Até mesmo nossos corpos estarão conectados por sensores e poderão falar uns com os outros
Essas mudanças no jogo serão também combinatórias
Elas amplificam umas às outras criando uma tempestade perfeita de mudança
Computação quântica abastece megadados
A internet abastece a inteligência artificial, e a aprendizagem profunda abastece a robótica
No entanto, qualquer coisa que não possa ser digitalizada ou automatizada se tornará extremamente valiosa
Características apenas humanas como criatividade, imaginação, intuição, emoção e ética serão ainda mais importantes no futuro porque as máquinas são muito boas em simular, mas não em "ser"
Sim, robôs e softwares farão alguns dos nossos trabalhos, mas isso vai nos permitir focar em coisas que não podem ser automatizadas
Para mudar exponencialmente, você precisa começar a se envolver mais com o que poderia ser e não apenas como que é
Mergulhe no futuro imediato
Cinco a sete anos a partir de hoje
Nós precisamos ir além da tecnologia de dados para alcançar ideias e sabedoria
Tecnologia representa o "como" da mudança, mas o ser humano representa o 'porquê'
O futuro é sobre modelos de negócios holísticos
A oportunidade é ser líquido. Aprender a tempo e não no acaso
Não melhorias individuais, mas transformações completas
Não sistemas individuais, mas novos ecossistemas
A humanidade é onde o valor verdadeiro e duradouro é criado
Nós nos engajaremos, relacionaremos e compraremos mais coisas por conta das experiências que elas geram, por causa do poder de transformar que possuem
O futuro apenas não acontece. O futuro é criado
A nova forma de trabalhar está em abraçar a tecnologia, mas não se transformar nela
O futuro está na tecnologia, entretanto o maior futuro está em transcendê-la
Vamos viver e liderar daqui"

Fonte: LEONHARD, 2016.

47.2 O que aprendemos com isso?

Essa é uma visão de 2016. Estamos na eminência de entrar em uma nova década, 2020, e muitas empresas ainda acham que tudo isso que vimos no livro é "futurologia barata" – é sério, já ouvi isso em uma palestra em que eu era espectador. Essa visão é ruim para o mercado, mas, para quem não a tem, é ótima – olha a oportunidade aí! Enquanto uns choram, outros vendem lenço. Não é assim que se fala em épocas de crise? Então, o que você prefere? Chorar ou abrir um e-commerce de lenços?

Foquem nessas frases do vídeo transcrito anteriormente. Perceba que sintetizam o que desejei, ao longo deste livro, mostrar para vocês. Estamos em um mundo focado na transformação e, como Gerd diz, em um dos períodos de maior mudança. A geração X, nascida de 1965 a 1980 – a qual, por nascer em 1979, me incluo –, passou por diversas mudanças em menos de 20 anos. Lembro-me do meu pai comprando nosso DVD, no qual pagou um bom dinheiro, durante o auge da tecnologia. Hoje, já nem existe mais. Minha filha, Fernanda, por exemplo, vê tudo pela Netflix e pelo YouTube. Lembro-me de ter aula de Word, Excel, Power Point e Internet em casa naquele PC cor creme com o Windows 95 colorido.

Já minha filha, geração Z, nascidos a partir de 2000, nem sabe o que é isso, conhece smartphone, tablet e notebook. Ela até tem um PC em seu quarto, presente do avô materno que o montou com peças antigas de computadores que ele arruma. Ela usa, mas o que gosta mesmo é do smartphone que dei para ela, sem chip, apenas para acessar vídeos e jogos on-line. Nos anos 1990, nosso entretenimento era Malhação e desenhos animados. Hoje, o jovem quer mesmo é ficar no smartphone. Não perceber as mudanças é um enorme risco. Veja o paralelo que faço a seguir.

47.3 Percebe as mudanças?

Em minha palestra sobre transformação digital, traço um paralelo entre o jovem dos anos 1980 e o jovem dos anos 1990, ambos da geração Y.

De um lado com Ferris Bueller, clássico personagem de Matthew Broderick, no filme ícone dos anos 1980, *Curtindo a vida adoidado*, faço uma lista com aquilo que os jovens, e me incluo nisso, não tinham mas que agora têm. Do outro lado, agora representado pelo humorista Danilo Gentili, traço o paralelo do que os jovens de hoje têm à sua disposição.

Quadro 47.1 Paralelo entre diferentes gerações

Anos 1980 (Ferris Bueller)	Hoje (Danilo Gentili)
Sem internet	Muita internet
Sem celular	Não vivemos sem celular
Faculdade garantia emprego	Estudos contínuos
Menos trânsito	Grandes cidades paradas
Um emprego garantia sustento	Empregos garantem sustento
18h acabava o expediente	18h começa reunião

(continua)

(continuação)

Anos 1980 (Ferris Bueller)	Hoje (Danilo Gentili)
19h pessoas em casa	19h começa aula
Finais de semana para descanso	Fim de semana: trabalho!

Fonte: elaborado pelo autor.

Lembro-me do meu pai, na década de 1980, chegando em casa por volta das 19h30. Era uma festa para mim e para a minha irmã. Víamos com ele um pouco de TV, jantávamos, ele nos ajudava na lição enquanto a minha mãe lavava a louça e depois vinha nos ajudar. Hoje, quantos sábados eu me dediquei a aulas, projetos, livros e artigos? Quantos dias eu saí às 18h das empresas? Em 2019, me programei para fazer 15 cursos, sendo um deles uma nova pós-graduação. E não sou o único nessa multidão. Como serão as próximas gerações? Meu pai tinha dois empregos, um como advogado no Banespa e outro como sócio de um escritório de advocacia. Minha mãe, psicóloga, trabalhava em escola. Hoje, eu tenho a consultoria, dou aula, coordeno cursos, escrevo livros. A vida é assim, e, de novo, não sou o único. Você deve ter se reconhecido nesse esquema. Quantos amigos meus fazem os famosos "freelas", dão aula ou palestras para compor a renda? Quantos trabalham para duas empresas ao mesmo tempo, quantos trabalham em empresas e às 18h saem para fazer consultorias? Quantos motoristas de Uber trabalham das 9h às 18h e das 18h às 23h e, aos fins de semana, compõem a renda com seu carro?

47.4 Você está impulsionando a mudança?

"O desafio da mudança nunca é fácil, mas necessário". É com essa frase que eu abro a minha palestra de transformação digital – afinal, como Lulu Santos nos ensinou na década de 1980, "nada do que foi será de novo do jeito que já foi um dia...", e Lulu tinha razão. A tecnologia está presente na vida das pessoas mais do que elas imaginam.

O consumidor quer se comunicar com as marcas dentro da sua jornada de consumo pelas diversas plataformas e canais. Ele quer ser valorizado a todo o momento, e a transformação digital, como vimos até aqui, possibilita isso! Se eu fosse resumir este livro em uma palavra, seria: **experiência!**

Outra frase que uso na palestra é "depois de um século de pequenas evoluções, o varejo está prestes a sofrer uma grande ruptura, produzida não pela tecnologia em si, mas pelas mudanças no comportamento do consumidor que a tecnologia tornou possível". E é isso que eu quero passar para você. Tudo o que escrevi neste livro é para colocar dentro da sua mente que o agente de mudanças é você.

Não adianta chorar dizendo "ah, eu quero mudar, mas o diretor não muda". Ideias sem embasamento nunca mudaram a cabeça de nenhum diretor, comece por aí. Está cheio de testa oleosa se achando uma mente brilhante porque teve uma ideia vendo um post em Facebook que vai mudar os rumos da empresa: "Olha, esse post é muito bom". O diretor reprova, e o funcionário vai fazer textão no Facebook. Amigo, a vida vai além disso. Ouse! "Mais empresas fecharam por falta de ousadia do que as que ousaram". Quantas vezes ouvi isso do mestre e brilhante Julio Ribeiro?

ÍNDICE REMISSIVO

2018 Global Consumer Executive Top of Mind Survey, 71

5G, 118, 235, 318

5W2Hs, 2-4
    aplicação da metodologia, 4
        como deve ser feito, 4
        o que é, 2
        o que fazer no, 3
        onde fazer o, 3
        por que fazer o, 3
        por quem deve ser feito, 3
        quando fazer o, 3
        quanto custa, 4

99Taxi, 88, 117

A

A1 Brasil, agência, 90

Abilify MyCite, pílula, 239

Absolut Vodka, 77

Accenture, 20, 323

Adobe, 52, 146, 157

AG2, 323

Agência Newton, 73

Agência Pulso, 73

AIDA (atenção, interesse, desejo e ação), 13

Airbnb, 37, 87, 89, 269, 271, 277, 279

Alcatel, 136

AliPay, 110

Alma digital, 18, 47, 51, 71, 107, 196, 231, 254

Almap, 73, 127

Always On Digital, 72, 218

Amazon, 27, 36, 44, 56, 72, 76, 79, 87, 88, 92, 102, 108, 110, 116, 151, 153, 263, 272, 318

Amazon Go, projeto, 33, 34

Ambiente instagramável, 299-302

American Express, 78

Android, 4, 40, 63, 136, 253

ANZ Comunicação, 73

Apple, 7, 17, 27, 33, 44, 58, 60, 63, 70, 77, 78, 84, 86, 99, 102, 136, 168, 183, 191, 262, 271, 282

Applewatch, 237, 238

Artigos, 2, 22, 81, 160, 287, 290, 333

Associação Brasileira de Comércio Eletrônico, 12

AT&T, 44

Atributos, 60, 78

Audi, 49, 318

Aunica, 73, 162, 218

Axe, 77

B

B2B, 163, 196, 290

Banco Neon, 44, 46, 67, 221

Banco Original, 46, 221

Banco Português de Investimento (BPI), 66

Banner, 11, 38, 132, 185, 186, 204, 205, 206, 209, 210, 232, 238, 296

Behavior targeting, 131

Bic, 40, 49, 99, 203

Big data, 21, 33, 36, 46, 50, 55, 48, 92, 106, 109, 113-118, 119, 120, 121, 126, 132, 137, 138, 146, 160, 162, 169, 175, 183, 187, 190, 197, 198, 204, 210, 217, 219, 238, 247, 267, 278, 285, 301, 304, 308, 315, 318

Biometria, 181-183

Bitcoin, 91, 222, 227, 251-255

Black Friday, 229, 245

Blackberry, 99, 303

Blockchain, 221, 222, 251, 252, 253, 254, 255, 308

Blog(s), 2, 6, 10, 11, 12, 13, 14, 15, 33, 79, 83, 103, 104, 121, 177, 179, 267, 286, 288

BMW, 57

Boston Consulting Group (BCG), 139

Bradesco, 16, 18, 48, 67, 99, 147, 222, 224, 227, 269

Bradesco Inteligência Artificial (BIA), 147

Brahma, 77

Brand Target, site, 75

Branded content, 281-284

Buscadores, 11, 136

Buscapé, 79, 198, 248

Business intelligence (BI), 190

C

C&A, 96, 222, 319, 320
Cabify, 88, 117, 172
Cadillac, 78
Call-to-action, 205, 288
Calvin Klein, 57
Câmeras digitais, 6, 102
Câmeras Full HD, 185
Campanhas de TV, 6
CanalTech, portal, 25, 42
Carrefour, 34, 321
Casas Bahia, 90, 124
Casino, 34, 214
Catálogo virtual, 12
Celulares, 6, 34, 136, 137, 140, 190, 223, 299
Check-out
   inteligente, 36
   móvel, 36
Chevrolet Onix, 40
Chocolândia, 20, 21, 152
CI&T, 7, 8
Cidade Internet, 9
Cisco, 46
CNN, 76
Coca-Cola, 20, 43, 48, 49, 61, 75, 86, 125, 136, 141, 150, 191, 203, 215, 230, 232, 257, 269, 271, 286, 296, 297
Coco Chanel, 78
Cognizant, 313
Collections, plataforma da C&A, 319
Comparadores de preço, 2
Computação quântica, 307-309, 331
Computador quântico, 307, 308
Conarec de 2018, evento, 57
Conectividade, 39-41, 50, 104, 147, 237, 293, 318, 319
Conexões emocionais, 204-205
Consumer Electronics Show (CES), 151, 313
Consumidor Moderno, portal, 40, 46, 47, 70, 71, 101, 159, 316
Conversion, 73
Copa do Mundo, 26, 229, 230, 231, 263
Crawford, 86
Criptomoeda(s), 222, 227, 252, 253, 255
Crowdfunding, 142, 227, 255
Crowd, agência, 88
Crowdsourcing, 141-143
Custo por aquisição (CPA), 211
Custo por clique (CPC), 211
Custo por download (CPD), 211
Custo por lead (CPL), 211
Custo por mil impressões (CPM), 211
Custo por *view* (CPV), 211
Cyrk, 73

D

Dafiti, 26, 48, 138, 182, 183, 211, 249
Danilo Gentili, 6, 332, 333
Data-driven marketing (marketing orientado a dados), 218
Dell, 25, 63, 166
Design thinking, 193-196, 292
Digital Marketing Expo & Conference 2018, evento, 55
Digitalks, portal, 55
Disney, 37, 75, 77, 78, 121, 138, 149, 162, 181, 234
DM9, 73
DocData Payments, 253
DoubleClick Bid Manager (DBM), 211
Dr. Ecommerce, 73
Drones, 26, 185-187
DuoVozz, 82
DVD, 27, 123, 137, 332

E

Easy Taxi, 88
E-book, 2, 22, 57, 59, 159, 166, 176, 179, 192, 219, 281, 286, 288, 289, 290, 319, 324
Echo, 102
E-commerce, 12, 15, 19, 26, 35, 38, 45, 90, 96, 108, 111, 115, 121, 137, 152, 160, 163, 166, 167, 169, 183, 213, 222, 234, 238, 241, 242, 243, 244-249, 253, 279, 289, 316, 332
E-commerce Brasil, site, 49, 86, 245
E-commerce News, 54
Economia compartilhada, 172, 274, 277-280
Editora Abril, 172
E-mail marketing, 2, 11, 12, 15, 49, 51, 59, 65, 72, 147, 218, 245, 247
Empresas de carteiras virtuais, 253
Enjoei, 164, 278
Enterprise resource planning (ERP), 45, 246
Equinox, 73
Escola Superior de Propaganda e Marketing (ESPM), 62
Espelho inteligente, 292, 315
Espírito de equipe, 8
E-Sports, 25, 297-297
Estratégia, 2, 3, 4, 5, 8, 9, 11, 12, 13, 20, 27, 33, 45, 50, 52, 56, 60, 65, 66, 72, 82, 84, 89, 95, 98, 106, 112, 116, 118, 124, 125, 131, 136, 153, 161, 166, 168, 176, 178, 189, 191, 195, 212, 226, 231, 249, 253, 255, 281, 283, 287, 290, 313, 319, 324
Evernote, 79
Evision Consulting, 73
Excel, 82, 332

F

Fábrica, agência, 324
Face recognition, software, 313
FaceAds, 5, 15, 39, 72, 178
Facebook, 6, 13, 14, 16, 22, 27, 37, 39, 44, 46, 49, 57, 59, 65, 84, 85, 87, 89, 92, 109, 126, 128, 131, 146, 163, 189, 205, 211, 215, 223, 238, 243, 262, 277, 286, 288, 297, 299, 300, 319, 324, 333

ÍNDICE REMISSIVO

FacebookAds, 72
Fake News, 62, 265
Falta de visão estratégica no digital, 72
Fast mood swings, 230
Federação das Câmaras de Dirigentes Lojistas do Estado de São Paulo (FCDLESP), 320
FedEx, 76
Fenômeno multi-screen, 230
FessKobbi, agência, 23, 72
Fiat, 86, 143, 220, 284, 292, 329
Fintech, 218, 221-227, 251
FM Consultoria, 1, 88, 110, 135, 145, 152, 169, 175, 191, 196, 210, 221, 242, 253, 270, 278
Focus Network, 73
Followize, 219
Funil *growth hacking*, figura, 179

G

Games, 6, 27, 176, 262, 296, 297
Geração de leads, 5, 247
Gestão, 8, 17, 43, 45, 55, 66, 176, 192, 196, 214, 219, 222, 227, 242, 245, 246, 254, 263, 287, 288, 290
Gisele Bündchen, 63
Global Consumer Executive Top of Mind Survey, 33, 71
GM, 61, 72, 173
Google, 2, 5, 11, 14, 15, 19, 222, 737, 39, 41, 44, 49, 65, 72, 72, 78, 84, 88, 91, 102, 111-112, 116, 117, 135, 136, 139, 149, 151, 168, 197, 211, 242, 254, 261, 267, 271, 316, 319-320, 325
Google Adsense, 6
Google Analytics, 4, 85, 114, 135, 162, 218
Google Home, 104
Google Maps Business View, 267
Grey Brasil, 73
Growth hacking, 175-180
Grupo Bittencourt, 165

Grupo DPG, 73
Grupo Pão de Açúcar, 45
Grupo Recovery, 148
GS&AGR Consultorias, 161
GS&MD, 115, 159
GTC, 72
Guage, 73
Guia-se, portal, 2, 3, 4, 5, 9, 25, 49, 73

H

H&M, 57
Haagen-Dazs, 78
Harley-Davidson, 77
Harvard Business Review, 99
Havaianas, 78
Headsets de realidade virtual, 239
Henkel, 55
Hering, 77
Hologramas com projeções 3D, 36
HoloLens, projeto, 25, 261, 262
Homekit, 102
Honda, 26, 191
Hotsite, 2, 9, 84
HP, 76
HTC, 25
Huawei, 191
HubSpot, 192, 288
Hummer, 76

I

IBM, 27, 33, 37, 44, 45, 70, 78, 116, 145, 147, 152, 153, 162, 309, 325
IBM Watson, 50, 145, 156
Ibope, 6, 12, 76, 83, 136
Identity Check, 182
IDGNow, portal, 105, 309
iFood, 48, 279,
IGN, portal, 27
Ikea, 77, 78
iLink Solutions, 101
IM Magazine, 102
Imagem por Ressonância Magnética Funcional (IRMF), 206

Imagens, 2, 4, 57, 74, 83, 84, 152, 157, 185, 206, 232, 257, 267, 302
Imagens 360°, 261
Inbound marketing, 178, 247, 287, 288
Incerteza do ROI, 72
Índice Global de Inovação (IGI), 107
Influenciadores, 2, 6, 15, 21, 39, 65, 72, 177191, 265, 288, 302
Infográficos, 2
Infraestrutura, 43, 50, 102, 166
Inovação, 7, 13, 15-22, 24, 37, 40-41, 44, 50, 53, 56, 66, 78, 81, 88, 92, 96, 98, 99, 107, 108, 152, 169, 222, 225, 234, 251, 255, 263, 270, 282-283, 304, 315, 325, 326
Inspiração, 8, 39, 65, 234
Instagram, 14, 46, 48, 57, 85, 87, 113, 163, 167, 189, 242, 286, 292, 299-301, 325
Inteligência Artificial (IA), 45, 50, 109, 113, 115, 137, 145-153, 315, 318, 331
Interação, 23, 24, 27, 39, 40, 53, 66, 67, 92, 99, 105, 107, 147, 166, 167, 186, 209, 230, 262, 274, 278, 295
Interfaces digitais, 108
Internet, 5, 6, 9, 10, 12, 13, 27, 33, 36, 39, 40, 41, 43, 46, 48, 49, 58, 64, 74, 83, 87, 135, 136, 147, 149, 164, 166, 168, 182, 198, 207, 212, 223, 235259, 270, 288, 297, 300, 309, 316, 318, 323, 331, 332
Internet das Coisas (IoT), 2, 37, 64, 101-112, 172
Internet quântica, 308
iOs, 136, 253
iPad, 21, 66, 136, 149, 152, 165, 267, 138
iPhone, 43, 63, 87, 99, 136, 137, 151, 191
iPhoneX, 40
iSee, 73

Itaú, 19, 45, 46, 48, 67, 76, 117, 140, 222, 224, 269, 278, 284, 292
Izimob, 85

J
Jaguar, 26, 72, 267
JetCommerce, 139, 222, 242
Jornal, 5, 48, 109, 254
JOTA, site, 148
JWThompson, 323

K
Kantar, 323
Kayak, 87
Kellogg School of Management, 203
Keynote, 82, 271
Kinect, 25, 26
KMS Publicidade, 73
Kodak, 44, 69, 72, 303
KPMG, 33, 71, 72

L
L'OREAL, 78
Landing page, 2, 9, 288, 289
Leadership Xperience, evento, 115
Lego, 78
Lego Robotic, 291
Lenovo, 25, 136
Leo Burnett, 73, 323
Levis, 57, 76, 114
LG, 112, 136296, 297, 305
LogBank, 222
LRS Tecnologia, 115

M
Machine learning, 33, 111, 145, 148, 152, 155-157, 175, 196, 278, 290, 297, 308, 315, 318
Machine-to-machine (M2M), tecnologias, 147, 173
Macy's, 65-66
Magazine Luiza, 163, 165
Magicleap, 261, 262
Makers, movimento, 291-293

Marcadores somáticos, 203, 207
Marisa, 78
Marketing de Conteúdo, 40, 59, 219, 281, 285-290
site, 31
Marketing digital, 3, 5, 9, 11, 12, 14, 17, 20, 22, 24, 39, 53, 69, 74, 79, 96, 123, 127, 143, 159, 177, 218, 225, 319, 324
Marketing em tempo real, 229-232
Marplan, 83
Massachusetts Institute of Technology (MIT), 96
Mastercard, 77, 182
McDonald's, 39, 75, 76, 78, 161, 296, 297
McLaren, 25, 27
Mecanismos de cyber identificação, 253
Meio&Mensagem, 136
Meios de pagamentos universais, 253
Mercado & Consumo, portal, 24
Mercado Livre, 88, 104, 151, 164, 215, 222, 242
Mercedes, 26, 117
Mercedes-Benz, 32, 78, 117, 257, 258, 297, 318
Michael Jordan, 63, 202
Micromomentos, 106, 115, 116, 197-199
Microsoft, 25, 27-28, 33, 44, 70, 78, 151, 156, 262, 325
Mídia de performance, 11, 65
Mídia display, 2, 209, 210, 248, 288
Mídia programática, 2, 11, 13, 92, 209, 210, 212, 215
Mídia(s) digital(ais), 5, 13, 72, 231, 247-248
Midiatalks, portal, 48
Minecraft, 6, 136, 137
Missão, 17, 56, 59, 60, 86, 247
Mobile first, 139, 223
Mobilidade, 21, 106, 135-140, 149, 172, 197, 198, 223, 237, 284

Mondelez Internacional, 55
Montblanc, 40, 86, 99, 271
Motorola, 136, 191
Movimento de mass engagement, 230
Movimento de people's brand, 230
Movimento power to the crowd, 230
MTV, 77, 303
Mundo do Marketing, portal, 12, 35, 36, 59, 86, 159, 211, 218, 231, 274, 297

N
NA Comunicação, 73, 286
Nanotecnologia, 303-305
National Retail Federation (NFR), 159
Nestlé, 79, 141, 204, 292
Netflix, 26, 36, 37, 48, 56, 70, 78, 88, 89, 90, 107, 116, 123, 125, 146, 156, 195, 211, 227, 255, 263, 273, 317, 318, 332
Netshoes, 37, 166, 249, 271, 296
Neuromarketing, 35, 74, 92, 193, 201-207, 214, 225, 244, 262
Neurônio-espelho, 202-203
Nielsen, 13
Nike, 46, 76, 166, 249, 297, 321
Nike+, 321
Niketown, 321
No Varejo, portal, 43, 45, 65, 166, 168, 182, 255, 277, 314
Nobel, 26
Nokia, 99
Nubank, 37, 46, 221, 225-226, 227, 273

O
O Boticário, 70, 153, 315, 320
Obsessão pelo cliente, 8
Óculos do futuro, 261-263
Oculus rift, 262, 262, 263
Ogilvy, 323, 324
OLX, 164

ÍNDICE REMISSIVO

Omnichannel, 2, 16, 21, 27, 33, 45-47, 60, 64, 111, 159-169, 183, 190, 198, 199, 204, 210, 211, 230, 235, 250, 259, 274, 213, 321

One Digital, 323

Orkut, 92, 303

Os pilares da transformação digital, figura, 97

Otto, caminhão autônomo, 171, 172

Outbound sales, 178

P

Painéis *touchscreen* inteligente, 36

Panasonic, 103, 105, 112, 238, 239, 305

Pandora Digital, 73

Pão de Açúcar, 45, 103, 104, 105

PayPal, 37, 177, 253, 271

Pedômetros, 239

Pepsi, 78

Perfil de consumo, quadrantes
 comportamental, 83
 demográfico, 83
 geográfico, 83
 psicográfico, 83

Planejamento orientado a
 branding, 2
 performance, 2
 relacionamento, 2
 resultado, 2

Planet Girls, 210, 211, 241

Plano tático, 3, 21, 82, 84, 85

Plataforma InovaBRA, 18, 269

Playboy, 78

PontoMobi/Isobar, 139

Porto Seguro, 48, 78, 79, 219, 269

Posicionamento, 84

Power Point, 82, 217, 332

Prateleiras inteligentes, 315

Pretargeting, 131-133

Projeção mapeada, 257-259, 263

Promessa, 63

Propósito, 3, 8, 13, 33, 53, 61-62

Proxxima, site, 86, 159

Publicis, 73, 323

Pulseiras fitness, 239

Q

QR Code, 38, 233, 239, 321

Quantum, 136

R

Rádio, 5, 15, 41, 48, 151, 258

Radio frequency identification (RFID), 213-215

Rakuten, 139, 222, 241, 242, 244, 245, 248

Razorfish, 323

RD Summit, evento, 161

RDStation, 192, 288

Realidade aumentada, 23, 24, 27, 36, 50, 233-235, 320

Realidade virtual, 23, 24, 25, 36, 36, 65, 234, 235, 239, 261, 262

Reconhecimento facial, 33, 36, 138, 181, 182, 187, 204, 210, 224, 259, 308, 313

Rede Globo, 6, 26

Redes sociais, 2, 4, 7, 11, 12, 13, 14, 19, 26, 35, 36, 40, 45, 51, 57, 63, 64, 74, 79, 81, 83, 86, 106, 109, 118, 126, 142, 148, 163, 166, 177, 183, 189, 191, 192, 198, 206, 210, 219, 230, 232, 247, 250, 283, 288, 299, 301, 319, 325

Remarketing, 2, 5, 84, 248, 289

Resistência cultural à mudança, 72

Restrição orçamentária, 72

Retargeting, 131-133

Retorno sobre investimento (ROI), 23

Revista digital, 2

RFID, 33, 36, 213-215

RG/A Brasil, 85, 338

ROAS (return over ad spend), 212

RockContent, blog, 104

ROI (return over investment), 23, 58, 72, 82, 84, 85, 127, 176, 212

Ruffles, 143

S

Sabedoria da multidão, 40

Salesforce, 55, 146

SambaTech, 266

Samsung, 25, 27, 63, 70, 72, 99, 112, 136, 151, 190, 191, 219, 239, 297, 305, 329

São Paulo Futebol Clube, marca, 58

Saraiva, 26, 48, 81, 86, 91

SBT, 6, 128, 211

Scan & Go, 321

Second Life, 90

Senhor Tecnologia, site, 10

Sephora, 16, 36, 234

SharpSpring, 192, 288

Shopping Eldorado, 34, 35

Shoptalk, 65, 319

Showroomer, 197, 198

Sistema de Gestão Empresarial, 45

Skype, 37, 86

Small data, 119-121, 126, 137, 175, 203, 217, 267, 278, 301

Smartbands, 182

Smartphone, 4, 13, 26, 34, 35, 40, 63, 71, 102, 103-104, 105, 107, 109, 111, 116, 135, 136-137, 152, 162, 166, 171, 187, 204, 235, 238, 278, 285, 289, 314, 318, 332

Smartwatches, 182, 239

Social CRM, 189-192, 201, 204

Sony, 44, 69, 107, 112, 136, 269, 297

Starbucks, 75, 76

Startse, 17, 42, 51

Startup, 17, 18, 19, 25, 47, 52, 54, 88, 121, 125, 148, 152, 175, 218, 221, 224, 226, 235, 245, 249, 269-275, 278, 291, 292, 293

State of IT, pesquisa, 55

Storytelling, 123-129, 210, 284, 297, 302

Submarino, site, 26, 263, 187, 242

Super Bowl, 59

T

Tag Heuer, 76
TagCity, aplicativo, 253
Talent, agência, 73, 85
Tatic, 196
TBoom, 73
Tecnisa, 12, 16, 71, 142, 186, 254, 297, 325
Tecnisa Fast Dating, 142
Tecnoblog, site, 33
Tesco, supermercado, 38-39
TGI, 83
The Noite, programa, 6
ThinkWithGoogle, 83
Thomas Alva Edison, 15
TNS Research International, 10
Tomato, 73
Top de Planejamento, evento, 324
TopDeals, 72, 245, 246
Toyota, 26, 44, 72, 152, 271, 318
Transformação digital no Brasil, 7
TripAdvisor, 40
Trivolt, 73
TrustVox, 19, 215, 289
TV Shopping, 164

U

Uber, 35, 37, 62, 87, 88, 89, 90, 117, 164, 171, 172, 227, 249, 263, 269, 271, 272, 273, 277, 279, 317, 318, 333
Under Armour, 57
Universo digital, 2, 20, 23, 40, 54, 65, 71, 72, 89, 95, 98, 125, 136, 201, 211, 224, 230, 243, 261, 300, 324
UOL, 9, 186, 209, 210, 238, 255
URL, 14, 72

V

Valor Econômico, 73, 107, 114
Varejo, 34, 45, 47, 65, 71, 92, 95, 98, 106, 108, 110, 116, 120, 127, 132-133, 138, 142, 148, 156, 159, 160, 161, 164, 165-167, 173, 177, 181, 182, 186, 191, 195, 198, 204, 211, 212, 214, 218-219, 222, 224, 230-231, 234, 238, 239, 253, 258, 262, 266, 272, 274, 278, 283, 287, 290, 292, 296, 300, 302, 304, 308, 314, 319, 333
on-line, 164, 214, 234, 241-250, 325
Vending machines, 163
Veritone, 181
Vida off-line, 48
Vídeo 360°, 265-267
Vídeos, 2, 4, 6, 11, 14, 103, 113, 137, 152, 159, 185, 186, 198, 210, 212, 265, 266, 267, 283, 287, 302, 332
virais, 177
Vincere Comunicação, 73
Visa, 104, 105, 138, 151, 225
Visão digital, 5-14
Volvo, 79, 171, 318
Vtex, 139, 222, 242, 244, 245, 248
VtexDay, 214

W

W/McCANN, 73
W3Haus, 230, 292
Walmart, 34, 72, 163, 167
Watson Visual Recognition, 152
Wearables, 2, 64, 136, 237-239, 262
Webestratégica, 73
Webinar(s), 2, 287, 288, 289
WebSummit 2018, evento, 70, 110, 234
Webtv, 2
WhatsApp, 26, 38, 46, 140, 163, 198, 277
Whindersson Nunes, 6
Wii, 26
Wikipédia, 87, 119
WordPress, 139, 179
WPP, 20, 323
Wunderman, 323

X

XP Investimentos, 17, 51

Y

YouTube, 6, 13, 14, 22, 26, 81, 86, 87, 102, 103, 113, 126, 149, 115, 223, 282, 96, 332
Youtubers, 6

Z

Zara, 72, 86, 183, 190, 222, 314, 315
ZAZ, 9

REFERÊNCIAS
Ninguém faz nada sozinho

[S.A.]. Dafiti inicia testes para pagamentos com reconhecimento facial. *No varejo*, 2016. Disponível em: https://portalnovarejo.com.br/2017/12/dafiti-inicia-testes-para-pagamentos-com-reconhecimento-facial. Acesso em: out. 2019.

[S.A.] DM.exco Insights 2018. *GoAd Media*, 2018, p. 20. Disponível em: https://goadmedia.com.br/wp-content/uploads/2018/09/WP_DM.exco-Insights-2018.pdf. Acesso em: ago. 2019.

ADNEWS. Melitta aposta no branded content em ação criada pela Fischer. Disponível em: https://adnews.com.br/publicidade/melitta-aposta-no-branded-content-em-acao-criada-pela-fischer. Acesso em: jul. 2019.

ANDERSON, C. *A cauda longa*. São Paulo: Elsevier, 2006.

ANTHONY, S. D. *Inovação*: do planejamento à ação. São Paulo: M. Books, 2016.

BARBOSA, V. O Boticário cria 1º perfume feito com ajuda de inteligência artificial. *Exame*, out. 2018. Disponível em: https://exame.abril.com.br/marketing/boticario-cria-1-perfumefeito-com-ajuda-de-inteligencia-artificial. Acesso em: jul. 2019.

BENVENUTI, M. *Incansáveis*: como empreendedores de garagem engolem tradicionais corporações e criam oportunidades transformadoras. São Paulo: Gente, 2016.

BICUDO, L. 60% dos jovens estão aprendendo profissões que vão deixar de existir. Disponível em: https://conteudo.startse.com.br/tecnologia-inovacao/lucas-bicudo/60-dos-jovens-estao-aprendendo-profissoes-que-vaodeixar-de-existir-nova-economia. Acesso em: jul. 2019.

BORGES, B. Transformação digital no varejo: por onde começar esse processo? Disponível em: https://digitalks.com.br/noticias/transformacao-digital-no-varejo-por-onde-comecar-esse-processo/?utm_campaign=NEWS+2018&utm_content=Transforma%C3%A7%C3%A3o+Digital+no+varejo%3A+por+onde+come%C3%A7ar+esse+processo%3F+%282%29&utm_medium=email&utm_source=EmailMarketing&utm_term=News+24.08. Acesso em: jun. 2019.

BOULTON, C. 6 histórias bem-sucedidas de análise de dados. *CIO/EUA*, abr. 2018. Disponível em: https://cio.com.br/6-historiasbem-sucedidas-de-analise-de-dados. Acesso em: jul. 2019.

BRUM, E.; TRENHAGO, E. Social CRM – O que é? Como posso utilizá-lo? Disponível em: https://www.dinamize.com.br/blog/social-crm-o-que-e-como-posso-utiliza-lo. Acesso em: jul. 2019.

BUSH, M. Sem desculpas: hora de melhorar a experiência mobile da sua marca. *Google UK*, maio 2018. Disponível em: https://www.thinkwithgoogle.com/intl/pt-br/advertising-channels/mobile/sem-desculpas-hora-de-melhorar-experiencia-mobile-da-sua-marca. Acesso em: jun. 2019.

CAMARGO, C. Entre o físico e digital existe uma terceira via de vendas para sua marca. Disponível em: https://www.mercadoeconsumo.com.br/2018/12/19/entre-o-fisico-e-digital-existe-uma-terceira-via-de-vendas-para-suamarca/?utm_campaign=M%26C+News+-+19%2F12%2F2018&utm_content=Entre+o+f%C3%ADsico+e+digital+existe+uma+terceira+via+de+vendas+para+sua+marca+%7C+Mercado%26Consumo+%281%29&utm_medium=email&utm_source=EmailMarketing&utm_term=M%26C+News+-+19%2F12%2F2018. Acesso em: jun. 2019.

CASTELLÓN, L. Brand entertainment e as novas narrativas de comunicação, mídia e marketing. Disponível em: https://goadmedia.com.br/criatividade/brand-entertainment-cria-nova-fronteira-para-o-marketing. Acesso em: jul. 2019.

CHISHTI, S.; JANOS, B. *A revolução fintech*: o manual das startups financeiras. São Paulo: Alta Books, 2017.

COMPUTER WORLD. 97 casos de transformação digital. Disponível em: https://www.computerworld.com.pt/2017/09/26/97-casos-de-transformacao-digital. Acesso em: set. 2019.

CORACCINI, R. App da Renner identifica roupas que outras pessoas estão usando. Disponível em: https://portalnovarejo.com.br/2018/06/app-renner-identifica-roupas-outras-pessoas-usando/?fbclid=IwAR1kHF_nQwW3n2vZyagfDC4e2JQypYQj7gC9TEAj4Wp99eNq770PN4OT8aA. Acesso em: jul. 2019.

CORACCINI, R. O Boticário lança prateleira inteligente e quer erro zero na exposição de produtos. Disponível em: https://portalnovarejo.com.br/2018/03/o-boticario-prateleira-inteligente. Acesso em: jun. 2019.

CRUZ, R. *O desafio da inovação*: a revolução do conhecimento nas empresas brasileiras. São Paulo: Senac, 2011.

CUKIER, K.; MAYER-SCHONBERGER, V. *Big data*: como extrair volume, variedade, velocidade e valor da avalanche cotidiana de informação. São Paulo: Campus, 2013.

DEARO, G. As 10 marcas mais valiosas do mundo em 2017. Disponível em: https://exame.abril.com.br/marketing/marcas-mais-valiosas-2017. Acesso em: jul. 2019.

DOOLEY, R. *Como influenciar a mente do consumidor*. São Paulo: Campus, 2012.

ELLIS, S.; BROWN, M. *Hacking growth*: a estratégia de marketing inovadora das empresas de crescimento mais rápido. São Paulo: HSM, 2017.

EM. Design, educação, UX, XD e afins. *Eurípedes Magalhães*, 2016. Disponível em: http://euripedes.com.br. Acesso em: jun. 2019.

FEBRANOR. Por que grandes empresas devem apostar no Blockchain? Disponível em: http://febranor.org.br/febranor/?p=7934. Acesso em: set. 2019.

FREITAS, M. B. O que mudou na arrecadação do ICMS pelos estados com a Emenda Constitucional 87/2015. *Jus.com*, maio 2017 (artigo). Disponível em: https://jus.com.br/artigos/57757/o-que-mudou-na-arrecadacao-do-icms-pelos-estados-com-a-emenda-constitucional-87-2015. Acesso em: out. 2019.

FRIAS, A. As ferramentas de BI. *UNISAL Americana*, nov. 2017. Disponível em: https://gestaounisalblog.wordpress.com/2017/11/27/page/4. Acesso em: jul. 2019.

GABRIEL, M. *Você, eu e os robôs*. São Paulo: Atlas, 2017.

GALLO, C. *TED*: Falar, convencer e emocionar. São Paulo: Saraiva, 2015.

GIANTOMASO, I. O que é internet das coisas? Dez fatos que você precisa saber sobre IoT. Disponível em: https://www.techtudo.com.br/listas/2018/08/o-que-e-internet-das-coisas-dez-coisas-que-voceprecisa-saber-sobre-iot.ghtml. Acesso em: set. 2019.

GODIN, S. *Tribos*: nós precisamos que você nos lidere. Rio de Janeiro: Alta Books, 2013.

GONÇALVES, L. *Neuromarketing aplicado à redação publicitária*. São Paulo: Novatec, 2016.

GONÇALVES, V. Inovação. Disponível em: https://www.consumidormoderno.com.br/2018/10/22/efundamental-estar-inovando-sempre-diz-presidente-da-vigor. Acesso em: jul. 2019.

GOOGLE MOBILE DAY. Disponível em: https://mobileday.withgoogle.com/index. Acesso em: set. 2019.

GRAVES, P. *Por dentro da mente do consumidor*. São Paulo: Campus, 2010.

GROSSO, F. A transformação é digital, mas o fator ainda é humano. Disponível em: https://digitalks.com.br/artigos/a-transformacao-e-digital-mas-o-fator-ainda-e-humano. Acesso em: jul. 2019.

GUIA-SE. Marcas digitais: mude ou morra. *Guia-se*, out. 2018. Disponível em: https://www.guiase.com.br/marcas-digitais. Acesso em: out. 2019.

GUIA-SE. Neuromarketing: o caminho para conquistar o consumidor. *Guia-se*, fev. 2018. Disponível em: https://www.guiase.com.br/neuromarketing-o-caminho-para-conquistar-o-consumidor. Acesso em: out. 2019.

GUIA-SE. 5W2H: use essa metodologia para organizar a sua comunicação. *Guia-se*, ago. 2018. Disponível em: https://www.guiase.com.br/5w2h. Acesso em: jul. 2019.

HENRIQUES, A.; RUSSO, R. Empresas com maturidade digital lucram mais e gastam menos: saiba como chegar lá. Disponível em: https://www.thinkwithgoogle.com/intl/pt-br/marketing-resources/metricas/empresas-commaturidade-digital-lucram-mais-e-gastam-menos-saiba-como-chegar-la. Acesso em: jul. 2019.

HIGA, P. Amazon Go supermercado sem caixa. Disponível em: https://tecnoblog.net/204424/amazon-gosupermercado-sem-caixa. Acesso em: jul. 2019.

IBGE. IPCA varia 0,15% em dezembro e fecha 2018 em 3,75%. *Agência IBGE,* jan. 2019. Disponível em: https://agenciadenoticias.ibge.gov.br/agencia-sala-de-imprensa/2013-agencia-de-noticias/releases/23558-ipca-varia-0-15-em-dezembro-e-fecha-2018-em-3-75. Acesso em: out. 2019.

IG. E-commerce perde R$ 11,8 bilhões em razão de preços e taxa de entrega. *Economia iG*, Brasil econômico, 12 set. 2017. Disponível em: ttps://economia.ig.com.br/2017-09-12/e-commerce-taxa-entrega.html. Acesso em: out. 2019.

IM magazine. ano 2, n. 3, fev. 2017.

INOVABRA. Disponível em: https://www.inovabra.com.br. Acesso em: jun. 2019.

ITMÍDIA.COM. Internet das coisas é 'tecnologia transformadora da década', aponta estudo. Disponível em: https://itmidia.com/Internet-das-coisas-e-tecnologia-transformadora-da-decada-aponta-estudo. Acesso em: jul. 2019.

JANKAVSKI, A. O Brasil está atrasado na transformação digital, diz Marco Stefanini. Disponível em: http://www.consumidormoderno.com.br/2018/02/06/brasil-atrasado-transformacao-digital-stefanini. Acesso em: jun. 2019.

JOTA. O mapa das Lawtechs e Legaltechs no Brasil. Disponível em: https://www.jota.info/advocacia/o-mapa-das-lawtechs-e-legaltechs-no-brasil-10102017. Acesso em: set. 2019.

JULIO, K. B. Itaú e vice: a visão do mercado sobre branded content. *Meio&Mensagem*, jan. 2017. Disponível em: https://www.meioemensagem.com.br/home/comunicacao/2017/01/27/itau-e-vice-a-visao-de-anunciantes-e-veiculos-sobrebranded-content.html. Acesso em: jul. 2019.

KHAUAJA, D. O que é, afinal, o propósito de uma marca? *Portal Exame*, jul. 2016. Disponível em: https://www.youtube.com/watch?v=O7MFhufe-h8. Acesso em: jun. 2019.

KNACKFUSS, A. A nova lógica digital. *Midiatalks*, jan. 2018. (entrevista). Disponível em: https://www.instagram.com/p/BeVbncclWyI. Acesso em: ago. 2019.

KOTLER, P. *Marketing 4.0*: mudança do tradicional para o digital. Lisboa: Actual, 2017.

LAVAREDA, A.; CASTRO, J. P. *Neuromarketing de A a Z*. Rio de Janeiro: Record, 2016.

LEITE, S. C. O index completo do omnichannel global 2017: evolução sem volta. *Multicanalizando*, dez. 2017. Disponível em: https://multicanalizando.com.br/2017/12/21/o-index-completo-do-omnichannel-global-2017-evolucao-sem-volta. Acesso em: out. 2019.

LEONHARD, G. *Transformação digital*: você está pronto para uma mudança exponencial? 2016 (Tradução Nestor Albuquerque, Marcelo Ramalho). Disponível em: https://www.youtube.com/watch?v=ystdF6jN7hc. Acesso em: out. 2019.

LINDSTROM, M. *Small data*: como poucas pistas indicam grandes tendências. Rio de Janeiro: Harper Collins, 2016.

LONGO, W. *Marketing e comunicação na era pós-digital*: as regras mudaram. Rio de Janeiro: Alta Books, 2013.

LULIO, M. A transformação digital é uma questão estratégica. Disponível em: https://www.consumidormoderno.com.br/2018/08/06/transformacao-digital-estrategica. Acesso em: jul. 2019.

LULIO, M. Estamos conseguindo acompanhar as mudanças provocadas pela transformação digital? Disponível em: https://www.consumidormoderno.com.br/2018/10/30/acompanhar-transformacao-digital. Acesso em: jul. 2019.

LULIO, M. O caminho ideal para a transformação digital, segundo a Cisco. Disponível em: http://www.consumidormoderno.com.br/2018/02/19/jornada-transformacao-digital-cisco. Acesso em: jun. 2019.

MANZONI, L. 8 estabelecimentos brasileiros que aceitam bitcoin. *Forbes*, jan. 2018 Disponível em: https://forbes.uol.com.br/negocios/2018/01/8-estabelecimentos-brasileirosque-aceitam-bitcoin. Acesso em: ago. 2019.

MAKERS. Qualquer pessoa pode criar, prototipar, produzir, vender e distribuir qualquer produto. Disponível em: http://makers.net.br/sobre. Acesso em: jul. 2019.

MARINHO, L. A. Adeus, Niketown. Olá, house of innovation. Disponível em: https://www.mercadoeconsumo.com.br/2019/01/02/adeus-niketown-ola-house-of-innovation. Acesso em: jul. 2019.

MARK, M.; PEARSON, C. S. *O herói e o fora-da-lei*: como construir marcas extraordinárias usando o poder dos arquétipos. São Paulo: Cultrix, 2017.

MARQUESI, A. C. *Stakeholders*: influenciadores digitais. São Paulo: Santarem, 2018.

MATOS, F. *10 mil startups*: guia prático para começar e crescer um novo negócio baseado em tecnologia no Brasil. São Paulo: Mariposa, 2017.

MEIO & MENSAGEM. Disponível em: https://portfoliodemidia.meioemensagem.com.br/portfolio/midia/IN+LOCO/33970/home. Acesso em: set. 2019.

MEIR, J. As estratégias de Macy's e Target para lidar com a transformação digital. Disponível em: http://portalnovarejo.com.br/2018/03/18/as-estrategias-de-macys-e-target-para-lidar-com-a-transformacao-digital. Acesso em: jun. 2019.

MEIR, J. As melhores histórias do mundo nascem com tecnologia no DNA. Disponível em: https://www.consumidormoderno.com.br/2018/11/07/as-melhores-historias-do-mundo-nascem-com-tecnologia-no-dna. Acesso em: jul. 2019.

MEIR. J. Blockchain, celebridade e impacto social: uma empresa que estabeleceu um novo padrão de estabilidade monetária. Disponível em: https://portalnovarejo.com.br/2018/10/blockchain-celebridade-e-impactosocial-uma-empresa-que-que-estabeleceu-um-novo-padrao-de-estabilidade-monetaria. Acesso em: jul. 2019.

MEIR, J. Como o Google pode ajudar o varejo na transformação digital? *No varejo*, 2017. Disponível em: https://portalnovarejo.com.br/2018/03/como-o-google-pode-ajudar-ovarejo-na-transformacao-digital/?fbclid=IwAR1XhZPYT1xvIa1L1RS8xN6E4ppOomcDQjHDA5RzK5u8uQTlagyRzw0jHal. Acesso em: jul. 2019.

MEIR, J. Um novo olhar para o varejo, para além do digital e da loja física. Disponível em: https://portalnovarejo.com.br/2018/11/um-novo-olhar-para-o-varejo-para-alem-do-digital-e-da-loja-fisica. Acesso em: jul. 2019.

MELLO, B. 7 insights sobre mídia programáticas em vídeo. *Mundo do Marketing*, jul. 2016. Disponível em: https://qrgo.page.link/qN1Xy. Acesso em: out. 2019.

MELLO, U. Como a computação quântica promete revolucionar nosso conhecimento. *Itmídia.com*, maio 2018. Disponível em: http://idgnow.com.br/ti-corporativa/2018/05/06/como-acomputacao-quantica-promete-revolucionar-nosso-conhecimento. Acesso em: jul. 2019.

MENDES, F. O que a realidade virtual e a realidade aumentada podem fazer por seus treinamentos. Disponível em: https://www.mercadoeconsumo.com.br/2018/05/25/o-que-a-realidade-virtual-e-a-realidade-aumentadapodem-fazer-por-seus-treinamentos. Acesso em: jul. 2019.

MENDES, R.; BUENO, R. C. *Mude ou morra*: tudo que você precisa saber para fazer crescer seu negócio e sua carreira na nova economia. São Paulo: Planeta Estratégica, 2018.

MENDONÇA, C. Os desafios do varejo na era da transformação digital. Disponível em: http://www.portalnovarejo.com.br/2017/08/26/os-desafios-do-varejo-na-era-da-transformacao-digital. Acesso em: jun. 2019.

MERCADO BITCOIN. Comece a negociar a maior criptomoeda do mundo com o Mercado Bitcoin. Disponível em: https://www.mercadobitcoin.com.br/o-que-e-bitcoin. Acesso em: jul. 2019.

MERCADO&CONSUMO. Amazon testa sistema de lojas autônomas para grandes supermercados. Disponível em: https://www.mercadoeconsumo.com.br/2018/12/05/amazon-testa-sistema-de-lojas-autonomas-para-grandessupermercados/?utm_campaign=M%26C+News+-+05%2F12%2F2018&utm_content=Amazon+testa+sistema+de+lojas+aut%C3%B4nomas+para+grandes+supermercados+%7C+Mercado%26Consumo+%281%29&utm_medium=email&utm_source=EmailMarketing&utm_term=M%26C+News+-+05%2F12%2F2018. Acesso em: jul. 2019.

MESQUITA, R. V. Carros conectados. *Revista Planeta*, n. 497, abr. 2014. Disponível em: https://www.revistaplaneta.com.br/carros-conectados. Acesso em: set. 2019.

MORAES, D. Você sabe o que é a internet das coisas e como ela impacta a sua vida? Disponível em: https://rockcontent.com/blog/Internet-das-coisas. Acesso em: jul. 2019.

MORAES, R. Das telas para toda a casa: Google mostra que o futuro já chegou. Disponível em: https://www.mundodomarketing.com.br/reportagens/digital/34736/das-telas-para-toda-a-casa-google-mostra-que-ofuturo-ja-chegou.html. Acesso em: jul. 2019.

MORAES, R. O desafio da construção e consolidação da marca no ambiente digital. Disponível em: https://www.mundodomarketing.com.br/reportagens/mercado/32143/o-desafio-da-construcao-e-consolidacaoda-marca-no-ambiente-digital.html. Acesso em: jul. 2019.

MORAIS, F. Ambientes instragramáveis. *Mundo do Marketing*, ago. 2018. Disponível em: https://www.mundodomarketing.com.br/artigos/felipe-morais/37971/ambientes-instagramaveis.html. Acesso em: out. 2019.

MORAIS, F. *Planejamento estratégico digital*. 2. ed. São Paulo: Saraiva, 2017.

MURAD, F. Estamos em uma nova era da tecnologia do consumo. *Meio&Mensagem*, jan. 2018. Disponível em: http://ces.meioemensagem.com.br/2019/01/08/estamos-nos-aproximando-de-uma-nova-era-da-tecnologia-do-consumo/?utm_term=Consumer+Eletronics+Show+%28CES%29+2019+-+Cobertura&utm_campaign=Meio+%26+Mensagem+News&utm_source=e-goi&utm_medium=email. Acesso em: jun. 2019.

NO VAREJO. Dafiti inicia testes para pagamentos com reconhecimento facial. 2017. Disponível em: https://portalnovarejo.com.br/2017/12/dafiti-inicia-testes-para-pagamentos-com-reconhecimento-facial. Acesso em: jul. 2019.

NO VAREJO. 6 tecnologias para transformar o varejo em 2018. Disponível em: https://portalnovarejo.com.br/2018/01/6-tecnologias-transformar-varejo/?fbclid=IwAR3W53H3FZ3uEoVsb0PCWm7syInS_Or84KA42bkIBwntMx_0R5FnHJVbfA. Acesso em: jul. 2019.

NUNES, A. CM entrevista: Paulo Correa, CEO da C&A, fala sobre sobre os novos desafios da marca. Disponível em: https://www.consumidormoderno.com.br/2019/01/11/cm-entrevista-paulo-correa-ceo-da-ca-fala-sobresobre-os-novos-desafios-da-marca. Acesso em: jul. 2019.

NUNES, A. C. Onde foi feita a venda de fato, interessa cada vez menos. Disponível em: https://portalnovarejo.com.br/2018/11/onde-foi-feita-a-venda-de-fato-interessa-cada-vez-menos. Acesso em: jul. 2019.

OLIVEIRA, P. Brasileiro quer gastar menos tempo em compras. *Mundo do Marketing*, jan. 2018. Disponível em: https://www.mundodomarketing.com.br/inteligencia/insights/164/brasileiro-quer-gastarmenos-tempos-em-compras.html?utm_campaign=&utm_content=Brasileiro+quer+gastar+menos+tempos+em+compras+%7C+Insights+%7C+Mundo+do+Marketing+%282%29&utm_medium=email&utm_source=EmailMarketing&utm_term=insight+18-01-18. Acesso em: jul. 2019.

PACETE, L. G O impacto dos makers nas relações de consumo. *Meio&Mensagem*, jun. 2017. Disponível em: https://www.meioemensagem.com.br/home/marketing/2017/06/27/o-impacto-dos-makers-nas-relacoes-de-consumo.html. Acesso em: jul. 2019.

PARKER, G.; VAN ALSTYNE, M.; CHOUDARY, S. P. *Plataforma*: a revolução da estratégia. São Paulo: HSM, 2016.

PATEL, N. 17 estratégias de marketing de conteúdo para melhorar engajamento. Disponível em: https://neilpatel.com/br/blog/checklist-com-17-pontos-comprovados-domarketing-de-conteudo-para-impulsionar-seu-engajamento. Acesso em: set. 2019.

PATEL, N. *What is growth hacking*. Disponível em: https://neilpatel.com/what-is-growth-hacking. Acesso em: jun. 2019.

PETRÓ, G. Óculos de realidade mista traz imagem nítida, maior campo de visão e chega ao Brasil por R$ 3.499. Disponível em: https://br.ign.com/tech/59750/news/oculos-de-realidade-mista-traz-imagem-nitida-maiorcampo-de-visao-e-chega-ao-brasil-por-r-3499. Acesso em: jul. 2019.

PINHEIRO, B. *Empreenda sem fronteiras*: empreenda on-line em qualquer lugar do mundo e viva uma vida com horários flexíveis ganhando mais dinheiro do que jamais imaginou. São Paulo: Gente, 2016.

PINTO, L. 5 Passos para o varejo implementar cultura de transformação digital. Disponível em: https://portalnovarejo.com.br/2018/09/5-passos-para-o-varejo-implementar-cultura-de-transformacao-digital. Acesso em: jul. 2019.

PIRES, E. G. Os últimos desejos da kombi. *Volkswagen*, ago. 2014. Disponível em: https://www.youtube.com/watch?v=jD634XWvSw0. Acesso em: jul. 2019.

PONDÉ, L. F. *Marketing existencial*. São Paulo: Três Estrelas, 2017.

PRADEEP, A. K. *O cérebro consumista*. São Paulo: Cultrix, 2012.

RABELO, A. Transformação digital. Disponível em: https://marketingdeconteudo.com/transformacaodigital. Acesso em: jul. 2019.

RASHIDY, S. O passo a passo para a transformação digital: pessoas, infraestrutura e gestão. Disponível em: https://canaltech.com.br/gestao/o-passo-a-passo-para-a-transformacao-digital-pessoas-infraestrutura-egestao-102782. Acesso em: jul. 2019.

REIMAN, J. *Propósito*: por que ele engaja colaboradores, constrói marcas fortes e empresas poderosas? São Paulo: HSM, 2013.

REVISTA LIVE MARKETING. Startup ajuda lojas on-line a testar varejo físico. *LiveMKT*, jan. 2019. Disponível em: https://www.revistalivemarketing.com.br/startup-ajuda-lojas-online-a-testar-varejo-fisico. Acesso em: jul. 2019.

REZ, R. *Marketing de conteúdo*: a moeda do século XXI. São Paulo: DVS, 2016.

REZ, R. O que é storytelling? Disponível em: https://novaescolademarketing.com.br/marketing/o-que-estorytelling. Acesso em: jul. 2019.

ROCK CONTENT. Como o Grupo Casa Magalhães aumentou 865% o número de leitores do blog. Disponível em: https://rockcontent.com/case/grupo-casa-magalhaes. Acesso em: set. 2019.

ROGERS, L. D. *Transformação digital*: repensando o seu negócio para a era digital. São Paulo: Autêntica Business, 2016.

RUFINO, G. *O catador de sonhos*: o empresário visionário que começou como catador de latinhas ensina tudo o que você precisa saber sobre otimismo, superação e determinação. São Paulo: Gente, 2015.

SALESFORCE. Entenda os principais conceitos e o que é inteligência artificial. Disponível em: https://www.salesforce.com/br/products/einstein/ai-deep-dive. Acesso em: set. 2019.

SANDOVAL, G. WGSN revela 9 tendências de consumo. Disponível em: https://www.consumidormoderno.com.br/2018/12/07/wgsn-9-tendencias-de-consumo-ate-2020/?utm_campaign=NEWS+-+Consumidor+Moderno+2018&utm_content=WGSN+revela+9+tend%C3%AAncias+de+consumo+-+Comportamento+-+Consumidor+Moderno+%281%29&utm_medium=email&utm_source=EmailMarketing&utm_term=NEWS-Consumidor-Moderno-101218. Acesso em: jul. 2019.

SANTOS, F. Movimento metrô SP. Disponível em: https://www.terra.com.br/noticias/brasil/cidades/sp-metro-ja-transporta-quase-900-milhoes-de-pessoas-por-ano,0ad552363a989fd8999e60342a31b6b1xx0iRCRD.html. Acesso em: jun. 2019.

SEBRAEMERCADOS.COM.BR. Hábitos de consumo nos dispositivos móveis. Disponível em: http://www.sebraemercados.com.br/habitos-de-consumo-nos-dispositivos-moveis. Acesso em: set. 2019.

SCHONBERGER, V. M.; CUKIER, K. *Big data*: como extrair volume, variedade, velocidade e valor da avalanche de informação cotidiana. Rio de Janeiro: Campus, 2013.

SILVA, C. Pretargeting: preveja o futuro, antecipe tendências e atenda os desejos do seu público. *Navegg blog/artigos*, jan. 2015. Disponível em: https://www.navegg.com/blog/artigos/pretargeting-prevejao-futuro-antecipe-tendencias-eatenda-os-desejos-do-seu-publico. Acesso em: jul. 2019.

SOUZA, M. G. et al. *A transformação dos negócios na Omniera*. São Paulo: GS&MD, 2015.

SUMARES, G.; SANTINO, R. Computação quântica: entenda o que é e veja os processadores. *Olhar digital*, set. 2015. Disponível em: https://olhardigital.com.br/noticia/computacao-quantica-entendao-que-e-e-veja-os-processadores/51722. Acesso em: jul. 2019.

TAMEIRÃO, N. Como fazer vídeos 360° e distribuir esses conteúdos. Disponível em: https://sambatech.com/blog/insights/videos-360. Acesso em: jul. 2019.

TERENZZO, M. Storytelling: de arte a metodologia. *HSM entrevista especial*, out. 2012. Disponível em: https://www.youtube.com/watch?v=dvS_5aZmt14. Acesso em: jul. 2019.

THE TELEGRAPH. Tesco builds virtual shops for Korean commuters. Disponível em: https://www.telegraph.co.uk/technology/mobile-phones/8601147/Tesco-builds-virtual-shops-for-Korean-commuters.html. Acesso em: jul. 2019

THIEL, P. *De zero a um*: o que aprender sobre empreendedorismo com o Vale do Silício. São Paulo: Objetiva, 2014.

THINK WITH GOOGLE. A revolução dos micro-momentos: como eles estão mudando as regras. Disponível em: https://www.thinkwithgoogle.com/intl/pt-br/marketing-resources/micro-momentos/how-micromoments-arechanging-rules. Acesso em: jul. 2019.

TRANSFORMAÇÃO DIGITAL. Disponível em: https://transformacaodigital.com. Acesso em: jul. 2019.

TREASURE, J. Como falar de um jeito que as pessoas queiram ouvir. Disponível em: https://www.youtube.com/watch?v=D236cCikGmA. Acesso em: jul. 2019.

TRIPOLI, M. *Meaningful marketing*: como sua marca pode ter significado na vida das pessoas. São Paulo: Clube dos Autores, 2015.

TROIANO, J. *Brand intelligence*: construindo marcas que fortalecem empresas e movimentam economia. São Paulo: Estação das Letras e Cores, 2017.

UNDERHILL, P. *Vamos às compras!* A ciência do consumo em mercados globais. São Paulo: Campus, 2009.

VALOR ECONÔMICO. Brasil cai duas posições no índice global de inovação. Disponível em: https://valor.globo.com/brasil/noticia/2019/07/24/brasil-cai-duas-posicoes-noindice-global-de-inovacao.ghtml. Acesso em: set. 2019.

VANSON BOURNE; DELL TECHNOLOGIES. Estudo Dell Technologies revela a visão dos líderes de negócios sobre como a parceria homem-máquina deve impactar profissionais e empresas até 2030. *Dell*, 22 fev. 2018. Disponível em: https://www.dell.com/learn/br/pt/en/press-releases/2018-02-22-dell-technologies-study-reveals-business-leaders-view-man-machine-partnership. Acesso em: out. 2019.

VENTURA, G. Design thinking pode ser a estratégia para inovação na sua empresa. Disponível em: https://www.mandae.com.br/blog/design-thinking-pode-ser-a-estrategia-para-inovacao-na-sua-empresa. Acesso em: jul. 2019.

WALTTRICK. Arquétipos de marca. Disponível em: https://brandtarget.wordpress.com/2015/10/28/arquetipos-de-marca. Acesso em: jul. 2019.